JN159809

編集復刻版

学童保育関係資料集成

石原剛志＝編

「留守家庭児童／不在家庭児童」調査資料編Ⅰ

六花出版

編集復刻版『学童保育関係資料集成』第1巻

刊行にあたって

一、本資料集成は、1960年代に入って認識されるようになった共働きやひとり親世帯の小学生の放課後の生活問題、それに対する教育・福祉・青少年行政としての調査や対策、学童保育をつくり求める保護者と学童保育指導員による運動と実践について、相互の関連と展開を歴史的に明らかにするための資料集である。

　収録の対象とした時期は、1960年代以降、各地の学童保育運動が全国的に組織化されるようになった1970年代半ばまでとした。

一、本資料集成（第Ⅰ期）では、全国および各地での実態調査、全国的な運動に関する資料のみならず、各地域における資料の収録にもつとめたが、大阪府・市や愛知県における資料の収録が多くなった。第Ⅰ期では収録できなかった地域の資料について、第Ⅱ期以降の資料集成で復刻・収録できるよう調査研究を進めていく予定である。

一、第1巻巻頭に編者による「解説」を掲載した。

一、最終巻である第16巻に編者による「資料解題」を掲載する。

一、本資料集成は、原資料を原寸のまま、あるいは適宜縮小・拡大し、復刻版1ページに付き1面または2面を収録した。

一、資料の中の氏名・居住地などの個人情報については、個人が特定されることで人権が侵害される恐れがあると考えられる場合は、■■で伏せ字を施した。

一、資料の中には、人権の視点から見て不適切な語句・表現・論もあるが、歴史的資料の復刻という性質上、そのまま収録した。

一、収録した資料のなかには、下記の機関・団体にご提供いただいたものがある。ここに記して、厚くお礼申し上げます。

　大阪保育研究所、全国学童保育連絡協議会、富山県立図書館、日本社会事業大学附属図書館

一、石原剛志研究室所蔵資料のなかには、下記の団体・個人から寄贈をうけたものが含まれている。ここに記して、厚くお礼申し上げます。

　愛知学童保育連絡協議会、城丸牧夫氏（元・学童保育指導員）

（編者・六花出版編集部）

付記　本研究の一部は、JSPS科研費JP24K05833，JP24530697の助成を受けたものです。

（編者）

第1巻｜目次

資料名（所蔵機関名蔵『簿冊名』）●編著者名／発行所●発行年月●〈資料提供機関／団体（簿冊の所蔵機関と同じ場合、略。その他、記載のないものは静岡大学石原剛志研究室）〉……復刻版ページ
＊資料名、編著者名、発行所、発行年月が明示されていない場合、内容から類推し、〔　〕で補充した。

◉『学童保育関係資料集成』第Ⅰ期 全巻収録内容

第１巻	「留守家庭児童／不在家庭児童」調査資料編Ⅰ	解説＝石原剛志
第２巻	「留守家庭児童／不在家庭児童」調査資料編Ⅱ	
第３巻	学童保育連絡協議会編Ⅰ	
第４巻	学童保育連絡協議会編Ⅱ	
第５巻	全国学童保育連絡協議会編Ⅰ	
第６巻	東京編Ⅰ	
第７巻	東京編Ⅱ／埼玉編Ⅰ	
第８巻	神奈川編Ⅰ	
第９巻	大阪編Ⅰ	
第10巻	大阪編Ⅱ	
第11巻	大阪編Ⅲ	
第12巻	大阪編Ⅳ	
第13巻	愛知編Ⅰ	
第14巻	愛知編Ⅱ	
第15巻	愛知編Ⅲ	
第16巻	京都編Ⅰ／兵庫編Ⅰほか	解題＝石原剛志

解説

石原剛志

はじめに——本資料集成について

学童保育関係資料集成〔第Ⅰ期〕は、1960年代はじめから1970年代半ばまでの時期を対象に、学童保育をつくり求めた保護者・学童保育指導員による運動、学童保育の実践、「留守家庭児童」や「かぎっ子」等と呼ばれた子どもと保護者を対象とした社会調査、これらに対する自治体施策などの資料を収集・編集して復刻したものである。いずれも、学童保育の運動や実践、学童保育を必要とさせる社会問題、国や自治体による制度・施策を歴史研究として明らかにしようとする際の「史料」になりうるものとして収録している。

収録資料を選定する際に重視したことは、出版社から発行された刊行物よりも、学童保育をつくり、国や自治体に改善や補助や制度を求めていく過程で、広められ参考にされたと思われるものを優先したということである。たとえば、ある集会や研究会の当日に配布された資料集や集会後にまとめられた報告集などである。

逆にいえば、日本の学童保育史にとって画期をつくったと思われるものであっても、出版社から発行されたものを、今回は収録しなかった。たとえば、公文昭夫・今城ひろみ『学童保育物語』（労働旬報社、1966年）、大塚達男・西元昭夫編著『あめんぼクラブの子どもたち——学童保育の指導と運動』（鳩の森書房、1970年）、中村雅子『昼間のきょうだい』（鳩の森書房、1973年）などである。また、この解説でも言及する全国学童保育連絡協議会編『学童保育のすべて（全五巻）』（1975～1981年、一声社）も、収録していない。こうした出版社から発行されたものの復刻については、別の企画として実現されることを期待したい。

以下、日本の学童保育研究の動向や体制の特徴、そのなかでの学童保育史研究の動向について言及したうえで、本資料集成に収録された資料の歴史的な位置を確認するため、日本の学童保育史についての概略を見ていきたい。

一　日本における学童保育研究の動向と特徴

(一) 日本の学童保育研究に対するアカデミーによる軽視

日本の学術団体あるいは大学は、「放課後児童健全育成事業」を法定事業とした1997年改正児童福祉法公布まで、学童保育をテーマ・対象にして研究してこなかった。1997年改正児童福祉法が定めた「放課後児童健全育成事業」の源流を辿れば、厚生省によって1976年度に施行された「都市児童健全育成事業」に辿り着く。そして、この「都市児童健全育成事業」が厚生省によって事業化された契機は、1973年11月、全国学童保育連絡協議会が学童保育の制度化を求める「はじめての国会請願を８万余名の署名をもって行い」、その請願が採択されたことである[1)]。全国学童保育連絡協議会による「学童保育の制度化」を求める運動は、その後も国会請願を含めて続けられ、それが1997年改正児童福祉法公布へとつながった。この間も、日本の学術団体あるいは大学は、学童保育に関する研究をしてこなかったということである。

このことを、国立情報学研究所による学術情報に関するデータベースCiNii Researchで確認してみよう。CiNii Researchで、「紀要論文」と「学術雑誌論文」を対象に、1945年から2023年までに発行された論文について「学童保育」をフリーワードとして検索してみると、240件が該当した。このうち1997年改正児童福祉法以前の1996年までに発行されたものは、わずか12件である。つまり、ほとんどが1997年以降に発行されたものなのである。

（二）はじまったばかりの日本の学童保育に関する学術的研究

2010年、日本ではじめて学童保育に関する学術団体「日本学童保育学会」が設立された。日本保育学会の設立（1948年）に遅れること、60余年経ってからの設立であった。

日本学童保育学会は、年に一回の研究大会の開催と学術誌『学童保育』（年刊）の発行を続け、編者として『現代日本の学童保育』（旬報社、2012年）と『学童保育研究の課題と展望』（明誠書林、2021年）を出版している。学童保育に関する学術研究団体[2)]として活動を軌道にのせてきたと言ってよいだろう。

実際、CiNii Researchで「紀要論文」と「学術雑誌論文」を対象に、2010年から2023年までに発行された論文について「学童保育」をフリーワードにして検索してみると、該当するものは145件と急増していることがわかる。この2010年代以降の傾向は、日本学童保育学会の活動によるところも大きいと思われる。

（三）日本の学童保育研究体制の特徴――学童保育運動団体による研究の組織化

①全国学童保育連絡協議会による学童保育研究

学童保育の実践や運動が展開されるようになって以来、日本における学童保育研究を組織し取り組んできたのは、全国学童保育連絡協議会をはじめとする学童保育運動団体であった。これは、日本の学童保育研究体制の一つの特徴である。

ここで、全国学童保育連絡協議会が、日本の学童保育の研究において果たしてきた役割について、出版されたものから確認しておきたい。

1972年９月、第７回全国学童保育研究集会時に開かれた総会において学童保育連絡協議会は、全国学童保育連絡協議会に改称した。名実ともに全国組織となった全国学童保育連絡協議会は、1974年６月、隔月刊で『日本の学童保育』誌（当時の発行所は、鳩の森書房）を創刊。さらに、1975年から全国学童保育連絡協議会編『学童保育のすべて』（全五巻）の刊行を開始する。「学童保育のすべて」というシリーズ名は、全国学童保育連絡協議会が、このプロジェクトにかける決意を表したものだったと思われる。各巻のタイトルと発行年は、以下のとおりである。

全国学童保育連絡協議会編『学童保育のすべて』（全五巻）、一声社発行

Ⅰ　運動と指導の方法（1975年発行）

Ⅱ　あそびで育つ子どもたち（1976年発行）

Ⅲ　生活を創る子どもたち（1976年発行）

Ⅳ　父母の役割と父母会活動（1979年発行）

Ⅴ　制度化をめざして（1981年発行）

Ⅴ巻の「あとがき」には、会長の大塚達男の文責で、次のように書かれている。これは、掛け値なしに書かれたことばだった。

> このシリーズ「学童保育のすべて」全五巻は、学者などの手を借りずに、すべて学童保育関係者の手で執筆したところに特徴があるといってもよいでしょう。運動と実践そのものがつくりあげた「学童保育の本」であるわけです。このシリーズが、すべての学童保育関係者の手にわたるだけでなく、よりひろく多くの各界、各層の方々に読まれることを念願しています。[3)]

明確な国の制度もない、職員の資格についても施設の面積についても何も公的な定め（基準）がない、学童保育の内容や方法についても自分たちの実践を検討しながらつくっていくしかない。こうした状況のなかで、このシリーズを完成させたことは、日本の学童保育研究を切り拓く大きな成果だった。

②学童保育の内容と方法の研究

その一例をあげてみよう。放課後児童健全育成事業について児童福祉法は、「小学校に就学している児童であつて、その保護者が労働等により昼間家庭にいないものに、授業の終了後に児童厚生施設等の施設を利用して適切な遊び及び生活の場を与えて、その健全な育成を図る事業」（第６条の３②）と定めているが、子どもたちに必要な内容を「遊び及び生活の場」とする捉え方は、『Ⅱ　あそびで育つ子どもたち』と『Ⅲ　生活を創る子どもたち』によって打ち出されたことに端を発するとも考えられる。

『Ⅱ　あそびで育つ子どもたち』『Ⅲ　生活を創る子どもたち』の２冊は、「学童保育実践の今日的集約にしたいと考え」、「到達点を整理した」[4)]記録集として編集されたものである。実際、この２冊には、東京、大阪、愛知、横浜市、京都府長岡町（現、長岡京市）、埼玉県上福岡市、千葉などで自費出版や機関誌のような形で発行されていた実践記録を「集約」し、そこから抜粋し「整理」されたものが収録された。

この２冊の総括的文章に次のようなものがある。『Ⅱ　あそびで育つ子どもたち』の「Ⅱ　ともだちっていいな」に収められた「一、あそびの大切さと課題」である。ここには、これまで学童保育の内容を試行錯誤しながらつくりあげてきた指導員の姿勢と、この２冊が到達点として整理してきた学童保育の内容が整理されて次のように述べられている。

> 学童保育の指導員は、子どもたちととりくみながら、子どもたちに学びながら、ときには父母たちのちえも借りて、「子どものための、子どもがつくる生活を」と実践、研究にとりくんできたのです。子どもたちの放課後生活、それは「あそび」が基本です。学童保育の生活は、まさに「あそびづくり」そのものでした。のびのびと、自由に、異年齢の仲間とともに、あそびまわる生活、そこから、学童保育の内容は出発したのです。そして、「あそべない子、あそばない子」

または全く幼いあそびしか知らない今日の子どもの中で、伝統的なあそびを紹介したり、集団あそびを教えたり、スポーツ的なあそびをとり入れたりと工夫しながら、子どものあそびが多面的にひろがるような工夫がなされてきたのです。そしてさらには、構成的、ないしは作業のともなうあそびへと、質的な発展をも工夫してきたのです。それは、「手仕事」という工作的な創造活動であり、文化活動などともよんでいる新聞づくりや、人形劇づくりなど一連のものでありました。また、自然と深くかかわらせる飼育や栽培の活動でもありました。これらの諸活動を総合したり、集約したり、とりたてておこなったりする「行事づくり」でありました。[5)]

この文章が示しているのは、第１に、学童保育の「生活」は「あそび（づくり）」そのものであるということ。第２には、学童保育の内容は、「あそび」が多面的にひろがるように工夫されて、文化活動（新聞づくり、人形劇づくり）、飼育・栽培活動、それらを集約した行事づくりなどへ発展していく、ということでもあった。この捉え方は、この２冊の目次にも示されている。

『Ⅱ　あそびで育つ子どもたち』目次

『Ⅲ　生活を創る子どもたち』目次

そして、先の引用文や『生活を創る子どもたち』という本のタイトルにも現われているように、学童保育の内容を表現する用語に、「〜づくり」という言葉が多用されている。これは、学童保育の内容は、子どもたちに与えられるのではなく、子どもたちがつくりだすものである、という姿勢を打ち出すようになった証であろう。

いずれにしても、学童保育の内容を「生活」と「あそび」という言葉から捉えるとともに、1960年代半ばから試行錯誤しながら取り組まれてきた学童保育の実践を分析・整理し、その到達点として示した本書の意義は大きい。後に全国学童保育連絡協議会が、学童保育の内容や方法を「生活づくり」という用語で捉えていくようになる以前の捉え方がわかるものである。

③『学童保育年報』の刊行

さらに1978年、全国学童保育連絡協議会は、年刊で『学童保育年報』の刊行を開始する。その『学童保育年報』No.1に掲げられた「学童保育年報の刊行にあたって」には、「各地での運動をすすめるために学童保育に関する資料がほしいと強く要望が出されています。この要望に応えるために」刊行したと書かれている。そして、このNo.1にふさわしく、全国学童保育連絡協議会が「学童保育運動の現時点での到達点ともいうべきもの」としてまとめた成果「学童保育の原点と制度化へのみち——第6回合宿研究会のまとめ」が掲載された。

以後、『学童保育年報』は、毎年刊行され、2000年、No.13まで刊行された。毎号の特集内容は、次のとおりである。

全国学童保育連絡協議会編『学童保育年報』一声社

No.1　〔学童保育の原点と制度化へのみち／国や地方自治体の施策〕(1978年発行)

No.2　〔児童館とは何か／児童館と学童保育の関係〕(1979年発行)

No.3　委託問題を考える　付・全国の学童保育実態調査表（1980年発行）

No.4　学童保育の生活づくり（1981年発行）

No.5　指導員の仕事・役割　付・全国の学童保育実態調査表（1982年発行）

No.6　学童保育の「制度確立」(1983年発行)

No.7　学童保育と児童館—健全育成とはなにか—（1984年発行）

No.8　みんなで創った20年—学童保育運動の歴史と成果—（1985年発行）

No.9　子育ての願いと学童保育の役割（1986年発行）

No.10　指導員の労働条件　付・全国の学童保育実態調査表（1987年発行）

No.11　父母会（1988年発行）

No.12　わたしの学童保育—権利と公共性—（1989年発行）

No.13　学童保育の施設（2000年発行）

このように全国学童保育連絡協議会は、学童保育への保護者の要求や父母会の役割に関するもの、学童保育実践の内容や方法に関するもの、学童保育指導員の仕事・役割・労働条件に関するもの、国や自治体の制度や施設に関わるもの（児童館との関連についても含む）、と多岐にわたる研究成果を、全国各地での実践と運動の成果を集約分析しながら、自らの手でまとめてきたのである。

二　学童保育の歴史研究

（一）学童保育運動による研究における歴史研究の不在

学童保育研究において、全国学童保育連絡協議会が果たしてきた役割は、実に大きい。このことはいくら強調してもたりないほどである。しかし、学童保育の歴史研究については、わずかな成果にとどまった。そのことは、すでに見てきた『学童保育のすべて』や『学童保育年報』で取り上げられたテーマや対象からも明らかであろう。なお、『学童保育年報』No.8は、サブタイトルを「学童保育運動の歴史と成果」としているが、収められているのは、運動を担った人の証言と、成果や到達点を確認するというものであり、歴史を叙述したものではない。

全国学童保育連絡協議会が編集出版したものにおいて、日本の学童保育の歴史について叙述されたものには、西元昭夫（当時、全国学童保育連絡協議会事務局長）による連載論文「学童保育の歩み」1～16（1974年～1977年）がある[6]。この論文は、明治末から1960年代までの時期を対象としたもので（ただし、戦時下については空白）、日本の学童保育の通史を書こうとしたはじめての試みであった。しかし、典拠となる史料や文献が示されていないところも多く、学術的な研究とみなすことができない点は残念である。

（二）日本の学童保育史研究と史料の問題

2010年代に入って、日本の学童保育の歴史についての学術的な研究成果が発表されるようになった。石原剛志による戦後日本における学童保育史[7]、亀口まかによる戦前・戦時下における学齢期保育史[8]などである。また、日本学童保育学会は、2018年６月、第９回研究大会において「学童保育の源流を探る―歴史に学び、地域のなかで学童保育とは何かを問う――」とするシンポジウムを開いている[9]。その成果は同学会機関誌『学童保育』第９巻に掲載された[10]。

ようやく公表されるようになったとはいえ、日本における学童保育史研究が、これほどまでに少ないのは、なぜだろうか。その要因は、そもそも学童保育をテーマや対象とする研究者が少ないということ、学童保育という現象そのものが新しく歴史研究の対象となり難いということ等が、まずは言えそうである。しかし、それだけではない。日本の学童保育史研究の成果が少ない根本的な要因は、史料を得ることの困難であると思われる。

歴史学の論文の要件については、次のような簡潔な説明がある。

> 史料（過去の人間が書き残した文献、作成した統計、あるいは絵画、写真などなど何らかの痕跡）の内容を、現代の人間に伝わるように筋道を立てて説明すること。その際、その内容について誰かが説明した過去の研究（先行研究）と、いま論文の著者がおこなっている説明との関係を明示すること。[11]

歴史研究にとって「史料」は、不可欠のものであるが、学童保育史研究についていえば、これを得る・見ることが難しいのである。たとえば、学童保育に関する専門誌である『日本の学童保育』誌（継続誌『日本の学童ほいく』）は、1974年６月に創刊されているから、創刊以前の学童保育についての史料を見ることは難しい。それどころか、『日本の学童保育』誌を第１号から所蔵している図書館も少ない。

出版社から発行された単行本などについては、比較的、入手あるいは閲覧しやすいと思われるが、歴史を構成しうる史料として活用できるものは、多くはない。

学童保育に関する公文書についても、国立あるいは各地の公文書館に所蔵されているものを探しても、まったく無いか、あったとしても系統的・継続的に所蔵されていることを期待することは、ほとんどできない。

実際、日本の学童保育の歴史を構成しうるような史料は、多くは公文書ではなく私文書であり、学童保育運動において、書かれ、編集され、発行されたものである。たとえば、学童保育をつくろうと地域住民に呼びかけたチラシ、学童保育所での子どもの姿を記した通信、学童保育に関する研究会や集会を周知するためのチラシ、その研究会や集会で配布された資料や報告、学童保育運動団体や指導員会・労働組合が発行したパンフレットやニュースの類である。もちろん、こうした団体による研究成果をまとめたものや、学童保育指導員らによる実践記録集もある。

こうした史料は、どこにあるのか。出版社から発行されたものであれば図書館などに所蔵されることもあるが、そのようなケースは稀である。地域の印刷所で印刷されたもの、製本されたものが多く、時期や配布される範囲によってはガリ版で刷られたものも珍しくない。こうしたものは、各地における学童保育運動を担った人の自宅か、学童保育所の本棚や倉庫か、学童保育運動団体の事務所に保管されるしかない。実際には、地域で学童保育運動を担った人たちは、運動において自らの役割を終えれば捨ててしまうことも多いだろうし､学童保育所や事務所も引越しの際、あるいは手狭になれば、捨てざるを得ないこともあるだろう。

こうして多くの学童保育に関する資料（史料）は、捨てられているのである。捨てられずに保存されている場合でも、学童保育運動団体の事務所の倉庫に眠っている資料（史料）を閲覧させていただくには、何よりもまず、研究者として信頼を得なければならない。そこに至るまでも簡単ではないし、閲覧させていただくことができたとしても、その研究者にとってお目当ての資料（史料）があるかどうかはわからない。

学童保育（運動）に関する史料を得るには、こうした事務所だけではなく個人にもあたっていく必要もある。人づてにかつての学童保育運動の活動家を訪ね、資料（史料）が残されているかを聞き、閲覧させてもらう。信頼してもらえるような関係を作ることができれば、通って資料（史料）を整理し目録をつくる。幸運な場合、資料（史料）を預かることが許されるかもしれない。こうした作業を地道に続けていくことになる。

この度、編集・復刻する資料のなかには、ある学童保育運動団体の倉庫に、段ボールで未整理のまま積まれていたものも含まれている。その団体の職員の方に声をかけていただき、処分される前に預かることができたものである。わたし自身の研究についても、よく理解していただいていたし、期待していただいてもいたからである。それでも、この資料（史料）をつかって論文にすることができたのは、資料（史料）を預かってからずいぶん経ってからのことであった。

このような作業をくぐらなくてはならないようでは、学童保育史研究に参加する人が増えることを期待することは難しい。学童保育史研究に活用できる本資料集成の編集・発行の意義は大きいとほんとうに思う。

三　日本の学童保育史とその時期区分

（一）時期区分

ここで本資料集成が収録する資料の発行時期やその当時の課題などについて理解していただくためにも、戦前から1997年改正児童福祉法による「放課後児童健全育成事業」の法制化までの学童保育の歴史の概観を見ておきたい。なお、以下、三での記述は、注７、18、19、31に記された石原剛志による論文と、石原剛志「学童保育の概念・歴史・制度」（学童保育指導員研修テキスト編集委員会編『学童保育指導員のための研修テキスト』かもがわ出版、2013年）をもとに、要約編集したものである。詳細については、この元となった論文や文献を参照していただきたい。

日本の学童保育の通史については、まだ、まとまったものは書かれていない。しかし、あえて現時点での仮説的な時期区分を示すとすれば、次のとおりになる。

○戦前日本における学童保育（～アジア・太平洋戦争における敗戦まで）
○「その他の児童」の保育から「学童保育」へ（敗戦から1962年頃まで）
○学童保育運動の成立と国・自治体施策のはじまり（1963年頃から1972年頃まで）
○学童保育運動の全国組織化・制度化要求と都市児童健全育成事業（1972年頃から1990年まで）
○「学童保育の法制化」と放課後児童対策事業の施行（1991年から1997年まで）

（二）戦前日本における学童保育

戦前の日本においても、社会事業のなかに未分化のままに含まれる形で学童保育は行われていた。それには、おおよそ三つの形態があると思われる。戦前日本における学童保育について、いまだ解明されていないことも多いが、仮説的に次のように整理しておきたい。

第一は、母子保護、とくに軍人遺家族の母子保護の一環としての学童保育である。たとえば、野口幽香・森島峰によって貧民のための幼稚園として出発した二葉保育園では、1922年、「母の家」（母子寮）を開始する。1928年には「母の家」の学齢児童が毎日放課後に過ごす「子どもクラブ」を設置したという。また、1935年に設立された軍人遺家族母子寮武蔵野母子寮でも1938年には学童クラブをはじめていた。

他にも母子寮における学童保育については多くの報告例が確認されている[12)]。

第二は、スラムのなかで子どもの不良化防止を目的としたもので、セツルメント・隣保事業における学齢児対象の実践である。ここでも、二葉保育園は、1921年に隣保事業として小学校から帰ってきた子どもを会員とする「図書裁縫の組」で、図書館事業と女子学齢児のための裁縫教育をはじめている[13)]。また、葛飾郡寺島町（後に東京市向島区）で興望館セツルメントを、1929年に「少年少女部」（後に「学齢児指導部」）を開始。「少年少女部」は、近隣の小学児童を会員として、指導者とともにグループをつくり、復習、読書、ゲームなどを楽しんだという[14)]。

第三は、銃後の母親による生産増強と子の不良化防止を目的とする戦時厚生事業として実施された学童保育である。「決戦体制」が呼号されるようになる1943年頃、各地で学童預かり所・学童保育所が設置された。父親は兵役に、母親までも生産力増強のための勤労動員が求められることになり、不在家庭学童の不良化防止対策が政策課題として認識されたのである。この時期、愛媛県立「新居浜家庭療」、名古屋市「学童保育所」、東京都「児童指導所」、東京都王子区「国民学校補導所」の他、北海道小樽市、埼玉県川口市、長崎県での取り組みも報告がある。名古屋市「学童保育所」では、1943年９月末現在、105カ所、2976人の子どもが保育されたという[15)]。

(三)「その他の児童」の保育から「学童保育」へ（敗戦から1962年頃まで）

①戦前における取り組みから「その他の児童」の保育へ

戦時厚生事業として取り組まれた学童保育は、全国各地で、しかも公的な事菜として行われたものであった。戦前から戦後へ、継続して運営されている児童福祉施設は珍しくないが、この事業に関して言えば、戦後に継続された痕跡はない。

そこで、戦前と戦後をつなぐ、いわば「地下水脈」として注目されるのが、厚生省児童局保育課に初代課長として招聘された吉見静江の戦前における実践経験である。吉見は、興望館セツルメントで館長をつとめており、その経験から次のように書いている。

> 下町にある託児所での運動場のために広場を所有し得ない場所にあっても裏庭に遊具を備え、又近くの小公園に子供を連れ出し、工夫と熱心によって責任ある仕事を果たしている点は、実に学ぶべき多くのものを持っている。この小さい託児所では、学童のためにおやつを用意して学校から帰ってくるのを待ち、

この姉さんや兄さん達のために地下室の一部を提供して勉強部屋にもし遊び部屋にもしている。[16)]

こうした保育所（託児所）における学童保育の経験から、吉見は、児童福祉法第三次改正で保育所の対象児童を「乳児」と「幼児」から「その他の児童」へと拡大することを考えていたのであろう。次のようにも書いているのである。

児童館が建物を与えられ、児童遊園がととのえられ、何時も子供達が良き先生によって指導されていくような時も、近い将来において是非実現してもらいたいことではあるが、今日も尚ただ手をつかねて待っていればよいという時ではない。今あるものを活かして、小さくとも至るところに是非とも児童センターを実現させていきたい。それにはすでに運動場を持ち室を所有している保育所を利用することが早道であると考えられる。[17)]

その後、実際に、児童福祉法第三改正法案は、吉見が保育課長をしていたときに国会に提出され、改正された。戦前、セツルメントで実施された学齢児対象の保育実践は、児童福祉法における「その他の児童」の保育規定として具体化されたのである[18)]。

②大阪における学童保育のはじまり

1948年、大阪市にある今川学園保育所の園長の三木達子は、放置された卒園児を放っておけず園長室で預かることをはじめた。その後、1949年第三次改正児童福祉法によって保育所の対象児童に「その他の児童」が追加された。三木の卒園児への対応が法的な根拠を得たことになる。

そして、三木は、この「その他の児童」の保育所入所規定を根拠に、今川学園保育所で「その他の児童」の保育を継続していくとともに、これを「学童保育」と呼ぶようになる。さらには、保育関係者・隣保事業関係者にその必要性を訴え続けるとともに、大阪市内で、保育所や隣保館、児童館で行われる学童保育を組織していった。

今川学園保育所ではじめられた学童保育は、その後、1950年代の半ばには30人ほどの入所児童を数えるようになる。また、試行錯誤のなかでの実践によって、専任の「保母」がいて、専用の「学童室」があり、そこに「ただいま」とかえってきて「おかえり」と迎える、「おやつは絶対必要」という内容の学童保育実践にまで到達していた[19]。

三木は自ら経営する施設でのみ、この問題を考えていたわけではなかった。1956年11月７日、大阪府牧岡市で、両親が働きにでている間の留守中、小学校２年生の子どもが何者かに絞殺される事件が起きた。これを受け、翌月、三木らは、大阪市私立保育園連盟と大阪市社会福祉協議会の共催による学童保育合同研究会議の開催を呼びかけた。同会議に集まった保育所や隣保館などでは年末年始の学童保育が開かれた。この取り組みは、一度で終わってしまったが、三木はさらに大阪セッツルメント協議会の結成（1958年）と同協議会内学童保育推進委員会の設置を主導し、学童保育の実践と研究を組織していく。学童保育推進委員会は夏期休暇中の学童保育実施計画をたて８施設で実施した。さらに常設の学童保育設置を大阪セッツルメント協議会に加盟している施設で進めていく。1962年に愛染橋児童館、1963年には、さかえ隣保館、北田辺保育園、市立生野児童館等で設置された。1968年12月には、16カ所で設置されるまでになっていた。

③東京における学童保育のはじまり

東京でも、民主保育連盟に参加していた東京都北区の保育者・園長らがつとめる保育所と卒園児の保護者により、卒園児のための学童保育が始められる。1955年、神谷保育園では卒園児のカバンをあずかる程度のとりくみが開始された。1956年、労働者クラブ保育園の卒園児の親による共同学童保育がはじめられた。しかし、いずれも短命に終わった。この経験をふまえて労働者クラブ保育園の園長塩谷アイ、豊川保育園園長の畑谷光代、区会議員であり豊川保育園の理事長近藤亮三郎は協議をし、1958年に始められた豊島こどもクラブは、連合自治会の運営によって継続的に実施されるよう工夫がされたのである。そして、この豊島こどもクラブの成功は、学童保育所づくりをはげまし、1959年には神谷子どもクラブ、1961年には板橋区のみどり会の設置へとつながっていった。

1961年12月、東京都北区や板橋区で学童保育をはじめた関係者らは、厚生省や東京都民政局へ現状を訴え、1962年６月には共同募金会への配分申請をし、1962年７月、学童保育連絡協議会を結成する。のちに全国学童保育連絡協議会に改称され発展していく団体の誕生であった。

（四）学童保育運動の成立と国・自治体施策のはじまり（1963年頃から1972年頃まで）

①共同学童保育運動の成立、各地との連絡

1963年４月、葛飾区青戸団地では共同保育所づくり運動を担ってきた保護者たちによって「青戸学童保育会」が開設された。学童保育連絡協議会に、この共同学童保育所づくり運動の担い手が合流する。青戸団地における学童保育所づくり運動は、親の働く権利と、子どもを集団や仲間のなかで育てたいという教育要求を統一的に捉え、保護者が運動主体となる共同学童保育所づくり運動の嚆矢でもあった。

大阪でも、隣保館や児童館における学童保育実践・運動とは異なる、保護者による共同学童保育所づくり運動がはじめられた（1965年、枚方市香里団地。大阪市内では1966年出来島、東淀川、関目地域）。このころには、東京や大阪以外の地域でも学童保育要求運動が展開されるようになるが、そうした各地の運動組織の交流と運動の全国組織化を促したのが、学童保育連絡協議会による学童保育研究集会であった。1967年10月11日、杉並公民館で開かれた第２回学童保育研究集会[20)]が行われた際、東京以外からの参加者も多く、学童保育連絡協議会は東京都内の組織としてのみならず「全国組織へ脱皮すること」が決められた。

翌1968年11月23日と24日、東医健保会館（東京）で開かれた第３回学童保育研究集会は、２日間の開催により全国各地からの参加をしやすいものにするとともに、１日目夜には「全国交流会」をプログラムに位置づけた。実際に、東京都以外から、大阪府、愛知県、秋田県、山形県、神奈川県、埼玉県、千葉県、奈良県、兵庫県、福岡県からの参加があった。この集会は、まさに全国集会として開催されたものとなった。そして、第３回学童保育研究集会に大阪から参加した指導員らは、帰阪してすぐに、大阪でも学童保育研究集会の開催を呼びかけ、翌年２月には、実現させている。

翌1969年９月14日、15日に開かれた第４回学童保育研究集会に参加した大阪からの参加者は大阪学童保育連絡協議会結成に動き出し、愛知からの参加者は第１回愛知学童保育研究集会と愛知学童保育連絡協議会の結成にむけて動き出した。

こうして学童保育研究集会は、各地の学童保育の運動と実践をつないだだけでなく、各地の学童保育連絡協議会の結成と学童保育研究集会の開催を促していったのである。

②国の留守家庭児童への対策

1963年は、政府や自治体においても、小学生の子をもつ母親の就労・両親の共働きが問題としてクローズアップされた年であった。厚生省児童局『児童福祉白書』（1963年）は、「家庭養育における障害」として「1　父母の有無」「2　経済的貧困」につづけて「3　母親の就労」をあげ、次のように「保育に欠ける」問題とした。

> 両親、特に母親の就労によって学校から帰宅してからの幾時間かが保育に欠けるという状態の中で、低学年児童の健全な育成が阻まれるという問題がある。／……このような環境の小学校低学年児童がどれくらいの数のぼっているかについては、遺憾ながら完全な統計資料がない。僅かに大阪市の小学校１～２年を対象とした結果から判定するしかないが、これによれば該当する者は7.8％とあるから、推計すると全国に49万人を算することになる。……／母親の就労（普通、都市生活では共稼ぎの名で呼ばれているが）は、家庭内にあって児童の育成にあたる機会が少くなることは否めない。しかし父親の収入だけでは生活が賄われない場合の母親の就労、農村では父親が工場労務者となる場合、農業労働に母親の就労が中心になるというように、母親の労働の必要性が大きくなるところに、やむを得ない保育欠如の状況が生れてくる。[21)]

こうした問題認識のもと、厚生省は、1963年より児童館設置の国庫補助を開始する。ただし、この国庫補助は「おおむね３才以上の幼児、または小学校１年～３年の学童で家庭環境、地域環境および学友関係等に問題があり、指導者を必要とするものの健全育成」（厚生省官通達）を図ることを目的としたものであり、留守家庭児童対策や学童保育として独自の事業ではなく、あくまで児童館の設置によりこの問題に対応する姿勢を示したものであった。

中央青少年問題協議会は、1965年９月20日、「青少年非行に対する意見」を内閣総理大臣に具申[22)]、「母子家庭・共稼ぎ家庭の子どものために保育所・託児所等の施設の拡充を図るとともに、……それらの子どものために、小・中学校等の施設を利用した留守家庭児童の育成事業等を推進し、その指導の充実を図るべき」とした[23)]。

この具申の提案を引き受け、文部省は1966年、留守家庭児童会育成事業を開始した。市町村が実施する留守家庭児童会への補助を国が行うというものであり、大阪市や名古屋市、札幌市、福岡市などの都市で行われ、1968年度には148市町村、422

カ所で実施された実績をもった。しかし、1971年度からはこれを校庭開放事業に統合・廃止してしまい、各自治体では、自治体独自の施策に引き継がれるか、廃止もしくは校庭開放事業に解消されていった。

③東京都・区の自治体施策

東京都・区においても、1962、3年は、学童保育史における画期となる年であった。東京都渋谷区議会は、卒園児らを心配する区立保育園の園長らによる運動もあって、1962年３月、「区政30周年記念行事」として区立渋谷保育園の３階に母子会館（仮称）を建て学童保育を行うことを決めた[24)]。建設はやや遅れたが、1963年６月に「渋谷学童館」として始められ、同じ時期、大田区でも児童遊園内に学童保育所「糀谷子供の家」が公費で建設され、地元の運営委員会で運営された[25)]。

東京都では1963年７月、民生局が補正予算で「学童保育事業補助費」を計上した。その「事業内容は、区市町村が行う学童保育に補助金を公布するというもの」であった[26)]。とはいえ、初年度1963年度に「補助金の交付を申請したのは、区内では渋谷の１か所だけで、あと三多摩の８か所だけ」であったが、翌1964年度に「23区内でも31か所の実施となり、それまで民間で運営されてきた学童保育のほとんどが、公立学童保育へときりかえられ」ていった[27)]。

革新都政になると公立学童保育所はさらに増えていき、1969年に結成された東京都学童保育指導員労働組合による正規職員化運動が展開され、1972年には学童保育指導員全員の正規職員化が実現するなど、全国の運動を励ました[28)]。

（五）学童保育運動の全国組織化・制度化要求と都市児童健全育成事業（1972年頃から1990年頃まで）

1972年９月、第７回全国学童保育研究集会時に開かれた総会で、学童保育連絡協議会は全国学童保育連絡協議会と改称された。全国学童保育連絡協議会では、学童保育の制度化の内容を明らかにする研究活動と、それを実現するための制度化要求運動を展開していくようになる。その背景には、文部省留守家庭児童会育成事業が1971年度より廃止され、学童保育の要求や必要に対応する国の制度が無くなったことがあった。あらためて国としての制度の必要が学童保育運動のなかで認識されたのである。

1973年11月、前述のように全国学童保育連絡協議会は、学童保育の制度化を求める初の国会請願を行った。請願は採択されて翌1974年の国会で審議され、大蔵省のゼロ査定などもありながら、ねばりづよい運動により、とうとう1976年度から都市児童健全育成事業が施行されることになった。都市児童健全育成事業は、施行当初は人口５万人以上（のちに３万人以上）の市町特別区を実施主体とし、留守家庭児童の多発や児童の遊び場不足など都市における児童の健全育成上の諸問題の発生に対処するための事業であった。この事業のなかに「留守家庭児童等の余暇における保護・育成に資するため」の「児童育成クラブ」が位置づけられたのであるが、そこで想定されているのは専任の指導員ではなく、民間の指導者や地域の保護者を「育成指導者」とするものであり、全国学童保育連絡協議会が求める「制度」内容とのズレは大きかった。

当時、厚生省は、留守家庭児童の保護育成や児童の遊び場不足については、児童館、児童遊園、学校体育施設開放事業等の整備によるべきであり、都市児童健全育成事業は、それが整備されるまでの「経過的な措置」「地域の自主的な活動を助長する奨励的な観点から一定期間実施」するものと位置づけていたのである。実際、厚生省は、1977年度から都市児童館への国庫補助をはじめるなど児童館の拡充をも図っている。全国学童保育連絡協議会は、都市児童健全育成事業の施行後も、同事業を「制度化への足がかり」としながら、繰り返し「学童保育の制度化」を求める請願を行った。

（六）「学童保育の法制化」と放課後児童対策事業の施行（1991年から1997年まで）

合計特殊出生率が「ひのえうま」の年を下回り1.57となった1989年。この頃から政府は、育児を家庭責任とするものから「仕事と子育ての両立支援」や「子どもを生み育てやすい社会」への政策転換をはじめた。

この転換は、政府の学童保育政策においても現れた。厚生省は、1991年度より放課後児童対策事業を実施する。厚生省によれば、この事業は、都市児童健全育成事業における「児童育成クラブ（設置・育成事業）」を「発展的に解消」し、「対象の拡大等その充実を図り」、「児童クラブ」を設置することとしたものである。しかし、それ以上に、この放課後児童対策事業の実施は、厚生省が「留守家庭児童対策には児童クラブ（学童保育）という固有の対策が必要であると認めた劇的な転換」[29]でもあった。それまで、厚生省は都市児童健全育成事業について、児童館が整備されるまでの「経過的な措置」として位置づけていたからである。また、「児童育成クラブ」では認められなかった専任の指導者（指導職員）が「児童クラブ」では位置づけられるようになり、さらに後の通知ではこの指導者を「放課後ケアワーカー」とした。

1993年頃からはさらに「学童保育の法制化」をめぐる政府内外の動きが活発になる。たとえば、総合研究開発機構（NIRA）が「学童保育の制度化」を提言し、厚生省児童家庭局長の諮問機関「子供の未来21プラン研究会」では「法制化」を提言し、厚生省でも1993年より放課後児童対策事業の法制化の検討をはじめたのである。

この動向とも連動して、少子化対策の政策であるいわゆるエンゼルプランのなかで放課後児童対策の量的拡充が政府の政策課題として位置づけられた。1994年12月16日に発表される文部省・厚生省・労働省・建設省の四省合意文「今後の子育て支援のための施策の基本的方向について」が「多様な保育サービスの充実」の一つとして「放課後児童対策の充実」を掲げ、同月18日に発表された「緊急保育対装等５ヵ年事業」では５年で放課後児童クラブの箇所数を1994年度の4520カ所から1999年度の9000カ所にまで増やす計画を出した。政府が数値目標を掲げて整備する政策としたことは、「都市児童健全育成事業（における児童育成クラブ）」や「放課後児童対策事業（における児童クラブ）」のように厚生省の通達上の事業にすぎなかった段階から、いわば「公認」のものとなったということだった[30)]。

こうした段階を経て、1997年の児童福祉法改正による放課後児童健全育成事業の法定事業化（学童保育の法制化）が実現する。今川学園保育所で三木園長が卒国児を園長室であずかってから約半世紀、全国学童保育連絡協議会による初の国会請願から四半世紀の歳月がすぎていた。

四　本資料集成が資料を収録した時期と検討課題

（一）本資料集成が対象とした時期

本資料集成が対象とした時期は、1960年代から1970年代半ばまでの十数年である。先述の時期区分でいえば、学童保育運動の成立と国・自治体施策のはじまり（1963年頃から1972年頃まで）と、学童保育運動の全国組織化・制度化要求と都市児童健全育成事業（1972年頃から1990年まで）における初期にあたる。

最後に、本資料集成を読み解いていく際に、検討課題となると思われるポイントについていくつか指摘しておきたい。

（二）1960年代における共働き世帯の子どもの監護やケアの問題をどう認識するか

本資料集成が資料を収録した時期で、まず社会問題として認識されたのは、共働き世帯の子どもの監護・ケアの問題である。1960年代に入ると各地の学校の教師たちは、まだ「かぎっ子」という言葉もない頃から共働き世帯の子どもの放課後の生活のありようについて問題ありと気づき始めた。地域によっては教師や教育委員会による独自の取り組みが行われることがあった。本資料集成でも、愛知編や大阪編などでその例を見ることができるだろう。

1963年頃から1960年代半ばになると、「留守家庭児童」や「かぎっ子」という言葉とともに、この問題は、一気にさまざまな立場から認識されるようになる。中央青少年問題協議会や文部省は、非行対策あるいは非行の予防対策を要する問題として捉え、厚生省は「家庭養育における障害」の一つとして「母親の就労」を捉える（『児童福祉白書』）。マスコミでは「かぎっ子」なる言葉で報道をする。他方で、母親運動・婦人運動・保育運動は、女性の働く権利と集団保育とを両立させようと「保育」として自治体に学童保育の設置を求めるとともに、自ら共同保育で学童保育をつくり運営していくこともやむなしと動き出す。1963年には日本母親大会第９回大会が「保育所・学童保育」を分科会として位置づけてもいた。また、この時期、社会的に注目を集めた社会問題として、国・自治体などによって「留守家庭児童」「かぎっ子」実態を明らかにしようとする社会調査も数多く行われている。その重要なものは収録できたと思う。

以上のように、互いに関連し対立しながら展開していく過程を明らかにしていくことは、日本の学童保育史にとって重要な検討課題であろう。

（三）文部省による留守家庭児童会育成事業について

とくに、愛知編や大阪編に収録したもので見ていただきたいのは、文部省が1966年にはじめ、わずか５年で廃止した留守家庭児童会育成事業の具体的な運営実態である。この事業については、日本社会教育学会においても、酒匂一雄編『地域の子どもと学校外教育』（東洋館出版社、1978年）で若干の言及をしている程度であり、その実態はほとんど明らかにされていない。あらためて本資料集成を手がかりにして、学童保育への関心にとどまらず、より広く、子どもの放課後や居場所、子どもの社会教育・学校外教育への関心からも検討してほしい。

（四）地域における学童保育連絡協議会の結成と全国学童保育連絡協議会への改称

さらに基本的な検討課題としては、1960年代のおわりから1970年代のはじめにかけて、相次いで各地の学童保育連絡協議会が結成され、学童保育連絡協議会が全国学童保育連絡協議会へと改称された意味や意義と、その設立・改称の具体的なプロセスの解明である。

まず、学童保育連絡協議会の各地での結成や改称の意味や意義についてである。全国学童保育連絡協議会への改称は、既存の団体の単なる改称ではない。1960年代末から1970年代のはじめに相次いでつくられることになった各地の学童保育連絡協議会が結成されたからこそ求められた改称である。また、各地の学童保育連絡協議会は、全国学童保育連絡協議会の下部組織でもない。まさに「連絡協議会」として各地域の組織がつながり「全国」組織を構成していく過程において行われた改称であった。

こうして「全国」組織として全国学童保育連絡協議会は、隔月刊『日本の学童保育』を創刊させ、あるべき学童保育の内容や方法についての研究を担い、都市児童健全育成事業を政府にはじめさせる契機となった国会請願運動を担いうる組織になっていったわけである。全国学童保育研究集会の開催についても、この頃から参加者数も桁違いに増えていくから、その役割や事務も大きくかわっていったのではないかとも推測する。1960年代のおわりから1970年代のはじめにかけての時期は、今日の学童保育運動のあり方が形作られた過程なのだとすれば、あらためてその意義を確認したいと思うのである。

次に、各地の学童保育連絡協議会の結成のプロセスを、具体的に明らかにするということについてである。当たり前のことを言っているように聞こえるかもしれないが、私自身、学童保育運動史研究をするなかであらためて重要であると気がついたことでもある。たとえば、各地の学童保育連絡協議会の設立が、ある集会で宣言・確認されたとしても、その時には、会の規約や会則までは決めない場合もある。大阪学童保育連絡協議会の結成のプロセスについては論文[31)]にまとめたことがあるので関心のある向きにはそちらをご覧いただきたいが、大阪学童保育連絡協議会は、設立あるいは結成を宣言した日の後に、年度をまたいであらためて総会を開き、会としての規約を決めていた。そのため、結成20周年の頃には大阪学童保育連絡協議会においても結成日が、あいまいになっていたのである。愛知学童保育連絡協議会の結成についても、同様の観点での史料批判が求められるようである。愛知編と大阪編でも、このあたりを確認できるように編集していきたいと思う。

組織の命名（改称）の問題も、簡単ではない。ややこしい話であるが、学童保育連絡協議会（1962年結成）は、1960年代において、東京都学童保育連絡協議会（なお、これは、現在、存在する東京都学童保育連絡協議会のことではない）を名乗っている資料もあれば、学童保育連絡協議会を名乗っている資料、いずれもある。同一の資料のなかに、二つの組織名が書かれている場合まであるのだから、本当にややこしい。本資料集成では、印刷されたまま収録しているが、「史料」にもとづいて「道筋を立てて説明」できるよう解明する必要がある。

なお、これらの点について、個別の資料ごとに説明が必要だと思われるものについては、第16巻に収録予定の「解題」で説明する。あわせて読んでほしい。

おわりに

本資料集成は、学童保育の歴史研究のためだけにあるのではない。ここに収められた資料は、明確な制度もない、決められたカリキュラムもない、職員の資格も養成課程もない、そうしたなかで、学童保育の歴史を一歩一歩切り拓いてきた人々が残した資料である。学童保育指導員が、学童保育運動団体の専従職員や役員をしている保護者が、学童保育の過去を知り、学童保育をつくってきた／つくっている歴史の主体として生きるための学習資料になりうるものだと思って編集した。

もちろん、研究者にとっても重要な資料（史料）を収録できたとも考えている。本資料集成〔第Ⅰ期〕の刊行によって、国会図書館やどの大学図書館にも所蔵されていないような資料、学童保育に関係する団体でも持っていないような資料――とはいえ、かつて学童保育運動を担った人の自宅の段ボールのなかで眠っているものはあるかもしれないが――を、学童保育を研究しようと考えている人たちに、また、この問題に関心を持っている人たちに目にしてもらえるようにできたとすれば、編者として大きな喜びである。

本資料集成〔第Ⅰ期〕の収録資料の構成を見ると、全国的な運動として全国学童保育連絡協議会やその前身である学童保育連絡協議会が編集・発行したものと大阪や愛知のもののボリュームが大きくなっていることがわかると思う。ボリュームが小さい地域や収録できなかった地域を軽視しているわけでは、もちろんない。基本的には、編者の現時点での資料調査の進展と、その地域での資料の保存状態から、現時点ではこうするのが最適だと判断した、ということである。また、収集できた資料のうち重要ではあるが、学童保育関係資料集成〔第Ⅱ期〕に収録できることを期待して、今回は収録を見送ったものもある。

なお、今回収録した資料のなかには、長く学童保育指導員をつとめてきた方からSNSを通して連絡をいただき、退職を機に編者にご寄贈いただいた資料も含まれている。親子二代による大変貴重な資料であった。ここに記して感謝の意を表したい。

編者と六花出版編集部は、第Ⅱ期以降の学童保育関係資料集成に収録すべき資料について、資料調査を今後も続けていくつもりである。地域における学童保育関連資料についての情報提供、所蔵資料調査へのご協力をお願いしたい。また、人生の節目においてご自宅など保存してきた学童保育に関する文献・資料の整理・処分を検討している方がいらっしゃったら、編者や編集部までご一報いただければ幸いである。

付記　本研究の一部は、JSPS科研費JP24K05833, JP24530697の助成を受けたものです。

1）全国学童保育連絡協議会「学童保育の原点と制度化へのみち――第六回合宿研究会のまとめ」、全国学童保育連絡協議会編『学童保育年報』No.１、一声社、1978年、18頁。
2）日本学童保育学会は、日本学術会議協力学術研究団体として指定を受けている。
3）全国学童保育連絡協議会編『制度化をめざして――学童保育のすべてⅤ』一声社、1981年、136頁。
4）大塚達男「生き生きとした放課後を求めて――Ⅱ巻・Ⅲ巻のまえがきにかえて」、全国学童保育連絡協議会編『あそびで育つ子どもたち――学童保育のすべてⅡ』一声社、1976年、８頁。
5）前掲『あそびで育つ子どもたち――学童保育のすべてⅡ』、30－31頁。
6）西元昭夫「学童保育の歩み」１～16（全国学童保育連絡協議会編『<隔月刊>日本の学童保育』１,５,６号、1974年６月～1975年４月、鳩の森書房。全国学童保育連絡協議会編『<隔月刊>日本の学童ほいく』７～16号、1975年５・６月～1976年11・12月、一声社。全国学童保育連絡協議会編『<月刊>日本の学童ほいく』17～19号、1977年１月～1977年３月、一声社）。
7）石原剛志「今川学園保育所における学童保育と園長三木達子の思想と行動――敗戦から1950年代半ばまで」、『日本学童保育学会紀要　学童保育』第１巻、2011年。同「講座学童保育を求め、つくってきた人々　学童保育の歴史から学ぶ〔全６回〕」（全国学童保育連絡協議会編・発行『日本の学童ほいく』506号～511号、2017年10月～2018年３月）。第１回から第６回までの各タイトルは、次のとおりである。第１回「悲しみからの出発――敗戦直後、学童保育をはじめた三木達子と今川学園」、第２回「セツルメントによる学童保育――1960年代、大阪市」、第３回「東京の学童保育づくり運動――保育園が支えた、保護者の運動から学童保育連絡協議会へ」、第４回「働きつづける決意と共同が切り拓く――東京都葛飾区、青戸学童保育会・中青戸学童保育クラブ」、第５回「つながる各地の学童保育づくり運動――学童保育研究集会に集まる願いと経験」、第６回「手探りで歩む――学びあい、綴りあう学童保育指導員」。

８）亀口まか「戦前における学童期の保育の展開――二葉保育園の実践を中心に」、『日本社会教育学会紀要』46号、2010年。同「戦前日本の放課後事業に関する基礎的研究」、奈良教育大学教育学部附属教育実践総合センター『教育実践総合センター紀要』20巻、2011年。同「戦時期日本の学齢期保育――既婚女性の勤労動員との関係に着目して」、『教育学研究』87巻１号、2020年など。

９）登壇者と報告タイトルは次の通り。石原剛志「基調報告　日本の学童保育史研究の現状と課題」、増山均「学童保育の源流を探る――帝大セツルメントなどの戦前の取り組みについて」、前田美子「大阪における学童保育づくり運動の成立と発展――共同学童保育の思想と実践」。

10）『日本学童保育学会機関誌　学童保育』第９巻、2019年。

11）松沢裕作・高嶋修一編『日本近・現代史研究入門』岩波書店、2022年、「はじめに」p.Ⅸ。引用部の下線強調は、原文ママ。

12）高島芳忠「戦前期の学童保育事業」、児童館・学童保育21世紀委員会編『児童館・学童保育と子ども最優先』萌文社、1996年。亀口まか「戦前における学齢期の保育の展開――二葉保育園の実践を中心に」『日本社会教育学会紀要』No.46、2010年など。

13）前掲、亀口「戦前における学齢期の保育の展開」。

14）『興望館セツルメント七五年の歴史』社会福祉法人興望館、1995年。

15）高島前掲及び寺脇隆夫・石原剛志「解説（「児童保護」別冊）」日本図書センター、2005年。

16）吉見静江「保育所と児童厚生施設」、山高しげり編『こどものしあわせ――児童福祉法はどんな法律か』清水書院、1948年。

17）同前。

18）石原期志「児童福祉法における学童保育条項」、児童館・学童保育21世紀委員会編『児童館と学童保育の関係を問う』萌文社、1998年。

19）前掲、石原剛志「今川学園保育所における学童保育と園長三木達子の思想と行動」。

20）なお、第２回学童保育研究集会として数えられている集会は、開催された当初、第１回学童保育研究集会として行われた。開催後に、第１回はすでに開催されていたことが関係者によって指摘され、これを第２回として数えるようになったという（西元昭夫「学童保育の誕生と発展」、東京都学童保育指導員労働組合『東京の学童保育運動』ささら書房、1972年、18－19頁）。なお、本来行われたはずの「第１回」の資料は、今日まで発見されていない。本資料集成において収録した資料は、のちに「第２回」の集会として数えられることになるが、本資料集成では、当時印刷配布されたまま収録している。

21）厚生省児童局『児童福祉白書』児童問題研究会、1963年、36頁。

22）「青少年非行対策に関する意見具申について」、総理府青少年局編『青少年白書（1966年版）』大蔵省印策局、1966年、305頁。

23）中央青少年問題協議会「青少年非行対策に関する意見」1965年９月20日（岸田善三郎「留守家庭児童会育成事業について」、大阪府青少年問題研究会編『青少年問題研究』大阪府企画部青少年対策課、1967年、80－81頁より孫引き）。

24）『学童保育の経験から』婦人民主クラブ、1962年７月、15頁。

25）西元昭夫「『学童保育』の誕生―草創期３―　＜学童保育の歩み＞６」、全国学童保育連絡協議会編『<隔月刊>日本の学童保育』第９号、1975年10月、一声社、77頁。

26）同前、78頁。

27）同前、79頁。

28）東京都学童保育指導員労働組合『東京の学童保育運動』ささら書房、1972年。

29）真田祐「学童保育の歴史をふりかえる」、＜学童保育＞編集委員会編『希望としての学童保育』大月書店、2001年、63－64頁。

30）垣内国光「エンゼルプランと学童保育」、＜学童保育＞編集委員会編『希望としての学童保育』大月書店、2001年、109－110頁。

31）石原剛志「大阪学童保育連絡協議会結成の経過とその歴史的意義」、『日本学童保育学会機関誌　学童保育』第14巻、2024年。

「留守家庭児童／不在家庭児童」
調査資料編 I

留守家庭の子ども

―― 指導事例集 ――

昭和37年3月

名古屋市教育委員会

序　　　　言

教育長　　加　藤　　善　三

留守家庭の子どもは愛情の欠除という心の傷を刻んでいる。その傷は時には淋しいという傷となり、時には欲求不満という傷となり、また時には自信喪失という傷ともなって、毎日少しづつではあるが心の奥底に……　丁度一滴の水が満々として流れる大川のように・・・・　長い年月の間には子どもの脳裡に大きな傷を残す場合がかなりあるのではないかと思われる。

かような調査は今までにおいてとり上げられたこともないし、また研究もされたこともなかった。近代生活の向上のかげに家庭婦人の働く機会が多くなって来、その数も年とともに増加の様子である。調査の結果によれば市内の小中学校合せて約２万３０００人の留守家庭児があるにいたっては驚くの外はない。かように増加し、増加しつつある留守家庭児の中におきると予想される問題は現在のところさしてないにしても、月日のたつにつれていろいろの問題が起きないとも限らないし、またおきると考えられ、これについて対策が考えられなければならないと思う。

留守家庭対策として考えられることは一つは子どもの面、一つは両親の面と両者について考えられる。この両者については対策が一方だけに傾いたりした場合、また両者について考えられてもその内容がちぐはぐの場合においてはその効果があがらない場合が多いしまた子どもを窮地に追いこむ場合がなきにしもあらずである。両者が車の両輪の如く円滑に回転する対策が立てられなければならない。

子どもの側について考える場合、学習指導の全分野において教師の深い理解と愛情が必要で、この基礎の上に立っていろいろの対策方途が生れなければならないと思う。同僚間の理解を深めることも、本人が何の劣等観をもたないよようにすることも、クラブ活動の中に参加させることも、適当な作業を与えることもすべて教師の理解の上に立ってのみ生きて来るものと思う。温い理解と愛情を欠くときはいろいろな働きかけは失敗におわり、却って子どもを孤独に追いやる結果となりはしないだろうか。

親の側について考える場合、まづ子供のおかれている現実に愛情の欠除があってはならないと思う。子どもが淋しがっている時にはこれを元気づける環境と、はげましを常に与えるように努力せねばならないし、子どもの孤独に生きる場合これを慰めるとか、学習環境の整備について配慮をするとか、遊びなどについての細かい注意をするとか、親の座をくずさないだけの配慮を常にはらうことが大切である。又親としての責任の一部を隣人にたのんでおくとか、親せきに依頼するとかの方法も考えられる。また社会の人々の手をかりて協力していただくような所謂社会資源に依存する場合もあろう。

いろいろの対策を考えては見るものの個々のケースがそれぞれ異り、千差万別であるので一定した方法が考えられないが子どもの一人一人について最もふさわしい対策を立てるべきである。しかし根本をなすものは子どもの心を傷つけずに正常の状態におくように愛情の路線をしっかり引くことであり、子どもの感じているマイナスの面をプラスにするような方法がしっかり与えられることが最もよい対策ではなかろうか。

これらの対策を支えるものは社会全体の人々の愛情であり、これの結集された一つの愛情運動が展開されてはじめて明るい社会が子どもらの前に開けて来ることと思う。

ここに集められた事例は以上の観点に立つある方策に過ぎないが、増加しつつある留守家庭児のため将来にわたってより綿密な万全の指導対策が学校、家庭、社会を通じて打ち立てられる糸口となり子どもの幸福のために少しでも役立つことを心から希望いたします。

も く じ

1. 留守家庭の子ども

「ただいま」

ランドセルを背負った小学生が、一日の学校生活を終えて、明るい笑顔で門をはいる。

「お帰りなさい。きょう学校でどうだった？」

「あのネ……きょう学校でね……」

おかあさんと子どもの楽しい会話が続く。ほほえましい毎日の家庭のふん囲気である。こういう家庭がほとんどの子どもたちの家庭であろう。

しかし、なかには家へ帰っても「お帰りなさい」といってくれるおかあさんもだれもいないで、自分でごそごそと鍵をあけ、火の気も何もないへやにはいっていかねばならぬ子どももかなり沢山いる。こういう子どもたちをわれわれは一応「留守家庭の子ども」とよんでいる。

人間生活の基礎的な一つの単位として、家庭生活は種種の機能を果しているが、なかでも子どもを養育することは家庭のもつ最も重要な機能の一つである。家庭が子どもの養育についてもっている機能は次の二点にある。

1. 家庭は、子どもに対して加えられる社会的圧力を防ぐ防壁の役割をしているということ
   保護的機能
2. 家庭は 社会にかわって社会の要求を子どもに伝える役割をしているということ。
   社会化の機能

この二つの機能は、一見相反するもののようであるが、この機能が適当に果され調和されていくところに健全な家庭の条件がある。保護的な役割が過剰であると、子どもはいたずらに社会から隔離され、非社会的もしくは反社会的な性格が助長されて排他的利己的な性格が形成されることがある。日本の家庭には従来このような保護的機能の強い家庭が多く，家庭的利己主義ともいうべき閉鎖的な色彩が強かったといわれる。また、反対に社会化の機能が強くなりすぎ、しつけが厳格すぎると子どもの性格がゆがめられ、問題児もまたそういう家庭から出ることがある。留守家庭では、果してこれらの機能が完全に果されているだろうか。また、適当なバランスをとつて二つの機能がうまく調和されているだろうか。

まず、ここに留守家庭の子どもを眺める場合の着眼をおかねばならない。

また、家庭生活は、それ自身が一つの社会生活であって、家庭における両親、きょうだい、祖父母、おじおばなどと緊密な共同社会を形成している。したがってこれらとの人間関係が、子どもの性格にいろいろの陰影を与えるものである。一ぱんの子どもの指導の場合もそうであるが、ことに留守家庭の子どもについては、家庭においてこの子どもがどのような人間関係の中に生活しているかを力動的にとらえる必要がある。

子どもの養育に対して家庭は、このような重要な機能をもっているので、家庭生活は子どもの精

神の発達にとって、たいへんたいせつな意義をもっている。かって、第一次世界大戦後ドイツで、家庭を失った不幸な子どもたちのために合理的科学的なりっぱな施設をつくって収容し、養育した結果を調べたことがある。それによると収容された子どもたちの身体的、精神的発達のよくないことがわかり、その後この現象に注目し精神的ホスピタリズムとよんで幾多の研究がなされた。ホスピタリズムにかかった子どもも家庭に戻せば簡単になおることから、これは根本的には親の愛情の欠除によるものであるといわれる。留守家庭の子どもに親の愛情が欠除しているなどと断定することは誤りではあるが、ホスピタリズムに似た症状を示しているかどうかも指導のうえでの一つの着眼であろう。

人間形成の途上、留守家庭に育ったということだけで、身心の発達や性格形成のうえに好ましくない影響があるという確証はない。あるいは、親に対する無用な依頼心を起させることなく、早くから独立自尊の精神を形成するのに役立つかも知れない。しかし、それでもなお留守家庭に育つことが、性格形成上好ましい影響を与えるという確証は、前者の場合より以上にない。

留守家庭の子どもに、教育上問題があるとすれば、留守家庭であるが故に家庭の保護的機能、社会的機能あるいは家庭内における社会生活がふつうの家庭のように果されないのではないかと予測されるところにある。また、親の愛情の問題にしても、留守家庭の子どもは親の愛情とひ護を受けることがそうでない子どもの場合よりも少ないのではないかと予測されるところにある。留守家庭が子どもの精神的発達のうえで必要な機能をじゅうぶんに果している場合、親の愛情の時間的な空白が実質的に補われている場合には留守家庭の子どもであるからといって特別な配慮を必要としない。しかし、事実多くの留守家庭の子どもたちが、自分自身積極的に意識しているといないとに拘らず、この精神的空白や不満をもっていることは否定することにできない。

以上のごとき前提に立つて、留守家庭の欠ける面を補い精神的空白を埋めてやることは教育上きわめて重要な問題であって教育委員会がこの問題をとりあげたゆえんもそこにある。しかし、数多くの児童、生徒を受けもち、多くの仕事をかかえている教師がそれをじゅうぶんに果すことを期待することは不可能であって、むしろ学校教育の限界外の問題と考えられることもあろう。そこでわれわれは、学校教育をも含めた社会的な愛情運動の一つとして留守家庭の子どもの問題をとりあげ総合的な対策を考えていかねばならない。これはもとより容易なことではないし、ことがらは子どもの精神的な問題であり、人間関係の問題であるが故にその効果も顕著にはあらわれてこないであろうが、学校を中核として個個の子どもにまで浸透するような運動や施策の啓蒙と実現とを期待せざるを得ない。

2. 本市における留守家庭の子ども

留守家庭ということばは、まだあまり使いなれたことばではない。したがっていま留守家庭の概念を明確に定義することはできない。幸福な人間は同じように幸福であるが，不幸な人間はそれぞれに不幸であるといわれるように、し細にみればその実態は千差万別である。留守家庭ということばは、外観上の概念であって、家庭内部における人間関係や社会関係の病理現象に対して付せられた名称ではない。

下に示す名古屋市の留守家庭の子どもの統計も、きわめて概括的な数字を示すにとどまる。これは、留守家庭の子どもに対する愛情運動を展開していく場合の手がかりとして集計したものであって、指導対策を考える場合には、個個の異ったケースに応じて適切な指導の方法が考えられねばならない。それについては指導事例を参照されたい。

(1) 留守になる時間

子どもが、帰宅後保護者の手をはなれている時間を、「帰宅後夕方まで」「帰宅後夜まで」「夕方から夜まで」の三つの時間帯に分けて調査してみると次表のようである。

小 学 校

順位	学年 / 時間	1		2		3		4		5		6		計		計
1	帰宅後～夕方まで	449	503	675	649	819	739	963	953	1394	1259	1822	1483	6172	5586	11758
2	帰宅後～夜 まで	62	56	80	78	133	113	154	143	175	163	267	247	871	800	1671
3	夕方から～夜まで	4	4	10	6	6	5	12	10	12	16	33	28	33	69	146
計		565	563	765	733	958	857	1129	1106	1581	1438	2122	1758	7120	6455	13573

中 学 校

順位	学年 / 時間	1		2		3		計 男	計 女	計
1	帰宅後～夕方まで	1485	1329	1620	1187	999	940	4104	3456	7560
2	帰宅後～夜まで	254	288	298	329	138	159	690	776	1466
3	夕方から～夜まで	40	44	38	28	26	21	104	93	197
計		1779	1661	1956	1544	1163	1120	4898	4325	9223

この表で「帰宅後〜夕方まで」というのは、子どもが学校から家に帰る時間以後午後6時ごろまでで、遅くはなっても大たい保護者と夕食を共にすることができる子どもである。

「夜まで」というのは、子どもの就寝する時刻もしくはそれ以後まで留守になる家庭をいう。

これによると、小学校の留守家庭児童数は13,573名であって名古屋市の小学校の児童総数の約8.5%である。前年度と比較する資料を持たないので、たしかなことはいえないが、おそらく毎年増加の傾向にあることが推測される。留守家庭のうち、もっとも大きな割合を占めている「共かせぎの家庭」は全国的にかなり増加の傾向を示しているので、この推測はほとんど誤りはないであろう。

また、学年別にみると学年の上になるにしたがって増加している傾向がみられる。これは、子どもが大きくなって手がかからなくなり両親が働きに出るようになったというケースも考えられるであろうが、実際は現在の総児童数の学年別構成をみると児童総数が学年の上のものほど多くなっていることと相応じている。

中学校の留守家庭生徒数は、9,223名で本市における中学校の生徒総数の約10%強を示し、この数字は小学校よりも高い。また学年別では3年生が目立って少ないが、これも小学校の場合のように、生徒総数の学年別構成をみると3年生の生徒数が他の学年よりも極端に少なくなっているのに対比している。

調査の3つの時間帯のうち，「帰宅後〜夕方まで」のものがともに圧倒的に多いのは当然であろう。そしてこの子どもたちに対しては、学校教育または社会教育の場で、留守時間の精神的空白を幾分でも補ってやることは、指導の対策さえ確立するならば可能であろう。しかし、「帰宅後〜夜まで」「夕方〜夜まで」の場合の、対策はなかなか困難であって、家庭の両親の啓蒙が何よりもたいせつである。ともあれ、長い留守時間の間幼ない子どもたちが、どのような気持で、どのように過しているかを考えるとき、まことに心の寒くなる思いがする。やむを得ぬこれらの家庭に対してどのような手をさしのべてやるか社会の問題として真けんに考えねばならぬであろう。

(2) 留守時間の状況

次に、これらの子どもが留守時間中どのような状況下に生活しているかを考察してみると次表のようになる。この調査は、(1)の留守時間帯と組合わせて調査するとより明確に子どもの実態がつかめるであろうが、調査が非常に繁雑になるため概括的な数字を示すにとどめた。

小　学　校

順位		状況＼学年	1		2		3		4		5		6		計 男	女	計
2	家庭にいる場合	ひとりでいる	96	99	172	149	252	178	225	234	334	327	486	408	1545	1395	2940
1		兄弟姉妹といる	373	360	508	469	665	583	774	736	1006	986	1359	1134	4685	4268	8953
5		お手伝いなどがいる	8	5	33	21	8	16	2	32	15	32	30	34	96	130	226
7		そ　の　他	9	6	8	8	8	7	15	10	17	15	21	12	78	58	136
3	家庭にいない場合	近所の家にいる	53	45	52	55	68	48	67	72	103	71	111	89	454	380	834
6		親せきの家にいる	19	23	6	13	16	14	33	15	21	23	16	20	111	108	219
4		そ　の　他	8	4	19	13	10	19	25	19	36	30	53	31	151	116	267
		計	566	542	798	728	1007	865	1141	1118	1532	1474	2076	1728	7120	6455	13575

中　学　校

順位		状況＼学年	1		2		3		計 男	女	計
2	家庭にいる場合	ひとりでいる	518	449	575	439	375	395	1468	1283	2751
1		兄弟姉妹といる	1114	1046	1165	993	710	641	2989	2683	5672
4		お手伝いなどがいる	50	53	46	55	20	27	116	135	251
7		そ　の　他	9	13	10	11	11	6	30	30	60
3	家庭にいない場合	近所の家にいる	67	54	50	24	29	36	146	114	260
6		親せきの家にいる	12	18	21	10	8	10	41	38	79
5		そ　の　他	41	15	46	14	21	13	108	42	150
		計	1811	1651	1913	1546	1174	1128	4898	4325	9223

この表中、指導上もっとも問題となると思われるものは、順位1、兄弟姉妹といる（そのうちでも自分より幼ない弟妹とともにいる場合）2. ひとりでいる　3. 近所の家にいる三つの場合であろう。この3項目の合計が小学校では12,728名、中学校は8,683名でともに9割以上になっている。近所の家にいる場合は、その家の暖い協力や教育的配慮が得られるならば問題は少ないであろうが、幼ない弟妹といたり、ひとりでいたりする場合には、精神的に何か満たされないものを持つようになることは想像される。そして、その不満が、何から代償行為となって、親とともにいる時極端に甘えたり，学校で教師や友人に対しきわだった行いになったりする場合があろう。また

不満がみたされないままに、子どもの性格に暗い影響を与えているかも知れないことを考えてみる必要がある。

(3) 留守家庭児童生徒と非行関係

小学校

項　　目	児童　生徒数	計
今までに非行をおかし問題になったことのあるもの	91　　35	126
問題になったことはないがそのおそれのあるもの	222　　42	264
そのおそれがないもの	6683　6502	13185
計	6996　6579	13575

中学校

項　　目	児童　生徒数	計
今までに非行をおかし問題になったことのあるもの	184　　40	224
問題になったことはないがそのおそれのあるもの	246　　95	341
そのおそれがないもの	4490　4168	8658
計	4920　4303	9223

この調査は、教師の判断によるものが多い。「問題になったことはないがそのおそれのあるもの」および「そのおそれがないもの」の二項目には多分に主観が混入していることはまぬがれない。

この表によって「非行のおそれがないもの」が大部分で、非行に関係ある項目が少ないからといつて単純に安心するわけにはいかない。数字的に留守家庭児童生徒と非行の関係を厳密に立論するには、もっと他に留守家庭でないものの非行関係との比較や非行そのものの厳密な規定を設けて調査する必要がある。また逆に留守家庭の子どものすべてが非行につながる危険性をもっていると断定するわけにもいかない。留守家庭ということのほかに、子どもの性格や両親をはじめとする家庭との人間関係やその家庭環境という面だけを考えてみても，その他に複雑な要因を考えてみなければならない。

要するに、「留守家庭の子ども」であるからという偏見をすてて、子どもの一人一人の指導を考えていくことが大切である。

(4) 保護者の職業

小 学 校

（父又は父に準ずる保護者の職業）

順位	種類＼学年	1		2		3		4		5		6		計 男	女	計
5	運輸業	21	14	34	16	43	32	44	29	59	42	65	50	266	183	449
6	サービス業	8	18	14	16	37	26	35	31	54	45	70	67	218	203	421
7	行商露店商	9	7	15	10	18	24	29	17	31	21	46	24	148	103	251
3	自由労務	59	52	76	74	93	83	107	99	158	161	224	134	717	603	1320
1	工員	189	186	242	245	320	305	417	414	473	472	671	538	2312	2160	4472
4	公務員	31	19	43	25	50	45	65	58	95	74	109	63	393	284	677
2	会社員	141	107	184	157	240	185	238	267	361	315	459	389	1623	1420	3043
8	教職員	4	6	3	3	4	7	7	7	7	6	11	17	36	46	82
	その他	44	54	81	76	87	67	88	86	112	137	180	139	592	559	1151
計		506	463	692	622	892	774	1030	1008	1350	1273	1835	1421	6305	5561	11,866

（母又は母に準ずる保護者の職業）

順位	種類＼学年	1		2		3		4		5		6		計 男	女	計
8	運輸業	1	1	6	4	8	7	4	3	6	4	3	3	28	22	50
4	サービス業	33	22	50	27	50	71	60	67	93	101	106	135	392	423	815
6	行商露店業	9	15	23	22	22	21	13	23	24	35	32	30	123	146	269
3	自由労務	44	50	71	55	73	83	82	78	85	120	143	151	498	537	1035
1	工員	160	181	255	224	268	300	316	319	392	410	572	506	1983	1940	3923
5	公務員	11	16	12	7	12	28	23	25	32	35	40	45	130	156	286
2	会社員	85	66	83	81	130	84	150	140	185	199	201	219	814	789	1603
7	教職員	9	7	1	6	4	4	18	8	12	9	11	17	55	51	106
	その他	46	34	81	69	106	101	98	97	156	146	182	143	669	590	1259
計		398	392	582	495	693	699	744	740	985	1059	1290	1249	4692	4654	9346

（点線の左は男子・右は女子の数）

中学校

（父又は父に準ずる保護者の職業）

順位	種類＼学年	1		2		3		計 男	計 女	計
6	運輸業	63	55	55	40	35	27	153	122	375
5	サービス業	80	58	85	62	53	45	218	165	383
7	行商露店商	38	27	45	21	25	22	108	70	178
3	自由労務	107	88	122	90	75	57	304	235	539
1	工員	523	466	585	517	359	297	1467	1280	2747
4	公務員	96	82	115	71	65	48	276	201	477
2	会社員	311	310	387	320	243	238	941	868	1801
8	教職員	13	20	14	14	8	6	35	40	75
	その他	141	112	148	124	82	70	371	306	677
計		1372	1218	1556	1259	945	810	3873	3287	7160

（母又は母に準ずる保護者の職業）

順位	種類＼学年	1		2		3		計 男	計 女	計
8	運輸業	10	9	4	4	4	1	18	14	32
3	サービス業	89	110	112	92	68	76	269	278	547
6	行商露店商	38	28	41	28	22	16	101	72	173
4	自由労務	87	65	82	62	46	67	215	194	409
1	工員	446	449	477	448	264	281	1187	1178	2365
5	公務員	35	42	45	34	23	20	103	96	199
2	会社員	174	147	190	162	110	118	474	427	901
7	教職員	8	11	18	23	14	13	40	47	87
	その他	101	76	109	104	62	47	272	227	499
計		988	837	1078	955	613	639	2679	2533	5212

（点線の左は男子、右は女子の数）

3. 留守家庭の指導対策

問題児指導については、早期発見、早期治療ということが大切であるといわれる。人間の身体にたとえれば、病気の発見と治療にくらべて考えることのできるものであろう。しかし留守家庭の対策は、このような対症療法ではない。それはむしろ健康法のようなものだといえないだろうか。社会の健康を保つために常に配慮されていなければならぬ問題であり、部分的でなく全体的総合的でなくては実効を期しがたい。

まず、子どもの教育に対する留守家庭の保護者たちの啓蒙が必要である。もちろん共稼ぎの家庭の増加のすう勢を阻止することもできないし、それには経済上の問題もあって教育の分野ではいかんともなしがたい。しかし、もし教育上好ましくない影響が見られるとすればそれについて、保護者にじゅう分反省してもらわねばならないであろう。その為に、教師は受持の子どもの家庭環境をよく知り、たえず子どもに留意し、家庭と連絡を密にすることが必要である。ところが留守家庭は保護者と連絡のとれない場合が多く、教育の場で発見した徴候も早期に適切な指導を加えることがむつかしい。

そこで、近隣や諸機関との協力が必要となる。本市では別表のような留守家庭の児童生徒の個票を作成して、学校に保存するとともに、社会福祉事務所と関係の児童委員に配布してその協力を仰ぐことにした。その上で、学校、福祉事務所、児童委員この他ＰＴＡや地域委員等とともに各学区に留守家庭対策委員会をもって、その対策を具体的に考えていただくようにしている。まだ留守家庭の対策として明確なものが見出されないのがおおよその実情であろうが、それでも留守家庭の子どものうち、とくに問題のある子どもや家庭に対しては着着成果があがっている。これを通じて徐々に留守家庭の子どもに対する地域ぐるみの愛情運動として展開していくことができれば、その実効もあがってくることと思う。

㊙　　留守家庭児童生徒個票

名古屋市立　　学校長　　（印）

住所	名古屋市　区　町　丁目　番地	児童委員氏名	
年　組	氏名　　　　男 　　　　　　女	担任氏名	印

欠席状況	学業成績	上　中　下	家庭環境	職業	1.農林業　2.水産業　3.鉱業　4.運輸業　5.サービス業　6.行商露店商　7.自由労務　8.工員　9.公務員　10.教職員　11.会社員　12.その他　13.無業
1.少ない 2.普通 3.多い	アルバイト	1.している　2.していない 種類		父母	1.父母なし　2.父なし　3.母なし　4.父母健在　5.父母病気　6.父母の一方が病気
	身体状況			概況	
教育扶助　生活扶助等を 1.受けている a 生活保護法による扶助 {イ 教育扶助 ロ 生活扶助 b 教科書、給食費の給与 c 県市(区)町村(独自の)からの援助 {イ 教育援助 ロ 生活援助 d pTA その他 {イ 教育援助 ロ 生活援助 2.受けていない	行動および性格				

連絡事項			
1.留守になる時間	平日	時から	時まで
	土曜日	時から	時まで
	日曜日	時から	時まで

記録		
	昭和　年　月　日	
	昭和　年　月　日	
	昭和　年　月　日	
	昭和　年　月　日	
	昭和　年　月　日	

4. 指　導　事　例

ここに集録した指導事例は、名古屋市立全体の小中学校より指導事例の報告をうけ、それを主たる指導の方法にしたがつて　(1)学校教育時間中における指導事例　(2)学校と家庭との連絡を密にした指導事例　(3)近隣との協力　(4)社会施設などの利用　の４項目に分類して、その中からなるべく同じようなものにならぬようにして集めたものである。

便宜上、上の４項目に分類してみたものの、具体的な留守家庭の子どもの指導ともなれば、はつきりと分類しきれぬものである。したがつて項目ごとの間の重複はある程度避けることはできない。

(1) 学校教育時間中における指導事例

その１　　「さみしさを笑顔にかえた子」

―Ｙ児の作文―　　城西小学校

ぼくの家は、よその家よりびんぼうで、ぼくたちの組の中山さんや足立さんや堀場さんたちが、みんなでお金を出し合って、ぼくに学用品をかってくださいました。そして水谷さんはお米をもってきてくださいました。お米は、たまたましかたべないので、学校のパンがあまると先生がくれるし、こづかいさんもパンをくれるのでたすかります。ずっと前のことですが、水がいの人がぼくらの学校へきていました。そのときも、おかずをつくるおばさんが、まいにちごはんをたべにこいといったので、まいにちぼくとにいさんとたべにいったので、休みのうちもたすかっていました。たまに青木さんとこへあそびにいったとき、青木さんとこのおばさんが、ぼくのことをしんぱいしてごはんをたべさせてくれたり、テレビを見せてくれたりしているので、ぼくはほんとうにありがたいとおもっています。

この児童の家庭は、母親と兄弟五人の家族であるが、上から二人の兄姉は、住込み店員としてそれぞれ勤めに出ている。現在は中学一年の兄、生後四か月ぐらいの妹と本人の三人兄弟が母親と共に生活している。母親は実子であるにもかかわらず、学校教育に対しては全く無関心で、子どもの生活のめんどうさえもみず、定職もないのに家を留守がちにしているので、この子どもは学校から帰つても兄が帰宅するまでは話す相手にだれ一人としていないさみしい生活である。また、母親がいないときには食事もとらずに一日過ごすことが時々あるという極めて貧しい家庭の児童である。

前述したように、母親が親としての義務を果たさないため、一人前になつた兄姉は二人とも母親に愛想をつかし、家を出て職をもち家庭に寄りつかないようにしている。また民生委員から保護も受けられず、ただ学校で準貧家庭の取扱いを受けているにとどまつているのも、隣近所の同情に限度があるためである。しかし、この子も同年令の他の子どもと同じように、つねにだれかが待っていてくれる愛情のある家庭に生まれていたならば、きつと楽しい生活を送ることができるだろうと思うと、教師として、留守がちな母親に代わる、できるだけの愛情を注いでやりたいと思うのである。

そこで、学年始めの一日、学級会で仲間どうしの助け合いについて話し合った。四年生ぐらいの児童は心理学的にも人間的にもかなり成長しはじめる時期で、グループ活動を通して仲間意識も強まり、教師のことばとともに多くの友人のことばに耳を傾けるようになる。こんな時期でもあったのか、子どもの意見はつぎからつぎへと出された。

堀場「もし困っている人があったら助けてあげたいと思います。」

鈴木「伊勢湾台風のときいろいろ寄付して助けてあげたこともあります。……」

教師「あの時にこの辺のひがいが少なかったので助けてあげたね……」

「それでは、この組の中にさみしくて、しかも困っている人があったらどうしよう。」

児童「先生　それだれ？」

この日は本人が欠席していたので話し合うのには好都合だったし、子どもは話し合いの焦点が自分たちの学級の中にあることに気づき、真けんになってきた。Y児の名前が出たので当人の日常生活の貧困さを話し、自分たちの生活と比較させ、励まし、助けなくてはいけないことを理解させた。

「毎日給食の時にパンの切り出しがあるから、それをあげるといいと思う。」

「学校から帰ってからもいっしょに遊んであげるといい。」

どこからともなくそんな声がでて、聞いていて本当に温い子どもの気持が感じられた。

このようにして、学級会での相談はまとまり、援助の態勢が整ったので、四月初めから欠席していたY児の家庭を訪問し、学校に来ることを勧めた。翌日から登校した本人は、三年生のときとは異つた空気を感じ、それ以後病気以外は必ず登校し、グループ活動や遊びにも加わるようになって性格的にも目に見えて明かるくなってきた。

最初の作文にもみられるように、教師が知らない間に仲間どうしでお正月に援助の手をさしのべていたり、友だちの父兄の同情があったりして、日ごとに喜びにあふれた顔が見られるようになってきた。

（目下、町内児童委員、区児童相談所保護司とも連絡をとり近隣の温い援助協力、母親の教育に努めているところである。）

その2　学級会をとおしての一つの歩み

豊臣小学校

留守家庭児童には、行動や性格に良識を欠き、学力不振の者が多い。両親が教育に理解が無かたり、無関心な場合は勿論だが、熱意はあっても時間的に制約を受けている為、児童は放任状態におかれてしまう。こうした目の届かない時間に起こる問題や、遊び場や、友人関係等が往々にして悪い環境であったり良くない習慣を付けてしまいがちである。

そこで留守時間のある児童達の問題点を把握し、社会性に欠けた性行を少しでも正常化できたらと考え、学級会の時間を利用し、且つ発展させて指導を試みた。

(1) 児童の実態（K男）

(イ) 環境　父、母、姉二人の家族で二間のアパート住まい。父は工員、母は保険外交員、姉は中学二年と小学五年。両親は朝8時から夜6時頃まで不在。身寄りが近所に無く、その間放任状態となる。

(ロ) 行動と性格　学習態度は落ち着きなくわがままで不要な時に大声を出したり、とっぴな事をする。けんかの絶え間がなく、性的興味も強く女の子をいじめる。身辺はいつも乱雑である。しかし創造力は豊かで興味のあることには熱中したり、大胆で伸び伸びしたよさもある。交友関係はソシオグラム（別表1）にあらわれたようにみんなに嫌われている。

(2) 指導の実際

1. 問題点

a　しつけができていない　　礼儀作法を場に応じて教わっていない。人に迷惑をかけても平気である。自制心がたらない。

b　約束を守らない　　忘れ物が毎日あり、宿題もしない。親も無関心でいる為であろう。

c　孤独である　　級友の親が遊ばせない為。

d　留守時間の遊び方　　適当な監督者がない。危険な場所や悪い遊びを判断しない。

2. 対　策

四つの問題点を解決するためKの内面的な陶冶と組織的な機構で留守時間の過ごし方を変えていこうと試みた。

a　学級会　　しつけや約束などKの問題を、学級会で全体の児童の問題としてとりあげ自分達で判断をさせてみた。第一学期の学級会の主題にその例を拾ってみると、

主　題　名	Kの欠点	予想されるKの内面的陶冶
係を作ろう	無　責　任	自分の仕事をみつける。 分担を責任をもってやらねばならないことを知る。
約束を守ろう	忘れ物が多い 宿題をしない	宿題をする時間をきめる。やり方を考える。 忘れ物のないように連絡帳をつける。
放　　課	乱暴　友人がない	いじめない。仲好しをつくろうと心がける。 がまんづよくする。

b　「よい子はだあれ」や「連絡帳」の作成　　学級会の話し合いが実践されているが判然とするように、個人成績表や家庭連絡帳を児童と相談して作成した。表1の形式で身のまわりや宿題、忘れ物など朝の会で調査記入し、毎月1回統計をとり、家庭に報告した。

勉強しっかりよい子はだーれ

なまえ	日	日		

（表 1）

Kに身のまわりの整理や清潔さの必要を悟らせ、学習の用意や態度の良い習慣の形成化につとめると共に、この方面の両親の関心を促した。

月日	ようい するもの	べんきょう	おしらせ

（表 2）

表2の形式で連絡帳を作り学習の用意や内容を夜読んで知ることができるようにし、学校まかせになるのを防いだ。毎日帰りの会に記入させる。お知らせの欄には特に知らせたい行動も書いているが少しでも良い事を入れて、親に見せるのを忘れないようにこころがけた。

。 誕生会のグループを利用し、留守時間の安全をはかった。　孤立しやすいKをグループに参加させ、協力協調の必要なことを知らせることのできる環境においてみようと毎月誕生会を開くことにした。Kは表現力が豊かで劇等得意であったから、会へ興味を持ち意欲は十分あった。そこでグループは地域別に構成して、練習後も近所の子と自然に遊べるように工夫した。Kの近所の家庭に特に集会してもらい、会の練習や遊ばせてもらいにいった時は、特にKの行動をわが子同様注意してもらうよう協力を頼んだ。又午後4時半になったらアパートへ帰してもらうことにした。Aさんの家に行った時は、時々電話でKの様子を連絡してもらい状態を知って指導する事にした。

誕生会のグループをそのまま学習グループにして、宿題もするように計画した。最初の中は部屋を汚したり、あばれたり苦情が多かったが、近所の親もKを理解し暖かい目を向けてくれるようになっていたし、Kも進んで学習に行くようになったのでこの方法をとってみた。

(3) 結　　果

以上の様な学級会活動を続けてきたが、級友の友情や近隣の保護者の暖かい協力で留守時間を十分とはいえないまでも、楽しく安全にすごしており、不良行為が目立たなくなったようである。学習態度も落ち着きがでてきて忘れ物も少なくなった。近頃のKの作文に「.....前は宿題が嫌いでしたが、今はちがいます。ぼくは漢字が大好きになりました。......なんでもいっしょうけんめいやれば出来るんだからいっしょうけんめいやって、えらい人になります。.....（後略）」と書いているように自覚がみられるようになった。又友人にも好かれるようになり別表2の様な変化がみられ、孤立しないようになった。

以上の様な歩みを続けているが、まだ家庭の環境や経済面の不安さは、なんら変わっていないので、本人の内面的な変化で又どの様な画期的な成長振りをみせるやら、いつ逆転するかもしれない不安な状態でにあるが、こうして少しでも身につけた習慣や、物の考え方感じ方というものを失なわず、前向きに歩いてくれるよう、心から願ってやまない。

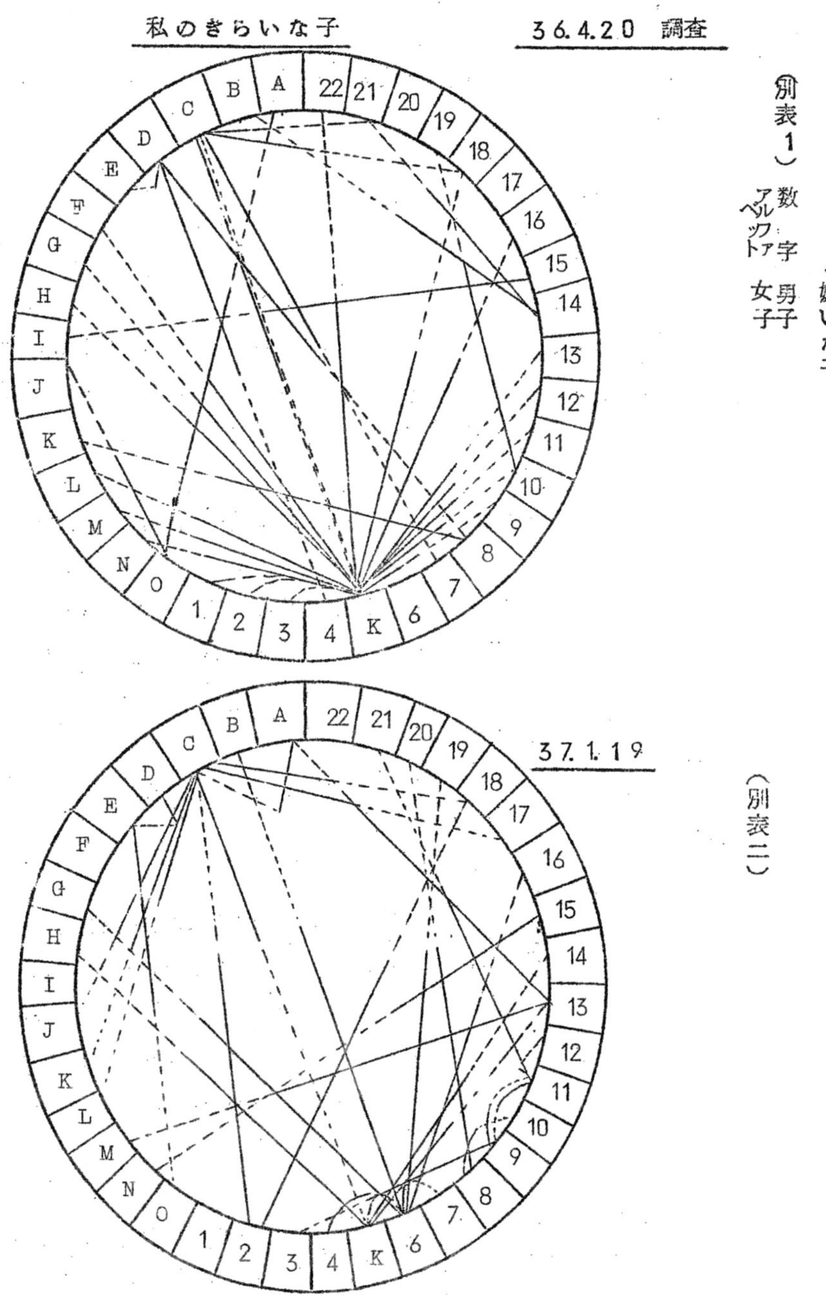

その3　　K子の問題と指導
特にカウンセリングを中心にして　　南陽小学校

1. はじめに

昭和33年4月、新任以来四年間近く、留守家庭児童K子を受持ってきた。K子のひきおこした問題行動と指導の結果を各方面から考察し、最後に、ノンデイレクテイブ・カウンセリング的方法による指導結果について述べる。

2. 問題行動の概要

(イ) 33年度(3年生)◎他人の持物をかくす。集金袋から金を抜き取る。商店から物品を盗む。虚言が多い。

(ロ) 34年度(4年生)◎近所の家に上がりこんで物品を盗む。時々ずる休みをする。

(ハ) 35年度(5年生)◎商店から物品を盗む。粗暴な言動が多く、協調性に欠ける。

(ニ) 36年度(6年生)◎顕示行動は可成り多いが、触法行動の解消をみて、正常化しつつある。最近ではよく気がきき、学級の仕事なども進んでするようになった。

3. 家庭環境

(父) 月に二日位休み、朝6時半出勤、夜6時、9時、午前1時帰宅のどれか、職業はよくかわり現在では仲仕　日給制。

(母) 休みなし、朝6時半出勤、午後7時帰宅掃除婦とか土方のような仕事をしている。

(兄) 土曜日の夜帰宅日曜の夕方出勤、その間は帰宅しない。昼間工場、夜間高校に通う。

(姉) 中学2年生　K子と盗みをした。

(妹) 小学3年生

典型的な留守家庭である。伊勢湾台風により家屋大破損し、屋根裏や仮設バラック等で生活してきた。父親は酒乱で、田地を売り払ってしまった。

4. 問題行動の分析

K子の性格形成期である幼児の時から両親は働きに出かけ、ほとんど彼女は放任されていた。また両親の在宅中は過度の叱責によって、権威に対する不服従と激しい気性を持つに至った。なお姉の示唆によって盗みをしたことがあり、K子の問題行動の一端には姉の存在を忘れることができない。なお家庭の貧困のため強いひがみを持っている。その結果盗みとか虚言といった反社会的行動があらわれてきたものと思われる。また両親の愛情の不足感は、とっぴな行動、顕示性の強い行動をすることによって人の注意を引きつけるという歪んだ形で表わされている。

5. 伊勢湾台風と集団避難　それに伴う性格の変化

昭和34年の伊勢湾台風により，父親を除いて家族全員が市下小学校へ約1ケ月半位の間集団避難をした。その際数度にわたる学校訪問の時や本校へ復帰後には、K子に非常に目立った性格の変化が見られた。明朗性、積極性がまし、礼儀正しく、問題行動がほとんど見られなくなった。これは、母親と毎日生活をしたこと、学級や近所の生活水準にあまり差がなくなったことによるひがみの解消によるものと考えられた。これによって、学級担任としては非常に安心したのであるが、その喜びは五年生になって打ち破られた。前にも増して家庭経済が苦しくなり、留守時間が多くなったことが原因である。とにかく、この事実から母親と共に生活することの必要性、愛情の大切さということを痛感した。

6. 指 導 経 過

(1) 家庭との連絡

(イ) 家庭訪問　　これには大変困難を感じた。これについてはあとに一節をもうける。

(ロ) 家庭連絡等　　「鉛筆だより」と名づけた連絡簿を持たせたがこれは形式にながれ失敗に終った。思ったことを書きとめるには非常にまだるっこく、必要なことを書いても両親に見せないことがあった。

(2) 地域社会における協力

農村地帯でもあり一度K子に悪評がたてばなかなか、その評価が改まらなく、暖かく受け入れる態度に欠けた。その点指導上に大きな困難を感じた。

(イ)地区児童会の利用　　学校児童会組織の一つとしてある地区児童会の集会などの機会をみて子どもたちに態度変更の協力を求めたが、親たちは相変らずK子に白眼視を続けた。

(ロ)移動勉強会による留守時間の有効利用　　学級会で相談の末、学級のリーダー格で悪い方に引きずられない子たちを選んでK子の家などで勉強会を開いたりしてかなりの成果をおさめた。

(ハ)商店の協力

(ニ)障保護児童として、申請、許可を受けた。

(3) 学校内における指導

(イ) 授業時間中　　なるべく得意科目のときはよくあててやったり、学級会のとき問題点を話し合ったりした。

また学級会、学芸会の役割も考慮、自分は認められているのだという気持をもたせるようにした。

(ロ) 授業後の指導　　移動勉強会の開かれない日は学校の近くの子を中心に、学級クラブ活動をおこない、それによって、留守時間の有効な使い方を体得させようと努めた。かなりわがままで級友とよく衝突した。また本校では一日に宿直の先生が四人いる。その中には若い先生で、職員会や生活指導部会などで、K子のことをよく知っている人が多いので、授業後よく一諸に遊んでやったりした。

7. 母の涙と行動の変化

父親は酒乱で近所の家に時々暴れこむ。また、K子は包丁を持った父親に追いまわされることがあるという近所の人の話から、家庭訪問は、両親が帰宅していて、酒を飲んでいない時を選ぶ必要があつた。従つて家庭訪問の回数が限られて不充分であった。早朝訪れたこともあったが出勤時間に追われて、きわめて事務的な話しかできなかった。K子が五年生の三学期、問題行動を起こした直後、両親のそろっている夜八時頃家庭訪問し、K子の行動や指導の方針について、たっぷりと時間をかけて、懇談した。父親もよく納得してくれ、母親は涙を流して相談に応じてくれた。この時からK子の行動が目に見えてよくなってきた。母親にすまないという気持が芽生えてきたのではないかと思われた。その時書いた作文には「お母さんが泣くと私までなんだか悲しくなります。」とのべてあった。このことから新たにつぎの指導上のヒントを得た。

8. カウンセリング的方法による指導

五年生の三学期末に過去三ヶ年にわたる指導を反省してみた。問題行動の数がわりに少なくなってきたものの完全にはよくならないのは、K子の外面的な環境状況の整備に力を入れすぎる。内面的な性格や感情の奥底に喰い入る指導にやや欠けていたのではないかと考えた。そこで、ノンディレクティブ・カウンセリング的方法を重点的に適用して、指導体制の不足を補っていくことにした。そのために、まず今まで時々しか行ってこなかつた「鉛筆対談」や「手紙形式による話し合い」という抵抗の少ない方法でK子の感情を十分に叶露できる気持にもっていった。

六年生になってからは、週二回位授業後、本人が希望するときには、その時に応じて、ノンディレクティブ・カウンセリング的方法で一専門家でないので……的とつけざるを得ないのであるが……指導を行った。勿論学級会活動などの話し合いも行なってきた。受容、繰返、明瞭化、概括、一般的リード等々の過程を通じて、K子自身にそなわる成長の力、自らを改善していく力が内在しているのをほり起すのにつとめた。その結果、彼女は、だんだん自己を客観視できるようになり最近では次のことばをもらすに至った。

「大きくなったのであゝいうこと（問題行動）が悪いということに気がついてきた」「ほかの人がお金や物を沢山持っていることが気にならぬようになった。」またこれから改善する点として「男の子とけんかをしない。」「もっと上品な言葉を使うようにする」といっている。もっとも考えたことがすぐ実行にうつされるとは思はないが、罪の意識のうすかった中学年のころとくらべて大きな進歩であると思う。

9. おわりに

現在もこのカウンセリング的方法を重視して指導を継続している。そして環境の変化にも耐え自から伸びていく力を持つことができるよう努力している。なお指導上の困難点としては、K子一人の指導に多くの時間をさけ得ないこと、留守家庭であるため家庭訪問の回数が極度に限られていること、問題児童指導に未経験かつ専門的知識に欠けることなどがあげられる。しかし今後も出来るだけの努力をしてK子の伸びゆく力を掘りおこしたい。

その4　学級づくりの中で

大曽根中学校

1. K学級（三年）と問題児生徒

留守家庭が約六割しかも片親家庭二割五分というクラス。その留守家庭生徒の中に所謂問題児といわれる生徒が男三、女一、の四名いる。いずれも家庭的に恵まれず、ひとりぼっちで人間的な温さを味わったことがなく、しかも、これまで自分をとりまく仲間からいつも特別扱いにされてきた。しかし、これら問題児生徒だって、正しく伸びていこうと願っている。その基本的な願いに我々教師は答える義務がある。ここに問題児生徒指導の出発点を見出した。そして、学級づくりの過程の中でそういった生徒をとらえていった。

2. 実践の過程

(イ) 基本的な考え方

問題児の治療についてだれでもやることは、家庭との連絡ー家庭生活の再組織ーということである。しかし、彼らの生活の歪みを正すためにはそれに加えて学校における生徒たちの生活を組織することー学級の組織化、別の言葉で言えば、学級づくりーがより大切で必要欠くべからざるものであることを強調したい。（この実践報告では、教師対生徒の人間関係のあり方については、とくに問題児指導の場合、だれもがやっていることだから述べようとは思わない。）

(ロ) 1学期　概念くだきの段階

彼らの、家庭生活、学校生活、あるいは学習活動の歪みから生じた誤った概念をくだくために組織化の第一段階として、今までに経験したことのないグループ活動を行わせた。生活中心のグループづくり（男女別編成）、リレーノート、月1回のレクリエーショ、1枚文集（学期ごとに一冊にまとめた。）などの活動を通して「助け合い」の大切さ、楽しさを味わわせ、組織化の必要性を理解させるとともに、人生を強く、正しく、明かるく生きることの必要性を体験させていった。

「ぼくは、先生に『すぎばやし』というプリントをもらわなかったら自分に適した仕事をみつけ努力するということにまだまだ気がつかなかっただろう。」（リレーノート）「1，2年の人に団結力ということを知らせて、よい方に役立たせて、よい見本を見せてやりたいと思う。」、「男女の仲がいいし、去年の組にいたような子はいないし、みんなまじめでいい人ばかりだから、このままずっとこういう組でいたい。」（杉林第一号）などとあるように第一段階としてはある程度の効果をおさめたようだ。

(ハ) 二学期　組織化の段階

今度は、仕事中心のグループにし、男女混成にした。（学習、文集、会計、庶務保健、整備美化、修理の六つのグループに分かれ、それぞれ自分達のグループ名を持っている。なお、リレーノート、文集、レクリエーションは続けて行なっていた。活動を活発にするために机の配置をグループごとに集めて六つの集団をつくった。更には朝と帰りのホームルームを生徒たちの手でやらせ自分たちできまりをつくらせていった。（朝と帰りのホームルームの方法については省略）「こんど新しいグループができて思ったこと。男女混合でホームルーム、道徳の時間にみんなと話し合えることがよいと思う。初めは男子とけんかなどして対立したが、すぐおさまった。最初はこんなにごちゃごちゃとやるなんていやだと言っていた。考えてみると、みんないっしょに仕事をする事はいいと思って、これからはやって行きたいと思う。」「ぼくたちのクラスは全部で六班あってそれもみんな自分自分の仕事がきまっている。ぼくたちの班は保健、体育、便所、クラスのお茶、出欠席を調べたりしている。ほかの班の人も自分たちのきめられた仕事をしている。」「『文集のグループにあたっている人は、原紙を切るといってもなかなか原こうが集まらないのでクラスにポストをつくって気のついた点、相談したい点、その他を書いて、火曜日の班長さん達が集まる時にそれを開いて、私達だけで決められる事は決めたらどうか』というふうに意見が出た。この調子でいくとクラス全体がどのようにかわっていくかと思っている。」(グループノート)というように生徒中心の活動に移り出し、そのことに必要性、興味を見出してきた。このような時期において、前述の問題生徒はどのように活動していたか。彼らは同一グループ(いたずら組ー修理班)に属し、もっとも問題児といわれるのが班長をしていた。ある先生は同一グループでしかも、机を並べていては問題ではないかと言われた。しかし、それは、彼らに「問題児」というラク印を押してその言動を見るからそういう言葉がでるのだと思う。普通の生徒と同じように見、同じように扱っていった。とくに彼らの班は驚くほど自主性に満ちたものだった。班長(問題児といわれる)は一番早くきて清掃をすませてしまう。また、みんなの遊ぶ道具を家から持ってくるなどと。十二月のレクリエーションのときである。十二月二十四日にクリスマスパーテイを開こうと決まった。各グループの何度にもわたる話し合いの結果、各係を決め、その準備に奔走し、見事に生徒たち自らの手で開会から閉会まで行なった。準備や後かたづけにとくに奔走したのはだれか。それは前述の班長である。クリスマスツリー、クリスマスの歌およびプリントなど、早朝から暗くなるまで、更には日曜日までも出てきて準備していた。(何もだれが頼んだわけでもない。)

このようにクラスの活動に積極的に参加行動するばかりでなく、欠席(ずる休み)が目立って減少してきた。更には、これまで出席したことのないPTAの会合にこれら生徒の父兄が参加するようになってきた。教師に対して人なつっこさを増してき、宿直の晩などに遊びにきたりするようになったなど。今や大きな変化をもたらしつつある。彼らは言っている。「三学期もこういったグループ活動をしたい。そしてみんなと話し合って、仕事や勉強をしていきたい。」(リレーノート)と。

(三) 三学期　発展の段階

グループを五つに変え、卒業までのスケジュールを組ませ、その話し合いをやっている。しかしこれら問題生徒の前には、国籍が違うからとか、片親だからだとかの理由で自分の好むところに就職できないという、われわれ個人の力ではどうしても破れない大きな壁が立ちふさがっている。そのことをどう乗りきるか。これが今後に課せられた大きな課題である。学級づくりというちゃちなものだけでは解決できない。

3. ま と め

留守家庭生徒でしかも問題生徒について述べたわけだが、彼らの言動がすべてよくなったわけでもない。問題行動はたくさんある。しかし、少なくとも前向きの姿勢にあることだけはたしかだそれに対して前述の小集団指導が役立っていることは事実だと思う。

問題児に対して個別的に指導していることは言うまでもない。(学級づくりにおいて、生徒と教師のあり方は大切な要素である。)

問題児の治療即小集団指導の目的だと思っているのでもなく、なごやかなフンイキが、できたからそれでよいというのでもない。あくまで、問題児だけでなく、すべての子どもたちの人間変革ー新しい社会のモラルの建設ーを目指して小集団指導を行なっているのである。

以上の方法が最上のものと思っているわけでもなく、なんら改善すべきものもないと思っているのでもない。それは、どんなすぐれた実践例を読んだって手引きはしてくれるが本当の解決は得られない。誠意と真実と情熱をもって突き当たり、自分で悩むことよりその解決法はないと思っている。

その5　　　放課後の指導

港北中学校

留守家庭生徒の余暇善用に対する指導は学校のみならず、家庭は勿論広く社会全体から暖い指導がなされるべきであり、それでこそ充分な効果も期待できると思われる。

本校としても児童委員、社会教育委員等との連けいの下充分な効果を上げるべく、努力しているのであるが、今回は特に学校における放課後の指導に重点を置いた。学校で保護者の留守時間の大部分を有益に利用できるならば生活指導上は勿論のこと、生徒個人にとつても幸いなことと考えられたからである。

この観点から今後の指導方針がどうあるべきかを知るために、次のような調査を実施しこれをもとに次のような指導に着手しつつある。以下に記す表は留守家庭生徒215名(男112名、女103名)のみの分であり、数字はすべて百分率をもって示してある。(実施時期は2学期末)

表1　　放課後の学校における行動について

項　　目	男　%	女　%	全　%
放課後直ちに帰宅する	58	66	62
補習に参加する(三年のみ)	21	13	18
しばらく友達と遊んでいる	6	7	6
クラブ活動に参加する	10	11	10
図書館を利用する	3	2	3

直ちに帰宅するもののうち通塾する生徒は２０名程度、家庭の手伝い、勉学のためのものを除いたとしても、相当数がただばく然と帰宅し保護者の帰宅まで無為に過しているのではないかと考えられる。従って学校で彼等の余暇を善用し得る施設、組織があればある程度までは保護者の留守時間は有効に消化し得るわけで生活指導上非常に有益である。そこで学校として現状から指導できるものとして適当と考えられるのはクラブ活動参加と図書館利用の二点が中心であり、この2問題に焦点を合わせて、更に詳しい調査をして見たのが次に上げる各表である。

表2　　クラブ活動について

（原則的に 1年全員参加2. 3年自由参加である）

項　　目	男 %	女 %	全 %
クラブに参加していない	４１	２４	３２
文化部（週一回）に参加している	３１	４４	３７
運動部（毎　日）に参加している	２８	３２	３１

表３　運動部に参加している者の活動状況について

項　　目	男 %	女 %	全 %
毎日練習に参加している	４２	３８	４０
時々練習に参加している	３８	３１	３４
ほとんど参加しない	２０	３１	２６

上表によれば留守時間をクラブ活動によつて有効に消化している生徒はわずかに９％人数にして２０名強に止まっていることがわかる。

勿論本人の趣味、各部の収容能力、施設等に限界はあるがそれにしてもまだどの面でも余裕はあるので、クラブ参加の面で指導の余地が充分あることが判明した。そこで各部の指導教官、学級担任と相談し、学級担任と本人との話し合いの上希望クラブに入部できるよう取り計らうことにした。現在徐々にクラブ参加者が増加しつつある。更に明年度のクラブ編成時には、このことを充分留意して編成することにしている。

表4. 図書館の利用状況について

（週三回開館時の調査）

項　　目	男 %	女 %	全 %
開館日には毎日利用する	6	2	4
開館日には時々利用する	４４	５１	４７
全く利用したことがない	５０	４７	４９

通塾生徒、クラブ参加者等を差引いたとしてもまだ相当数の生徒が利用できる施設を利用していないことが明らかでこの面での指導も又充分余地が認められる。図書館の収容能力にはまだ充分な余裕はあるが更に開館日数の増加、閲覧時間の延長を実行して収容能力の拡充を計ると共に生徒会ホームルーム等を通して図書館利用を大いに呼びかけている現状である。

以上表1～4によって説明して来た如くいまだ調査を集計し指導方針の目安をつかんで実行の第1歩をふみ出したばかりの段階であり具体的な結論は出ていないわけであるが、今後は(1)クラブ活動への積極的な参加(2)図書館の有効な利用の二つを中心に徐々に留守家庭生徒の余暇の善用に効果を上げていけるものと考えている。

その6　　器楽クラブに参加させて

今池中学校

学年　3年生　男子　A君の場合　15才

住所　千種区内山町　1丁目

家族の状況　父は畳職人で畳店へ、母は工員で町工場へ、兄姉は工員で工場へそれぞれ働きに出かけ留守家庭である。

学科　好きなもの　音楽、国語、体育

クラブ活動　器楽クラブ

特技　トランペット

アルバイト　氷の配達をやっている。

成績　3年生第2学期

科目	国語	社会	数学	理科	音楽	図工	保体	職家	英語
評定	2	3	1	1	4	1	2	3	1

出席状況

3年生　11日間欠席（病気）

就職先

名鉄バス車掌

昭和34年4月1日　今池中入学

◎　昭和34年6月に本校では、器楽クラブが主に吹奏楽器で編成された。それまでの彼はあまりめだたないが、時々ホームルーム担任に職員室へ呼び出されては注意を受けていたようである。又音楽の時間もほとんどめだたなかった。もっとも学習成績がよくないのであまり興味を持っていなかったらしい。が夏休みが近くなった頃音楽室を時々のぞきにきてクラブ活動の様子を見ていたこともあった。

そんなある日どこの教室からか「信号ラッパ」が私の耳にこころよく聞えて来た。二三の生徒と彼がいた。ちょうどクラブでは一人でも多く部員を入れたい時、二三日して彼がやって来た。こわれかかったようできたない信号ラッパを持って。少し吹かせてみた。まあよさそうである。ところが譜が読めない。彼は残念そうに帰って行った。一週間ほどしてまたやってきた。ぜひ入部したいと。あまりの熱心さに担任と相談し入部決定。

練習は日曜日を除いて毎日授業後六時迄。夏休みに「海兵隊」を練習した。彼は低音楽器の「アルト」を受けもっていた。ところが或る日家で買ってもらったと言い「トランペット」をもってきたので、楽器を変更した。休み中の練習も無事二十日すぎた。二学期になりそして「伊勢湾台風」のため練習中止。

12月クラブ発表会、翌年3月卒業式に参加。

2年生になり部員も多くなり彼もぐんぐん上達して行った。「希望に燃えて」の曲を仕上げた時学校集会で入場行進の伴奏をした。その時の彼は彼なりに顔を真赤にして一生懸命。

授業中には見られない真けんそのものである。練習は下校時間迄毎日である。時々無断で欠部するようになる。早速担任に連絡。

夏休み他校見学に行く。やがて秋の運動会　「白のズボン、白の帽子」そして真白な手袋。多少不良じみた彼には得意なスタイルである。12月クラブ発表会には独奏。準備に一生懸命。昭和36年3月市公会堂にてステージパレード。

3年生になり部長となる。相変らず熱心。

最近の彼は3月12日の「お別れの会」に全校生徒の前で「月の沙漠」を独奏することで頭が一杯である。就職も決定し自由勝手な学生生活を送っているものも時々いる中で下級生を指導し、器楽クラブの将来を考えながら練習をしている彼のヒトミは美しい。音楽の授業態度もよくテストの結果もよい。部員の中で三年間ここまで根気よく続けることの出来たのは彼、ただ一人である。彼の卒業と就職を心から喜ぶ。

私のペット

ぼくが器楽クラブにはいったのは一年生の夏でした。その時は足がきたなかったので気にしていましたが、先生が「信号ラッパを吹いてみろ」といわれたので、足のことも忘れて力いっぱい吹きました。それというのは、家に信号ラッパがあったので、ついやるきになり器楽クラブにはいりたいと先生にたのんだからです。

はじめは、アルトといって低音をうけもつ楽器を吹いていました。クラブの人たちは親切でしたが中に一人変な人がいました。けれど、クラブは修業だと思って、どんな苦しいことがあっても、それをがまんして練習してこそうまさがでてくるのだと思いました。そのうちに、こんどはコルネットといってトランペットより型が小さいのをうけもちました。ぼくの家は両親をはじめ兄弟みんなが働いているので、家へ帰ってもだれもいない。その余暇を利用して学校でクラブの練習を下校時刻までやることにしました。夏休みに氷配達のアルバイトをやりましたが、練習の日だけはどんなにしても出席したくらい、クラブに一生けんめいでした。

やがて家でトランペットを兄の友達から買うことになりましたが、自分の働いた金だけではたりないので、兄が不足分をだしてくれることになりました。そして兄がトランペットを持ってきてくれた時には、うれしくて夜でしたけど吹きました。あくる日から「ペット」つまりトランペット、ぼくはこの名が長すぎるから、こうよぶようになってしまったのです。ぼくは「ペット」をもって学校へ毎日通いました。はじめはじまんでしたけど、もう三年間も持っているとあきてきて、つい「まあこんなものもっていかんでもいいだろう」という気になってしまう時もありました。

それでもはやいものでもう卒業です。あとのたのしみは「別れの会」の日だけです。それは、この日に、ぼくはこの「ペット」で独奏することになつているからです。就職しけんも合格できたので、もうなんにも自分のことでは思いのこすことはありません。考えてみれば、入学以来、ぼくは学校から家に帰ってもだれもいないのでつまらない気がしていましたが、クラブの練習があったために非常に毎日が楽しく、また練習していると淋しくないので家でトランペットを吹いてみなの帰りを待っていました。

卒業を前にしてぼくの今の希望は学校の器楽クラブ費がふえて、もっといろいろな楽器が買えるようになり、またたくさんの部員が毎日練習をつみ重ねてどんな曲でも吹けるようになって、全日本吹奏楽コンクールへ出場できるようなクラブになるようにみんなで協力しあい、そだてあげてほしいと願っています。

(2) 学校と家族との連絡を密にして指導した事例

その1　新一年生と勤めにいく父母

東白壁小学校

(1) 六月二十日

泣きわめく児童をひっぱって校門を入ってくる母親を見た。私の組のU児とその母親だ。「学校をいやがって困ります。私は勤めに行く体ですがここまで連れて来ました」と言う。私は、Uをだき上げるようにして教室に入れた。しかし、母親のよごれた作業服と手入れされてない髪から発する異様な臭いはまだ鼻に残っていた。

(2) 六月二十一日

作日、通学団の班長に「あすからは、君たちの手でU君を学校につれて来てほしい。」と頼んでおいたにもかかわらず、朝会のチャイムが鳴ってもまだ現われない。班長を探して尋ねてみると「どうしても学校へ行くのはいやといって来ません。お母さんもたたいて行けといっていたが、よけいに座りこんだりお母さんにくってかかっていきます。ぼくたちの手におえません」と言う。私は早速自転車に乗ってU児の家へ行った。すると、U児の家から少し離れた所に止まっているトラックの陰にかばんをかけたU児を見た。U児はトラックの陰から自分の家の方を盗み見している。

たぶん母親に見つかってはいけないというのだろうか。

「U君、さあ学校へ行こうよ」と背後から声をかけたとたん、さあっと家の方へ走りだした。私も走りだし家の中でやっとU児の手を握ることができた。うす暗く、乱雑になっている六畳と四畳の部屋にはだれもいない。「どうして、学校がいやなの昨日もU君に先生のパンをあげたでしょうさあ一しょに学校に行きましょう」と言うと、U児は「今日は腹がいたいのに、おかあちゃんが学校にいけというから、いきたくないの」と言う。私は泣きながら言うU児の声を聞いて敷きっぱなしになっているふとんの中にU児を寝せて表へ出た。もうそのころは、家の前に近所の人たちが集まって来て中をのぞきこむようにしていた。するとその中の一人のおばあさんが「先生のつとめもつらいもんですね。」と言われたので自分の処置を話した。おばあさんは「それはあの子の手ですよ。昨日も一昨日も、きょうな騒動だったのですよ。一年生のうちから、ああでは困りますよ」と言われた。私は再びとってかえし、横になっているU児に「U君、君の病気は学校のお医者さんに見てもらえばなおるから、一しょにくるんだよ」と言って、かばんをかけさせた。ふだんはとても小さな声の児が、それはそれは大きな声で泣きだした。私は、家の外にいる人たちに変な風にとられてはいまいかと冷汗を流した。やっとの思いで自転車の荷うけに乗せ、U児を学校までつれてきた。「腹が痛かったらお薬をあげよう」と衛生室へ入れようとすると「もう痛くない」と言う。私は引きづり回されている大人という言葉を思い浮べ、心の底から笑いだしてしまった。

(3) 六月二十二日　二十三日

結局、今週は毎朝、自転車でU児の出迎えに終った。しかし、私は、U君のそばには先生がいつもついていることを意識させたいという下心もあったのだ。また、この三日間によかったことはU児の近所の人たちから、U児の家のことを、それぞれ聞くことができた。ただし父母はいつも会えなかつた。

父親は香具師で前科が数犯あり35才。母親は父親がぐれない前の勤務先での勤務が優秀であるということから、上司に認められてもらった良家の娘……それだけに貧の底に落ちた時のみじめさがうかがわれる。現在は東陽町のある塗装店の工員

姉はU児と同じ本校の四年生。おとなしい子で成績は普通。「U君を分団のならぶ所まで毎朝つれて行ってね」と約束してあるが、泣きわめく弟には手こずり、登校におくれるというので先に学校に来る。以上四人の家族。

(4) 六月二十八日

あれからは、どうやら通学分団に並んで学校に来るようになっていたので、学校をいやがった原因については、心あたりもあったが追究しなかった。ところが、きょう、通学班長が「先生、また始まった」と言ってきた。早速、自転車でとんでいったが家の中にはだれもいない。すると裏戸のしまる音がしたので裏口へ回ると、かばんを背おつたU児が逃げていく。つかまえて、自転車に乗せ、「どうして学校にこないの」と尋ねると「――君がいじめる」という。

私はこの言葉からいじめられるのは当然のことではなかろうか、と思った。それは、動作がにぶ

く、無口の上に、服装と身体が不潔だからだ。一年生入学の当初のきれいな小学生の服はしわが多く、よごれたままになってしまっている。

私は、U児の頭を石まんで洗い、手足のつめまできつてやつた。U児の顔は、ほかの一年生が驚くほどきれいになつた。

(5) 六月三十日

8時半ごろ、金城学院から「お宅の一年生の子が、長塀町の電停でうろうろしています」という電話をもらった。U児だ。自転車でつれにいく。と、私の姿を見て長塀町を北に逃げだした。いつものろい子が、一心にかけだすと早いものだ。私は、自転車をなげすてて、金城中学の前でつかまえた。「おかあちゃんの所へいきたいもん――」「――君がいじめるもん」と泣きだした。

その夕方、U児の家を尋ねたが、父も母もいない。しばらく待っていたが、みえないのでPTAの委員としてよく骨を折ってくださったSさんとKさんと先日話しあったおばあさんの家によったそうして、きょうのできごとを父母に伝えてもらうようにするとともに朝の出がけのようすにも協力してもらうように頼んだ。

SさんとKさんは、その日おそく、母親に会ったと翌日電話をもらった。

(6) 七月八日

U児の姿が朝会にまた見えない。早速U児の家に行く。SさんとKさんの協力を得て探してもらつたがどこにもいない。授業のことも気になるので、後をまかして一たん学校に帰った。学校に戻ると、玄関にU児と父親が来ていた。父親が「私が、金魚の仕入れで、今朝名古屋に着き、清水で電車を乗りかえようとした時、うちのぼうがいたからびっくりしました。どうも、おふくろの所へ行きたいと思ったらしい。」と言われた。さいわいこの日は土曜日だったので、午後父親に学校へ来てもらうことにした。

学校にみえた父親は「もう、子どもも大きくなったし、警察にも世話をかけないように一つふんばりますわ。」と言われた。

私もこの機会とばかり次のことを要望した。

(1) 「ただ今」といって家に帰った一年生の子に、だれも返事をしてくれないことはすごくさみしいことだということを頭においていてください。

(2) 朝、顔を洗って、髪をといでくること。

(3) 手と足をきれいにしていること。

(4) 汗くさくなったシャツにかならずかえること。

(7) 七月九日

洗濯のよくいき届いたシャツを着てU児は、通学分団でみんなと一しょに登校して来た。

(8) 以後、現在にいたるまで、以前のようなことにおこらず楽しい通学が続いている。

先日もお友だちになかされたことがあつたので、その翌日を心配していたが、U児の童顔をみることができた。もうほんものの一年生となったなあとつくづくうれしく思った。

その2　留守家庭児童の実態とその対策

杉村小学校

社会の進歩にともない各家庭の生活の改善向上がなされ、子どもに対する教育熱が高まって来ている現在、何と留守家庭児童の多いことか。

これは現在の世相の一面を物語っているのかもしれない。私達教師として、この現状をよくみつめ、子どもたちのために、若い新芽を、よりよく正しく、まっすぐに伸ばしてやらなければならない。このために本校としては「学校」「児童」「親」それぞれの立場から、いろいろと連絡をとり、考えてきた。

(A) 学校として

1. 本校留守家庭児童数　（36年7月）

	1	2	3	4	5	6年	計
男	6	5	2	5	11	13	42
女	5	1	2	9	12	14	43
計	11	6	4	14	23	27	85

（36年10月）（在1058名）

	1	2	3	4	5	6年	計	世帯数
男	9	5	8	6	12	11	51	（66）
女	3	1	3	9	10	12	38	
計	12	6	11	15	22	23	89	

月々多少ではあるが、新しく留守家庭になる児童、解除される児童があるが、増加していく傾向にある。

2.非常連絡一覧表および留守家庭児童名簿作成

別紙の様式で各家庭で留守家庭児童連絡先表を作製して戴き、万一の場合にそなえた。教師がいつでも、だれでも見られる様に名簿一覧表をそえた。

3. 各学級、学校児童会、分団集会を通して、

各担任の先生で学級の留守家庭児童をよく認識し、は握し、病気、事故を起こした場合など細心の注意を払って善処して戴く。

学校児童会、分団集会を通して、学校にいるうちは勿論であるが、家庭においての学習、遊びなど、お互に仲よく困っている時は助けあう気持ちで協力しあい問題のおこらないよう善導する学校図書館の利用とかクラブへ加入させる等できるだけ学校で時間を有効に使うようにしむける。

4. 学区民生委員、少年補導委員の方との連絡

民生委員、少年補導の委員の方に各町の留守学庭児童の実態をお知らせし、それぞれの会合の折に留守児童について、いろいろご相談ねがい、お手配をお願いしている。

(B) 児童の実態

児童がだれもいない家へ帰って一体どんなことをし、どんな気持ちで毎日を送っているだろうか次の調査をしてみた。

1. 家へ帰って、るすの間にどんなことをしていますか。（表の数は人数と必ずしも一致しない）

	1	2	3	4	5	6年
イ そとで遊んでいる	9	5	5	12	14	12
ロ うちで遊んでいる	2	0	5	6	9	9
ハ 塾へ行っている	1	1	6	5	6	9

2. るすのあいだ、あなたがたとして、いちばん困ることはどんなことか。（おもな例）

よその人が来たとき （集金、来客など）

忘れものをしたとき

かぎをあけたり、しめたりするとき

けんかをしたとき　弟や妹がやんちゃをいうとき　など。

3. るすの間、あなたがたは、どんな気持ちでいますか。

	1	2	3	4	5	6年
さみしい	3	1	2	3	4	1
さみしくない	5	2	3	2	8	9
しずかでいい	1	0	0	0	0	3
楽しい	2	2	2	2	2	3
つまらない	1	1	4	6	1	1
家のつごうでやむをえない	0	0	0	2	7	6

さみしくない、楽しいという児童が、約半数もいる。留守でも友だちと遊べる、自由な気持ちでおられるという気持ちから来ているのではなかろうか。しかし、さみしい、つまらないと考えている児童が約三分の一いる点考えねばならないと思う。

4. おこづかいについて

	1	2	3	4	5	6年
まいにち	10	5	9	13	16	14
一週間分	2	1	2	2	3	5
一か月分	0	0	0	1	3	4

金額について

まいにち　10円～20円　一週間分　100円～150円

一か月分　200円～500円

つかいみち	1	2	3	4	5	6年
おかし	10	6	11	14	19	19

学用品 本	2	0	2	3	4	5
貯 金	0	0	0	4	1	2

5. 夕ごはんについて

	1	2	3	4	5	6年
うちの人といっしょにたべる	10	5	11	15	20	16
たべない	2	1	0	0	2	6

したくはだれがしますか。

	じぶん	おねえさん	おにいさん	お母さん	他
人数	4	19	3	60	3

その他児童の要望として、早くお母さんに家へ帰ってもらいたいと願っているものや、どうして私の所は誰も家にいてくれないのだろうなどと思っている児童のいることを忘れてはならないと思う。

C 親はどのように、子どもに気をくばっているか。

(1) 平日の児童の帰校後について

親としてやはり児童帰校後留守の間の時間について大なり、小なり気を配っていろいろと各家庭の情況に応じた処置をしておられるようである。

勤務先についても、大体は父親なり母親なりが家の近くの勤め先であり、万一の場合すぐ連絡できるように考えておられるようである。

イ 健康の場合

例1. 家にテレビとか本などを用意して子どもが帰って来てから淋しがったりしないようにしている。

2. 塾(書道、学習、珠算など)へ行かせて出来るだけ一人でいる時間をすくなくしている。

3. おじさん、親類など近くの家へ連絡して学校から帰ったら、めんどうを見てもらうようにしている。

4. 母の勤務先が近くであるので帰校後すぐそこえ来るようにしている。

5. 姉妹で仕事の分担をきめ、家事の手伝いを計画して、やらせている、など。

ロ 病気の場合

1. 殆んど母が勤務先を休んで看病する。

2. 親類の人とか近所の人をたのむ家庭もある。

3. 重病でない限り、自分一人でねている児童もいるようだ。

(2) 夏休み、冬休み、休日などの時

日曜日、祭日のお休みの家庭が多いようである。従って休日には子ども中心のプランを立てられ一家そろって楽しく一日を送るようにしている家庭が多いようである。

各家庭での休み中の処置例

1. 夏休み、冬休みは里とか親類の家へ行かせる。
2. 兄、姉がいるので一緒にいて面倒をみてくれる。
3. 休日の時には色々なことも話しあって計画を立て、プール、海、映画　デパート　家へ友達をよぶなどとして楽しい一日を送らせるようにしている。
4. 朝のうち学習するようにし、午後勤務先へこさせたり、友だちと遊んだり、テレビ、本などをみるようにしている。

D　その他　希望事項など

殆んど別になにもないという家庭が多かったようであるが、2，3例をあげると

1. 親のいうことをきかないのでなんとか良い方法はないか。
2. 宿題をもっと多くし、学習をするようにするにはどうしたら良いか。
3. 校庭で遊べるようにならないか。
4. 土曜日も給食をしてもらいたい、など。

まとめ

以上のように学校として、児童の実態、親の立場から、それぞれ考えて来た程度でありますが本校として現在のところ問題のある児童はでておりません。しかし今後に残された問題は多くあると思います。そこで学校として、3学期には留守家庭児童のＰＴＡをもちいろいろと話しあいそれぞれの児童が、楽しく、まちがいのない日々を送ることが出来るように、考えていきたいと思っています。

留守家庭児童連絡先表　　杉村小学校

現住所				
	保護者	勤務先	電話番号	連絡順序
父				
母				

電話連絡のできない時は適当な方法をおかきください。

主となる連絡先までの略数

学年組	児童名	本校における兄弟姉妹　学年　組

その3　日記による指導

中村小学校

1. はじめに

留守家庭児童のすべてが問題児ではないし、また不良化するとは限らないが、下校後、親の目から離れ、自由な生活をしている彼等が不良化の危険性にさらされていることは事実である。

私のクラス(小学校3年)にも留守家庭児童が3名いる。この3名は成績は中以上である。T児(男)は明朗で友人にもすかれ、宿題は殆んど忘れることなく行なってくる。他のH児(男)、K児(男)はややおちつきに欠け、宿題をよく忘れてくる。

一週二時間高学年への体育の出張授業、学年打ち合わせ会、職員会、研究会などと殆ど指導の時間をみつけることのできない日課の中で、留守家庭児童の指導をどう進めていこうかと考えたのであるが、私は、「留守家庭児童が、下校後、母親の帰宅するまでの出来事を日記に書き、日記を母親に見せる、教師に見せる」ということによって、母親とともに留守家庭児童を見守り指導を進めていこうとした。以下、指導のあとを述べてみたい。

2. 日記による留守家庭児童の指導の実際

- おかあさん、ぼくは，きょう2時25分に家へ帰りました。そして2年生のじゆんちゃんといちばで遊びました。おもしろかったですよ。

これはT児の日記である。

下校後のことを日記に書かせていたあるとき、T児の母親から次のような手紙が私のもとによせられた。

- ……私が家にいるのがほんとうでございますが、都合で親類の家へ手伝いに行っております。子どもが私の留守中どのようにしているか気にかけております。先生から日記を書くようにとおっしやっていただき、下校してからどんなことをしたかがよくわかり嬉しく思っております……

この母親の手紙に対し、私は、

- T君はまじめで何事もしっかりとやっておみえです。今後はこの日記をもとにして子どもさんと話し合う機会をもっていただきたいと思います。例えば「市場で遊んだ」とありますがどんなことをして遊んだのかを話し合っていただき市場で遊ぶことの是非を考えていただけたらと思います。私も日記を見せていただき指導させていただきたいと思います。

このようにして、日記は子ども、母親、教師と渡り発展していった。

私は、宿題の結果を統計にとり、"宿題についてのお知らせ"を家庭に出していた。

留守家庭児童H児の結果は、15回中、やってきた回数が6回、忘れた回数が9回であった。この結果を家庭に知らせた。

H児の母親から連絡帳(母親から教師へ教師から母親へ、連絡すべきことのあるとき、書いて連絡するノート。クラス全員がもっている。)に次のように記されてあった。

。“宿題についてのお知らせ”拝見致しました。こんなに忘れているとは知らずにおりました。いつも「宿題やった？」と聞くのですが……今後気をつけます。私が勤めに出ていますので、どうしても目がとどかず、不十分になりますので、塾へ入れたいと思いますが、先生の御意見をお聞きかせください。

私は次のように連絡帳に書いた。

。 H君は能力があり、特に算数にすぐれたひらめきを持っています。宿題はよく忘れてきますが、決してやれないからではないと思います。

塾のことですが、塾へ入れば十分だというのではありませんが、「勉強の習慣をつける」という点ではよいのではないでしょうか。また、おかあさんの留守中遊んでしまうことがなくてよいと思います。ぜひとも「塾で学習してきたこと」について夜のひとときを利用して話し合っていただけたらと思います。

こうして入塾したH児は、その後宿題を忘れる回数が少し減ってきた。

。 12月12日　（火）

おかあさん、ぼくが学校から帰ったのは2時35分です。もどってきてすぐ加藤君たちと野球をしました。野球が終わってから、加藤君の家でトランプをやって遊びました。家に帰ったのは5時23分でした。

これは留守家庭児Kの日記である。これを学級会の時間に読みクラス全体で話し合った。話し合いの結果は、

。 宿題をやってから野球に行った方がよい。

・ 野球をすぐやりに行っても、宿題をやってくればよい。

。 すぐ友達の家へよびにいくのはよくない。（勉強している人のじゃまになる。）

上のような意見が出て、学校から帰ってすぐ遊びに行かない方がよい。自分はよくても帰宅後一時間ぐらいは、友だちが勉強していると思って友人の家へ遊びに行かないようにしようということになった。

K児は帰宅しても家にだれもいないので、すぐ家を出て友人を誘って遊んでいた。K児は話し合いの結果を考えたのか、12月15日の日記には次のように書いている。

。 12月15日　（金）

おかあさん　ぼくの帰ってきたのは1時55分です。すぐ勉強にとりかかった。きょうは加藤君とこへ遊びに行かなかった。これはK児から教師へ、教師からクラス全体へとひろげて指導した事例である。

3. 日記による指導を進めてきての反省と問題

日記は事実をありのままに書くことがたいせつである。私はこの日記指導は母親に見せ、教師に見せるものである。従って、よいことを書き、悪いことは書かないのではないかという問題がある。「教師と子どもの人間関係が密接であるとき、子どもは自分の思っていることを文に表現する」

（生活指導手帳P.１０３名古屋市教育委員会）とある。親しく子どもと接し、接する機会を多くし温かいまなざしで日記を見、指導してやるならば、子どもは自分の行動をかくさず書くのではないだろうか。

私の日記による留守家庭児童の指導は大きな効果をおさめていないが、留守家庭の父兄に喜ばれ徐々にではあるが、少しずつよくなりつつある児童の姿をみるとき、更に現在よりも積極的な指導の方法を工夫しなければという気持ちがわいてくる。私は、留守家庭児童が好ましい姿で成長していき、問題行動を起こさないように願いながら、日記、連絡帳を通して、指導に精進したいと思っている。

その４　　学級通信と日記問答

東山小学校

1. Ｓの家庭環境

在籍五十名の四年生の私の学級に、Ｓという男の留守家庭児童が一人啓る。私はこのＳを三年から担任してきた。Ｓは母と兄，弟の四人暮らしで、父とは生別しており、現在母子寮に住む生活保護家庭児である。母は中川区の某家庭へ家事手伝いとして、十時過ぎから夕方六時半頃まで働きに出ている。したがって下校後の生活を見守る人がなく、僅かな日々の小使いを楽しみとして、母の帰るまで気ままな自分の好き勝手なふうに暮していたようであつた。

2. Ｓの性質

Ｓは一口に言つて、短気でけんか早い子であつた。一例を三年当時のＩ児の日記から引用してみよう。

「給食の前の手の消毒の時、Ｔ君が知らずにＳ君の足を踏んだので、すぐ『ごめんね』とあやまった。それなのに、Ｓ君はＴ君になぐりかかっていった。そばにいた委員のＨ君が止めようとしたら、こんどはＨ君にかかっていった。……。」

相手があやまっても許さず、相手から受けた被害は仕返ししてやらなければ損だという考え方、それに仲裁に入った者まで相手にしてけんかするという乱暴で打算的、利己的な考えの持ち主だった。また学習態度も悪く、宿題など全くやってこなかったし、忘れ物も多く、そうじ当番などもよくさぼり、しばしば反省会の話題になったが、一向に反省の態度の認められない子であった。

3. 学級経営とＳ

イ　三年生のころ

私は以前から学級通信を発行して、家庭と学級の連絡を密にするよう努めていたが、留守家庭児童を含めた学級経営には、前よりいっそう愁の役割の重要さを痛感し、内容充実に熱を入れた。また個人指導の深化を図るため父母と教師の「切手のいらない手紙」の交換を実施し、特にＳの母との連絡強化に努めた。保護者会に出席できないＳの母には、学級通信が学校の様子を知る何よりの手がかりとなった。私は保護者の前には、Sの母を含めた出席できない父母に、子どもの学校家庭生活上の希望や問題を手紙で出してもらって会に反映させるよう図ってきた。

しかし、Sの母からはめったに返信はなかった。また学級通信「でんしょばと」もSが途中で無くしたり、渡すのを忘れたりし、母もじっくり目を通さないことが多いという状態で、私の目的もSの家庭には充分浸透するところまで進まなかった。

級友たちも乱暴なSをむしろなんとなく敬遠しているような様子で、たいした指導のできないまま三年生を終ってしまった。

ロ　四年生になって

四年生になってしばらくしたある日

「Sは機げんのいい時はいい子ですが、ひとつ間違うと私や兄にもとびかかってくるような乱暴をします。このくせを何とか直していきたいものだと願っています。」

という手紙を、Sの母からもらった。今年こそSの指導に本腰を入れてと考えていた矢先のこと、私は昨年の学級通信、切手のいらない手紙に加えて、特にSとの日記問答によって、生活指導の充実を図ろうと計画した。

学校家庭の生活について、私からSの日記帳に話題を投じてSの応答を求める方式だった。最初は面倒がって即応してくれなかったSも、今まで口で注意を与えていたことを、日記に書いてやるようにしてからは、次第に呼応するようになり、態度にも柔軟さと反省の気配が感じられるようになってきた。私は母にもこのSの心がけを、学級通信だけはできるだけ子どもといっしょに読んでほしいと強く依頼し連絡した。こんなころからつるの仲間のSの見方も変わってきて、仲間にひき入れようという機運も芽生えかけていた。

ある時、野口英世の本を読んだSは、博士の真摯な研究態度に感銘した感想日記を書いてきた。私は早速これを学級通信「つる」に載せた。自分の作品がのっている。その日のSの表情は殊の外明るいように思えた。こうしてSの学習態度も次第に良くなり、宿題もやってくるようになった。算数の時など私を呼んでやり方を聞くようになった。私は真実嬉しかった。心情こめてSに応答したのだった。そして二学期の通知表も喜びと励ましの言葉を与えて渡すことができた。冬休みの日誌も熱心にやってきた。

三学期はじめの道徳の時間の「ことしの計画」の中で、

「先生は日誌に『日記も続けて書いていくようにしましょう』と書いてあった。だから日記をもっとしっかり書く。日記にいいことが書けるのはうれしい。先生は『日誌をきちんとやったことが何よりうれしい』と書いてくれた。それでぼくはしっかりやろうと思う。それから家の手伝いもこれからはしっかりやる。寮の外の子たちは、ぼくたちがテレビを見ている時でも手伝っていた子があった。いいことはぼくもまねしょう。

と書いていた。

人の話に耳を傾け、人の善行に心を動かされて自発的に手伝おうと心に決めたSの心構え。この計画を一歩一歩着実に実現に向って努力していったら、きっとこの一年で立直ることであろう。

更に休み直後に行なったテストの成績もSとしては実にりっぱなものであった。グループの子から励まされたらしいSは「ぼくは家へ帰っても遊びに行かず、日誌の問題を帳面にやって復習した。先生も喜こんでくれるから、ぼくはこれからもやる」と書いていた。また今学期Sはグループで図書委員に選ばれ児童会活動にも積極的に参加することになった。Sを見込んで、学級の一員としてりっぱに活動してもらおうと期待したグループの子たちに応えようと努力している。

私は、Sを励ましてやる気を起こさせたグループの子たち、Sの立直りを快く受け入れて賞賛を送ったつるの仲間の力添えで、更に誠実で公正な判断力を培い、力いっぱい努力する子へと伸ばしていきたいと願っている。

学級通信、切手のいらない手紙、日記問答と、ありふれた指導経過にすぎないが、留守家庭児童に対する学級ぐるみの愛情ある指導態度によつて、進歩向上の途上にあるSの成長を祈って結びとします。

その5　「K子」の留守家庭

陽明小学校

どの学級、学校にも必ずといってよいほど、ひとりやふたりのるす家庭児童はいると思う。近ごろ多くの問題がひきおこされているが、その要因の多くがるす家庭に起因している。わたしたちは、これらの事実を認識し、それに処するため多くの方法や、るす家庭に関する事例を研究して、よりよい方向へ、かれらを補導していかなければならない。

本校でも、各学年ともるす家庭児童がいる。したがって、これらの問題を研究推進するため、校外生活指導部が中心となって、補導にあたっている現状である。指導は特に、家庭との緊密な連絡のもとに、全体的指導以外にるす時間の指導など、各学年、学級で適当な処置を行うようにしている。以下、実践の過程ではあるが、五年A学級での活動の一端をのべてみたい。

1. 実態把握　年度始めからの家庭環境調査　個別調査　るす家庭調査（提出されなかった）などによって、つぎのようなK子の実態をつかむことができた。

a　本人について

五年　女子　K子　知能は低く、学業成績は下、性格としては、学校で友人もなく、劣等感が強い。学習意欲全くなく、病弱　五年当初より欠席が多く（11月より殆ど無欠席）ただなにをしているということもなく、家にいる日が多い。

b　家庭環境

父親なく、母親は、夜は家にいない。昼はくず屋のような仕事で外出している。時々、K子にこれを手伝わせている。このごろ義兄が、仕事のあいまをみては、めんどうをみているていどである。近隣との話し合いなどあまりないようである。

c　留守の時間

朝　母親と入れかわり学校にくるＫ子が、授業終了三時三十五分、一斉下校時刻四時十分で帰宅するが、母の帰宅が大体六時ごろであるから、地域での要看護時間としては、約二時間の留守時間となる。爾後、朝まで母は不在で一人ねている現状である。

b　留守時間中のＫ子のくらしと指導の必要性

このような、環境状態におかれているＫ子の毎日は、保護者が不在となることから、必然的に放にん状態となり学校への出席も悪く、家にいてもなにをするというでもなく、時々、戸外で土いぢりをしたり、石をけって遊ぶていどで、学校から帰った後の留守時間のくらしも同様、家の中で静かな日を過ごしている状態である。ここで考えられることは、なにの楽しみもないくらしから、いついかなる問題をひきおこすやもしれない、という危険性である。常時子どもに接し、そのよき相談相手となってやることの必要は感じるが、生活上なんともいたしかたがないではすまされない問題でもある。なんとかして、よい子であるようにしたい、それはまず、可能な時間を最大限活用してＫ子をみてやることである。それは、母親の理解と協力とによって、なされることが大切であると思う。

(2)　指導の実際

Ｋ子の実態からつぎのような対策をたて、実践することにした。まず欠席の多いＫ子が学校に出てくるように、母親にも協力してもらうため、話し合うことである。Ｋ子の登校しないその原因は、母親が子どもに無関心であるなど、いろいろな条件が交錯している。月1回の保護者会を期待したが、一度も出てきてくれなかった。そこで、家庭を訪ねてみたが何度訪ねても、るすばかりで、目的を達することができなかった。おもいあまって、近くの人に依頼した。幸い、Ｋ子の家の近くに元教育に従事してみえた社教の委員の方や児童委員の方がおられるので、この方たちにも、Ｋ子の看護を頼んでおいた。もちろん、早急に効果があらわれるとは思っていないが時々言ばを与えていただいている。つぎに、近くの児童を通じて手紙をもたせてみたり、生活日記の連絡欄を利用したりしたが、反応はなかった。そこで、学級で相談することにした。その結果、児童の協力を得ることになった。というのは、近くの児童四、五人が、グループを構成してＫ子の遊び友だちとなり、学校と家庭との連絡の手伝いを中心に、朝のＫ子の登校まで努力してくれることであった。これらのことは、その後友だちが呼びに行っても、いるすをつかったり「頭が痛い」などといって、でてこなかったＫ子の出席日数を多くしてきた。そこでわたしは、生活日記の家庭との連絡欄を毎日のように朱書してみた。十月末、Ｋ子の義兄が、突然学校をたずねてきてくれた。話によると、そのきっかけの一つは、「生活日記の家庭連絡欄」によるという、生活日記は、家庭と指導者との話し合いの場であり、児童はいつも持っている。Ｋ子の義兄は、そこに朱書してある、「話し合いたいが、都合を連絡してほしい」項をみて、仕事のひまを利用して来てくれたのである。母親ではないがＫ子のことについて話し会う機会ができたことは一歩の前進であると思っている。以来文書であるいはたびたび学校に来ていただいて、Ｋ子の指導の上に、大きな資料となっている現在である。学校に於ては、物でつるようなことはしないがある程度好きなようにさせ、学友にもおおめにみるように話し、授業後から帰宅までには、できるだけ長い時間、学校で生活するように、図書館を利用したり、ドッチボール、研究物の作成などを行なっている。

以上、概要ではあるが、今までにおこなってきた、K子の家庭との連絡実践をふりかえって思うことは、本人のなやみの第一に、暖かい家庭をほしがっていることである。今はにわとり小屋の横にバラックを建てて、一人ねているようだが心配な問題である。第二に、だれか遊び仲間が必要である。そして、楽しい生活をさせてやらなくてはならないと思う。

その6　学級ぐるみ　家庭ぐるみで

円上中学校

私が現在校へ赴任して、一年生のある組を担任して間もない一学期の終わり頃に起った、一留守家庭の問題生徒Aを指導した小さな体験を、当時の補導記録としてありのままにその事例を報告したいと思う。

1. Aの家庭状況

本人は福岡県八女市に生まれ、小学校六年生のときに両親とともに当地(名古屋市昭和区御器所町5の5八千代荘)に居住するようになった。当初父親は職に困ったようである。当地の民生委員の方は「当時私もはねをおって、知り合いの印刷会社に勤めさせたが、どうも近所の人のうわさでは、家庭の評判はよくなかったようでたいへん困った。」と語っている。その後父親は一年足らずで職をかえ、現在東区のある運輸会社に勤めている。又母親も住居費が高額のことなどつて、松坂屋の地下売場に勤めている。父親の帰宅は午後七時頃、母親はそれより遅くなるのが普通。兄弟は二人。本人の他に小学校四年生の弟がいる。六畳二間のアパートに、叔母一家と二世帯が生活しており、日中は叔母が留守番をしながら子どものめんどうをみている。

2. Aの知能と性格

本人の知能偏差値は38。学業成績は下。村雲小学校六年に編入して以来の素行は、よい方ではなく、机の上を歩きまわったり、他人の自転車を無断で乗りまわし、ところかまわず乗りすてるといったことを平気でしたようである。本校に入学して最初のうちはあまり目立たない行動をとっていたが、六月頃から女生徒の後を追いまわしたり、いやがらせをするなど悪行が目立つようになった。そのつど注意はしたものの、その場は神妙に注意を聞くように見えても、一日たてば、再び同じような行動を繰返えし、反省の色もないので、このままではいけないと思っていた矢先きに、自分の卒業した小学校付近にある文房具店へ空巣に入ったのである。以後当時の補導記録をありのまま記述してみよう。

七月五日

村雲小学校から、Aが附近の文房具店に空巣に入って、現在補導中であるからすぐ来てほしいという電話連絡があった。生活指導主任の谷口先生に、早速出向いていただく。私も早速出向き事情を聞いてみる。本人は数多く語らないので、事情はよくわからなかったが、弟の方は案外気楽に話しはじめた。なんでも、弟を見張りに立たせて、本人は文房具店へ忍び込んだが発見されたので盗んだ金をもって逃げた。ところが見張番の弟がつかまったので小学校の方へ連絡があったというわけである。午后五時頃、本人と弟を連れて帰宅させ、叔母に会って、事情を話してみたが、迷惑そうで、話合うことができない。父親の帰宅をまって、事情をよく説明し、家庭での注意を喚起するとともに私もできるだけ協力し努力することを伝える。父親はただ申し訳ないと言うばかり。

中略（本人の気持を聞いたり、注意を与えてみたが、心のへだたりを感ぜずにはいられない。余罪もありそうである。）

七月十九日

午后　映画館「オリオン」の中で、婦人の財布をする。金額約千円。映画館からの電話で生活指導主任の谷口先生がいち早く出向かれ本人にいろいろ説話され、興奮を沈めて、連れ帰えられる途中、学校付近で逃げ出す。谷口先生の連絡で急いでさがしてみたが見当らない。午后六時頃本人宅へ出向いた時にはすでに家へ帰って何くわぬ顔をしていた。両親に面会することができたので、事情をよく説明したが、母親は半信半疑。なるべくおだやかに本人の行動をただしてみると、悪行を認めた。動機は、「お菓子を買ったり、映画を見る金がほしかった。」と語る。「両親付きそいで警察の方へ届け出るように。」と話して午后八時頃家を出る。帰えり際、父親が「外聞にかかわらず、少年院に入れたい」と語ったがもう一度努力して、ようすをみるように、再考をうながす。母親は警察に届け出ることも不服そうに見えた。

七月二十日

授業後、他の生徒に気付かれないように本人を残し、再びすりをした動機をただしてみる。やはり、「買食いや映画を見るお金がほしかったから。」と語るだけである。「悪いことをしたと思わないのか。」と聞いてみる。何も語らない。そこで、このままでは君が将来どんな道をたどらなければならないか、についてこんこんと言って聞かせたが、感動の色は見られない。私は思いきってどなりつけた。「これほど君の事を考えている先生の気持がわからないのか」と相手に私の眼を正視させながら……私はいつしか目頭が熱くなるのを覚えた。その時私ははじめて無表情だったAの眼に光る涙を見たのである。私は事の善悪のけじめが将来の生活に大きな影響のあることを言い聞かせながら、明日から夏休みに入ることでもあるので、本人さえ自分の非を改めて休み中まじめに過ごすことができたなら、先生は小遣を削いて、君のために修学旅行までお金を積立てやる。と約束。本人も守ることを誓った。

中略（家庭訪問。アルバイト斡旋など、多大の協力を谷口先生から受けた。）

九月二日

本人欠席　母親が来校し「休み中に児童相談所へ出向いて、性向検査を受けてきたが『特別に異状はないので母親しだいだ』と言われて、私も反省いたしました。どうかめんとうをみ続けていただきたい。」と頼まれた。私も今後毎日の行動を家庭へ連絡できる連絡表を作って、連絡することを約束し、協力を誓った。なお本人は宿題ができていないので「学校へ出ることがいやだ」といっているとの話を聞き、本人がまじめになれば宿題のことは問題でないから、心配しないで明日から出校するよう母親に伝言した。

九月四日

本人出校　休み中、約束を守って、悪い行いがなかったのでほめてやる。

九月五日

印かんを持参させ、約束の積立のために貯金通帳を作らせ、百円を貯金する。

中略

九月十二日

母親が来校し、涙ぐみながら、「本人が十一日朝、カバンを持って家を出たまま帰えらないが」と相談を受けた。本人は出校していない。そこで、心当りをさがしてみたが見つからない。警察へ捜索願を出すようにすすめ、相談の上、学校側も協力することにした。午后五時頃、本人宅を訪れ、母親に会う。「父親に相談の上、捜索願を出そうと思ったので、まだ出してないが本人の行方は不明」とのこと。やはり捜索願を早く出された方がいいと忠告して帰宅。

九月十三日

母親から「本人が付近のお宮で見つかったので、ご心配かけて申しわけない」と報告を受けた。「しばらくは静かにしておいてやるように。」と言い聞かせる。

中略（家庭訪問をして、本人の気持を聞く。）

九月十九日

家出以来今日まで学校へ姿をみせてくれない。道徳の時間に、クラス生徒たちへ、事実を卒直に話して聞かせ、A君が学校へ出てきたくない気持をいろいろ話合ってみた。勉強もきらいだが、級友が温い眼でA君を見ないのが大きな原因である。A君をこれ以上悪くしないように、皆の力で励まし、助けようということになった。しかし、A君が学校へ出てきてくれなければ意味がない。どうして出られるようにするかを決めなければならない。そこで、まず、皆の気持をA君に通じさせることが一番いいことであり、励ましの言葉を寄せ書きにして郵送することに決まった。

九月二十二日

寄せ書き完了。直ちに発送。

九月二十四日

Aは母親に連れられて出校。母親は級友の温かい心に感激し、本人も明るい顔に見えた。クラスの友達と、互に励まし合い、努力し合おうではないか。と誓い合わせ、皆でA君の出校を喜び合う。

その後、Aは何事にも素直さを増し、途中、虫垂炎で入院したとき、見舞って励ましたことなども手伝って、私との間柄も親密さを増したように思っている。二学期の暮頃から毎日、生活日記をつけさせているが、忘れることはあっても、とにかく努力をする気持も現われはじめ、注意も素直に聞けるようになってきている。これで終ったのではなく、むしろこれからが出発だと私は考えている。

その7　　夜の保護者会

本城中学校

昭和36年度青少年保護育成運動の一環として留守家庭児童生徒対策の推進の件が取り上げられ、指導室より留守家庭児童生徒個票の作成、指導計画の立案実施についての指示に従い本校でも指導委員会を設け、留守家庭児童生徒の指導についての研究を行ない職員会でそれをはかり決定実施した。

先づ本校における留守家庭児童生徒指導のあらましについて述べてみよう。
個票の作成、諸調査の実施の結果留守家庭は171世帯の多さを数えるが、その全生徒に問題があるのではなく、その一部約10名内外の生徒については特別の注意を払い善導すべきであるということがわかった。さっそくその生徒については担任が出向き家庭と話し合いをすると共に児童委員にも連絡し、家庭生活の指導をお願いした。

尚調査の結果をみると、多数の生徒は家庭に帰り弟妹の世話をし、あるいは家事の手伝をし父母の帰宅を待ち留守居番としての任務を充分はたしていると考えられるが、帰宅後家で一人でいる生徒に対しては学校図書館は毎日開かれており生徒の利用は自由であるからその利用を、またクラブ活動も多数のクラブが毎日活動を行なっているのでそれえの参加を個別に指導し、監督者なしで過す時間を出来るだけ少くし、発生し得ると考えられる諸問題を未然に防止したいと計画している。

が然しそれだけで問題がすべて解決されたというわけではない。家庭と教師との連絡については、家庭訪問をしても保護者会を開いても、保護者と話し合えない場合が多く、教師もその点について困難を感じることがまま生ずる。このような情況を考慮して本校においては、前々述べた計画と平行して家庭との連絡を円滑にすることに特に重点をおいて計画を立て実行した。次にその二、三の実例について述べたいと思う。

留守家庭について保護者会への出席状態を調査した処が、解答者157名中本年度保護者会に一度でも出席した者は23名約21%で本校の保護者会出席率にくらべ非常に低率である。尚同じ調査で今までの保護者会開催時間（1時～5時）で出席できる者48名、できない者108名、不明1名であるが、108名中今まで通りでは出席できないが夜6時以後からなら出席できる者66名という解答を得た。調査結果に依れば出席したくても時間の制約で不可能となり、これが出席を悪くしている原因であることが明白となった。そこで今まで通りの昼の部の他に夜の部を設けて保護者会を開くことが決定され、本校としては初の夜の保護者会が実施された。その出席状態は昼の部３０名、夜の部５４名、合計８４名の出席で、出席率４７％となり今までの出席状況に比較して非常な好結果を得ることができた。教師と保護者がひざを交えて話し合い両者に多くの収獲があり、今後の生徒指導に大いにプラスになったと考えられる。

今後も機会をとらえて連絡の円滑をはかる研究をして行きたいと思う。

次に個別指導の例について述べる。二年生Ｓは父親と死別し母、兄、姉の家庭で、母親と兄姉共に勤めに出てしまう留守家庭の一人である。学習成績低く、性質も内向性であり学校を特によく休むので調べてみると、家の者が働きに出てしまい監督者がいないので、学校を休んで家でぶらぶらしていることがわかつた。早速夜家へ出向き連絡をとると共に本人ともよく話し合ったところどうも学校が面白くないようなのでクラス会議でお互に助け合うことを決め近くの生徒が朝呼びに行くようにした。１，２ケ月の間は効果があったがまたぼつぼつ欠席が目立つようになった。怠けぐせをなおすにはどうしても監督者が必要であることを覚り、家庭と協議し近くの親せきに留守の間の監督をたのみ関係者が一体となってＳの善導に心かけている。最近では出席もまともになり生活も落ちつきをとりもどした。これなど留守家庭であるという障害が緊密な連絡により、のぞき得られた例であると思う。

前の例と同じ様に一年生Ｋは母、姉、弟、祖父との五人暮しで母親姉祖父共に働きに出てしまう所謂留守家庭である。Ｋは知能も低く、やゝ粗暴でほとんど学校へも出席しない。

実状を調査した処が、小学校時代より出席悪く、監督者がないままにぶらぶら生活しており盗みまで働くようになった。担任も屢三出向き出席するよう指導していた。たまたま地区派出所の滝口巡査が生徒補導にきわめて熱心であることを知り担任は滝口巡査に連絡をとった。滝口氏は常にＫの家を見まわって、学校を休んでいるのを見ると学校に連絡したり、みづからＫを学校まで引卒して来るというように指導され、現在では学校へ顔をみせるようになった。みんなの協力と努力がみのりはじめた状態である。

まだ他にもこのような例は多くあるが、今後も効果的な指導法の研究を深め、一人の事故者も出ないよう、社会、学校、社会が一体となってこの運動を進めて行きたいと思う。

(3) 近隣との協力によって指導した事例

その１ 留守家庭児童を児童委員との協力で

鶴舞小学校

1. 児童名　Ｓ，Ｔ　男子６年（ＳＤ４３）

2. 家庭状況　準援護家庭

実父　近隣の建築会社に勤めてはいるが愛酒家で、収入の多くをこれに費やし、家計は苦しく、子供の勤務先まで給料の前借りにでかけ、毎夜遅く帰宅し、好まれざる父となり、自然狂暴になり、家庭争議の因をつくる。

実母　　生活に追われ、思案の末、近隣の進めと助力により、屑屋をはじめる。

実兄　長男、次男は会社の寮に住み、三男は大工として、家より通う。

3. 学年別出席状況

学　年	1	2	3	4	5	6
授業日数	248	250	249	248	249	1月15日現在
病気欠席	73	75 95	90	0	46	23
事故欠席	0	0	25	114	19	10
遅　刻	3	1	2	1	0	0
欠席理由その他	感　冒	感冒　頭痛	夜眠れぬ	親の無理解	感冒　なまけ 親の無理解	感冒　頭痛 母親看病

4. 指　導　事　例

五年にT君の受持ちになったものの、1「2日目と無断欠席、さっそく前担任に聞く。

前担任（低学年）担任 友人とも話しをせず、欠席多く、1人すみで遊んでいた。（中学年）無断欠席が多く、母親がときどき家庭事情を話していった。特に、雨天時には欠席が多かった。傘がない。

第一回家庭訪問

家の中は雑然とし、まんが、雑誌類が散乱している中に布団を敷き、T君一人まんがに読みふけつている。縁に腰かけると、びっくりして起き上る。「T君、どこか悪いのか」首をふる。「どうして学校にこないんだ」ただ首をうなだれて黙っている。「そのまんがおもしろそうじゃないか。みせてくれない」にっこり笑って渡してゝれる。ページをめくりながら、父母のことを聞いても、ただ黙っているのみ。最後に「明日学校にこられるか」「うん」、今日のところはと思い帰る。

翌日、母親につれられて登校。話しに聞いた通り、父親の悪口、その中に「父ちゃんなんか、ころしてやりたいくらいだ、Tも学校をさぼっているので、おくれてしまったが、何とか、普通ぐらいやれるようにしたいが、先生もうおそいかなも」という言葉を聞き、母親が、子供の教育について、案じているのを知り、何とかなると、意を強くする。

T君への具体的方針をたてる。

部活動において、集団社会における自己の位置、役割を深く自覚させ、責任感をつちかい、心理的安定をはかる。

知的学習の基礎ともなる読み、計算のドリル学習を徹底し、おくれをとりもどす。

地区児童委員と、連携を密にし、家庭生活の安定をはかる。

本年度は、かような方針でと思い、最初は仲間作りに手をつけた。さいわい、同町内に、留守家庭のM君がいる。（彼は、成績中上、4年生に私が受持ち、私をしたい、授業後も居残り、手伝いをよくする）彼に遊び仲間にT君をさそうようにさせた。そして、班、部活動（新聞部）もいっしょにした。

その後は変ったことなし，5月初旬無断欠席、M君に聞いてもわからない。第二回の家庭訪問、母親とT君寝ている。昨夜のけんかで母腰を打ち、朝御はんがたべられず欠席とのこと「明日はいかせますから」と言葉少なに語る。そのまま帰校。翌日も翌々日も欠席、4日目母親について登校、（長く休むと、きまり悪く出てこれないという）、父親の乱脈ぶりを話して帰る。

教師が、子供の教育のためとはいえ、家庭内容に深く首をつっこむことの是非に迷いながらも当夜、父にあおうと訪門、父酒によい、何を話しても通じない。順次あれぎみになり、「子供なんて、ほっておいたって育つものだ」という。そうそうに引きあげる。翌日、地区児童委員のKさんと話し合う。Kさん「父親のことは、私にまかせて下さい。何とか私が」にほっとする。

6月にはいって、M君との交友関係は密になり、登下校をともにし、授業後残って、手伝いや宿題をするうち、家庭のことなどぼつぼつ話してくれるようになった。

夏休みは、M君が水泳部、私もその指導にあたっていたので、できるだけ学校にT君をさそうように努めた。

二学期には、新聞記事のちち、連続まんがを担当、この作品のできがよく、級友から賞賛され、満足感にひたり、ますます努力する。三学期には、ニュース記事まで担当、新聞発行一週間前ぐらいからは、多少の頭痛では休まないようになった。と同時に、文字に興味をもちはじめたのか、学級文庫本を読みあさるようになった。

家庭では、地区児童委員のKさんが、諸事の面倒をみ、父親の乱脈ぶりも、かなりおさまってきた。また、母親が、月1回は登校し、子供のことにつき、聞きにくるようになる。

6年になって、無断欠席はなくなり、学習面においては、特に、読書力がすばらしく、進歩し、以前授業中に手を上げたことのなかったT君が、しっかり上げ、うまく読むことができ明朗な子となった。だが学習面も、まだまだ他に劣り，父親の乱れた生活は、手ばなしにするまでになおっておらず、いつもとにもどるか、たえず危険をはらんでいる。

何事にも負けない、意志の強いT君にと今後も一層努力したい。

その2　ぼくは他人に迷惑をかけない

昭和橋小学校

子供は鏡だという。だが、子供の言葉はすべてその心を表わしているだろうか。そして、言葉の数々は確実に実現されていくものだろうか。涙と言葉に裏切られても、なおかつ、そこに希望を求めてきた苦い経験について記させていただきます。

指導経過の前に問題児の横顔を描写してみたい。（以下彼をTと記します。）

1. T児の実態

六年生男子　知能偏差値４６（新田中Ｂ式）。

学業成績は中下。算数が特に悪いが、体育、国語は十分な力をもっている。

(イ) 交友関係　ソシオグラムや日常観察などによると、親友と認められるものはない。遊びそのものは、表面的には級友と支障なくいっているが、いわゆる　おとなしい　児童からは嫌悪されている。

(ロ) 家庭環境　家族は父母（共かせぎ）、三姉妹と本人。母親は何かと世話をやくが、父親は子供を叱ることがほとんどない。生活程度は中位で不自由はない。五年生の初め新聞配達をしたことがある。

2. 問題行動の内容　事故欠と盗癖

(イ) 事故欠席　五年担当直後、頭痛、腹痛等の理由で欠席が目立った。家庭訪問をすると家にいたりいなかったりで要領をえなかった。仮病と判断しうる場合もあったが、四月下旬学校へ出たふりをして学区外へ遊びに行った。

(ロ) 盗癖　(1)四年生の時、集団万引で補導　(2)五年生四月中旬　浪費のため補導　(3)同四月下旬せつ盗容疑の連絡。　(4)五年生十二月下旬、万引　(5)六年生六月、お金を盗む。(6)同十一月、文房具を万引。上記の如く、浪費とそれからくる盗みが、半年週期で問題になっている。

3. 指導の過程

(イ) 事故欠席に対して、Tの学習態度能力から学校生活を楽しいものにさせなければ、と考え母親と相談の上、左記の方針をたてた。

(1) 家庭課題がやってない場合も責めない。

(2) 欠席の日は母親が連絡し、ない場合は家庭訪問をして理由をTに話させる。

(3) 野球部に入部させる。

上のうち、(2)は殊に効果的であつた。そして、登校しては、自己の好みと奨励によってする野球の練習にも日増しに熱がはいり、反省文にも「野球をしているのが一番楽しい。」と書く程になり、五年生五月以降ほとんど欠席することなく、実を結んだと喜んでいる。

野球部を退いた昨今も、欠席どころか、形式的ながら家庭課題をこなしている。だが、問題になるのは次の盗癖である。

(ロ) 盗癖に対して　　せっとう容疑の連絡をうけた時事故欠席の問題が片づいていなかった時だけに困難を感じたがさしあたつて次の方針によることを打ち合わせた。

(1) 学校にいる時間を伸ばし、留守家庭のふん囲気をなくす。そのために野球練習を勧める。

(2) 日曜日の生活を親がよく観察し、不審な点があつたら、直ちに連絡をする。外出は同伴。

(3) 小使いは毎日金額を決めて渡し、アルバイト代は母親が預かる。そして、必要な物を適宜承認の上買わせる。

上の如く、普通児童の線に並行させようとする方針のもとに、Tは何ら事故を起すことなく半年余を経過した。母親の喜びはこの上なく、私とて同じ思いで五年二学期の終業式を迎えた。式後同僚とTの成長ぶりを語り合っていた矢先き、N商店から〝万引をした〟との電話を受けた。「出来ごころ」とはいえ、やはり誘惑にかてなかったTをどうさとしたら上いだろうかと迷った。だが、悔い改めようとの誓いにN商店からの帰路、次の事を約束した。

(1) 母親か先生に何事も相談するようにする。

(2) 今日の事は二人の間の秘密にしよう。

もしこのことを母親が聞き知ったら…とさとし、彼もなきはらした目をうるませていた。そして六年を迎えた彼は、作文「おかあさん」の中でこんなことを書いた。

「….ごめんなさい悪いことばかりして、おかあさんぼくはまじめな、おとなしい、人に迷惑をかけることはぜったいにやらないと先生に約束しました。ぼくはこの約束を死ぬまで守ろうと思っています。」

だが、ペンは何と無力だろうか。鉛筆の香もぬけきらぬ六月、卒業生らと金銭をぬすんだ。そこで、再度協義の上、次の事項を追加した。

(1) 小使い月額を決め、その一部を月初めに渡し残りは従前通りとする。

(2) Tをリードする友人をつくらせる。

前項は容易だが後の項目は困難である。着実な児童とは性格が合わない、うっかりすると「だし」にされる危険がある。そして慎重に同席させた委員のKが、かえってミイラになろうとはまったく、想像しえなかった。

昨年十一月、文房具を万引した事実を調査した時、Kもとう品を受けとっていたのだ。Kを信頼しすぎた浅薄さ、どうしたら上いかと再び迷う自己の姿に、これが教育か、自己の教育力は何と無力なものかとなげける思いだ。母親に面談を求めた時「先生，また何かやったのでしょうか。」と心配そうに、半ばおびえるように聞く姿に真実を容易に話せるだろうか。

Tに関して耳にする評判も悪く、事情は悪化している。父兄共々、更生の最後の機会だとさとしたが、校長の注意もうけ、結果Tは新たに次のことを約束した。

(1) 悪いことはやめ、勉強に励む。

(2) (1)を実行するためにあまり外出しない。

その考え方こそ、悪評をくつがえす唯一の方法だと賞め、励まし、その言葉を結実させるために、三学期の学級目標に「言葉に責任をもつように努力しよう」をかかげ、Tの自覚を伸ばそうと副班長の責任を負わしている。

4. 最後に

教育効果は直ちに現れはしないが、「迷える羊」を導くことはこんなにも苦しいことか。「僕は他人に迷惑をかけない」との言葉通り、素直に伸びてくれるよう祈る心境です。

その3　反社会的な児童　－W－

旗屋小学校

1. はじめに

「行ってまいります。」「ただいま」－何気なく繰り返される日常語であるが、子どもらにとっては生活に一つの区切りを与える意味で意義があろう。これは、学校社会と家庭と言う言わば子どもらにとっては、異質の場の結節点であるとも言うことができよう。子どもの人格は、感性の深まりと理性の高まりとの両面が満たされてはじめて正しく形成されていくものと考えられるが、初めに挙げた言葉を言い得ない子どもは、その一面が欠けているものと考えてもよかろう。留守家庭に育つ子どもは、家庭的基盤に恵まれないため学校においてもいろいろ異質な行動をとり易い。ここに取り上げた児童－W－もその一人である。Wの家庭の実態－両親は健在であるが、祖母と父方の実弟と本人を含めた三人の子どもの扶養は苦しい。父親は臨時雇で収入が不安定なため、母親も早朝から働きに出ることを余儀なくされる。生活保護に準じた補助を受けている。こんな状態の中で育ったWの行動には、あるひずみができ学校社会にはとうてい融けこめないし、また受け入れられないこととなって問題を生ずる。「あの家庭では仕方がない」と言って放って置けない問題であることに気付き、少しでも上向きの指導ができればと願ったのである。

2. 児童－W－のそれまでの状態

(1) いつもクラスの子どもらは言う。「W君さえいなければ」と、4年生の一学期に行なった交友調査の結果、これを裏付ける次のような資料が得られた。即ち、「一緒に並んで勉強したくない子」の質問事項では、47人中16人の子どもがWと書き、その理由として、(おおちゃくい)(よくおこる)(ぶったり、けったりする)(いばる)(わがまま)(じゃまをする)など挙げている。次に少し生活の場を広げた問いの「一緒に遊びたくない子」に対して12人が嫌い。(すぐけんかをする)(自分のいいなりにしようとする)(たたく)などの理由を示し、また「この組にいてほしくないと思う困った子」では21人が挙げ、(らんぼうをする)(そうじをあまりやらない)(ふざける)(へんなことをする)(あしではらをける)など理由を出している。何れにしてもWに対する交友関係には、マイナスの因子が多く働いていることがわかる。

(2) Wは入学当初から理由もなしに欠席することが多かった。登校時になるとむずがり何と言うことはなしに登校を嫌い、たとえ登校するにしても通学団には参加せず、全くの単独行動をとることがしばしばだった。帰宅後の遊びにも目に余るものがあり，友人２人と学校で危険箇所として止められている白鳥貯木場へ行き遊んでいたことも再三あった。（２年時）。何れにしても，友人同志お互いに他の家庭を訪問せずに外で遊ぶのが特色だったようだ。3年生になってもこの状態に変化はなかった。（担当学年）。遊びの種類も増え，区外のローラースケート場へ日参したり，夏になれば神宮プールへ毎日行く熱心さ。興味が最高潮に達すると，学校を休んでまで行くこともあった。しかし４年生（持ち上がり）になって，この傾向もかなり弱まり，二学期には教室でのグループの子どもと帰宅後も交わるようになり，また登校時には通学団で並んで来る回数も多くなった。三学期を迎えた今，事故欠は全く無くなってきている。無論宿題は気が向けばやる程度であり，掃除当番はさぼりはしないが怠けることなど朝の会で他の子どもから攻撃される素材を多く残してはいるが。

3. Wについての要因分析

(1) 交友関係を調べた結果では，Wについて反結合の因子のみ多くあってグループの中に入る要素を備えていない。その一番の理由に，粗暴性が挙げられるわけだが，Wにとって他人との結合がすべて支配関係により成り立つものであることを意味するのではなかろうか。

(2) Wの２年生までの行動は，欲求不満によるものと考えられる。低学年において，子どもは教師との間に愛情の繋がりを強く求めるものであるが，それが満たされぬ場合学校社会そのものを嫌うこととなろう。「あの子はどうしようもない。」と言った一つの概念の前には，Wの救われる道はなかったようだ。

(3) 「父は理由もなくよくしかる」（家人の話）ことは，Wにとって権力支配による結びつきのみ強く感じとられる結果となり，粗暴性を生んだのではなかろうか。

4. Wに対する指導ーまとめー

Wの反社会的な行動をさかのぼって考え，順次それをもたらした原因を取り除くことを試みた

(1) Wが欠席した都度家庭訪問をし，教師と家族が同じ意識で，Wの行動を「おこる」前に「わかる」態度をとるように努めた。

(2) 朝の会では，Wに対する苦言が毎日のように出る。そこで，「よい行ないはなかったか」と問うことにより，Wが行動に上向きの自信を持つような環境をつくることに努めた。

(3) 事故欠がなくなったことは，Wが学校社会に参加しうる行動様式を身につけたことを示すものと考えられるが，対グループおよび対個人との関係には，まだ解決できない多くの問題を残している。

その4　みんなで愛を

御田中学校

ここにA子（中学三年）の生活と、彼女をとりまく環境の実態を記し、また逆境に負けさせまいと努めてきた級友の姿や、微力ではあるが、気長に善導に心がけてきた小生のあし跡を綴ることにしよう。

昭和三十四年九月の伊勢湾台風はA子一家の生活を大きくゆさぶり、風水害で、家も屋敷も失なつた彼等は文字通り命からがら、中川区富田町榎津の実家から逃がれ、現在のT氏の借家に移った。

A子は四月にには四日の欠席をいずれも腹痛のための病欠と報告したので、別に注意もはらわなかったところ、五月の初旬、忘れ物をして、家に帰った近くの女生徒が、「A子さんが家の近くで遊んいた」と語ってくれた。更に「A子さんは今日だけでなく、前にもよく見かけた」と告げた。早速家庭訪問をしたが、今までの手ぬかりが悔いられた。彼女の家は正直に言うが、よくもまあ、こんな家に住めたもんだと思ったくらい、ひどく荒れた小屋ふうの家で六畳一間、更に驚いたことには家には鍵がかけられ、子供たちが学校から帰ってきても家の中に入れず、夜になって両親が帰宅すると家の中に入れることだった。この日も両親は留守で、二時間ぐらい外でまったが、やがて帰宅した両親に訪問の理由を告げると、四月以来、A子の欠席は知らなかったとのこと。厳重に注意するようにそこで依頼した。また、鍵のことについてなんとかして欲しいと言ったところ、食べものをさがしたり、金を盗む心配があるので、あけられないとのこと。「もっと子どもたちを信用して下さい」また、昼間のうちに勉強させるためにも家の中に入れるようにしてください」と頼んだが今も聞き入れてもらえない。

その後、再三再四家庭訪問を夕方になってするうちに、家主のTさんや、付近の長屋のおかみさん等と親しく語る機会もでき、彼等は最初の訪問の際などは、お互いにA子の家のうわさをしたり好奇心をもったり、しきりに悪態もついたりした。なんでも「父親は酒をよくのみ、母親はかなり派手な恰好をしているが、子供たちの面倒はあまりみないし、学校の本なども買いあたえないのはひどい。これでは子供が気の毒だ」というようなことをいっていた。しかし、彼等はいづれも善良な婦人ばかりにみえたので、「A子さんの子供たちをよろしく頼む。おばさんたちの力できっと子供たちは立派に成長すると思う」と言うと、こころよく小生の願いを聞き入れてくれ、今では、学校を子供が休もうとすると必ず彼等が力になって勧誘してくれ、学校から帰ってからもいろいろ面倒をみてくれる。A子はその後、欠席も少なくなり、順調な日が続いたが、問題はまだまだ多く残つていた。

修学旅行費や、学級費、教材費等々の未納、教科書、学用品等の不備もあった。更に彼女は悪い病気があって、授業中に大便をするくせがあり、今でも月に四、五回粗相をし、そのまま家に帰ってしまう。そんな時には級友はいやな顔もせずに後始末をしてくれるのでその友情にこたえてか、最初は粗相をするとその日は早退のままだったが、最近は再び登校するようになった。小生も級友の善意にこたえるよう指導したことは勿論だが、その他にも卒業生に教科書をかりてやったり、時には、こっそり買ってあたえたこともあった。

民生委員のK氏にも相談にいった。アルバイトをすることもすすめた。修学旅行の費用の点については校長や、三年の先生方にも随分お骨おりをかけ、とにかく参加することができたが、一番うれしく思ったのは級友の自主的な善行だった。ある女生徒がセーラー服をもってきた。それを洗濯屋の女生徒がきれいに洗濯してきた。白ズボン、運動靴も集まった。小遣銭も皆協力して、心配してくれた。旅行中は、れいの粗相があってはいけないので、いろいろ気を配ってくれた。そのためとにかく無事に旅行ができた。とかくひがみがちであつた彼女はこのごろから次第に明かるくなり消極的だった交友も積極的となり、楽しく遊ぶ姿が見受けられるようになった。勉強にも意欲があふれてきた。すべてが順調になってきた。ところが、夏休みも終りに近くなったある晩、また心配ごとがおこってきた。彼女は母親と同じ工場にアルバイトに通っていたが、その日の夕方、両親に食べ物のことからひどく叱られ、家をとび出し、野宿までしてしまった。家をとび出したことは以前にも数回となくあったが、夜遅くなってからいつも帰ってきたものだが、この日はついに帰らなかった。たまたま小生が翌日家庭訪問をしたのでわかったが、彼女は空腹をみたすために、ひどい姿で家にまいもどってきたのだった。鍵がかけてあるので、家の外で近隣の人たちになにか言われていたが、夕方に両親に謝罪するようにすすめ、帰宅した両親に小生から頼んでみた。両親は興奮していたせいもあってか、「お前なんか死んでしまうか、家に絶体に帰らないように家出せよ」といってなかなか許そうとしないのにはあきれた。その後数回家出は続いたが、九月に入って民生委員のKを一緒に母親を学校に呼んだことがあったが、校長や民生委員の前でも平然と、「先生、A子にはほとほど手をやいた。家におらないほうがいいので、栄町のお好み焼き屋の女中にするから学校をやめさしてくれ」と言っていた。まったく言葉がでなかったが、義務教育である点を主張しとにかく説得した。十月には待望の就職先も他の生徒より一足先に北区の安福硝子に決定した。こうして彼女は多くの人々に見守られながら、あと二月で学窓を巣立つ身となった。彼女の非行化のおそれは、今でもないとはいえないし、前途にも不安が残るが、一応ここまでにこぎつけることができたことは誠に喜ばしい限りだ。彼女のあゆんできた道は決して感心したものではなかったが、人々の温情により多少好転するところからしても、両親がもっと教育愛を、いやそれより前にまず、親としての自覚のもとに子供等に冷たい態度をとらず、愛情をかけてやって欲しいし、また、経済的にも、今のどん底の生活から一刻もはやく脱皮して、ゆとりのある生活ができるよう期待している。一方、級友等も、隣近所の人々も、社会資源にたずさわる人々も、そして教師等も力を合わせて、みんなで愛をほどこし、A子がすくすくと成長することを念願している。

(4) 社会施設などの利用によって指導した事例

その1　諸機関との連絡

湊南中学校

1. 本年度の歩み

5月(イ) 留守家庭生徒の実情を調査し分析して留守家庭生徒の実態を把握して目標を定めた。

(ロ) この研究の機構と運営について協議した。

(ハ) 留守家庭生徒対策協議会を開催した。

6月 家庭訪問、保護者会、町ぐるみ補導会

7月 地域別地区懇談会の開催 一学期の反省 出席の督促

8月 地域別保護者会、校外補導

9月 実情の調査と家庭訪問による指導

11月 実情の調査(区全体の指導体系をとるため)動向を把握しその指導に当る。

12月 二学期の反省と校外補導

1月 本年度の努力の結果と反省のまとめと今後の計画

2. 留守家庭生徒指導と関係機関との協力

A なぜこの問題をとりあげたか

(イ) 動 機 ◦学校生活からの生活指導 ◦指導上の困難 ◦教師の生活指導上の不統一
◦教師の指導に対する自信のなさ ◦授業時間中の指導の困難

(ロ) 学区の一般状況(地域の特殊性)—新開地 港町 雑多な職種
低い生活程度、教育に関する関心程度低い。

B なぜこの留守家庭生徒は生まれたのであろうか。

1. 原 因

(イ) 両親の現実慾求に走り過ぎている。

(ロ) 教育的配慮のない家庭

(ハ) 親中心の生活

(ニ) 安定した生活が出来ない

(ホ) 望ましくない家庭構造 道徳意識のない家

(ヘ) 望ましい社会環境

2. 原因からして現われてくる形向

(イ) 帰宅時両親の不在 非行化へ

(ロ) 欠席しても無関心 両親が知らない

(ハ) 子供の慾求不満 反 抗

(ニ) 金銭の浪費

(ホ) 悪友との結び付 不良化

(ヘ) 学習意慾にかける

C 総 括

1. 生徒の生活の中に生徒の自主的な生活を営む場がない。

2. 不安定な家庭生活と不安定な学校生活

3. 人間に対する愛情の欠陥

4. 卑屈な生き方

3. どのような指導をすればよいか

指導目標

(1) 子供と教師との間に人間的な関係をつくることが大切

(2) 教師としての立場を保った指導

(3) 学級集団の指導　特活　クラブ活動に重点をおく

(4) 余暇の善用

指導上の問題点

教師側から

(1) 無理解、無関心な保護者に対する啓蒙

(2) 望ましくない家庭環境のため生徒の指導を遂行するに困難

(3) 両親が経済的困窮によつて生徒だけが家庭に居残りふしだらな生活している生徒指導

(4) 教師が指導する適当な時間を見出す困難

生徒側から

(1) 両親の共かせぎのため　欠席の助長

(2) 家庭が道徳に無関心、家族の人々の怠惰と望ましくない行動が本人に影響している。

(3) その他心身の疾患

社会の側から

(1) 温かい町内の人々の手のさしのべ方

(2) 国の経済的援助と施設の拡充

対　策

A　地域社会の対策　　社教や区役所の協力、児童福祉司

B　家庭対策　　ＰＴＡ懇談会、地区別懇談会、家庭訪問の強化

C　校内対策　　指導組織の強化　長期計画の樹立

H、R 指導の強化、教科指導

4. 留守家庭生徒指導対策（アンケート）に基づく指導

(イ) 調査を行なった理由

今までの指導の欠陥　事後処理に終っていた。

反省　。処理の問題でなく事前に

。社会的原因を明瞭にし望ましい指導が行なわれるべきだ。

5. 調査の方法とその教育的利用

(イ) 留守家庭生徒の生活の実態を知る。

(ロ) 作文を書かせる

(ハ) 結果の処理　　生徒の書いた問題点を指導資料にする

6. 指導結果の処理

1. 留守家庭生徒の調査の利点

- 学級集団の構造がわかる。
- 学級の指導の方策を立てる上に役立つ

2. 教育的利用の効果

- 父兄は自己の家の子供の特性の再認識が出来る
- 生徒の行動の実態が把握できる。

指　導　の　実　例

一年生のA子

家庭環境　　父母、子3人の五人家族　両親共かせぎ
　　　　　　父親片足なく、正業なく日雇　酒豪家
　　　　　　生活程度下

地域環境　　汐止仮設住宅に住む

A子は本校入学後間なく欠席（無届）が多いので担任もなにかと心にとめて家庭訪問をした。その家庭は六畳一間しかない住宅で兄弟3人がなにするともなくみすぼらしい姿で遊んでいた。そこでいろいろと実情を尋ねると両親とも働きにいっているので留守番だという。食事などはどうしているかと質問したところ朝つくってあるのをたべますと答える。担任はそれを聞いて父兄に会うため夜家庭訪問をした。そして家庭の実情を問いただし生徒の出校をうながした。その時生徒が話したことは学校にきて行く洋服、靴、弁当がないので行けぬ、すきな酒でも意識のなくなるまで飲まなくてもよい、それを幾分なりとも子供へまわせないかということであった。このような原因から無断欠席へ向いたのであろう。そこで早速学校ではPTAの幹部、区の福祉事務所、警察署、民生委員、児童福祉司の方に呼びかけ連絡をして会合を持った。その結果役所の方のご尽力により又町内の人からの温かい手ものび又学校ではいろいろとA子が無断欠席で怠惰性を覚えたのをクラブ活動（手芸を好むから手芸科クラブ）H．R活動で是正し今では学校は家庭より好いといって欠席もなく学業に励げんでいる。

本校はこのような特殊な地域を学区にもっている関係上学校だけではとうてい処理、指導の出来ない部面が多いのでこの対策については学校が中心になり各種関係機関と連絡して実施している。

その2　　　子どもに甘い両親

宮中学校

1. 家庭環境の概要と特色

家族構成　父　39才　電気技術者

母　49才　売薬業（自営）

K（本人）　中学1年

附近の環境　商店街

住　居　自家　2階　10.5畳

戦前は大きな薬問屋で、生活に恵まれていたが、戦災により、母はS町方面に出店を経営し、薬品販売をしているので毎日午后9時頃帰宅するのが現状である。また父はT会社の電気技術者として勤務しているが、母よりも10才年下であり別居生活をしているという状態で、なんとかして父親に帰って共に生活するようにすすめてきた。また食事も家族と共にすることもできず飲食店で毎日つけで食事をしているありさまである。

Kは小学校からの注意人物として入学、その後普通生徒とあまり違ったところもなく過ごしていたが、5月13日午后4時30分頃某中学生徒を殴打した事件が持ち上った。この機会に再びこのような事件がおきないように指導しなくてはと、話し合った。

2. 指導方針及びその具体例

生徒の性格　行動の実態

カッとなりやすく、すぐ手を出す。

淋しがりやで気が小さく素直さがない。その実例をあげると、友達とけんかすると胸ぐらをつかみなぐったりする。仲間をつくりたがり、子分になれという。ならないとなぐる。クラスの数人がなぐられており、そのためにある生徒は10月から12月の始めまでの間学校にくることをいやがり時々休んだのでその母親がKの家に話し合いに行ったことがある。一面3年の生徒に話しかけられると喜んで話し相手になる。これらは淋しい気持を忘れたいためかとも思われる。また母にはあまえてひざの上に乗ることもあるという。ときに注意をすると気分が悪いといって保健室で寝ることもあり、なまけて掃除をしないときなど注意をすると、他の生徒のことをいって自分は逃げようとしたり、顔色をかえ反抗的な態度をとる。普通に話している時は明るく物わかりもよく、これが普通の姿ではないかと考えさせられる。

結局一人っ子であり家庭事情と両親の盲目的愛により育てられた結果このような性格となり、行動にあらわれるようになったと思われる。

3. 指導対策

留守家庭生徒には、担任・生活指導部、児童委員と協力してよく話し合った。担任は家庭訪問をすることにした。児童委員にもこのことをお願いした。毎月1回学校長、生活指導主任、児童委員と連絡協議会を開き現状を話しあい指導につとめた。

Kの場合は前記の家庭環境と性格行動をもっているので、まず母親とよく話しあうことが大切であり、さらに近隣の協力を得ることが一番のぞましいと考えた。

母親は私が店をやらなければ生計が成立たないといっている。ではKをどうするかについて話しあつたところ、幸いに向い隣に本校卒業生で家業を手伝っている0君が居住しているので、0君の両親に連絡、三者で相談の上Kの父親に早く同居してもらうことと、Kが学校から帰って母親の帰るまで、夕食と身辺の面倒をみていただくようにした。学校ではKの希望などを調査し、野球クラブに入部させた。下校時間が問題になるので、連絡帳を作り、毎朝家を出る時母親に時間を記入してもらい登校したら担任（担任がいないときは他の先生）に提出して登校時間を確認してもらい、帰宅したときは、0君の家でその日何時迄、何処で、何をしてきたかについて連絡帳を見せ、捺印していただく。このようにして家庭と学校との連絡を密にした。また月1回（日曜日）は担任と生活指導主任が家庭訪問を行ない、話し合いをしてきた。その後6月20日に父親が同居することになりKも大変喜んだ。しかし父親は午后6時頃でないと帰宅しないのでKも希望の野球クラブで練習をし毎日午后6時20分に下校、父親と共に食事ができるようになり明るくなると共に母親も午后8時前には帰宅するようになった。夏休み中昼間は0君宅で面倒をみてもらいクラブ練習に参加させ指導につとめた。しかし長い間の愛情の欠陥は一朝一夕には慰められず淋しさをまぎらすためグループを作りたがる。

11月19日H．Rで家族についてかかせた作文の中に「両親共に気前がよく、もうじきテレビ自転車が買ってもらえる」と書いてあった。他の生徒と比較すると両親の甘さが目立つのでここに問題があるときずき、両親とKを交えて話し合った。いえばなんでも買ってもらえるものと考えていた。こうしたことが留守家庭における愛情の欠陥であると思い、この面についてKに希望と夢を持つようにつとめた。

4. 今後の指導対策

Kは高等学校進学と将来は技術者になりたいという希望を両親に伝えている。そこで本人の希望がかなえられるようにしてやろうと話し合った。1月8日に新しい年を迎えての抱負を書かせたところ、去年は落ちつかず勉強もあまりしなかった。とくに学校では友達をいじめた。今年は自重して希望と将来の夢にむかって一生懸命に勉強し責任ある行動をし先生や父母に心配かけないように努力すると書いてあった。

Kも自己反省をし希望と新しい心構えができ、今後は全職員で正しい判断力を身につけるようにしてやりたいと考えている。

その3　社会資源の有効な利用

あずま中学校

三年Aの家庭は母と兄弟の六人家族である。父親は本人が小学校の折りに死去しこれを期として生存中におけるまずまずの家庭生活はやがて斜陽となり、昔日の面影もなくうらぶれ、父親と親交のあった人も離散して今では兄姉二人と臨時雇いによる母親の収入に支えられる現状となつた。父親のない欠損家庭、その上かつての生活に夢を求めて足が地につかない母親、相談する人とてもない兄弟たち、やがてこうした家庭にありがちな暗い影がさし、二兄は少年院に入れられる破目となった。家庭内において母親が真の愛情に欠け、兄姉は収入の一部を家庭に出すのみで身勝手な振舞いが多く、とかく邪魔者扱いにされ勝ちであったAにはこうしたことが堪えられなかったこのような家庭の逆境に対する不満と反抗心は益々つのる一方で、帰宅しても弟だけの留守家庭であってみればその生活を一層荒廃せざるを得なく、一部心ない卒業生との親交も重なって不良化傾向はつのる一方であった。学校側における再三の忠告も慢性化してその効果もうすく、多くを望めない実情であったとき地域委員（本校独自の設定による）民生委員に相談を重ねるかたわら母親とも会ってその原因とこうなった経過について卒直に意見を重ねた結果

1. 家庭環境に基く欠陥是正対策
2. 各関係機関への協力態勢強化
3. 留守家庭であることの指導性の対策
4. 本人の意志強固と不良交友の遮断

の要があるとしてこれに基いて指導協力の範囲を拡大し、合わせてこうした指導の相談機関である児童相談所に話をもちかけ区担当教官の指導をあおいだ。相談所におけるカウンセリングの実施等本人の不平不満とする所を聞きただす一方家庭の人とも会ってその善導育成に努力を重ねていただいてた折りも折、現在までの重なる虞犯、触法行為により警察当局の呼出しをうけやがて家庭裁から少年鑑別所送りとなった。無分別の限りをつくして、指導、忠告にも耳をかそうとしなかった本人にとってこの入所は相当な打撃をうけたようであった。一方母親はこの間にあって二兄についでAまでもと只出所させたいの一点張りで以後の問題検討には白紙状態であった。このまま出所となれば本人は旧の状態に復帰するのではないかと思われた矢先き、たまたま母親が出所依頼をした人がかって父親と親交のあつたＩ氏である。Ｉ氏が学校に問合せられたことからAの家との以前の関係も分り、学校側としては現在までの経過を話す一方その協力を要請した。氏は二兄の少年院問題についてもタッチされた関係で本人に対しても何かと意をくばって更生を考えられた時でもあったから非常にしんけんに親身になって協力を惜しまれなかった。児童相談所の担当官、Ｉ氏、学校側と出所後の問題について幾度となく会合を重ね相談をした結果

1. 留守家庭であることが適切な指導を欠いた最も大きな理由であるから、出所後は当分の間Ｉ氏宅に身柄を保護し、そこから通学させる。
1. 不良化が交友関係に起因するから帰宅後はＩ氏宅の工場で働くようにする
1. 精神的な安定性を得るためにも週一回児童相談所の担当官と話合う。
1. 家庭の人もつとめて暖かく見守る。

ということにして、母親にも了承させ四者立ち会いにて身柄を引き取った。出所後現在まで約三ケ月になろうとしているが言葉使い、服装、態度にも安定がみられ、三日とあけず行なった非行もその影をひそめるにいたった。

学校においては交友関係も次第によくなり、遅刻、怠学もなく一日も休まずに出校出来るようになった現状を見るとき、献身的な協力と指導にあたっていただいた特にI氏、児童相談所の方には深く敬意を表すものである。留守家庭であるという一事がこれだけの問題まで発展したことに且つその指導の必要を痛感して筆をおく。

その4 ・ 親子教室

瑞穂小 婦人会

夏休みに瑞穂小学校の運動場が開放され、子どもたちの健全な遊び場に提供されることになつた。婦人会もこの趣旨に賛同してこれを側面から援助するために親と子どもとともに遊び楽しむ計画を立てた。これは親と子の教室ということではあるが、留守家庭対策の一環とも考え、子どもが大きくなり同伴する子どもはないが、しかし近所のお子様を遊ばせてあげようという篤志のお母様がたにも呼びかけて下記のような予定で実施された。

順序	月日	時間	内容	指導者	備考
1	7.29（土）	10.00～11.30	お母様とお子様と手品をやつてみましょう（お父様もなんというかしら）	中日こども会 三宅邦夫先生	
2	8.5（土）	10.00～11.30	お母様とお子様と小運動会をもちましょう（がんばれがんばれお母様）	運動場管理委員会遊びの補導班	賞品がたくさん用意してあります
3	8.9（水）	10.00～11.30	お母様とお子様とならんで童話をききましょう（子供のころがなつかしまれます）	白金小学校々長 福島佐松先生	
4	8.11（金）	10.00～11.30	お母様とお子様とゑをかいてみましょう（下手でも平気よ）	名古屋市教育委員会指導主事 水野光重先生	
5	8.18（金）	10.00～11.30	お母様とお子様とごいつしよにお歌をうたいましよう（もつともつと大きな声で）	名古屋市教育委員会指導主事 鵜原国夫先生	どんなおうたがうたいたいかみな様の希望をとります
6	8.21（月）	10.00～11.30	お母様とお子様と今までをふりかえつておしやべりごつこも又たのしい	運動管理委員長 近藤良吉先生 瑞穂小学校長 加藤栄助先生	

◎ 6日間皆出席のお母様とお子様のチームにはすばらしい賞品を用意しております

この企画は、学区のお母様がたに大へんな賛同をうけて、毎回１００名あまりの参会者があり、盛会であつた。

――この例は、学校からの報告によるものではないが、学区内の諸団体が自主的に留守家庭の子どもを学区ぐるみで暖かく見守つていただいた一例として、ここにその大要を掲載する――

（社会保障資料）

尼崎市における

昼間孤児の実態調査報告書

昭和39年3月

尼崎市社会保障審議会

は　じ　め　に

母親就労、共稼ぎ等のため児童が放課後家人不在の住居に帰り、世話や監督の全くない生活に放置される、いわゆる「鍵っ子」の問題は全国的に年と共に深刻化している。

本市においても22.6％の児童が、かかる状態にあり、当審議会は、その実態を把握するため、調査を実施した。

その結果をとりまとめたものが　この報告書である。鍵っ子の実態については、他に殆んど資料がなく　対策のためになんらかの役に立つたならば幸いである。

調査にあたり、神戸女学院大学学生、関西学院大学社会福祉学研究室の皆様、各学校関係者の方々に大変お世話になりました。ここに厚くお礼を申しあげます。

昭和39年3月

尼崎市社会保障審議会

調査担当者

竹　内　愛　二

雀　部　猛　利

目　　次

才 1 部 昼間孤児に関する諸問題

1. 〔昼間孤児の社会的背景〕

わが国における児童の就学率は現在では世界の最高だといわれている。尼崎市における学童の就学率も終戦直後の混乱期を除くならば、殆んど１００％に近い数字を示してきた。これも児童憲章の制定や児童福祉法の施行と相俟つて、市自体の不就学対策がその成果をおさめたからに他ならない。また最近ではとくに市の行政施策のなかにおいて児童の福祉を守るための多面的な努力が一段と振われるようになり、児童の福祉は年と共に約束されつつある。とはいいながら、いまだに未解決のまま放置されていたり、あるいは新しく発生したりして、実際には子供のしあわせが、未だに阻まれているいくつかの現実がとり残されていることも事実である。このことはもちろん尼崎市に限られた現象ではない。現に昭和３７年の秋、イスラエルとトルコ国際児童福祉連合の総会が開かれたとき、その報告書の中で、高い経済成長を示しつつある国ぐにの児童は、いまや危機的な段階におかれているという警鐘が鳴らされた。経済成長の目標とするところはもちろん国民の福祉を増進させるところにあるのであるが、事実はむしろ逆機能として作用し、それが児童の福祉をかえつて阻害しているという思いがけない現実を露呈しつつある。たとえば最近における婦人労働の進出傾向に伴う保育努力の欠如、児童非行事犯や死傷の激増などはその一つの現われである。

戦後とくに婦人の労働権の自覚、社会的地位の向上、社会活動への意欲高揚、社会的接触への欲求増大が一般化してきたために、婦人が家庭の外において働く権利を守り、みずからの労働によつて収入を得、男性と同様に社会的地位を保持し、あるいは家庭外の社会的活動に参加し、社会的接触を経験したい、という希望を抱く者が次第に増加している。そのうえ最近における国民生活の上昇や消費水準の向上への意欲は購買力の増強を喚起し、主婦の家庭外労働による世帯収入の補強を誘発する傾向が顕著な姿となつて現われてきた。

従つて小学校に在学する児童が学校から帰つてからの校外生活や家庭生活をどのように過しているかは興味ある問題として世間の注目を引くようになつてきた。

2. 〔昼間孤児発生の条件〕

このような状況下において小学校に通う児童が放課後それぞれの家庭において、どのような諸条件におかれる場合に、家庭保育に欠ける学童として昼間孤児化するかを検討してみる必要がある。

学童の心身が発達する主たる場は、学校を除くならば、それが家庭であるということから、従来保育に欠ける状況についての議論は、ややもすれば家庭内における欠損状況についてのみ論ぜられてきた。しかし学童の人間形成の面からいうならば、単に家庭内、それも特に両親の状況のみに限定されることなく、広く学童の生活領域全体を考慮せねばならない。いま学童が正常な人間形成の場から疎外され、昼間孤児となる諸条件を列挙すると次のような要因が考えられる。

(1) 両親の有無

正常な家庭生活が両親と子どもたちという構成で営まれることを考えねば、児童にとつて両親による養育が人間形成の重要な要素であることは、いまさら異論の余地がない。又父母の死別又は離別、長期疾病、癈疾、性格上の欠陥、長期拘禁などのために、児童が十分に両親の適切な監護を受けることができない状態もその児童の円満な成長にとつてかなり大きな障害要因となつている。従つてまず諸条件の一つとして欠損家庭があげられる。

(2) 母親の就労

母親の就労にはその就労理由が二通り考えられる。一つは生活手段として必然的に就労している場合、即ち、いわゆる共稼ぎであり、他は生活水準をよくし、文化生活を営むために就労している場合いわゆる共働きである。前者は『三ちゃん農業』と呼ばれ、母親の労働が中心となつてきている農村はもちろんのこと、都市においても母子学庭や父親が就労不能又は働いていても最低生活を保障される収入がない場合、又住居を仕事場とする零細商工業の経営者等があげられる。この場合児童は保育に欠ける状態におかれるが、母親が終日外に出ているわけではないし、又、母親が働かねばならない理由を児童も納得できるから、比較的問題は少ないと言える。一方後者の場合は、児童とくに低学年児童の健全な育成を阻んでいる要因として最近とみにクローズアップされてきた鍵つ子の問題がある。鍵つ子即ち、鍵をあずかり、放課後の数時間を保護者なしで過す児童は完全な昼間孤児である。

試みにその数をみると、大阪市においては小学校全児童の１４.３％が昼間孤児である（内、共稼ぎの家庭が７６.９％を占めている）が、本市の場合はその数字を遙かに上廻り、全児童の２２.６％を示している。この数字の中に先ほど述べた必然的な母親の就労が含まれているのはもちろんであるが、消費生活水準の急激な上昇の中でより豊かな生計をという望みが主婦の心をゆさぶる一方、経済の高度成長政策に伴う社会の人手不足が婦人労働を一般的に押し進めている現状にあつて、主婦が自分の手で一家の増収をはかろうと社会へ出ていく例が多く含まれていることを見逃せない。くわしくは後の調査の説明の項に譲るとする。

(3) 経済的不充足

児童が施設に入所させられる場合の措置理由には、経済的に恵まれていないということが近因遠因になつている場合が多い。このことから推察しても家庭における経済的貧困や不充足が児童の養育を困難ならしめていることは事実である。即ち、父母の不就業が児童の養育に障害をもたらすのはもちろんであるが、収入を得る状態、即ち、就労をしている

（第一表）　昼間保育に欠ける学童の小学校別一覧表

	1年		2年		3年		4年		5年		6年		合計		
	A	B	A	B	A	B	A	B	A	B	A	B	A	B	
城内小	290	82	318	67	284	69	309	108	328	107	341	108	1870	541	28.9%
難波小	278	28	271	44	273	28	258	52	313	63	361	79	1754	294	16.7
北難波小	198	20	174	37	165	32	153	46	188	39	191	38	1102	212	19.2
梅香小	162	24	133	23	139	20	153	35	160	50	154	34	901	186	20.6
開明小	138	16	149	12	162	13	158	23	158	23	202	29	987	116	11.7
竹谷小	207	35	225	72	222	46	218	71	264	105	296	70	1432	399	27.8
御園小	114	29	108	15	125	16	122	14	133	18	135	18	757	110	14.9
下坂部小	202	40	210	60	172	32	207	58	219	71	217	69	1227	330	26.8
潮小	103	11	104	19	102	23	103	27	113	34	119	43	644	157	33.8
長洲小	200	53	235	82	225	71	248	89	256	92	283	102	1447	489	24.2
清和小	74	20	65	10	74	28	86	30	96	41	77	19	472	148	31.3
杭瀬小	223	50	199	38	192	43	243	63	204	63	279	90	1340	347	25.8
浦風小	158	18	166	32	184	58	184	25	188	36	240	51	1120	220	19.6
常光寺小	112	13	120	16	141	17	122	31	111	5	150	23	756	105	13.8
金楽寺小	152	16	186	33	192	47	208	45	180	44	247	79	1165	264	22.6
浜小	247	75	198	58	230	81	233	79	231	72	287	83	1426	448	31.4
大庄小	289	21	276	40	303	45	281	46	316	69	345	80	1810	301	16.6
成文小	132	19	101	11	106	19	119	27	116	23	137	26	711	125	17.5
成徳小	158	14	150	33	153	26	130	39	138	21	165	46	894	179	20.0
若葉小	161	36	155	26	157	37	165	44	201	43	171	16	1010	202	20.0
西小	221	41	247	46	251	51	238	54	267	84	261	63	1485	339	22.8
大島小	227	35	247	77	218	52	226	61	266	76	265	104	1449	405	28.6

	1 年		2 年		3 年		4 年		5 年		6 年		合 計		
	A	B	A	B	A	B	A	B	A	B	A	B	A	B	
浜田小	181	40	186	53	161	48	181	59	191	58	164	66	1064	324	30.4
立花小	262	39	296	67	304	90	289	104	325	91	358	125	1834	516	28.1
名和小	142	34	139	49	150	45	161	59	164	70	172	74	928	331	35.6
塚口小	317	5	299	19	278	20	317	17	254	13	266	14	1731	88	5.0
水堂小	187	31	161	31	172	35	151	42	178	31	179	39	1028	209	20.3
七松小	173	8	171	28	155	15	149	13	171	28	167	36	986	128	12.9
武庫小	187	24	190	45	157	45	163	40	208	74	188	63	1093	291	26.6
武庫東小	133	6	111	12	99	11	91	17	78	10	92	11	604	67	11.0
園田小	191	34	204	50	214	71	189	68	189	56	209	86	1196	365	30.5
園和小	274	43	236	39	242	14	259	23	234	27	238	30	1463	176	12.0
園田東小	147	23	135	27	121	26	130	39	133	46	128	28	794	189	23.8
上坂部小	130	30	131	21	130	30	133	27	142	31	151	34	817	173	22.3
園田分校	20	12	30	11	20	10	24	7	26	11	23	9	143	60	42.0
大庄分校	23	4	26	5	32	11	55	9	33	22	45	12	214	63	29.3
大島分校	14	0	8	0	0	0	0	0	0	0	0	0	22	0	0
立花分校	20	2	13	1	23	5	20	1	21	3	18	2	115	14	12.2
武庫分校	25	11	15	14	32	17	35	22	36	33	28	16	177	113	66.0
合 計	6,492	1,042	6,388	1,323	6,360	1,347	6,524	1,614	6,829	1,783	7,349	1,915	39,942	9,024	22.6
	16.1		20.7		21.2		24.7		26.1		27.4				

A：学　童　数

B：昼間保育に欠ける学童数

状態にあつても、それが不安定であつたり、出稼ぎであつたり、移動就労の場合、又、安定していても非常に低収入の場合は愛情はあつても経済的、精神的に手がまわりかねることが多い。

その他に人間形成の上に影響を与える諸条件として、父親が夜勤の場合、住居の狭少性と相俟つて児童を昼間家庭外に追いやる結果を招くことが多いし、又、家庭に身障者がおり、母親がその世話にあけくれている場合、不良環境家庭の児童の場合もそうである。

才 2 部　予備調査の概要

尼崎市内に存在する市立小学校の数は本校３４校と分校５校であるが、その児童数は３9,９４２人である。

昭和３８年９月、学級担任教諭を通じて昼間保育に欠ける学童を調べてもらつた結果、第一表に示す如く、市内小学校児童の約２2.６％が該当者であることが判明した。

もちろん、この結果は極めておおまかな予備調査であるが、昼間保育に欠ける学童の比率は次のような分布であつた。即ち、小学校総児童数３′９４２人のうち昼間保育に欠ける学童の比率が２０％以下の小学校は１６校で、学童総数は１5.８０２人であり、２0.１％以上３０％未満は１５校、１8.０９６人であり、３０％以上は８校で、6.０４４人であつた。そこで本調査のために、昼間保育に欠ける学童の比率が２０％以下の集団から三校、２0.１％以上３０％未満の集団から三校、３０％以上の集団から二校、計八校を標本校として無作為抽出した。その結果、武庫東、大庄、御園、水堂、梅香、下坂部、園田、清和の各小学校と決定した。この際、分校は対象外とした。

そこで、八校の全児童に次頁に示す調査原票を配付し、調査を行なつた。

各比率毎の全児童数を（A）とし、抽出した標本の各比率毎の児童数を(B)その内、回収できた数を(C)として、標本の大きさをあらわしたのが次表

（第二表）である。

※印の処は記入しない

学童保育に関する調査原票

児童のなまえ………… 学校名………小学校…………年生 ※

保護者の氏名………… 住所 尼崎市………… ※

調査事項

1.	父がいなくて、母が働きにでている。	1
2.	母がいない。（死別、別居、離婚、行方不明などで今一緒に暮していない）	2
3.	父も母もいない。	3
4.	父母ともに働いている。（自家営業の場合も含む）	4
5.	同一世帯に心身の障害者がいる。（特に病人や世話のかかる人がいる）	5
6.	児童に心身の障害者がいる。（からだの悪い子供や発育のおくれている子供がいる）	6
7.	同一世帯に学令未満児（まだ小学校にいつていない子供）が４人以上いる。	7
8.	住居が狭い。（１人当り１畳以下）	8
9.	住居が仕事場になつている。	9
10.	父または母が夜勤などで、昼間は家で休んでいる。	10
11.	近所には子供の安全な遊び場所がない。	11
12.	近所で子供の事故やけがが多い。	12

□の中の番号に○印か×印をつけて下さい。

お願い　上の１２項目について、該当するものがあれば、右端の□の中の番号を○印で囲んで下さい。該当しない項目には×印をつけて下さい。

この調査原票は小学校の児童の校外生活について調査するための名簿になりますので、児童の保護者が記入して下さい。

ただし、小学校の上級生の場合は、児童自身が記入しても差支えありません。この調査原票を元にして調査員が児童の校外生活について調査に参りますので、何卒ご協力をお願いいたします。

尼崎市社会保障審議会

第　二　表

昼間保育に欠ける児童の比率	２０％未満	20％から30％未満	３０％以上	計
母集団の大きさ (A)	15,802	18,096	6044	39,942
標本の大きさ (B)	3,151	3,156	1,668	7,975
有効標本の大きさ (C)	2,713	2,922	1,619	7,254
$\frac{(A)}{(C)}$	5.82	6.16	3.73	5.5

1.〔昼間孤児推計調査概要〕

回収した原票より昼間孤児類型別比率表を作成し、表にまとめたものが第三表である。この際、欠損家庭児とは父がいなくて母が働きにでている家庭、母がいない家庭、父も母もいない家庭の児童のことで調査事項1.2.3.に該当する児童である。又、就労家庭とは父母ともに働いているいわゆる共稼ぎ家庭で調査事項４の該当児童、病人や世話のかゝる家族のいる家庭や児童に心身の障害がある場合を身障家庭児といい、調査事項5.6.家に学令未満児が４人以上いる多子家庭即ち、７項該当者、住居問題家庭児とは住居が狭く１人当り１畳以下の家庭、住居が仕事場になっている家庭の児童であり、8.9.項該当児童、父や母が夜勤で昼間家で休んでいる（１０項）家庭の児童を夜勤家庭児童、不良環境家庭児とは近所に安全な遊び場所がないとか、近所で子どもの事故が多いとかいう家庭の児童、調査事項11.12項に該当する児童のことを意味する。尚、該当する項目すべてに印をつける様指示してあるので二項目以上につけた家庭もあり、児童の実数を上廻っている。

８校の調査結果より市内全学童の場合を推計してみると、(第三表Ｐ９)最も多いのは不良環境家庭児童で全学童　３9,９４２人中、約１8,５００人（４６％）という数字がでる。これは急速に発展した工業都市である本市の性格上、交通量が非常に多く、児童の遊び場がせばめられてきた結果であると考えられる。今後適切な都市計画を進めることにより解決されて

第三表　昼間孤児類型別比率

保育に欠ける比率区分	20％未満の抽出校 低学年	高学年	計	20％から30％未満抽出校 低	高	計	30％以上抽出校 低	高	計	抽出校総計	市内全児童の場合の推計
欠損家庭児	60 (3.9)	98 (6.2)	158 (5.0)	56 (3.7)	76 (4.7)	132 (4.2)	34 (4.1)	54 (6.4)	88 (5.3)	378 (4.8)	2000
就労家庭児	363 (23.3)	504 (31.6)	867 (27.5)	328 (21.5)	541 (33.4)	869 (27.5)	287 (34.9)	379 (44.8)	666 (40.0)	2402 (30.2)	12,900
身障家庭児	57 (3.7)	69 (4.3)	126 (4.0)	59 (3.9)	68 (4.2)	127 (4.0)	30 (3.6)	49 (5.8)	79 (4.7)	332 (4.2)	1,800
多子家庭児	1 (0.1)	2 (0.1)	3 (0.1)	1 (0.1)	1 (0.1)	2 (0.1)	1 (0.1)	1 (0.1)	2 (0.1)	7 (0.1)	40
住居問題家庭児	112 (7.2)	194 (12.2)	306 (9.7)	120 (7.9)	172 (10.6)	292 (9.3)	94 (11.4)	85 (10.0)	179 (10.7)	777 (9.7)	4,300
夜勤家庭児	167 (10.7)	149 (9.4)	313 (9.9)	163 (10.7)	207 (12.8)	370 (11.7)	52 (6.3)	45 (5.3)	97 (5.8)	780 (9.8)	4,500
不良環境家庭児	656 (42.1)	721 (45.3)	1377 (43.7)	561 (36.8)	610 (37.7)	1171 (37.1)	435 (52.9)	426 (50.4)	861 (51.7)	3409 (46.0)	18,500
児童数	1558	1593	3151	1538	1618	3156	822	846	1668	7975	39,994

いく問題であろう。次に多いのが、いわゆる鍵っ子であるところの就労家庭児で、約12,900人（全児童中約30％）という数がでた。予備調査において22.6％という数がでていることからみて、この結果はかなり上廻つており、全市の就労家庭児の実数はおそらく、23％から30％の間であると考えられる。

3番目、4番目には住居問題家庭児、夜勤家庭児が約10％前後の数を示し、あと欠損家庭児、身障家庭児と続いている。

第三表の（　）内の数字は各抽出校の統計の場合、例えば、20％未満の低学年1558人中、欠損家庭児は60人（3.9％）というように示してある。そこで抽出校の類型別比率をみると、どの項も1位は不良環境家庭児であり、2位は就労家庭児であつて、前者はともかく、後者は、いかに鍵っ子が多いかを顕著に示している。又、低学年と高学年の比率の間にはほとんど有意差がみられないが、只、就労家庭児の項において20％未満の時低学年23.3％高学年31.6％（その差8.3％）20％～30％の時、その差11.9％、30％以上の時その差9.9％と常に高学年がかなり大きい数を示しているのは、やはり子どもに手がかゝらなくなり、時間のゆとりができて母親が就労するといつた例がかなり多いことを示しているのではないか。

参考までに次表（第四表P11）で、各学校別の項目該当者数と回収児童に対する割合（％）を示した。

第４表　抽出校別昼間弧児関連事項一覧表

項目内容	大庄小	下坂部小	園田小	水堂小	清和小	梅香小	武庫東小	御園小
1. 父がいなくて母が働きに出ている	%3.7 人55	2.5 28	2.4 28	4.6 43	5.2 23	1.8 16	2.8 16	4.7 31
2. 母がいない（死別、別居、離婚、行方不明などで今一緒に暮していない）	1.4 21	1.1 12	1.4 17	1.1 10	2.7 12	1.3 11	0.5 3	1.8 12
3. 父も母もいない	1.0 15	0.6 7	0.5 6	0.4 4	0.5 2	0.1 1	0.2 1	0.6 4
4. 父母ともに働いている（自家営業の場合も含む）	27.4 408	30.8 342	41.1 484	32.3 303	41.4 182	25.7 224	29.4 165	44.3 294
5. 同一世帯に心身の障害者がいる（特に病人や世話のかかる人がいる）	3.6 54	3.0 33	3.0 36	2.6 24	3.4 15	3.3 29	2.7 15	3.9 26
6. 児童に心身の障害がある（からだの悪い子や発育のおくれている子供がいる）	1.0 15	1.9 21	1.9 22	1.2 11	1.4 6	1.0 9	0.5 3	2.0 13
7. 同一世帯に学令未満児（まだ小学校にいつていない子）が４人以上いる。	0.1 1	0.1 1	0 0	0.1 1	0.4 2	0 0	0 0	0.3 2
8. 住居が狭い（１人当り１畳以下）	4.6 68	5.2 58	3.7 44	4.7 44	8.4 37	4.0 35	0.9 5	9.2 61
9. 住居が仕事場になつている	4.8 72	3.5 39	5.9 70	8.0 75	6.4 28	4.7 41	2.5 14	13.0 86
10. 父または母が夜勤などで昼間は家で休んでいる。	14.4 214	7.6 84	5.7 67	8.7 82	6.8 30	23.4 204	5.0 28	10.7 71
11. 近所には、子供の安全な遊び場所がない	44.8 667	44.5 493	38.0 448	26.0 244	58.2 256	30.5 266	20.3 114	59.6 396
12. 近所で子供の事故やけがが多い	5.0 75	5.1 57	7.8 92	3.7 35	14.8 65	8.7 76	8.2 46	11.9 79
回収児童数	1487	1111	1179	938	440	873	562	664

第3部　保育に欠ける学童調査

この調査は雀部委員の担当された学童保育調査原票結果による保育に欠ける学童2,402名から更に300名を抽出し本委員と関西学院大学社会福祉学研究室と共同にて作成した調査票を郵送により送付し195の回答を得た。その結果を集計し各項目に従つて、分析にたえるものの数をまとめ説明を加えたものが、この報告書である。

(1)　母親の年令

年令別	実数	%
20才代	8	4.4
30才代	116	63.0
40才代	42	22.8
50才代	4	2.2
無回答	14	7.6
計	184	100.0

母親の年令は30才代が116人（63.0%）で圧倒的に多く、したがつて10才前後（鍵っ子的年令）の子供の親が多いということになる。

(2)　母親の学歴

学歴	実数	%	
高等小学校・新制中学以下	113	61.5	88.1%
旧制高女・新制高校	49	26.6	
高専　短大　大学	8	4.3	
その他	0	0	
無回答	14	7.6	
	184	100.0	

母親の教育程度は高等小学校或は新制中学以下の程度の者が多い。こ

のことから父の教育程度も推察できるわけである。

(3) 母親の職業別分類

職業別	実数	%	国勢調査による%
専門的技術的職業関係	11	6.0	6.0
事務関係	23	12.5	21.8
販売関係	29	15.8	16.4
生産工程単純労働関係	67	36.4	35.2
通信関係	0	0	1.7
サービス職業関係	35	19.0	16.3
農林関係	7	3.8	2.4
管理的職業	1	0.5	0.2
無職	7	3.8	
無回答	4	2.2	
計	184	100.0	100.0

国勢調査による%は昭和35年のもので尼崎市内の15才以上の女子労働者の職業別分類の%であるが、左表の保育に欠ける学童調査の母親の職業別分類と較べると母親の方は事務関係がかなり少なく、サービス職業が少し多い。

(4) 母親の毎週の出勤日数

出勤日数	実数	%
3日	15	8.5
4日	9	5.1
5日	17	9.6
6日	81	45.7
7日	29	16.4
月休み	2	1.1

(6日・7日) 62.1%

無回答	24	13.6
計	177	100.0

毎週の出勤日数3日～5日の母親が41人23.2％いるが、これは職業の内容にもよるが、大部分は不安定な就労のためと考えられる。又、パートタイムによるものもあろう。

(5) 母親の勤務に要する時間（保育に欠ける時間）

勤務に要する時間	実数	%	
2時間	3	1.7	…朝夕の新聞配達
3時間	1	0.6	
4時間	2	1.1	
5時間	10	5.6	
6時間	5	2.8	
7時間	9	5.1	
8時間	19	10.7	128 72.3%（8時間～12時間）
9時間	41	23.2	
10時間	31	17.5	
11時間	13	7.3	
12時間	24	13.6	
13時間	3	1.7	
14時間	8	4.5	
15時間	4	2.3	
16時間	3	1.7	
無回答	1	0.6	
計	177	100.0	

保育は母親就労の時間に応じて多く欠けるわけである。ここでは8時間から12時間保育に欠ける子どもが128人　72.3％の多数である。

(6) 母親の現在の職業に就いてからの勤続年数

現職の勤続年数	実数	%
約 1 年	65	36.8
2 年	28	15.8
3 年	18	10.2
4 年	9	5.1
5 年	11	6.2
6 年	4	2.3
7 年	4	2.3
8 年	3	1.7
9 年	0	0.
10 年	9	5.1
11 年	1	0.6
12 年	2	1.1
13 年	2	1.1
14 年	2	1.1
15 年	7	3.9
16 年	2	1.1
17 年	1	0.6
18 年	2	1.1
19 年	0	0
20 年	0	0
20 年 以上	7	3.9
計	177	100.0

(約1年～3年) 111
62.8%

母親の平均勤続年数は1年～3年が111人、62.8%の多数である。ここでは理由は判らないが、仕事が永続しない理由がいろいろあるのであろう。

(7) 母親の平均月収

平均月収	実数	%
1万円未満	23	13.0
約1万円	101	57.0
1万円～2万円	33	18.7
2万円～3万円	10	5.6
3万円～4万円	6	3.4
4万円～5万円	3	1.7
無回答	1	0.6
計	177	100.0

勤続時間8時間～12時間という母親が72.3%もいるのに母親の平均月収1万円並びに1万円未満が70.0%もある。共稼ぎに伴う余分な出費のこと、子供のしつけがおろそかになること等から考慮して1万円以下の月収では共稼ぎすることの意味があまりないのではないか、かえつて状況を悪くしていると考えられる。

(8) 家族構成

家族数	実数	%	
2人家族	5	2.7	
3人 〃	11	6.0	
4人 〃	56	30.4	
5人 〃	48	26.1	60.9%
6人 〃	28	15.2	
7人以上	36	19.6	
計	184	100.0	

昭和35年の国勢調査による尼崎市の世帯構成は次の如くである。

国勢調査による世帯構成	%
2人以下の家族	22.3
3人家族	19.5
4人 〃	21.8
5人 〃	16.8
6人 〃	10.4
7人以上の家族	9.2
計	100.0

（5人〜7人以上の家族 36.4%）

これによると市内の全世帯中5人〜7人以上の家族が36.4%であるのに"保育に欠ける学童調査"の集計によると5人〜7人以上の家族が60.9%もある。このことから家族数の多いことも、母親就労の一因と考えられる。

(9) 住居様式

住居	実数	%
持家	71	38.6
借家	60	32.6
公営住宅	8	3.3
公団住宅	1	7.6
民間アパート	21	4.4
社宅・官舎	14	0.5
間借	6	11.4
その他	3	1.6
計	184	100.0

（借家〜民間アパート 47.9%）

昭和36年度尼崎市全世帯推計

実数	%
44,500	40.4
34,100	30.9
—	—
—	—
13,500	12.3
8,300	7.5
8,800	8.0
1,000	0.9
110,200	100.0

（借家〜民間アパート 43.2%）

昭和36年度尼崎市全世帯推計によると、持家40.4%で借家43.2%となつている。　本調査の集計．持家38.6%．借家（公官住宅、公団住宅、民間アパートを含む）47.9%と比較して母親就労家庭は少しよくないことがわかる。

（住居の建築種別）

住居	実数	%
鉄筋コンクリート	3	1.6
木造	174	94.6
ブロック	5	2.7
その他	2	1.1
計	184	100.0

木造建築が１７４件、９４.６％と圧倒的に多く、まだまだ近代化されていない。

⑽ 仕事を始めた理由

Q.5.あなたが現在のお仕事を始められた理由は次の項目のうちどれでしょうか。

	仕事を始めた理由	実数	%	
A	その日の生活に困つているのを少しでもよくしたいと思い働いている	63	32.3	55.4%
B	その日の暮しは何とかなるがもう少しましな生活をしたいと思い働いている	45	23.1	
C	現在の生活はなんとかなるが将来の生活のために貯蓄したりいろいろ計画をするために働いている	72	36.9	
	無回答	15	7.7	
	計	195	100.0	

全回答者の半数以上（ＡとＢを加えて、１０８人、５５.４％）は生活におわれ、少しでも楽になりたいと思つて苦労していることが判る。かつては主婦の就労のほとんどが生活問題であつたのが、最近では消費革命やマス・コミの影響等から文化生活に対する欲求が強まり、その上に経済規模の拡大と成長とによつて、婦人の雇用者が増大した。本調査で“

現在の生活はなんとかなるが、将来の生活のために貯蓄したり、いろいろ計画するために働いている〃と回答した母親が72人、36.9％とあるのは、その現われであると考えられる。即ち、半数以上（55.4％）が共稼ぎ的性格をもつてはいるが、残る36.9％は共働き的性格のものである。

(11) 現在の仕事を始めた動機

Q 6.現在のお仕事をはじめられた動機について該当する番号一つまたは二つに○印をして下さい。

仕事を始めた動機	実数	%	
子供の教育費が必要だから	68	22.0	221 71.6%
洋服や着物などの被服費が必要だから	8	2.6	
食費が必要だから	25	8.1	
住居費が必要だから	25	8.1	
夫の収入だけでは足りないから	76	24.6	
借金をかえすため	19	6.2	
文化生活をするため	30	9.7	
仕事に行くことが楽しいため	2	0.6	
家にいても仕方がないから	8	2.6	
自分の特技を生かすため	6	2.0	
見聞をひろげるため	1	0.3	
友人や雇主にすすめられたから	2	0.6	
家業であり、人手が必要だから	25	8.1	
母子世帯のため	9	2.9	
無回答	5	1.6	
計	309	100.0	

221人（71.6％）は現在の生活をいくらかでも楽にしたいという動機で働いている。このことから鍵っ子の問題の本質が経済的な生活問題だということが、ハッキリ観取されるわけである。

(12) 母親就労による問題解決の可否

Q 7 あなたが働くことにより問題は解決しましたか。

	実 数	%
解 決 し た	16	9.0
幾 分 解 決 し た	45	25.4
まあ、まあ、 普 通	84	47.5
あまり解決していない	26	14.7
かえつて悪くなつた	1	0.6
無 回 答	5	2.8
計	177	100.0

（解決した・幾分解決した・まあ、まあ、普通）81.9%

共稼ぎや母親就労は鍵つ子の犠牲において大部分なされているが、なんとかその日の生活の解決に効果があるというのが177人中145人（81.9%）あることはよいとして、26人（14.7%）が就労によつても生活が楽にならないということは低賃金や生活扶助の問題が潜在していると考えられる。

SQ あなたが働きに出ることにより何か他に問題が起つてきましたか。

	実 数	%
起 つ た	27	15.2
起つていない	138	78.0
無 回 答	12	6.8
計	177	100.0

母親就労によつて他に問題が起つていないとの回答が圧倒的に多数177人中138人（78.0%）であるが、この時鍵つ子の問題が念頭に浮ばなかつたのか、検討してみる必要がある。

(13) 仕事について

Q 8. あなたの今のお仕事について、どう思われますか。

項目 仕事を始めた理由		面白い	職場に友人ができ楽しい	生活に張り合いができる	つらい	職場の対人関係がうるさい	仕事の割に賃金が安い	仕事の割に賃金が高い	別にたいした意見はないが、収入の心配がなければ早くやめたい	その他	無回答	計
総数	実数	17	21	92	15	7	49	5	66	10	19	301
	%	5.7	7.0	30.6	5.0	2.3	16.3	1.7	21.9	3.2	6.3	100.0
その日の生活に困っているのを少しでもよくしたいと思い働いている。	実数	4	4	26	9	5	21	2	25	2	2	100
	%	4.0	4.0	26.0	9.0	5.0	21.0	2.0	25.0	2.0	2.0	100.0
その日の暮しは何とかなるが、もう少しましな生活をしたいと思い働いている	実数	6	8	20	2	0	14	0	19	1	3	73
	%	8.2	11.0	27.4	2.7	0	19.2	0	26.0	1.4	4.1	100.0
現在の生活は何とかなるが将来の生活のために貯蓄したりいろいろ計画するために働いている	実数	6	9	45	4	2	14	3	18	6	4	111
	%	5.4	8.1	40.6	3.6	1.8	12.6	2.7	16.2	5.4	3.6	100.0
無回答	実数	1	0	1	0	0	0	0	4	1	10	17
	%	5.9	0	5.9	0	0	0	0	23.5	5.9	58.8	100.0

上表から考えると、生活に困って働　くのに張り合いを感じている人が割

合に多い（１００人中、２６人、２６.０％）のは生活苦からの解放感をえているということであろうが、生活に困らないで働いていて張り合いを感じている人がさらに多い（１１１人中、４５人、４０.６％）のは仕事が生活に困らなくても、人間にとつていかに重要な意味を持つものかということを示しているともいえよう。と同時に早くやめたいという人もある（各々、２１.０％、１９.２％、１２.６％）のは賃金がやすいことを不満に思うとともに子どもの問題が気になつていることと考えられる。

⑭　生活水準

Ｑ９.あなたのお家の生活水準をどう思われますか。

項目 仕事を始めた理由		高い	やゝ高い	普通	やゝ低い	低い	無回答	計
総数	実数	2	6	124	23	32	8	195
	%	1.0	3.1	63.6	11.8	16.4	4.1	100.0
その日の生活に困つているのを少しでもよくしようと思い働いている	実数	0	0	21	16	25	1	63
	%			33.4	25.4	39.6	1.6	100.0
その日の暮しは何とかなるが、もう少しましな生活をしたいと思い働いている	実数	0	0	40	3	1	1	45
	%			88.9	6.7	2.2	2.2	100.0
現在の生活は何とかなるが、将来の生活のために貯蓄したりいろいろ計画するために働いている	実数	2	5	59	1	4	1	72
	%	2.8	6.9	82.0	1.4	5.5	1.4	100.0
無回答	実数	0	1	4	3	2	5	15
	%		6.6	26.7	20.0	13.3	33.4	100.0

家の生活水準が普通と答えた人が１９５人中１２４人、６３.６％を占めている。がそれは母親就労によつて何とかやつていけるという意味であろう。また、一概に普通といつてもその人の主観に左右されるので同じ状態ではないはずである。それはむしろ客観的な収入額の調査による方がもつと正確であろう。このうち高い、やゝ高いと答えた人が4.１％いるが、それらの人は、全て現在の生活は何とかなるが将来の生活のために働いているという人達であるのは面白い。

⒂　仕事の永続性

項目 ／ 仕事を始めた理由	子供が学校を卒業するまで	夫の収入が増えるまで	定年あるいは働ける間は一生続けたい	老後の生活のため貯蓄ができるまで	もうすぐにでもやめたい	文化生活用品がそろうまで	あと数年してから	その他	無回答	計
総数	47	26	51	14	10	1	19	9	18	195
	24.1	13.4	26.2	7.2	5.1	0.5	9.7	4.6	9.2	100.0
その日の生活に困つているのを少しでもよくしようと思い働いている	15	12	22	3	2	0	5	1	3	63
	23.8	19.0	34.9	4.8	3.2		7.9	1.6	4.8	100.0
その日の暮しは何とかなるが、もう少しましな生活をしたいと思い働いている	15	5	11	3	2	0	6	1	2	45
	33.3	11.1	24.4	6.7	4.5		13.3	2.2	4.5	100.0
現在の生活は何とかなるが、将来の生活のために貯蓄したりいろいろ計画するために働いている	16	7	16	8	5	1	8	6	5	72
	22.2	9.7	22.2	11.1	7.0	1.4	11.1	8.3	7.0	100.0
無回答	1	2	2	0	1	0	0	1	8	15
	6.7	13.3	13.3		6.7			6.7	53.3	100.0

母親就労をいつまで続けるつもりかという問いに対して「子どもが学校を卒業するまで」というのが、全回答者１９５人中４７人（２４.１％）であるがこの場合、学校というのは中学校なのか、高等学校なのか、大学なのか明らかでないが、子どもが一応学校を卒業すると経済的にも楽になるという気持で答えているのだろう。

しかしながら、鍵っ子問題は子どもが、小学生あるいは中学低学年の時に重大であることを考えればそこに問題のむづかしさが明らかになる。定年あるいは働ける間は働くという人が５１人（２６.２％）もいるのは、仕事に対する魅力もさることながら、避妊や産児制限の影響によつて家族員数が漸減して、生活を楽しもうという希望が段々強くなり、収入の面に対する魅力が多分にでてくるためと考えられる。

又、『いつまでたつても、生活は楽になりそうでない』というあきらめを示しているのかもしれない。

もつとも鍵っ子の問題は子どもが幼ない程、重大なわけで従つて母親就労の影響は小・中学期にもつとも重大だといつてよいであろう。

⒃ 母親就労に対する主人の気持

Q.11 あなたが働きに出ることを、ご主人はどう思っていますか。

項目 ＼ 仕事を始めた理由		喜んでいる	収入の面で喜んでいるが家事や子供の世話が出来ないと苦情をいう	家事がおろそかになると不満を示す	夫の世話が出来ぬと不満を示す	妻が働くことに反対する	何も言わない	子供の世話や教育が出来ぬと不満を示す	その他	無回答	計
総数	実数	18	54	8	0	5	40	16	11	43	195
	%	9.2	27.8	4.1	0	2.6	20.5	8.2	5.6	22.0	100.0
その日の生活に困つているのを少しでもよくしたいと思い働いている	実数	3	26	3	0	2	5	3	6	15	63
	%	4.8	41.2	4.8	0	3.2	7.9	4.8	9.5	23.8	100.0

その日の暮しは何とかなるがもう少しましな生活をしたいと思い働いている	実数	5	13	2	0	1	14	4	0	6	45
	%	11.1	28.9	4.5	0	2.2	31.1	8.9	0	13.3	100.0
現在の生活は何とかなるが将来の生活のために貯蓄したりいろいろ計画するために働いている	実数	9	15	3	0	2	20	8	4	11	72
	%	12.5	20.8	4.2	0	2.8	27.8	11.1	5.5	15.3	100.0
無回答	実数	1	0	0	0	0	1	1	1	11	15
	%	6.7					6.7	6.7	6.7	73.2	100.0

妻の就労に対する夫の態度は喜んではいるが、家のことがおろそかになつていけないというのがもつとも多く（５４人、２７.８％）である。次に「何もいわない」という消極的なのが４０人、２０.５％もあるということは、夫にとつては複雑な問題なのであろうがあまり好んでいない場合が多いのではないか。特に妻が自ら収入を得るようになるということは夫の家庭内での役割や権威にもいろいろ変化をもたらし、そこに夫婦関係や、家族のありかたに大きい影響をあたえる問題が潜在しているのかも知れない。

⒄ 母親就労に対する子どもの気持

Q 12 あなたが働きに出ることを、小学生のお子さんは、どう思いますか。

項目 ＼ 仕事を始めた理由		喜んでいる	淋しがっている	平気である	時々淋しがる	いやがっている	何もいわない	無回答	計
総数	実数	2	28	27	65	15	30	28	195
	%	1.0	14.4	13.8	33.4	7.7	15.3	14.4	100.0
その日の生活に困っているのを少しでもよくしようと思い働いている	実数	0	11	7	19	9	11	6	63
	%	0	17.5	11.1	30.1	14.3	17.5	9.5	100.0
その日の暮しは何とかなるがもう少しましな生活をしたいと思い働いている	実数	1	7	4	20	1	9	3	45
	%	2.2	15.5	8.9	44.5	2.2	20.0	6.7	100.0
現在の生活は何とかなるか将来の生活のために貯蓄したりいろいろ計画するために働いている。	実数	1	9	16	25	5	7	9	72
	%	1.4	12.5	22.2	34.8	6.9	9.7	12.5	100.0
無回答	実数	0	1	0	1	0	3	10	15
	%	0	6.7	0	6.7	0	20.0	66.6	100.0

母親就労を喜んでいる小学生の子どもは2人（1.0％）だけで、表現は異なるが、いやがっている子ども、（淋しがっている。時々淋しがる。いやがっている。何もいわない。）は138人、70.8％もいる。そしてこのことは生活程度に関係　なく表われている。しつけや人間形成に

家庭が大切な役割を任つているこの年令に子どもが一人放つておかれることが多いということは問題行動を起す大きな原因となる。

⒅ 母親就労の問題点

Q 13 あなたが働いていることにより、下記のうち困つていること二つに○印をつけて下さい。

項目 / 仕事を始めた理由		家庭にいる時間が少ない	身体が疲れる	留守番がいない	家族が家庭的雰囲気に欠ける	子供の面倒をみることができない	近所づきあいができない	主人のことが気になる	その他	無回答	計
総数	実数	54	76	28	21	104	3	3	9	24	322
	%	16.8	23.6	8.7	6.5	32.3	0.9	0.9	2.8	7.5	100.0
その日の生活に困つているのを少しでもよくしようと思い働いている	実数	15	31	9	10	39	2	1	0	5	112
	%	13.4	27.6	8.0	8.9	34.8	1.8	0.9	0	4.5	100.0
その日の暮しは何とかなるが、もう少しましな生活をしたいと思い働いている。	実数	14	17	7	2	27	0	2	0	3	72
	%	19.4	23.6	9.7	2.8	37.5	0	2.8	0	4.2	100.0
現在の生活は何とかなるが、将来の生活のために貯蓄したりいろいろ計画するために働いている	実数	24	26	12	7	35	1	0	8	6	119
	%	20.2	21.8	10.1	5.9	29.4	0.8	0	6.7	5.1	100.0
無回答	実数	1	2	0	2	3	0	0	1	10	19
	%	5.3	10.5	0	10.5	15.8	0	0	5.3	52.6	100.0

就労母親が一番困るのは「子どもの面倒をみることができない」というのがもつとも多く（１０４人、３２.３％）、次が「身体が疲れる」で（７６人、２３.６％）、その次が「家庭にいる時間が少ない」（５４人、１６.８％）である。母親が収入を得なければ生計をまかなえない家庭の場合、母親のかわりをする人もしくは施設がぜひとも必要である。それと同時に生計の為に母親が就労するようなことのないことが望ましい。

(17) 母親の留守の間の子ども

Q 14. お宅の小学生のお子さんは、放課後あなたがお留守の間どのようにすごしていますか。

項　　　　目	実数	%
勉強塾に通つている	56	18.5
子供会に通つている	3	1.0
家で一人で遊んでいる	10	3.3
子供のクラブや運動チームに参加する	13	4.3
家で一人で勉強している	45	14.8
友人と遊んでいる	130	42.9
近所で一人ブラブラしている	1	0.3
家で一人テレビを見ている	30	9.9
無　回　答	15	5.0
計	303	100.0

母親就労の場合、子どもは放課後何をしているか。
もつとも多いのが「友人と遊んでいる」で１３０人、４２.９％である。ここに交通事故、誘拐、無交遊などの危険がひそんでいるわけである。その上に家で独りで遊んだり、勉強したり、テレビを見ているというのが、あわせて８５人、２８.０％もいる。社会性を育てる意味からも、このような状態は考慮しなければならない。
子供会に通つている者は３人、１.０％、子供クラブや運動チームに参加している者が１３人、4.3％のみである。ところが勉強塾に通つている者が５６人、１8.５％いるが、はたして教育的な効果があるのか疑わしい。とにかく社会的な施策という点からいつて全く未開拓だというのが現実である。

Q15　お宅の小学生のお子さんについて、次のようなことが起つたり、あるいは起きないかと心配されていることはありませんか。

項　　　目	実際に起つたこと		起らないかと心配すること	
交通事故、けが、誘拐等の事故を起す	実数 8	% 6.8	実数108	% 50.0
時々あなたを仕事中たずねてくる	14	11.9	4	1.9
悪い友達と遊ぶ	5	4.2	18	8.3
お金を家から持ち出す	1	0.9	2	0.9
親や友達のいうことにすぐ反抗し乱暴する	3	2.5	4	1.9
学校に行くのをいやがる	1	0.9	2	0.9
遊ぶばかりで少しも勉強しようとしない	34	28.8	20	9.2
一人ぼつちでいつも淋しがつている	5	4.2	11	5.1
無　回　答	47	39.8	47	21.8
計	118	100.0	216	100.0

１１８人の全回答者のうち、母親就労のため、交通事故や誘拐等の事故を起した者が8人、6.８％もあるということは由々しい問題である。そしてそんな目にあわねばと心配している者は全回答者２１６人中１０８人、５0.０％もいる。その他に子どもが遊んでばかりいて勉強しようとしないといつて心配している母親が２０人、9.２％いる。

これは母親がついてさえいれば、ゼロになるかというと、そうではないだろう。母親の「教育意識過剰」などということばは好ましくないニュアンスをもつているが、しかし母にしてみれば、かような心配をするのはむしろ当然ななりゆきである。

Q.16. あなたの留守中、小学生のお子さんにとつて、次のうちでどんなものがあれば助けになると思いますか。

項目	実数	%
子供会、ボーイ・スカウト、ガール・スカウトなど	19	5.3
クラブ活動	20	5.6
勉強塾	52	14.6
小学生のための託児所	17	4.8
公園や運動場などの子供が安全に遊べる場所	101	28.4
学校で放課後、子供が遊んだり、勉強したりするような機会を作る	74	20.8
子供の非行や問題の相談相手になり、指導してくれる人	36	10.1
留守番をかねた家庭教師	17	4.8
その他	1	0.3
無回答	19	5.3
計	356	100.0

母親たちが放課後の対策としてもつとも多く要望しているのは安全な遊び場所で101人、28.4%、これは屋外で遊ぶことが健康上もよいと考えてのことであろう。次が学校で世話して欲しいが74人、20.8%となつている。

子供会、ボーイ・スカウト及びガール・スカウトのような社会的施策を期待するものは僅か39人、10.9%でむしろ勉強塾のような個人的な真の意味で教育的価値のうたがわしいものへの期待が上回つていることは研究に価する問題であろう。

む　す　び

本調査の結果から本市の鍵つ子の問題について、われわれはおよそ次のような数々のことを考えさせられる。必ずしも質問の順序は追わずに述べてみよう。

(1)　主として低所得階層の問題

本市の鍵つ子の問題は低所得、多子家庭に多く、また親の教育程度もそう高くない市民階層の問題であるということが明らかに示されている。この点他の都市、特に団地的地域のものとは、性格を異にしたものであるといわねばならない。

(2)　生活費補充のために

母親就労の動機は最大多数の場合、生計費補充ということである。バカンス的な動機も考えられないではないが、本市ではそれは主要な動機にはなつていない。

(3)　仕事の質はよくない

収入は低額で、仕事は専門的技術的なものは少なく、また安定性も少ないもののようである。現に勤続年数は三年までが圧倒的に多い。

(4)　決して余暇の副業的なものではない

母親の就労は必要不可欠なものが多く、しかも普通の労働者と同じ長時間の就労を強いられている。従つて子どもの保育にかける時間も長時間ということになる。

(5)　婦人の労働市場への進出

以上のことは本市における婦人の労働市場進出ということを意味し、会的にもいろいろな問題をはらんでいるといえよう。

(6)　母親にとつて　就労は必ずしも苦痛ではない。

結果からみて就労母親たちは働くことに満足感をもち、特に仕事によつて張り合いをおぼえている。このことはわが国の女性の経済的独立、家庭生活への貢献ということから進んで、女性の自覚や人としての生の意義の発見といつたいろいろな意味での女性の社会的地位の向上に資するところが少なくないであろう。

(7) 母親の過保護や教育意識過剰という面ではプラスになる。

団地住民の場合、働かない母親は狭い住居の構造と余暇の増大から子どもに注意をうばわれ、教育意識過剰になることが多いということと思いあわせて、一概に母親就労を排するにはあたらない。

要するに子どものためのよい施策をもつともつと社会が構ずることが望ましい。

(8) 子どもの犠牲において

生計費補給の目的は、母親就労によつて一応解決をみている。しかし、それは子どもの欲求不満と母親の不安という高い代価を払つてのみ可能になつているものである。

(9) 生活問題が解決しても母親就労は永続する傾向がみえる。

いわゆる恵まれない階層の人たちの母親就労は、それがもたらすいろいろな満足感のために生活程度が向上しても、むしろますます母親就労を継続させることになる。

(10) 妻の就労は夫にとつて好ましくないが

妻の就労は夫にとつては必要ではあつても喜ばしいこととは受取られない。これは男尊女卑のながい伝統にもよることであろう。しかし、共稼ぎ、共働らきが増すにつれて「エプロン姿の夫」の数は漸次増えるものと考えてよいのではないか。

(11) 何よりも親子間の理解の上にたつた愛情関係

子どもにとつては母親の就労は断じて喜ばしくないものである。しかし、どうしても就労する必要のある場合は子どもにその事情をよく話してやり、納得させることが大切である。そうすれば子どもに対応する心構えができて、問題が起こらないのではないか。即ち、親子が理解しあうことは子どものいろいろな欲求不満を解消するのに効果があるだけでなく、子どもの人間形成の上にもつとも重要なことである。

⑫ 母子の社会化への方向づけ

子どもにとつて家庭はしつけや人間形成の場として大きな役割をもつていることはいうまでもない。従つて、父親の失業や母子家庭の母親の就労の不安定等、家庭に物的精神的悪影響を与える原因は社会的に保障されることによつてとり除かれねばならない。又、家庭と同時に社会も、子どもの人間形成に重要な役割を果している。そこで生活費補充のために母親がやむなく就労するというのでなく、それが母親の社会化をすゝめる絶好の機会となり、同時に、その間に子どもたちに社会性を身につけさせるという方向に配慮がなされることが望ましい。

⒀ 社会施設の拡充整備

ともあれ、大低の母親はその就労が子どもに及ぼす悪影響について大きな不安を抱きながら働いているのである。そこで社会的にかゝる不安を解消あるいは減少するために学童保育施設を母の目のとどくところにつくるとか、その他こんな点から必要または望ましいとおもわれる諸施策を考え実施すべきである。

⒁ ただ、学童保育の場というだけでなく、

鍵つ子の問題はただ学童をいろいろな社会悪からまもるという消極的な意味でのみ考えうるべきものではない。われわれはむしろこれを児童の健全育成のための機会と考え、全人教育による人間形成という立場からあらゆる施策、施設をなさねばならない。また多少とも問題やその萌芽をもつ児童のためにはその早期発見と治療のためにケースワーカー、カウンセラーその他の専門家や設備の面で整備するよう配慮さるべきである。

⒂ 地域社会の認識と参加

本市に限らず鍵っ子の問題は日増しに重大化している。そこで子ども会や児童愛護班等のボランテイア活動及び公民館活動などの必要性が声を大にして語られているが、市民の認識は低く、子どもたちが実際にその恩恵に浴している程度ははなはだ低いと言わざるを得ない。したがつて鍵っ子問題を中心にした本市におけるコミュニテイ・デベロプメント（community.development － 地域社会開発）が今後大いに促進されねばならない。

次の各質問をよくお読み下さつて、各項目をご記入または○印でしめして下さい。（Ｑとは質問の略、ＳＱとは補足質問の略です。）

Q 1

項目 / 家族員	性別	年令	学歴（下の註をごらんの上A.B.Cで御記入下さい）	勤務先又は学校名	勤務先での仕事の内容	毎週の平均出勤日数	勤務のために家を出る時間と帰宅時間（大体でけつこうです） 出	帰	現在の職業に就いてからの勤続年月	平均月収
夫	男					日	前後 時	前後 時	年 ヶ月	
妻（あなた）	女					日	前後 時	前後 時	年 ヶ月	
父	男					日	前後 時	前後 時	年 ヶ月	
母	女					日	前後 時	前後 時	年 ヶ月	
子 1						日	前後 時	前後 時	年 ヶ月	
子 2						日	前後 時	前後 時	年 ヶ月	
子 3						日	前後 時	前後 時	年 ヶ月	
子 4						日	前後 時	前後 時	年 ヶ月	
子 5						日	前後 時	前後 時	年 ヶ月	
子 6						日	前後 時	前後 時	年 ヶ月	
同居人						日	前後 時	前後 時	年 ヶ月	
同居人						日	前後 時	前後 時	年 ヶ月	
家族員数計 名										

註1. 学歴　A. 高等小学校．新制中学以下　B. 旧制中学．新制高校

C. 高専．短大．大学　D. その他

Q 2　あなたが以前に何か職業をお持ちでしたら、その職歴についてご記入下さい。

A	B	C	D	E	F
現在の職業に就く前に従事していた仕事の内容	左の職業に従事した期間	左の職業での毎週出勤日数	左の職業に勤務中の出勤と帰宅時間	もし左の職業につく以前に勤めた経験があればいつからいつまでですか	あなたが結婚されたのはいつですか
	年 月より 年 月まで	日	前後 時～前後 時	年～ 年	年 日

Q 3. あなたはいつごろから現住所にお住いですか。　　　年　　　月ごろから

以前はどこにお住いでしたか。

都道府県　　　　　　市・郡　　　　　　町

Q 4. あなたの現在住んでおられる家は、次のどれですか。（該当する番号に○印をして下さい。）

A　1. 持家　2. 借家　3. 間借　4. 社宅・官舎

5. 公営住宅　6. 公団住宅　7. 民間アパート　8. その他（　　　）

また、その建物は次のどれですか。

B　1. 鉄筋コンクリート　2. 木造　3. ブロック　4. その他（　　　）

Q 5. あなたが現在のお仕事をはじめられた理由は、次の項目のうちどれでしょうか。（該当する番号に○印をつけて下さい。）

1. その日の生活に困っているのを少しでもよくしたいと思い働いている。
2. その日の暮しは何とかなるが、もう少しましな生活をしたいと思い働いている。
3. 現在の生活は何とかなるが、将来の生活のために貯蓄したり、いろいろ計画するために働いている。

Q 6. 現在のお仕事をはじめられた動機について該当する番号一つまたは二つに○印をして下さい。

1. 子供の教育費が必要だから
2. 洋服や着物などの被服費が必要だから
3. 食費が必要だから
4. 住居費が必要だから
5. 夫の収入だけでは足りないから
6. 借金をかえすため
7. 文化生活をするため
8. 仕事に行くことが楽しいため
9. 家にいても仕方がないから

10. 自分の特技を生かすため

11. 見聞をひろげるため

12. 友人や雇主にすすめられたから

13. 家業であり、人手が必要だから

14. 母子世帯のため

Q 7. あなたが働くことにより上記の問題は解決しましたか。(どれか一つの番号に○印をつけて下さい)

1. 解 決 し た。　　2. 幾分解決した。

3. まあ、まあ、普通　　4. あまり解決していない。

5. かえつて悪くなつた。

SQ あなたが働きに出ることによつて、何か他に問題が起つてきましたか。(どちらかに○印をして下さい。)

1. 起 つ た。　　2. 起つていない。

Q 8. あなたの今のお仕事について、どう思われますか。(どれか二つ該当する番号に○印をして下さい)

1. 面 白 い。　　2. 職場で友人ができ楽しい。

3. 生活に張り合いができる。　　4. つ ら い。

5. 職場の対人関係がうるさい。　　6. 仕事の割に賃金が安い。

7. 仕事の割に賃金が高い。　　8. 別にたいした意見はないが、収入の心配がなければ早くやめたい。

9. その他(　　　　　　　　)

Q 9. あなたのお家の生活水準をどう思われますか。(どれか一つの番号に○印をして下さい。)

1. 高　い。　　2. やゝ高い。

3. 普　通　　4. やゝ低い。

5. 低　い。

Q10. あなたは、あとどの位、お仕事を続けたいと思いますか。(れか一つの番号に○印をして下さい)

1. 子供が学校を卒業するまで
2. 夫の収入が増えるまで
3. 停年あるいは働ける間は一生続けたい
4. 老後の生活のための貯蓄ができるまで
5. もうすぐにでもやめたい
6. 文化生活用品がそろうまで
7. あと数年してから
8. その他(記入　　　　　)

Q11. あなたが働きに出ることをご主人はどう思つていますか。(どれか一つ該当する番号の上に○印をつけて下さい。)

1. 喜んでいる
2. 収入の面で喜んでいるが、家事や子供の世話が出来ないことで苦情が出る。
3. 家事がおろそかになると不満を示す
4. 夫の世話が出来ぬと不満を示す
5. 妻が働くことに反対する。
6. 何も云わない。
7. 子供の世話や教育ができぬと不満を示す
8. その他(記入　　　　　)

Q12. あなたが働きに出ることを、小学生のお子さんは、どう思いますか。(どれか一つ該当する番号の上に○印をつけて下さい。)

1. 喜んでいる。
2. 淋しがつている。
3. 平気である。
4. 時々淋しがる。
5. いやがつている。
6. 何もいわない。

Q13. あなたが働いていることにより、下記のうち困つていること二つに○印をつけて下さい。

1. 家庭にいる時間が少ない。
2. 身体が疲れる。
3. 留守番がいない。
4. 家族が家庭的雰囲気に欠ける。
5. 子供の面倒をみることができない。
6. 近所づきあいができない。
7. 主人のことが気になる。
8. その他(記入　　　　　)

Q14. お宅の小学生のお子さんは、放課後あなたがお留守の間、どのようにすごしていますか。(該当するものの番号に○印をつけて下さい。)

1. 勉強塾に通つている（週　　　　回ぐらい）
2. 子供会に通つている（月　　　　回ぐらい）
3. 家で一人遊んでいる。
4. 子供のクラブや運動チームに参加する（週　　　　回ぐらい）
5. 家で一人で勉強している。
6. 友人と遊んでいる。
7. 近所で一人ブラブラしている。
8. 家で一人テレビを見ている。

Q15　お宅の小学生のお子さんについて、次のようなことが起つたり、あるいは、起きないかと心配されていることはありませんか。（該当する全部の項目に○印を記入して下さい。）

項　　　　目	実際に起つたこと	起らないかと心配すること
1. 交通事故．けが．誘拐等の事故を起す。		
2. 時々あなたを仕事中たずねてくる。		
3. 悪い友達と遊ぶ。		
4. お金を家から持ち出す。		
5. 親や友達のいうことに、すぐ反抗し乱暴する。		
6. 学校に行くのをいやがる。		
7. 遊ぶばかりで、少しも勉強をしようとしない。		
8. 一人ぼつちで、いつも淋しがつている。		

Q16.　あなたの留守中、小学生のお子さんにとつて、次のうち、どんなものがあれば助けになると思いますか（助けになると思う項目に○印をつけて下さい。）

1. 子供会、ボーイ・スカウト、ガール・スカウトなど
2. クラブ活動
3. 勉強塾
4. 小学生のための託児所
5. 公園や運動場などの子供が安全に遊べる場所
6. 学校で放課後、子供が遊んだり、勉強したりするような機会をつくる。
7. 子供の非行や問題の相談相手になり、指導してくれる人
8. 留守番をかねた家庭教師
9. その他（記入　　　　　　　　　　　　　　　）　　　　－おわり－

不在家庭児童の教育をめぐって

昭和38年度研究報告

1964.3

大阪市教育研究所

不在家庭児童の教育をめぐって

研究員　浜川道雄

目　次

は　じ　め　に

「おかあちゃん二人やったらいいのになあ。はたらくおかあちゃんと、家にいるおかあちゃんと……」　（０小学校３年Ｙ）

「日曜日は何回あってもいいわ。毎日あってもいいわ。おかあちゃんといっしょにおられるもの……」　（Ｓ小学校２年Ｋ）

こういう不在家庭児童（そのうちの大部分のものを"カギッ子"といっているが）が最近はずいぶんふえてきた。それで「施設をふやせ。保護をせよ」ということが盛んにいわれ、特別指導を試みている学校も出てきた。

このように、施設をふやし遊び場をあたえ、子どもを悪い道に入らないように保護をしてやるということは非常に大切なことであると思う。結構なことである。

だが、こういう現状を見、考えた時、そこに何かもう一つ忘れものをしてはいないだろうかという感じを強く持つ。それは、現在やかましくいわれている所の保護ということと、親の問題ということである。

保護ということは、危険な状態からかばってやり守ってやるということで、保護される者（不在家庭児童）の積極的な自立精神が影をひそめてしまう。

すなわち保護された者は、「今日はよいが、明日はどうなるのかわからない」。不安がつきまとう。

だから保護のもう一方においては、もっと積極的に子ども自身がたくましく立ち上がれるような、自己の生活改造を絶えず行なっていくような、子ども自身の自主的態度を身につけてやる指導が必要であると思う。それと共に、働らく親自身が、子どもに対する教育的な配慮、親子関係をもっと大切にするように、親自身の考え方やくらしの態度をもっと高めるような示唆がどうしても必要である。

このような考えでこの研究を進めることになったのであるが、そのために、

① 不在家庭の親、及び児童の実態をもっとしっかり把握する必要がある。そして、

② 不在家庭児童が悪くなっていく場合があるならば、その条件を見出し、

③ 不在家庭児童が、本当に幸福になるための配慮や指導をしていきたい。

このような三つのねらいをもって研究を進めようと思った。

「現在の己れの位置によって、美しく最善をつくす人間に子どもをみちびいていく」こういう教育本来の姿、教育の基本的課題の一つに少しでもせまっていけるならばとも願っている。

（註）　ここで研究の対象にしている不在家庭児童とは、両親のどちらもが、昼間子どもの保護にあたることのできない状態のものをいう。したがって、おばあちゃんにまかせられている子ども、欠損家庭のためのカギッ子な

ども含まれている。

1.ふえていく不在家庭児童

(1) "カギッ子だけで約7万人　(大阪市小学校、中学校の合計)

大阪市教委の調査によると、昭和38年9月現在では、カギッ子(両親帰宅まで保護をしてくれる人が家にいない子ども)は、小学校37,231人で昭和37年11月調査時よりも4,381人の増加となっており、中学校においては、38年度が31,827人で37年度よりも6,407人の増加となっている。(下図の通り)

(大阪市のカギッ子数)

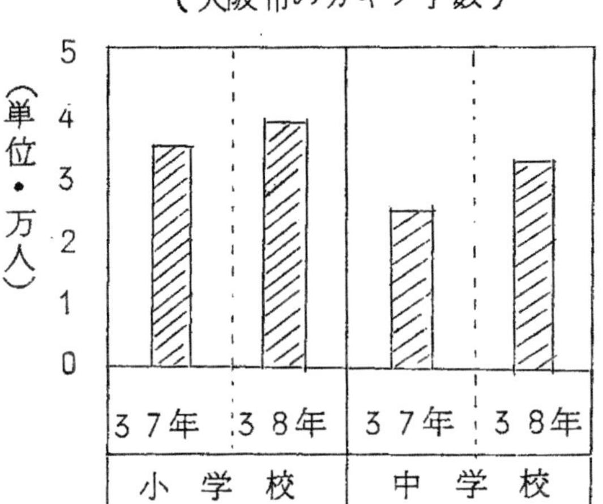

全児童、生徒との比率では小学校14.3%(38年度)、中学校18.5%(38年度)で、昭和32年度、大阪市福祉協議会調べの5%よりも約3倍の増加となっている。

さらに、39年1月6日の毎日新聞の報じた所によれば、「大阪府児童課が昨年、堺市金岡、湊、枚方市　香里団地の3保育所の卒業生72人を調査した所、放課後放任されている学童が65%もいた。残りは祖父母がいる者14%、兄弟がいるもの20%で兄弟もカギッ子とすれば8割以上になるわけ」というのである。

(2) なぜふえる

では、最近になってカギッ子がなぜこのように目立ってふえてきたのか、その理由をあげてみよう。

ア　貧乏との戦い

研究対象校のS校においては、不在家庭児童213名(カギッ子65%、祖父母のいるもの22%、欠損家庭児童13%)(S.38.10.調べ)であるが、母親の働く動機はほとんどが生活のためであり、その仕事の内容は工場の臨時雇員、雑役、炊事婦で、家族全体の月収平均は大体2万5千円から3万円程度と思われる。住居は、大部分がアパートの1室または2室であって、そこに4人か5人家族が生活をしている。なかには、アパート1室(6畳)で親子6人、または8人がくらし、押し入れを子どもの勉強する所や、寝室にあてている家庭もみられた。

父母の学歴はほとんどが高等小学校卒業程度である。

このような家庭環境からみても、家族の全労働力を「食べていくため」になげださなければならない状態であって、恵まれた条件で働らいている母親はほとんどみあたらなかった。まったく生きんがために働らかねばしょうがないのであって、子どものことは生活のプログラムの外にあるといった状態である。

カギッ子がふえる理由として、こういうことが何か流行のようなものとして考える人もあるだろうが、このような社会の底辺的立場にある人々が今の日本には、まだまだ多くいるということを忘れてはならないと思う。カギッ子の両親はこういう苦しさと戦うために、楽しい豊かなくらしをかちとるために、働らいている場合が多いと思う。

次にその他の理由をあげようと思うが、やはり根本は貧しさとの戦いであって、他のものは枝であり葉であるように思われる。

イ　唯物的な時代のムード

戦後の幸福というものの考え方は、科学技術の発達にともない"どれだけの物を所有しているか"によって大きく左右されているように感じられる。「万事金の世の中」という時代に貧乏というもの程、自分をみじめに追いやるものはない。共稼ぎのふえる根本的な原因の一つにはこのような一般大衆の幸福観、人生観が各人を支配している現代の時代ムードにあると考えられる。

ウ　こどものために

共稼ぎのある母親は、「学校の給食代、設備費、ＰＴＡ会費、修学旅行、臨海学舎の積立金、などで1000円、それに毎日２０円ずつのこずかいの１ヶ月分６００円、学習塾の月謝1000円、ソロバン塾の月謝５００円などで大体、月にこども１人に3000円、その他雑誌、本、学用品などを買うと5000円近くの支出になります」と語っていたが、こどもが２人、３人と学校に通っておれば相当な金額になる。教育費の捻出ということは頭の痛い問題であろう。オルガンの購入や勉強部屋の増築、行楽費など母親の内職ぐらいでは、子どもの希望はかなえられそうにもない。

そういうことも母親が腰を上げる一つの理由でもある。

エ　物　価　高

所得倍増ムード、消費財のはんらん、バカンスブーム、過剰なＰＲといった最近の世相は一般大衆の物欲をますます刺激し、それに加える物価高騰が家計を困難にし、夫の収入だけでは家計の基礎を支えるのに脆弱であり、家族の全労働力を投じてまでも働かねばならない家庭がふえて来たことも事実である。

オ　産業の発達

科学の進歩と共に産業の発展も著しく、それにともなう経済の拡大、労働力の不足により、"若年労働力の不足をカバーするために、中年以上の婦人にも働らく機会が広げられ共稼ぎ家庭は年々増加の傾向を示して来た"（毎日新聞、昭和３８年９月２３日）のであり、さらにオートメーションによる生産手段の単純化、分業の進歩、それによる家庭の機械化が主婦を単純労働に就労させる原因にもなっている。

カ　そ　の　他

女性の働らく意欲の向上、職場の拡大、女子教育の変遷なども原因に数えられるが、さらに暇はできたが物が十分買えないとか、経済的な独立（夫に対して）や、社会から隔絶されている境遇からのがれたいという気持なども母親が働らく動機の一つとなっていると思う。

では、母親が子どもを残し、家を後にして働らくということで、子どもがどうなるというのであろうか。この問題についてＳ校の働らく母親や、勤めを持たないＰＴＡの母親、学級担任、文献などの声を集めてみた。

2.　問題視される不在家庭児童

(1)　気ままになる……………（ＰＴＡの声）

「母親の過労、さらに家事の負担などのために家庭的なふん囲気が少なくなり、安定性のない子どもになっている。また教育方針にも一貫性がなくなり、規律のある生活をさせることができないので気ままな子どもになっている。」これはＳ校の夏休みにおける特別指導に参加されたおかあさん方の声であるが、アンケートによって求めた答では、

- 成績が悪くなると思う。
- 陰気な子どもになると思う
- 不良になっていくと思う。

などが多かった。

このような意見は他にも多く、例えばＫ中学校の場合などでは、「本校では不在家庭、欠損家庭が多いことから非行への傾向が増加している」とはっきり非行の原因と結びつけている。

また、大阪市中央児童相談所の調べでは「非行少年少女の８割までが帰宅してから夕方まで保護者のいない不在家庭の子どもたちだという。」（Ｓ．３９.１.１４.毎日新聞）

そういう問題の原因として黒丸正四郎教授（神戸大学）や岩井弘融教授（東京都立大学）は、

「両親は、時間的にもその家族との紐帯を切断されやすく、従って家族との人間関係的な接触もとだえがちとなり、人間形成の効果を失いがちである。

さらに、母親は子どもの管理、不断の配慮に欠除をきたしやすく、労働の疲れにより落ちついた調和的な気分の攪乱、感情の爆発が多くなる」ことなどを上げて、精神的安定性のなくなることを述べている。

現在一般にいわれている不在家庭児童の問題は、以上の点をとりあげている場合が多く、したがって施設をふやせとか、特別保護が必要だという場合はたいていこういうことを原因としてあげている。

では、実際の教室においてどのような見方をしているであろうか。S校のある学級担任が見た不在家庭児童を書いてみると。

(2) 根気がない、だが積極的だ

「教室での勉強態度を見ていると、時間も半ばをすぎると机をたたいたり、ノートや本にらくがきをしたり、キョロキョロとしだす子どもがいるが、そういう子どもには不在家庭児童が多い。またハンカチ、ハナ紙を持ってくること、宿題を忘れずにやってくること、忘れものをしないことなども、やかましく注意をしている間はよいがそういうことが１週間と続かない。しかし、その反面めずらしいことや新しいものにはまっさきにとびついていく。大変動きが活発で好奇心も強いように思う。」ということである。

そこで、３年から６年まで１学級づつを選び、そこでの３５名の不在家庭児童の行動と性格の記録（指導要録による）を調べてみるとつぎのような結果になっていた。

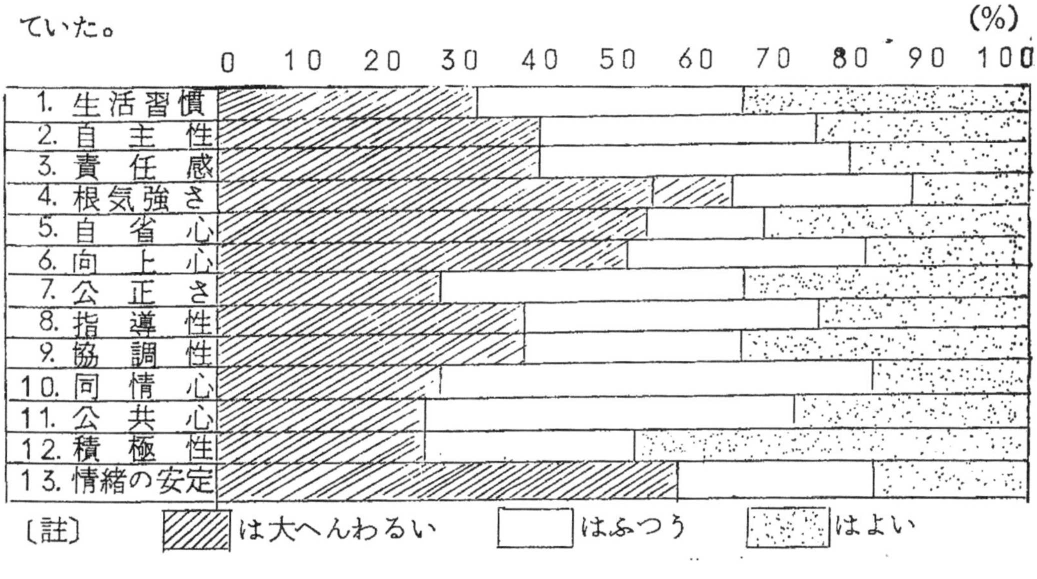

(%)
0 10 20 30 40 50 60 70 80 90 100

1. 生活習慣
2. 自主性
3. 責任感
4. 根気強さ
5. 自省心
6. 向上心
7. 公正さ
8. 指導性
9. 協調性
10. 同情心
11. 公共心
12. 積極性
13. 情緒の安定

〔註〕 ▨ は大へんわるい　□ はふつう　░ はよい

やはり根気強さがなく、情緒的に安定性を欠く子ども達ということがいえそうだ。

では、ここで働らく母親達は子どもをどのように見ているだろうか、つぎにはこれらの声をまとめてみよう。

(3) 独立心が育つ……………(働らく母の声)

- ４１才　工員……「なんでも自分でするようになりました。それにいいつけられたことは責任をもってちゃんとやってくれます。母が働らいているからといって決して子どもは悪くはなりません」　（４年生の母）
- ３５才　炊事婦……「子どもは大変素直に親を理解してくれ、さびしがったりしないで勉強もしっかりがんばっています」　（３年生の母）
- ３８才　店員……「母がいる時よりもかえって兄弟が力を合わせるようになりました。夕方の掃除や家のかたずけなどもやってくれます。かしこく親の帰りを待っています」　（１年、５年の母）

こういう点についてさらに働らく母親９２名について調査をしたが、その結果は下の表の通りである。

番号	調　査　項　目	よくなった	わるくなった	無　答
1	親に対する態度	６３％	１７％	２０％
2	友だちと仲よくすること	６０	７	３３
3	家での勉強の態度	５５	１８	２７
4	自分のことは自分でする態度	５４	１７	２９
5	金づかい	４４	１５	４１
6	家の手伝い	３３	２７	４０
7	テレビの見方	２９	２７	４４
8	物を大切にすること	２５	２５	５０
9	根気強さ	２３	３３	４３
10	行　　儀	２２	１７	６１
11	ことばづかい	１６	２２	６２
12	学校の成績	９	２７	６４

このように見てくると、立場や見方によってそれぞれ異なっているということがわかる。しかし、共通した見方もいくらかはある。その共通点をまとめてみると、

- 学校の成績がさがる
- 根気がない

ということになる。しかし、これ等の見方は具体性に乏しく、本当にこれが問題だ、というわけにはいかない。それに不在家庭児童とはいっても、まったくのカギッ子と、おばあちゃん子、兄姉がいるもの、近所の人に見てもらっているもの、欠損家庭のためのカギッ子、その他祖父、しんせきの人に見てもらっている者など家庭的条件はずいぶんちがっている。その上に親の子どもに対する対し方や考え方の相違などさまざまである。実態をさぐるためにはこういう条件について深く研究を進めていかねばならないと思うが、ここでは、そういうすべての条件について研究する事はなかなかむつかしいことであるので、問題を①カギッ子、②欠損家庭のためのカギッ子　③おばあちゃん子にしぼって「人物画による性格診断」（大伴式）と具体的事例、調査、文献などによって大まかではあるが、実態を知ろうとした。

3.　親子の実態とその考察

(1)　カギッ子

ア　性格と問題行動

先ず、両親が昼間家を留守にして子どもだけを家に残しているということは、子どもにどのような影響をあたえているであろうか。その問題を探るために、S校において各学年からそれぞれ、がい当児童を4名ずつ、計24名を選んで「人物画による性格診断」（大伴式）を試みてみた。

指標	M		F		計	
	男	女	男	女	男	女
1						
2						
3						
4						
5						
6						
7						
8						
9						
10	…	2	…	…		
11	…	2	2	1		

〔註〕

（「指標」というのは、パースナリティにおいて問題となる特徴の合計の意味なのである。これは従って一般的にいって、問題となるパースナリティの特徴を量的に表示したものであるから、高い数字を示す個人の方が少ない数字を示す個人よりも、より多くのパースナリティにおける問題をもっているということを意味する。）

12	…	1	…	1		
13	…	2	2	2		
14	…	…	…	1		
15	…	3	1	1		
16	4	1	…	2		
17	2	…	2	3		
18	4	…	1	…		
19	1	1	…	1		
20	…	…	2	…		
21	…	…	1	…		
22	…	…	1	…		2
23	1	…	…	…		1
24						1
25						…
26						1
27					1	…
28					…	…
29					2	1
30					…	1
31					…	1
32					…	1
33					…	1
34					2	2
35					1	
36					1	
37					1	
38					2	
39					…	
40					1	
41					…	
42					…	
43					1	
44					…	
45					…	
N	12	12	12	12	12	12
15以上の%	100	33	67	58		

M＝男像　F＝女像

（普通児群と不良児群とを比較するならば明かに不良児群の「問題指標」は著しく高い。
また「問題指標」15を基点としてこれより以上の児童を調査するならば、不良児群では、ほとんどの場合そのすべてが15以上に包括される）

小学校児童男像におけるM＝15

この表でみると女子よりも男子の方に問題が多く、女子の最高34（合計）よりも男子の方は7名も、それ以上高いことがわかる。

つぎに、どのような象徴的符号に、より高い数字を示しているか、さらには、それらのよくあらわれている部位はどこか、ということについてみてみよう。

指標＼符号	S	M	C	F	Sch	N	PS
0		5	5	3	2	1	12
1			8	1	5	2	5
2		2	4	2	4	3	5
3		7	3	1	5	3	2
4	2	2	4	3	2	4	
5		1		2	2	6	
6	2	1		9	2	2	
7	4	2		3	2	3	
8	1	3					
9	2						
10	4						
11	4	1					
12	2						
13							
14	3						
15							
N	24	24	24	24	24	24	24

〔註〕 象徴的符号とその意義

S＝エゴ発動の強大、男性的、積極的、楽天的、陽性、自己主張的

M＝エゴ発動の弱小、女性的、消極的、悲観的、陰性、依存的

C＝精神葛藤、精神的困難、複合

F＝欲求不満、焦躁

Sch ＝一般的に精神病的、分裂病的、躁うつ病的、偏執的、妄想的

N＝一般的に神経病的、ニュロシス傾向

PS ＝早熟、複雑な性的興味、病理的性的行動

この表でみると、カギッ子は積極的、自己主張的ではあるが消極的、陰性、依存的な面もかなり見られる。欲求不満や焦躁といったこともかなりある。今、各象徴的符号に対する反応人数を一般児におけるそれと比較してみよう。勿論、各種の条件は両者共異なっているが大まかな傾向はつかめると思う。

一般児におけるSの平均は6.1であるのにカギッ子のそれは9.3である。

また一般児はS、Mが大体同じ程度になっているがカギッ子ではSが多い者がほとんどである。

SchやNは、一般児は案外少なく、カギッ子が多くなっている。

PSは一般児の方が多い。

Fはカギッ子が下部（⑤⑥⑦にかたまっている）

では、それらの象徴的部分がよくあらわれた部位はどこかというと、

(部位)	(性格分析規準)	(象徴的意義)	(符号)
・からだの大小	大きい(2/3以上)	エゴ強大、拡大的攻撃的な感情	S
・目	大きい 瞳を黒くかく、 または縦にかく	攻撃的 敵対的、自己主張	S
・足	足をひらく	安定への補償	S
・頭	頭髪を黒くぬる	思考、空想に不安	F
・衣服	ポケットの強調 ボタンの強調	愛情、物質の欠如の補償 母への依存、小児的不適応	F
・口	唇の強調	口唇的性欲	PS
・目	目の強調	変質的、好奇心多い、警戒的	Sch
・足	小さい足	萎縮、依存的	M

(一般児における"象徴符号への反応"頻数分布)

O小学校　3年　23名

指標＼符号	S	M	C	F	Sch	N	PS
0			5		2	7	2
1			9	2	4	4	3
2	1	2	4	3	10	11	5
3	1	3	3	5	5	1	5
4	4	2	1	3	2		1
5	5	1		3			3
6	4	6		2			2
7	2	4	1	3			
8	2	2					2
9	1	2		1			
10	2			1			
11	1	1					
12							
13							
14							
15							
N	23	23	23	23	23	23	23

しかし、こういう性格診断だけをもって、"カギッ子"が"カギッ子"であるために積極的で自己主張的になっていると断定することはできないだろう。先天的なものや母親の勤め出した時期や、その他家庭や地域の諸条件なども十分に究明しなければならない。

ここでは、そういう諸条件の究明ということもあるが、少しでも大まかな傾向に信頼性を持たせる意味で、調査と今までの記録、問題行動の事例などをとりあげてみた。

S校の3年A組のカギッ子7名について、その学習態度や全体的特性、友人関係をみてみよう。

氏　名	学習態度	全体的特性	成績	I.Q
1. A男	全然努力をしようとしない	身だしなみ悪く、整頓も悪い、すぐ物を失う 忘れもの多い	下	60
2. B男	大変熱心、よく努力をする	おとなしく、責任感強い	上	114
3. C男	行儀悪く注意散慢、乱雑	乱暴、けんか早く、責任感少ない	下	115
4. D男	注意散慢、おちつきなし	忘れもの多く、すぐにすねる	下	98
5. E女	無駄話多く、学習に熱中しない	陰気、不明朗	中	119
6. F女	不真面目、忘れもの多い	積極的に進んでやる意欲が少ない	下	108
7. G女	全然話をしない、一時間じゅうじっとしている	消極的、不明朗	下	80

2.B(男)を除くと、　•注意散慢　•不熱心　•忘れものが多い　•不明朗といった行動や性格が目立っている。

では、前に述べた積極性ということと関係づけて考察をしてみるとどういうことになるだろうか。欲求不満(F)が比較的に多いということともあわせて考えてみると、"カギッ子"の積極性というものは、自己の欲求のおもむくままに、たとえそれが社会的に受け入れられないことであっても、無茶苦茶にでもやってみる。(そうしなければ淋しく退屈であり過ぎるということにもなるであろうが)こういう自己の衝動的感情にまったく支配されたものであって、そこには自律性というものが余り見られない。3.C(男)や5.E(女)、6.F(女)は知能指数はかなりあるのに成績や学習態度が悪い、こういうことも自律性ということに関係があるように思われる。少なくとも昼間は自分だけの力で何事もやってのけねばならない子ども達、また反対の立場から考えるならば、自分がやろうと思った事は何でもできる立場にある彼等は、好きなこと、面白いことには喜んでとびこんでいき、嫌なこと、骨の折れることを避けようとする。そういう生活の連続のなかからでは自律性というものは芽生えてはこないだろうし、そういうことが、注意散慢とか、忘れものなどとなってあらわれているのではなかろうか。だから

"カギッ子"の積極性は方向を持たない自律性の少ない積極性ということのように思う。その例を二、三あげてみよう。

イ　その事例

(ア)　遊びの行動範囲が広い

5年、H（男）

夏休みに"カギッ子"ばかり４名で、自転車に乗って武庫川まで泳ぎに行き、うち２名が溺死寸前救助をされた。

3年、Y（男）

友だち２名と百貨店に行きうろうろとすることが多い。ある時、帰りの電車賃がなく改札の前で遊んでいる所を担任が見つけて補導した。

3年、K（男）の作文

「ぼくとA君と、そのにいちゃんと３人で遊んでいた時、A君のにいちゃん（５年）が『パチンコしにいこう』といったので、３人で行きました。パチンコ屋の中に入って玉をひろってはじきました。すぐに玉がなくなったのでこんどは、にいちゃんは『市場の方へ行こう』といって、ぼくたちをさそいました。だいぶはなれている市場まで歩いていきました。

赤電話をみつけました。『金が入ってるかもわかれへんぞ』といってにいちゃんは電話をさかさまにしてふりました。ガチャガチャと２０円でてきました。A君とA君のにいちゃんは１０円ずつわけました。

こんどは『ジュースをのもうや』といって、ジュースボックスのうしろのふたをこじあけて、コップを持ってきて飲みはじめました。ぼくはもうA君がいやになりました。

2年、Y（男）

友だちと市場内のスーパーマーケットに入り、ソーセージを万引きした。

6年、K（女）

３年生のとき、家の前で１人で遊んでいる時、若い男にさそわれ、だいぶはなれたアパートまでついていっていたずらをされた。

これ等の例は、まったく放任されている状態を物語るものであるが、自律性の少ない彼等の行動をもっと追っていけば非常に行動範囲の広いことがわかる。しかし、この場合でも全部のカギッ子がそういう問題性を持っているとすることはまちがっていると思う。

そこで"カギッ子"の自律性をもう少し知るためにつぎのような１５項目で"カギッ子"に自己評価をさせてみた。

(イ)　甘い自己評価

"カギッ子"自身が自分をみたものと担任がその子をみたものとくらべてみる

と、この表のように担任の見方と、児童自身の見方とには、ずいぶん大きな差が見られる。一般児童の場合は、児童自身担任よりも自己を低く見すぎていたり、ほぼ同一の結果がでたりで両者の間には、それほどの差は見られなかったが、（その中でも問題児とか、精薄などは開きが大きい）“カギッ子”には、Kのような場合が多い。教師の相対的評価にくらべて児童には視野の狭さがあるといえばたしかにそういうことはいえる。しかし一般児が教師の評価に近いということは、このような考察にある程度の信頼性をあたえていてくれるように思う。

番号	評点 / 項目	5	4	3	2	1
1	服そう					
2	後しまつ					
3	根気					
4	真面目さ					
5	勉強の態度					
6	友人と仲良くする					
7	人に親切にする					
8	物を大事にする					
9	掃除をする態度					
10	おちつき					
11	学級のしごと					
12	ことばづかい					
13	行儀					
14	人にすかれる					
15	はきはきとした態度					

（O校　6年　K子）
——— は児童の評価
-----は教師の評価

“カギッ子”がこのように自己に対して甘いということは、その善悪の半断のルーズさ、価値のおき所の低さなどが影響しているものと思う。

(ウ)　不規則なくらし

“カギッ子”の家でのくらし方を調べてみると、

A、屋外で遊ぶ時間（S小学校　136名）8.10.

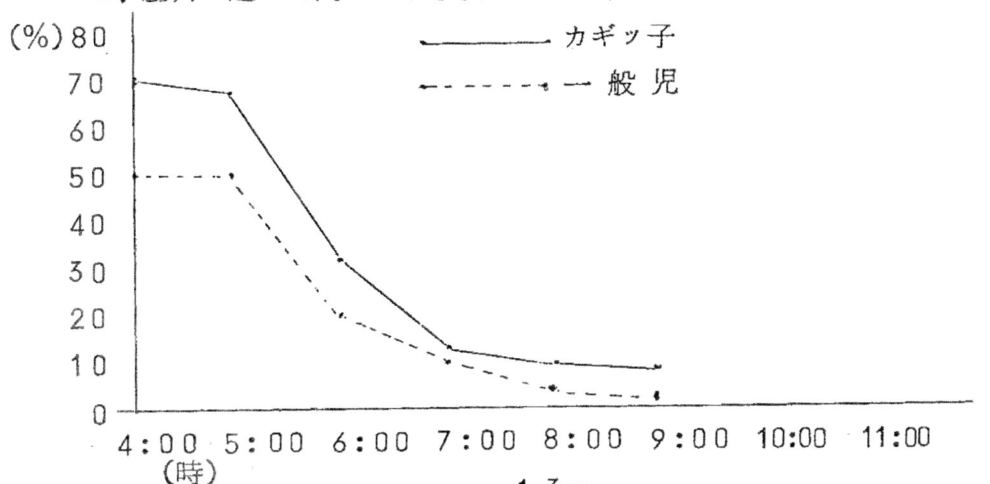

午後５時までは外で遊ぶ子どもが多く、夕食をする頃には一応帰宅する。ちょうどそのころには両親も帰ってくるころである。

しかし１０％近くの子は、９時近くまで外で遊んでいる。

父母の帰宅がいつもおそいのか、商店街が近くで、つい遊びに夢中になってしまったのか。

“カギッ子”は家に帰ってから何をしているのかといえば、６年　Ａ（男）の例でいうと、彼が家ですることは、先ずテレビをみることである。夕食もテレビを見ながらだ。夕食が終ると宿題を簡単にやってしまう。それからまたテレビだ。こんどは、おとうさんもいっしょだ。おかあさんは、かたずけものでいそがしい。そしてねるまでずーとテレビを見ている。その日課表を示すと、つぎのようなものである。

4:00–5:00	5:00–6:00	6:00–7:00	7:00–8:00	8:00–9:00	9:00–10:00	10:00–11:00
・外で遊ぶ（野球）		・テレビ ・夕　食	・宿　題 ・テレビ	・テレビ	・テレビ	・テレビ ・ね　る

Ｂ、家での勉強

（Ｓ小学校　１３６名　38.10.）

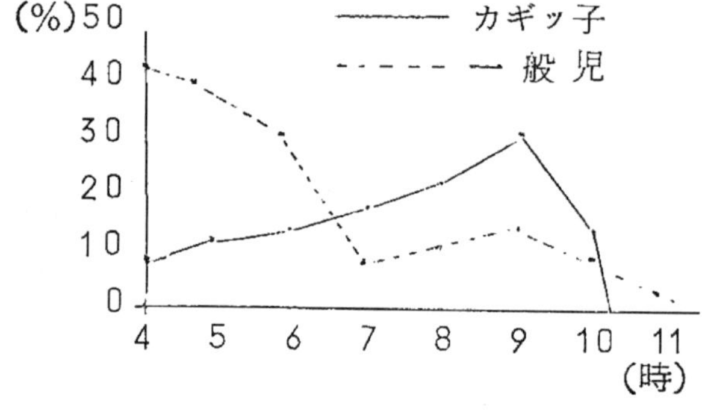

“カギッ子”の大部分は余り家では勉強をしていない。５時あるいは６時ごろまで外で遊んで、夕食をすませてからボツボツと宿題にとりかかる者が多い。矢張りこのへんにカギッ子の特徴があるように思える。

「学校から帰った時、誰もいない家の中でじっとしているのはたいくつです。ぼくはすぐにテレビを見ます。何でもいいから見るのです。『あんまりテレビをかけっぱなしでいると、ばくはつするぞ』とおとうさんにいわれているので２時間ぐらい見たらけします。宿題をやってまたテレビを見ます。」

このような子どもは、あんがい少ないが、６時以後はほとんどテレビをみることだけで終っている子が多い。勉強の方もいわゆる“ながらぞく”ということかも知れない。

このように見てくると、“カギッ子”のくらしは遊ぶことと、テレビを見ることが大半であって単純そのものである。親と話したくても聞いてくれないのか、話そうとしないのか、本を読みたくてもテレビでやかましいのか、はじめから読

C、テレビ視聴

（S小学校　136名　38.10.）

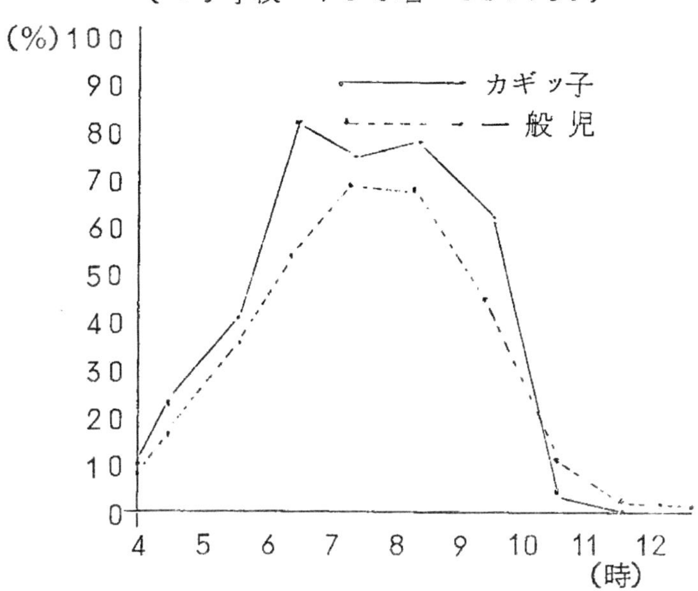

もうとはしないのか、とにかくこういう生活が1年中続けられる所に悪い習慣を身につけていく原因の1つがあると思う。

㊁　多いいたずら

児童名	きらわれている	理　由
A 1.男	16（47%）	ふざける、不潔、不勉強
B 2.男	0	
C 3.男	1	いたずらをする
D 4.男	10（29%）	いたずらをする
E 5.男	10（29%）	いたずらをする、いじわる
F 6.男	3	いたずらをする
G 7.女	2	いばる
H 8.女	0	
I 9.女	10（29%）	不潔、不勉強、怠惰
J 10.女	0	
K 11.女	1	おとなしすぎる

（調査人数　34名）

さらに"カギッ子"は「協調性がある」とか、親にいわせると「友だちと仲よく遊ぶ」とかいわれているがその問題についてはどうだろうか。

S校4年A組において交友関係を調査した所、"カギッ子"は案外きらわれているという結果がでた。もちろんこの場合も一学級だけの例であるから、この結果だけで「きらわれる"カギッ子"」ということは絶対にいえるものではない。調査の結果をまとめてみると、表のようになる。すかれている場合は、B 2.（男）、H 8.（女）、J 10.（女）があったが2、3名にすかれている程度である。学級担任の話や、先に述べた問題行動などとあわせて考えてみても、このような交友関係では本ものの協調性といえるかどうか。

ウ　よい子もいる

今までは、問題の多い子どもばかりをみてきたように思うが、その時々にも述べてきたように"カギッ子"は悪い子どもばかりではない。恵まれない条件を乗り越えてりっぱに伸びている子どももずいぶん多い。その例を上げるならば

5年、S（男）

"ぼくの母は働いている。父も、もちろん工場につとめている。母は大へんいそがしいので、ぼくと弟はたいてい自分のことは自分でするようにしている。父母がでかけた後、ぼくはカギをかけて弟と手をつないで保育所へ行く。学校が終ったらまっすぐ保育所へ行って弟をつれて帰る。ぼくは弟の世話係でもあるし、先生でもある。家に帰るとすもうをしたり本を読んでやったりして弟と遊ぶ。それから小鳥の世話もしている。かわいいのでとてもすきです。

そうじをしたり、朝、母にことずかっていた買い物をしたり、大へんいそがしい。それで勉強は父母が帰ってからすることにきめてある。テレビも見たいが、「弟の先生だ」と父母にいつもいわれているのでぼくはがんばっている。"

このように自分の仕事を自覚し、計画をし、また小鳥を世話したり、「弟の先生」とはげまされたりで、S男は学校の成績も優秀であり、明るく素直に伸びている。

このほか、ソロバン塾や勉強塾に行っている子も少なくないが、素直に伸びていると思われる子は大てい、家に、何か心をうちこめるもの、楽しみの持てるもの、例えば、動物や植物の世話、絵をかくこと、本を読むこと、などを持っているし、よい友だちを持っている。さらに、親のはげましもある。

このようにみてくると、問題の多い子と、よい子とでは親の配慮に相違がありそうに思われる。そこでつぎには"カギッ子"の親がどのように子どもと関係をしているかを調べてみた。

エ　カギッ子の親

津留　宏氏（大阪学大助教授）は、『親子関係』において、

"子どもの健全な成長のための家庭条件のなかで、従来のように経済状態、親の学歴とかでは十分測れないもっと大切なものがある。それこそ親の子どもに対する態度とか、その教育に対する考え方と家庭間の愛情関係とかいう要するに家族関係の心理的な面である。子どもの人間形成に対してもっとも大きな影響力を持つものは、実にこの家族の心理的関係である。"と述べているが、"カギッ子"の親は一体どういうように子どもに対しているであろうか。

(ア)　叱ったり、おどしたり

"牛島式家庭関係検査"を参考にS校の"カギッ子"１００名を調査した所つぎのような結果になった。

（あなたの両親は）

（あなたの両親は）				（だからわたしは）	
•よくおどす（よそへやってしまう）	75％			•不幸です	66％
•よく叱る	66％			•家をぬけだしたい	58％
•よくけなす	58％			•うるさい子だと思われている	50％
•よくほめる	50％			•おこられたらうらむ	50％
•すぐ約束をやぶる	42％			•友だちの家がうらやましい	42％
•よくかわいがる	33％			•兄弟はいらない	42％
•よくばっする	17％			•両親をりっぱだと思わない	42％

だからわたしは

一般児童では

•かわいがる　86％　　　　•ほめる　81％

であるのに、"カギッ子"の親は拒否型とでもいおうか。

"養育者の精神機能が退行しているかぎり子どもを立派にするということは望みがたい"（岡部彌太郎「東京大学」）ということがそのままあてはまりそうだ。

(イ)　スタートでつまずいている

母親が勤めにでるようになった時期は、下表の通りで、「子どもが大きくなった」という理由が多い。

勤め出した時期	3年の母親	4年〃	5年〃	6年〃	計
子どもが1年に入る前から	3人	3人	2人	3人	11人（13％）
〃　1年になったので	3	4	1	2	10　（12％）
〃　2年　〃	2	3	2	4	11　（13％）
〃　3年　〃	6	7	5	4	22　（27％）
〃　4年　〃		8	6	4	（4年以上）28　（35％）
〃　5年　〃			4	5	
〃　6年　〃				1	
計	14	25	20	23	82（100％）

（S校の3年生以上の母親　82名について　S38.11）

これからみてもただ単に子どもの身体的成長だけを見て大きくなったからといっている場合が多いように思われる。だから子どもが少しでも無理をいったり、親のいいつけに反する場合は、おどしたり、叱ったり、けなしたりで親に服従するように躾けている。そうする方が、忙しい親にとっては手っとりばやいのかも知れない。とにかく「どうしても働かねばならない」から少しぐらいのことは「しょうがない」のである。子どもがうらむような叱り方、家をぬけ出したいと思う程不幸なけなし方であっても「しょうがない」のだ。子どもの不安、不満などにはかまっていられない。

だから子どもが学校にいっている時に雨が降り出した場合でも

- 適当に走って帰ってきているでしょう
- 何とかしているでしょう

であり、子どもが急病の時でも連絡先が不明である場合が多い。

このように身体的な成長だけで、子どもはもう何でも自分でできる、と割り切って放任状態におく傾向にあることが多い。働かねばしょうがないが、働らきながらでも、もう少し子どものために「家庭のあり方」というものは考えられると思う。働らく最初の動機は「しょうがない」であっても、せめて最初のスタートにおいて

① 急病の時の連絡先
② 休日のすごし方
③ 子どもと相談をする時間
④ 近隣とのつきあい
⑤ テレビ視聴
⑥ こづかいのあたえ方
⑦ 自分の家に適した、よいくらし方のタイプづくり

などを十分に考えてもらいたいものである。スタートでつまずけば後々までそれが影響してくる。

またそれと同時に、「できれば仕事はやめたい（５６％）」とか「ほかの仕事にかわりたい（２７％）」のように不安定な働らき方でなく、仕事の中にも生きがいを、働らく喜びを見出して欲しい。

学校の授業参観も「全然いったことがない（３５％）」といわずに、せめて日曜参観や学期末だけでも関心を示して欲しい。貧しい中ででも子どもと共に歩み努力をして欲しい。そういう工夫や努力があってこそ、子どもには何が必要か、またそれをどうしたら補えるかという次善の策も生まれてくるのではなかろうか。

(2) 欠損家庭による“カギッ子”（父のない子）

この場合の“カギッ子”も今までに述べてきたことと類似しているが、特に欠損のためということでそうなっていると思われるものを取り上げてみたい。

ア　性格の特徴

人物画にあらわれた特徴としては、（２４名）

- 頭髪をかるくぼやかす（臆病、引込思案）Ｍ
- 小さい足　（萎縮、依存的）　Ｍ
- 目を強調する　（変質的、好奇心多い、警戒的）Ｓｃｈ
- 首が長い、または細い（分裂症的、精神的消化障害）　Ｓｃｈ
- 下の方で広くなる腕　（行為は衝動的で自己統制を欠く）Ｎ
- 反対方向に向いた足　（感情葛藤甚し）　Ｃ
- 足をひらく（Ｓ）、唇の強調（ＰＳ）、瞳を黒くかく（Ｓ）
  耳の省略、欠如（Ｍ）

であり、全体的に見ると、（Ｍ）（Ｓｃｈ）（Ｃ）が多かった。前にも述べたようにこれだけで、消極的、悲観的、陰性的性格ということはいえないが、ある面においては、父がいないということが影響しているものもあるかも知れない。そこでそのような例と思われる作文をのせてみよう。

〝もし、おとうさんが生きていたら〟

（６年、Ｋ、女）

もう一度、たった一度でもいいから「おとうちゃん」と呼んでみたい。そして甘えてみたい。みんなおとうさんが仕事から帰ってくると「おとうちゃん、おかえり」といって甘えている。でも私にはできない。

小さいころは、そういう楽しいことが一ぱいあったのかも知れない。でも今はない、そういう思い出も私の頭には残っていない。みんながうらやましい。

（３年、Ｓ、女）

おとうちゃんが、もしも、もしも生きていたら、私が学校から帰った時、「おかえり」とやさしくいってくれるだろう。おやつも、おもちゃも、本もたくさん買ってくれるだろう。おかあちゃんも今のように夜おそくまで、はたらかなくてもいいだろう。

それに〝父の日〟には、おとうちゃんの絵をかくこともできる。「おとうちゃん」とよぶこともできる。

みんなと同じように、日曜日にはおとうちゃんと手をつないで遊びにいける。

それから、おとうちゃんのかたをたたいてあげられる………。

「おとうちゃん」「なんで、おとうちゃん、死んだんや………。」

このような父への強い思慕、やりきれない淋しさが、（Ｍ）（Ｓｃｈ）（Ｃ）などにあらわれているのかも知れない。またこういうことのあらわれが「おかあさんは、もっと早くかえって来て欲しい（９５％）」となってでている。

イ　問　題　点

″非行はしばしばbroken home （崩壊家庭）と結びついている。非行少年では４０〜７０％がbroken home からきている″（Shideler,E.H「異常社会の心理」）といわれているのはどういうことからであろうか。

津留　宏氏によれば、

″欠損家庭が、家族全体の円満な調和関係を崩しやすいことはいうまでもない。ある調査によれば、保護少年の生活環境中、特に悪く評価されたものは、

①　家庭の規律、②　家庭の理想、③　家庭の娯楽の順であった″というのである。

それでは、ここで述べようとしている欠損家庭で、″カギッ子″になっている子ども達はどうだろうか。また親の問題と思われるものはどういうことなのであろうか。

(ア)　不安定な母親

〔６年、H、（女）の場合〕

- 母はパチンコ、プロで毎日玉をはじいている。
- 無断外泊が一週間に一回ぐらい。（母）
- 義弟があり、H子は学校から帰宅すればいつも子守りばかり
- 給食代未納、• 成績（下）、• 不明朗、おちつきがない

〔３年、Y、（女）の場合〕

- 担任も母親を見たことがない
- 学校への納金はいつもおくれがち
- 宿題をやってこない、忘れものが多い、だらしない

こういう例ばかりではないが、母親の精神的な不安定さというものはどうしてもぬぐい去ることはできない。こういうものが無意識に子どもに影響している。

(イ)　むつかしい父親的役割

″母親の一人二役は、決して容易なわざではない。とかくどちらかの極端に走ったり、二役の不自然なまじり合いになりがちである″（辻　正三　東京都立大学教授）のように、女として生きてきた母親に父親的な役割を持てということは無理なことであり、そのように努力をしても矢張り母親は女である。そういう努力のむつかしさ、苛烈な生活の重荷などが複合して、親は親、子どもは子どもといったことになり、それぞれの喜びも苦しみも共にわけあう気持を失っている場合が多いように思われる。

(3) おばあちゃん子

ア 性格の特徴

「おばあちゃん子は三文やすい」「甘ったれで泣き虫で、気にいらないことがあるとすぐにおばあさんに泣きついていく」といわれているが、人物画の特徴をみてみると

- 頭髪をかるくぼやかす（臆病、引込思案）M
- 口は簡単な線で楕円、円、開く（消極的）M
- 耳の省略、欠如、わるい位置　（　〃　）M
- 腕が細い　（劣等感、努力のしがいのない感情）M
- 小さい足　（萎縮、依存的）　M
- 下の方で広くなる腕（行為は衝動的、自己統制を欠く）N
- 手指がひらいている（手の活動に不安、欲求不満）　F
- やせた足　（葛　藤）　C
- 足をひらく（安定への補償）　S
- 胸のポケット強調（愛情、物質の欠如の補償）　F

のようなものであり、各象徴に対する分布人数はつぎの表のようになっている。

指標	M	S	F	N
0			1	3
1	1		3	6
2			6	11
3	2	4		2
4		1	2	2
5	5	4	3	
6	4	7	3	
7	1		5	
8	2	3	1	
9	2	5		
10	2			
11	2			
12	1			
13				
14	1			
15				
N	24	24	24	24

M（エゴ発動の弱小、女性的、消極的、悲観的、陰性、依存的）は、カギッ子よりも多く、Sが比較的少ない。この場合も、もちろん断定はできないが、おばあちゃん子にありがちな例を、作文から集めてみると、

① 母におこられた時、すぐにたすけてくれる。
② なんでも欲しいものは買ってくれる。
③ 余りおこらないし、やさしい。
④ すぐ、いきたい所へ連れていってくれる。
⑤ かわいがってくれるし、いうことをきいてくれる。
⑥ おこづかいがなくなっても、すぐにくれる。

カギッ子とくらべると大変な相違である。こういうことが、依存的、エゴ弱小といったことに表われているのかも知れない。

またおばあちゃん子の行動を調べると、

- 家の中で遊んだりテレビを見る事が多い
- 家の近くで遊ぶ

であり、カギッ子とはちがっている。細心の注意を受け、親以上に心配をしてもらっている事が、彼等を消極的にさせてしまうのかも知れない。

それでも「おばあちゃん」は、

- もんくが多い
- あばれたらすぐにおこる
- しつっこい
- りくつをいうなといっておこる
- 大きな声で歌ったらおこる
- 友だちのことで干渉しすぎる
- テレビでもすぐに「まんざい」にきりかえる
- 勉強中、そばへきてこんなにしたら、とか、こうしなさいといってすぐに昔の勉強を教える

こういう不平、不満があり、それがFやNになって表われていると思うが、いくら可愛がっていても「家族の好きな順番では、母、父についでおばあちゃんは三番目である。だから子ども達は父母に対して

- もっと早く帰ってきて欲しい（２０％）
- もっと遊んだり、遊びに連れていって欲しい（５０％）
- もっと勉強をみて欲しい（３０％）

のような欲求を持っている。

イ　問　題　点

人物画による問題指標頻数分布で平均値１５以上の％は、

	男　像	女　像
•カギッ子	４６％	３８％
•欠 損 児	３８％	２９％
•おばあちゃん子	５０％	４２％

で、おばあちゃん子に、問題を多く持つと思われる子どもが多かった。問題というのは、依頼心、消極的、精神葛藤のようなものでカギッ子とはちがった問題ではあるが、こういう原因はどこにあるのかを考えてみると、

① おばあちゃんと孫とでは時代の差が大きすぎる。従っておばあちゃんの持っている価値の規準に子どもが社会化されてしまう。そこで家庭外で行なわれる社会化と、家庭内で受けた社会化の間に大きな開きができているのかも知れない。

② おばあちゃんは、情緒的要求面から子どもを見ることが多く、従って子ど

も自身の自我の分化がおくれてしまう。

③　さらに溺愛からくる依存心の強さ、気ままさ、おばあちゃんが父母の傍役的存在であるがための躾の弱さ。

などであろうと思われる。これ等の問題も、おばあちゃん自身の物の見方や考え方の相違、父母が帰宅してからの子どもへの接し方、などでそれぞれ相当にちがったものになってあらわれると思われるが、「おばあちゃんがみてくれている」ということで、安心をし、カギッ子でないからとゆだんをし、子どもを余りかえりみようとしない父母のもとでは、おばあちゃん子も問題児になる可能性はあるという程度の事はいえそうに思う。

4.不在家庭児童の教育について

(1)　忘れられているもの

ア　生活力の方向づけ

S小学校においては、夏季休暇中"カギッ子"を集め、S校方式として教師を相談役に、P．T．Aの役員、さらにはボランティアの申し出もあり、それ等の人達の善意と協力で"カギッ子"が不良化しないように、事故を越さないように保護をしてきた。さらに新聞や雑誌においては「昼間孤児に愛の手を」という記事で保護施設の拡充をよびかけている。

しかし、ここで是非考えなくてはならない問題は、「保護だけでよいだろうか」ということである。一定期間保護し得たとしても後はどうなるだろうか。それよりもむしろ必要なものは個人を高めてやるという指導ではなかろうか。それぞれにたくましく生きていく「自立の精神」を養ってやることではないだろうか。

放任のようにされている者や、くらしの方向を見失っているものなどが大部分である"カギッ子"。だからこそ、そこに教育してやるべき、しなければならない問題点があるのである。不良にさえならなければそれでいいのではない。もっと彼ら個個人にそれぞれ適したアドバイスをしてやり、バイタリティに正しい方向づけをしてやり、各個人に自己の最良のくらし方を見出させるように、内面からの援助、教育を考えてやらねばならないのではなかろうか。彼らが、「どういう人間」「どういう子ども」になればいいのか、そういう人間形成の面からもっと真剣に考えてやる必要があるように思う。

イ　親への示唆

家庭訪問をすると、教育の問題に対しては、大抵の親が「働いているのだからしょうがない」という。たしかにしょうのない「貧乏との戦い」という面もある。

しかし、「しょうがない」ということは「貧乏にまけた姿」なのだ。そこには工夫も、努力も見られない。従って明日へつながる希望も喜びもない。こういう親達の多くを如何に「子どもの問題」へと引き込ますのか。

貧しいけれど希望や努力はみんな持つことができる。もう一度自己の生活をふりかえって見るということを、現在のくらしの中でもっと最善をつくす努力を機会あるごとに示唆してやらねばならない。"親が真剣に最善をつくしておれば、子どもは親を理解してくれてすくすくと伸びてくれる"といってくれた親もいたが、みんながこういう方向に向ってくれないと子どもだけのことでいくら頑張ってみても問題は解決できない。

(2) 学校でできること

"自主的な子どもに"

不在家庭児童の指導といえば、すぐに何か特別な指導がいるというように考えられやすく、時間的に無理だということになる。

しかし、学校教育そのものが、知識偏重を改め、子ども一人一人の全人格を高める本来の姿に立つならば、子どもの自律的自主性は普段の授業の中で、生活指導、行事等の中で十分にできると考えられる。

例を生活指導の「くらしの目標」『学校を美しくしましょう』にとって考えてみよう。

『学校を美しくしましょう』と児童朝会で低学年、高学年の別なく画一的、全体的に目標を示す。そして全校一せいの大掃除、教師や週番の検閲で学校が美しくなって目標達成ということになる。だがその中にいる子どもはどうだろうか。机の中には紙くずがまるめられ、ボタンがとれた服を着ている。掃除の後からまたまた紙くずがちらかされる。人間が、子どもがちっとも美しくはなっていない。

美しくするものは子どもではなくて、学校という建物だけである。子どもが遊離している。或は埋没といってもいい位に。

子どもの一人一人が自分を美しくするための努力や、工夫をせずにどうしてもっと大きな教室を学校全体を美しくできるだろうか。

先ず自己をみつめる。そして自己を美しくする。そういう自己改造に努力をする子どもであってこそ「よごさない心がまえ」「よごしたらすぐにかたずける」という心情も湧き出てくるし、きたなければ「じっとしていられない」気持にもなる。

だから、画一的な目標でなく、個人に適した目標を持たせ、先ず自己の身のまわりを美しくさせる。そして、そういう目で教室を学校を眺めさせる。さらにそういう系統的な指導のつぎには学校全体から教室を、教室の中から自分を、と眺めさせる指導にかえってくる。常に自己を基盤に出発し、自己にこえる。こういうものでなければ自主性は育たない。

このように学校全体のくらしをもう一度省り見て、学校教育で子ども一人一人をもっと自主的人間に育てる努力をするならば、不在家庭児童も、その他の児童も、自分にあったくらしの最善を見出そうと努力をし、絶えず自己改造に励むであろうと思う。

根本は、はじめに述べた、「己れの位置によって、美しく最善をつくす人間」をつくるようにもっと教育の場で研究をし努力をすることであると思う。

ま　と　め

この研究においては、まだまだ子どもの実態は十分つかめていないし、問題点もぼやけている。個人的感想文という程度にしかすぎない。

今後は"カギッ子"を中心にもっと子どもの生活を徹底的に究明し、母親の役割ということや、母親が不在ということだけが子どもにあたえる影響をもっと細かく見出していかねばならない。そして学校生活の中で子ども自身を自主的人間にするための指導のあり方をも、もっともっと深く研究しなければならないと考えている。

＊25ページの印字不良は原本のとおりです（六花出版）

昭和38年度研究報告

昭和39年３月25日　印刷
昭和39年３月31日　発行

非売品

発行所　大阪市西区靱２－52
大阪市教育研究所

編集兼発行人　柴谷久雄

印刷所　大阪市大淀区中津浜通５の20
株式会社　関西桜井広済堂

—家庭教育資料—

家庭を中心とした

子どもの不満と友だち関係

——名古屋市に於ける実態調査とその考察——

名古屋市青少年問題協議会
名古屋市教育委員会

ま　え　が　き

名古屋市青少年問題協議会では，家庭教育についての学識経験者および関係方面のかたがたにお願いして，家庭教育振興専門委員会をつくり，本市の家庭教育振興にご協力をいただいています。

ひとくちに家庭教育といっても，その範囲は広く，研究課題が山積していますが，今回専門委員会として，家庭を中心とした子どもの不満と友だち関係についての実態を調査し，その結果について，いろいろな面から研究をすすめていただきました。その結果がまとまりましたので，関係方面への参考資料といたしたいと思います。

ことここに至るまでに，ご熱心にご研究くださった皆さんに対して，厚くお礼を申しあげます。

なお，この貴重な研究が，小・中学生をもたれる家庭はもちろん，一般家庭教育の参考として大いに活用され，名古屋市における家庭教育が一段と進展するよう祈ってやみません。

昭和40年3月

名古屋市青少年問題協議会
名古屋市教育委員会

―目　　次―

⦿家庭生活において子どもは，どんな不満をもっているか。

⦿家庭と学校では，子どもの友だち関係が，どのようになっているか。

1.　実態調査について

(1)　目　　　的

めまぐるしい社会情勢と，家庭生活の変化は，そこに生活する人びとに大きな変化をもたらしてきました。今日ほど，家庭教育が人間形成の基礎として重要視されてきている時代はないと思います。家庭教育は学校教育に比べ，いろいろ複雑な条件に制約されている。それゆえ，家庭教育の振興を期するためには，まずその実態を明らかにしなければならない。

この調査は，昨年実施された，4・5才児の家庭教育の実態についての調査に引き続き，小学校高学年，中学生を対象として家庭を中心とした子どもの不満と，子どもが学校から家庭に帰ってからの友だち関係について調査し，その問題点をつかみ，本市の家庭教育の振興に資することを目的としてなされたものである。

(2)　対　　　象

学　年		性	別
小学校5，6年	493名………	男　264名	女　229名
中学校全学年	836名………	男　435名	女　401名

地　域　別

小 学 生	住宅　153名	商業　168名	工業　172名
中 学 生	住宅　276名	商業　272名	工業　288名

(3)　期　　　間

昭和39年12月18日から12月24日

(4)　方　　　法

調査実施委嘱校へ，社会教育課から係員が出向き，調査の趣旨，内容，方法について担当者に説明し実施した。各問題の項目ごとに同一説明を加えて，無記名で記入をすることにした。

(5)　内　　　容（調査票）

〔調査　1〕

次の（　）の中であてはまるほうを○でかこんでください。

あなたの学年（小学5．6年，中学1．2．3年）男女別（男・女）父（ある・ない）母（ある・ない）母（働きに出ている・働きに出ていない）きょうだい（ある・ない）

> 私たちにはいろいろな不満や気にかかることがあるものです。次に私たちが家庭で不満に思ったり，気にやんだりすることがらが，たくさん書いてあります。その中からあなたが日ごろ不満に思っていたり，気にやんだりしていることを答えてもらいたいのです。これには名まえを書く必要はありません。ですから，ありのままに答えてください。

記入についての注意

やり方は番号の順にゆっくり読んでいって，あなたが日ごろ不満に思ったり気にやんだりしていることがあればいくつでもよろしいから，○でかこんでください。

> （父・母）と書いてありますが，父・母のうち父がそれにあたるときは父に○，母がそれにあたるときは母に○，父・母両方とものときは両方に○をしてください。（父・母）と書いてないところは番号に○をしてください。

1　（父・母）が私の気持ちや考えをわかってくれない。
2　（父・母）が私にきびしすぎる。
3　（父・母）がかわいがってくれない。
4　（父・母）がきょうだいに対して不公平である。
5　（父・母）が私にこごとが多すぎる。
6　（父・母）の考え方が古い。
7　（父・母）が私とゆっくり話し合う時間がない。
8　（父・母）が私といっしょに食事をしない。
9　（父・母）が私といっしょにテレビを見ない。
10　（父・母）が私の相談相手になってくれない。
11　（父・母）が子といっしょに遊びに出かけない。

— 2 —

12　（父・母）がるすをすることが多い。
13　（父・母）が勉強について口やかましくいう。
14　（父・母）が参考書や雑誌などを，買ってくれない。
15　（父・母）が勉強について教えてくれない。
16　家でおちついて勉強ができない。
17　（父・母）のいうようなよい点がとれない。
18　上級学校への進学や就職について（父・母）と意見が合わない。
19　両親がよくけんかをする。
20　父が母に対して無理なことをいう。（母が父に）
21　家がびんぼうである。
22　（父・母）がいそがしすぎる。
23　私にはやかましくいうが（父・母）の生活がだらしない。
24　（父・母）の職業がきらい。
25　（父・母）が友だちとつきあうことを喜ばない。
26　近じょによい友だちがない。
27　学校から帰ってから遊ぶ時間がない。
28　学校から帰ってから遊ぶ場所がない。
29　きらいな友だちがさそいにくる。
30　こづかいが少なすぎる。

このほかに家庭でなにか不満があれば，下へわかりやすくなんでもよろしいから書いてください。

注　小学生には18の項目を「上級学校への進学について（父・母）と意見が合わない」とした調査票を使用した。

〔調査　2〕

この調査は，あなたの友だちのことについて聞こうとしています。次に書いてある問題は，学校の成績とは関係がありませんから，ありのまま正直に答えてください。

小中学校　　　年　　　組　　　男女別（男・女）

1　あなたの家族について書いてください。（○または人数を書き入れてくだ

— 3 —

さい。）

父	ある	母	ある	おじいさん	ある	おばあさん	ある	兄	姉	弟	妹	その他	みんなで
	ない		ない		ない		ない	人	人	人	人	人	人

2　あなたが家へ帰ってからいちばんなかよくしている友だち（いっしょに遊んだり，勉強を教え合ったりする人）は，だれですか。その人の名まえを頭文字で3人書いてください。自分と同じ学級，同じ学年，同じ学校の人でなくてもかまいません。学校に行ってない人でも，男でも女でもかまいません。

	名　ま　え（頭文字だけ）	男　女　別
家へ帰ってからいちばんなかよくしている友だち		男　　女
		男　　女
		男　　女

3　上に書いた友だちの名まえ（頭文字だけ）をもういちど書いてください。そして次のことに答えてください。

名まえ(頭文字だけ)			
その人の学校	学校	学校	学校
その人の学年	学年	校年	学年
その人の組	組	組	組
学校に行ってない人はその人のしごと。			
どうして友だちになったか。次の中から2つえらんで番号に○をつけてください。	1. 家が近いから 2. 親切だから 3. 勉強がよくできるから 4. 同じスポーツをしているから 5. 趣味が同じだから 6. そん敬できるから 7. 考え方がにているから 8. 顔かたちがよいから 9. 境遇がにているから	1. 家が近いから 2. 親切だから 3. 勉強がよくできるから 4. 同じスポーツをしているから 5. 趣味が同じだから 6. そん敬できるから 7. 考え方がにているから 8. 顔かたちがよいから 9. 境遇がにているから	1. 家が近いから 2. 親切だから 3. 勉強がよくできるから 4. 同じスポーツをしているから 5. 趣味が同じだから 6. そん敬できるから 7. 考え方がにているから 8. 顔かたちがよいから 9. 境遇がにているから

	10. 親どうしがなかがよいから 11. その他(　　　)	10. 親どうしがなかがよいから 11. その他(　　　)	10. 親どうしがなかがよいから 11. その他(　　　)
その人とおもに遊ぶのはどこですか。次の中から2つえらんで番号に○をつけてください	1. 公園，遊園地 2. 広場 3. 自分の家 4. 友だちの家 5. 路地 6. 神社，寺のけいだい 7. デパート 8. 学校の運動場 9. 学校の図書館，教室 10. 町の図書館 11. じゅく 12. その他(　　　)	1. 公園，遊園地 2. 広場 3. 自分の家 4. 友だちの家 5. 路地 6. 神社，寺のけいだい 7. デパート 8. 学校の運動場 9. 学校の図書館，教室 10. 町の図書館 11. じゅく 12. その他(　　　)	1. 公園，遊園地 2. 広場 3. 自分の家 4. 友だちの家 5. 路地 6. 神社，寺のけいだい 7. デパート 8. 学校の運動場 9. 学校の図書館，教室 10. 町の図書館 11. じゅく 12. その他(　　　)
その人と勉強を教えあったりするのは，おもにどこですか。次の中から2つえらんで番号に○をつけてください	1. 公園，遊園地 2. 広場 3. 自分の家 4. 友だちの家 5. 路地 6. 神社，寺のけいだい 7. デパート 8. 学校の運動場 9. 学校の図書館，教室 10. 町の図書館 11. じゅく 12. その他(　　　)	1. 公園，遊園地 2. 広場 3. 自分の家 4. 友だちの家 5. 路地 6. 神社，寺のけいだい 7. デパート 8. 学校の運動場 9. 学校の図書館，教室 10. 町の図書館 11. じゅく 12. その他(　　　)	1. 公園，遊園地 2. 広場 3. 自分の家 4. 友だちの家 5. 路地 6. 神社，寺のけいだい 7. デパート 8. 学校の運動場 9. 学校の図書館，教室 10. 町の図書館 11. じゅく 12. その他(　　　)

4　あなたが学校から帰ってからなかよくしている友だちのことを，あなたの家の人（父と母）はよく知っていますか。次のそれぞれについて，あてはまるところに○を1つずつ入れてください。

		よく知っている	少し知っている	どうともわからない	ほとんど知らない	全く知らない
その友だちの名まえを	父　は					
	母　は					
その友だちの性質を	父　は					
	母　は					

5　あなたは，学校から帰ってなかよくてている友だちのことを，家の人によく話しますか。

	よく話す	少しは話す	ほとんど話さない	全く話さない
父には				
母には				

6　あなたが学校から帰ってなかよくしている友だちについて家の人は賛成しますか

	よい友だちだという	まあいいという	何ともいわない	少し反対する	よくない友だちだと反対する
父は					
母は					

7　あなたは学校から帰ってからは，自分ひとりでいるほうがすきですか。それとも友だちといっしょに遊んだり，勉強したりするほうがすきですか。次のうちあてはまるものを1つえらんで○をつけてください。

	○を1つ↓
友だちといっしょにいるほうが，たいへんすき	
友だちといっしょにいるほうが，どちらかというとすき	
どちらともいえない	
自分ひとりでいるほうが，どちらかというとすき	
自分ひとりでいるほうが，たいへんすき	

8　あなたが学校でいちばんなかよくしている友だち（いっしょに遊んだり，勉強を教え合ったりする人）はだれですか，その人の名まえを頭文字で3人書いてください。
自分と同じ学年，同じ学級でなくてもかまいません。また男でも女でもかまいません。

	名まえ（頭文字だけ）	その人の学年と組	男女別
学校でいちばんなかよくしている友だち		年　組	男　女
		年　組	男　女
		年　組	男　女

一，家庭生活において子どもは，どんな下満をもっているか。

（調査　1）

戦後における社会の著しい変ぼうにつれて，私たちの家庭生活も大きく揺り動かされてきているが，しかし家庭生活は今日においても子どもたちにとって，大事な生活の本拠であることにおいて変わりはない。したがって子どもたちがその心の波止場ともいうべき家庭生活に不平や不満の波立つことが少なく，安心して生活できることは，その性格形成のうえからも勉強を進めるうえからもとり分け大事な意味をもつものである。しかるに，今日の揺り動く家庭生活の中にあって，子どもたちの不平や不満が，増大され，蓄積され，抑圧されてくると，いきおい，彼等の行動や性格のうえにひずみが生じ，正常な発達が妨げられる結果となってくる。

この調査は，変ぼうする都会の家庭に生活する小，中学校の子どもたちが今日どんな不満をもっているかの実態を明らかにし，それに基づいて一方においては親の態度や環境を改善することによって子どもの不満を軽減し，他方においては子ども自身の態度や考え方を指導することによって不満克服の力を養成するための資料に役だたせたいというのがその目的である。

1　家庭生活で子どもはどういう領域に不満を多くもっているか。

ここで行なった子どもの不満調査項目は30からなり立っていて，日ごろ子どもたちが不満を持ち勝ちな項目を選んでいるのであるが，これらの項目は大きく5つのまとまりからできている。すなわち項目1「父母が私の気持ちや考えをわかってくれない」から項目6「父母の考え方が古い」までは主として親の子どもへの態度に関する領域の問題であり，項目7「父母が私とゆっくり話し合う時間がない」から項目12「父母が子といっしょに遊びに出かけない」までは主として親と子の接触に関する領域の問題であり，項目13「父母が勉強について口やかましくいう」から項目18「上級学校への進学や就職について父母と意見が合わない」までは，主として子どもの勉強に関する領域の問題であり，項目19「父母がよくけんかする」から項目24「父母の職業がきらい」までは主として親の生活に関する領域の問題であり，最後に項目25「父母が友だちとつき合うことを喜ばない」から項目30「こづかいが少なすぎる」までは，主として子どもの遊びや友だちづき合いに関する領域の問題となっている。

ところで，子どもたちはこれら５つの領域のうちでの領域に不満が多く現われているであろうか。それを不満総数と領域別の不満数との百分比において見ると次のとおりである。

小学生	親子の接触に関する領域不満	23%
	勉強に関する領域の不満	21%
	子どもの遊びに関すの領域の不満	21%
	親の子に対する態度に関する領域の不満	18%
	親の生活に関する領域の不満	17%
中学生	勉強に関する領域の不満	24%
	親の子に対する態度に関する領域の不満	21%
	子どもの遊びに関する領域の不満	21%
	親子の接触に関する領域の不満	20%
	親の生活に関する領域の不満	14%

ここで明らかなように，小学生では親子の接触に関する領域の不満が23%で最高に多いのに対し，中学生では20%で第４位になっている。これは裏からいえば中学生より小学生のほうが親子の具体的な接触への欲求の強いことを示すものであろう。

これに対し中学生では勉強に関する不満が第１位を占めて24%となっているが，これは中学生になって高まってきた勉強への意識に対する親の無理解と過剰な期待への不満として理解されるであろう。

2　子どもはどういう項目に不満を多く示しているか。

表１は小学生と中学生について不満の多い項目順に30項目を示したものであるが，全体の30%以上のものが不満を持っている項目は，小学生では，父母がいそがしすぎる（53%），父母が勉強について口やかましくいう（47%），学校から帰ってから遊ぶ時間がない（41%），父母とゆっくり話し合う時間がない（37%），父母がるすをすることが多い（34%），父母のいうようなよい点がとれない（33%），学校から帰ってから遊ぶ場所がない（32%），父母の考え方が古い（31%）となっている。

中学生は父母がいそがしすぎる（39%），父母が勉強について口やかましい（38%），父母とゆっくり話し合う時間がない（33%），父母の考え方が古い

表１　　家庭生活における子どもの不満

順位	小学生（493） 不満項目	%	不満数	中学生（836） 不満項目	%	不満数
1	父母がいそがしすぎる	53	263	父母がいそがしすぎる	39	328
2	父母が勉強について口やかましくいう	47	232	父母が勉強について口やかましい	38	321
3	学校から帰ってから遊ぶ時間がない	41	200	父母が私とゆっくり話し合う時間がない	33	277
4	父母が私とゆっくり話し合う時間がない	37	181	父母の考え方が古い	32	268
5	父母がるすをすることが多い	34	167	父母のいうようなよい点がとれない	32	268
6	父母がいうようなよい点がとれない	33	164	父母が私にこごとが多すぎる	31	263
7	学校から帰ってから遊ぶ場所がない	32	156	こづかいが少なすぎる	31	256
8	父母の考え方が古い	31	152	近じょによい友だちがない	30	252
9	父母が子といっしょに遊びに出かけない	27	135	家でおちついて勉強ができない	30	249
10	父母が私にこごとが多すぎる	26	129	父母が子といっしょに遊びに出かけない	30	249
11	こづかいが少なすぎる	26	126	学校から帰って遊ぶ場所がない	27	223
12	近じょによい友だちがない	25	122	父母が私の気持ちや考えをわかってくれない	26	215
13	父母が私といっしょに食事をしない	22	108	学校から帰ってから遊ぶ時間がない	26	214
14	家でおちついて勉強できない	21	103	父母がるすをすることが多い	20	171
15	父母が私の気持ちや考えをわかってくれない	21	102	父母が勉強について教えてくれない	18	154
16	父母がきょうだいにたいして不公平である	20	92	父母がきょうだいに対して不公平である	17	145
17	父母が私にきびしすぎる	19	92	父母が私にきびしすぎる	15	126
18	父母が参考書や雑誌などを買ってくれない	16	81	父母が私の相談相手になってくれない	12	103
19	父母が私といっしょにテレビを見ない	15	76	父母が参考書や雑誌などを買ってくれない	12	102
20	父母が勉強について教えてくれない	14	70	上級学校への進学や就職について父母と意見が合わない	12	100
21	父が母に（母が父に）対して無理なことをいう	14	70	父が母に（母が父に）対して無理なことをいう	11	94
22	父母が私の相談相手になってくれない	13	66	父母が私といっしょにテレビを見ない	11	91

23	父母の職業がきらい	11	56	父母が私といっしょに食事をしない	11	89
24	両親がよくけんかする	11	56	家がびんぼうである	10	82
25	家がびんぼうである	10	49	父母の職業がきらい	9	75
26	私にはやかましくいうが父母の生活がだらしない	8	40	私にはやかましくいうが父母の生活がだらしない	9	74
27	父母が友だちとつきあうことを喜ばない	8	38	両親がよくけんかする	8	67
28	上級学校への進学について父母と意見が合わない	8	37	父母が友だちとつき合うことを喜ばない	6	53
29	きらいな友だちがさそいにくる	7	35	父母がかわいがってくれない	6	46
30	父母がかわいがってくれない	7	33	きらいな友だちがさそいにくる	3	29
	一人平均不満数		6.6			6.0

(32%)，父母のいうようなよい点がとれない（32%），父母が私にこごとが多すぎる（31%），こづかいが少なすぎる（31%），近所によい友だちがない（30%），家で落ちついて勉強できない（30%），父母が子といっしょに遊びにでかけない（30%）となっている。

小，中学生に共通して30%以上不満をもっている項目は，父母がいそがしすぎる（小53%，中39%），父母が勉強について口やかましい(小47%，中38%)，父母とゆっくり話し合う時間がない（小37%，中33%），父母のいうようなよい点がとれない（小33%，中32%），父母の考え方が古い(小31%，中32%)などである。

ここで父母の生活がいそがしすぎて落ちつきのないことに対する子どもの不満が圧倒的に多いことは注意しなければならないことである。この項目は内容的には，「父母とゆっくり話し合う時間がない」，「父母がるすをすることが多い」，「父母が子といっしょに遊びに出かけない」とか「父母が私といっしょに食事をしない」などの項目と内容的に関連するもので，これらいずれの項目も表1が示すように相当高い不満率となっている。このことは現代の子どもたちが親との接触を強く求めているにかかわらず満たされていない状態を示しているものといえよう。親子が日常生活の具体的な接触を通して心の触れ合う時間を持つということは，子どもの心の安定感を与えるいちばん大事な柱である訳であるが，この点において今日の都市の家庭生活に一つの危機がひそんで

いるといえないだろうか。

次に勉強に関するものとして「勉強について口やかましい」の不満が小学生中学生ともに第2を占め，「父母のいうようなよい点がとれない」という不満30%以上の高率を示しているが，前者は親の子どもの勉強への過剰な干渉，後者は子どもへの過剰な期待の反映を見られる場合の多いことは反省の要があるであろう。「親の考え方が古い」という不満も小，中学生ともに3分の1近くのものが持っているが，激しく移り行く社会の中にあって，親子の考え方に相当大きな断層のあることも注目しておかねばならないことである。

3　小学生（5.6年）と中学生との不満にはどんな違いがあるか。

小学生と中学生を比較すると不満の内容もだいぶ変わって現われている。まず小学生のほうに中学生よりも多い不満のおもだったものを拾って見ると，

(1)　父母がいそがしすぎる。　小学生　53%　中学生　39%
(2)　父母が勉強について口やかましくいう。　小学生　47%　中学生　38%
(3)　学校から帰ってから遊ぶ時間がない。　小学生　41%　中学生　26%
(4)　学校から帰ってから遊ぶ場所がない。　小学生　32%　中学生　27%
(5)　父母がるすをすることが多い。　小学生　34%　中学生　20%
(6)　父母が私といっしょに食事をしない。　小学生　22%　中学生　11%

となっている。

次に中学生のほうに多い不満は，

(1)　父母が私にこごとが多すぎる。　中学生　31%　小学生　26%
(2)　こづかいが少なすぎる。　中学生　31%　小学生　26%
(3)　近所によい友だちがない。　中学生　30%　小学生　25%
(4)　家で落ちついて勉強ができない。　中学生　30%　小学生　21%
(5)　父母が私の気持ちや考えをわかってくれない。　中学生　26%　小学生　21%
(6)　上級学校への進学や就職について父母と意見が合わない。　中学生　12%　小学生　8%

小学生の不満の特徴として父母が忙しすぎるとか，るすをすることが多いとか，いっしょに食事をしないとかの親子の具体的な接触に関する欲求不満と，いま一つは遊ぶ時間がないとか，遊ぶ場所がないとかの遊びに関する不満が見

られる。子どもにとって遊びは，単なる暇つぶしではなく，その心身の鍛え，社会性を身につける大事な生活であることを考えると，この不満の声はもっと耳を傾けてやる必要があるのではないだろうか。

中学生の不満については，まず親のこごとが多すぎることが小学生よりも高い率になっている。子どもをしつける親の態度としては，しつけるに大事な時期であり，しかもしつけやすい時期である小さい時に厳にし，長ずるにつれて寛にするのが望ましいにかかわらず，日本の家庭においてはその逆を行なって，小さい時には自由にして大きくなるにつれて口やかましくいうことが，よく批判されているが，ここでもそうした姿がうかがわれるようである。

今日の消費文化の中にあってこづかいに関する不満が中学校に進むにつれて多くなってきていることも見落してはならないことである。こづかいの正しい与え方，使わせ方について反省してみる必要があろう。

「近所によい友だちがない」という嘆きの中学生に多くなっているのは，小学生の友だちが遊びを中心にした友だちであるに対し，中学生ではだんだん心の交わりを中心とした友を求める欲求が強くなるが，それが近隣において満たされないためであろうか。

父母が私の気持ちや考えをわかってくれないことに対する不満が中学生のほうに多いのは，だんだん自主的になり内面的になってゆく中学生の心理が，親の理解を強く要求するためであろう。

4　子どもは父と母に対しそれぞれどんな不満をもっているか。

(1)　父と母に対する子どもの不満は，表2，表3のひとり平均不満数が示すように，特に父に多く偏しているとか，母に多く偏しているという傾向は一般的には見受けられない。すなわち父と母に分けて答えを求めた不満項目22のうち，ひとり平均不満数は父・母それぞれに対し，次に示すように小学生も中学生もあまり差はない。

ひとり平均不満数	父	母
小学生	3.1	3.1
中学生	2.7	2.9

(2)　父に対して多く見られる不満は何か。

父と母に対する不満は，その多少についてはその間に有意的な差は見られな

表2　　父と母に対する不満　　小学生（493）

順位	父に対する不満（475）不満項目	%	不満数	母に対する不満（486）不満項目	%	不満数
1	いそがしすぎる	31	152	いそがしすぎる	42	205
2	私とゆっくり話し合う時間がない	29	141	勉強について口やかましい	38	185
3	るすをすることが多い	23	115	母のいうようなよい点がとれない	27	132
4	子といっしょに遊びに出かけない	21	104	私にこごとが多すぎる	20	99
5	勉強について口やかましい	20	100	るすをすることが多い	20	98
6	私と一しょに食事をしない	19	96	私とゆっくり話し合う時間がない	18	87
7	考え方が古い	18	90	母の考え方が古い	16	80
8	父のいうようなよい点がとれない	17	86	子といっしょに遊びにでかけない	14	70
9	私の相談相手になってくれない	12	57	参考書や雑誌などを買ってくれない	13	65
10	私の気持ちや考えをわかってくれない	11	55	きょうだいに対して不公平である	13	64
11	参考書や雑誌などを買ってくれない	11	52	私の気持ちや考えをわかってくれない	12	59
12	父が母に対し無理なことをいう	11	52	私にきびしすぎる	11	55
13	勉強について教えてくれない	10	50	私といっしょにテレビを見ない	11	53
14	私にきびしすぎる	10	47	私といっしょに食事をしない	8	37
15	私にこごとが多すぎる	9	46	母の職業がきらい	7	35
16	きょうだいに対して不公平である	9	46	勉強について教えてくれない	7	34
17	私といっしょにテレビを見ない	9	45	私の相談相手になってくれない	6	31
18	父の職業がきらい	8	40	上級学校への進学について意見が合わない	6	28
19	私にはやかましくいうが父の生活がだらしない	7	33	友だちとつき合うことを喜ばない	5	27
20	進学について意見が合わない	5	23	私をかわいがってくれない	4	19
21	私をかわいがってくれない	4	22	父に対して無理なことをいう	3	15
22	友だちとつき合うことを喜ばない	3	17	私にはやかましくいうが母の生活がだらしない	3	14
	ひとり不満平均数		3.1			3.1

表3　　父と母に対する不満　　中学生（836）

順位	父に対する不満（789）			母に対する不満（822）		
	不満項目	%	不満数	不満項目	%	不満数
1	ゆっくり話し合う時間がない	27	229	いそがしすぎる	32	270
2	いそがしすぎる	25	209	勉強について口やかましい	32	264
3	子といっしょに遊びにでかけない	22	186	私にこごとが多すぎる	25	207
4	考え方が古い	21	175	母のいうようなよい点がとれない	24	199
5	父のいうようなよい点がとれない	17	146	子といっしょに遊びにでかけない	17	143
6	勉強について口やかましい	15	123	考え方が古い	17	142
7	私の気持ちや考えをわかってくれない	14	119	私の気持ちや考えをわかってくれない	17	139
8	勉強について教えてくれない	12	103	私とゆっくり話し合う時間がない	16	137
9	るすをすることが多い	11	94	勉強について教えてくれない	15	124
10	私にこごとが多すぎる	10	82	るすをすることが多い	14	121
11	私の相談相手になってくれない	10	81	きょうだいに対し不公平である	14	115
12	私といっしょに食事をしない	9	74	私にきびしすぎる	9	79
13	私にきびしすぎる	8	70	参考書や雑誌などを買ってくれない	9	72
14	参考書や雑誌などを買ってくれない	8	67	上級学校への進学や就職について意見が合わない	8	65
15	私にはやかましくいうが父の生活がならしない	7	57	私といっしょにテレビを見ない	7	62
16	上級学校への進学や就職について意見が合わない	6	54	母の職業がきらい	4	37
17	母に対して無理をいう	6	54	友だちとつき合うことを喜ばない	4	36
18	きょうだいに対して不公平である	6	53	私の相談相手になってくれない	4	36
19	父の職業がきらい	6	53	私といっしょに食事をしない	4	34
20	私といっしょにテレビを見ない	6	49	私にはやかましいが母の生活がだらしがない	4	33
21	友だちとつき合うことを喜ばない	3	29	私をかわいがってくれない	3	28
22	私をかわいがってくれない	3	27	母が父に対して無理なことをいう	3	21
	ひとり不満平均数		2.7			2.9

いが，しかしその内容については，かなりはっきり差異が出ている。

(a)　私とゆっくり話し合う時間がない。

小学生　父　29%　母　18%
中学生　父　27%　母　16%

(b)　子といっしょに遊びに出かけない。

小学生　父　21%　母　14%
中学生　父　22%　母　17%

(c)　私といっしょに食事をしない。

小学生　父　19%　母　8%
中学生　父　9%　母　4%

(d)　私の相談相手になってくれない。

小学生　父　11%　母　6%
中学生　父　10%　母　4%

(e)　考え方が古い。

小学生　父　18%　母　16%
中学生　父　21%　母　17%

(f)　私には口やかましいが父母の生活がだらしがない。

小学生　父　7%　母　3%
中学生　父　7%　母　4%

(g)　父が母に（母が父に）対し無理なことをいう。

小学生　父　11%　母　3%
中学生　父　6%　母　3%

父に対する不満は，ゆっくり話し合う時間がないとか，いっしょに遊びに出かけないとか，食事をいっしょにしないとか，相談相手になってくれないとかいうように，親子の具体的接触と，それをとおしての心の交流が阻止されていることに対する不満が中心になっている。

なお考え方が古いという率が父のほうがやや高くなっているのは，子どもの考え方に対して母のほうが理解や適応性がやや多いことを示すものか。

「私には口やかましいが父母の生活がだらしがない」と，「父が母に（母が父に）対し無理なことをいう」において父のほうが多くなっているのは，なお今日封建的な父がかなり存在していて，母よりも多いことを示すものである。しかしまたその逆の場合の母も半数くらいいることも見落とせない事実である。

(3)　母に対して多く見られる不満は何か。

(a)　いそがしすぎる。

小学生	母	42%	父	31%
中学生	母	32%	父	25%

(b)　勉強について口やかましい。

小学生	母	38%	父	20%
中学生	母	32%	父	15%

(c)　父母のいうようなよい点がとれない。

小学生	母	27%	父	17%
中学生	母	24%	父	17%

(d)　私にこごとが多すぎる。

小学生	母	20%	父	9%
中学生	母	25%	父	10%

(e)　きょうだいに対して不公平である。

小学生	母	13%	父	9%
中学生	母	14%	父	6%

母の不満については，勉強について口やかましいとか，こごとが多すぎるとか，親のいうような点がとれないとかいうように，子どもへの正しい理解に基づかない親の過剰な要求や期待に対する不満が中心になっている点が注目される。

「忙しすぎる」の項目において，父よりも母に対する不満のほうが相当の高率を示しているのは，母の生活の方が客観的に父よりも忙しすぎるという事実を示すよりも，子どもが母との接触への強い心理的要求に基づいて感じる母の忙しさへの不満を示すものであろう。

兄弟に対し不公平であるという不満も母のほうに対しかなり多くあることも反省すべきである。日常情緒的生活的な結びつきの多い母のほうに不満をもち勝ちになるのであろうが，親自身は子どもたちに対し公平に扱っているように思っていても，子ども自身にとっては時にそうは感じていない場合があることに注意しなければならない。

なお子どもに対してきびしすぎるについての不満は小学生父10%，母11%，中学生父8%，母9%で比較的少なく，また時に父のほうがきびしすぎるという傾向は現われていない。

5　男の子の不満と女の子の不満はどうちがうか。

(1)　男の子のほうが不満が多い。

男の子と女の子を比較すると，小学生中学生ともに，この調査では男の子のほうが不満を多くもっている。そのことは男の子と女の子とのひとり平均不満数の差において見ることができる。

ひとり平均不満数	男の子	女の子
小学生	4.2	5.5
中学生	6.7	5.2

(2)　男，女それぞれにどんな不満が多いか。

表4，表5は小学生および中学生の男女の不満を比率の高い順に並べたものであるが，この表が示すように，全般的に男子のほうが不満率が女子よりも高い項目が多いとともに，不満率の順位も男の子と女の子でかなり異っている。

表4　　男子と女子の不満　　小学生

項目	男子（264）			女子（229）		
	順位不満	%	不満数	不満項目	%	不満数
1	父母がいそがしすぎる	54	142	父母がいそがしすぎる	53	121
2	父母が勉強について口やかましい	50	133	勉強について口やかましい	43	99
3	学校から帰ってから遊ぶ時間がない	45	120	私とゆっくり話し合う時間がない	41	95
4	私とゆっくり話し合う時間がない	40	106	学校から帰ってから遊ぶ時間がない	35	80
5	父母がるすをすることが多い	39	102	学校から帰ってから遊ぶ場所がない	32	73
6	父母の考え方が古い	36	94	父母がいうようなよい点がとれない	31	70
7	父母のいうような点がとれない	36	94	るすをすることが多い	28	65
8	こづかいが少なすぎる	34	91	父母の考え方が古い	25	58
9	学校から帰ってから遊ぶ場所がない	31	83	近じょによい友だちがない	25	58

10	父母が子といっしょに遊びに出かけない	30	79	父母が子といっしょに遊びに出かけない	24	56
11	父母が私にこごとが多すぎる	29	77	父母が私にこごとが多すぎる	23	52
12	父母が私といっしょに食事をしない	24	64	家に落ちついて勉強できない	21	48
13	近じょによい友だちがない	24	64	父母が私といっしょに食事をしない	19	44
14	私の気持や考えをわかってくれない	23	60	父母が私の気持ちや考えをわかってくれない	18	42
15	父母が私にきびしすぎる	22	59	父母がきょうだいに対して不公平である	17	40
16	家でおちついて勉強できない	21	55	こづかいが少すぎる	15	35
17	父母がきょうだいに対して不公平である	20	52	父母が参考書や雑誌などを買ってくれない	14	32
18	父母が参考書や雑誌などを買ってくれない	19	49	父母が私にきびしすぎる	14	32
19	父母が私といっしょにテレビを見ない	18	48	父母が私の相談相手になってくれない	13	29
20	父母が勉強について教えてくれない	17	44	父が母に（母が父に）無理なことをいう	13	29
21	父が母に（母が父に）無理なことをいう	16	41	父母の職業がきらい	12	28
22	父母が私の相談相手になってくれない	14	37	父母が私といっしょにテレビを見ない	12	28
23	両親がよくけんかをする	11	30	両親がよくけんかをする	11	26
24	父母の職業がきらい	11	28	父母が勉強について教えてくれない	11	26
25	家がびんぼうである	10	27	家がびんぼうである	10	22
26	父母がかわいがってくれない	10	27	きらいな友だちがさそいにくる	8	19
27	私にはやかましくいうが父母の生活がだらしがない	9	24	私にはやかましくいうが父母の生活がだらしがない	7	16
28	父母が友だちとつき合うことを喜ばない	9	23	上級学校への進学について意見が合わない	7	16
29	上級学校への進学について父母と意見が合わない	8	21	友だちとつき合うことを喜ばない	7	15
30	きらいな友だちがさそいにくる	6	16	父母がかわいがってくれない	4	9
	ひとりの平均不満数		7.2			6.7

第5　男子と女子の不満　中学生

順位	男子（435） 不満項目	%	不満数	女子（401） 不満項目	%	不満数
1	父母がいそしすぎる	43	189	父母がいそがしすぎる	35	139
2	父母が勉強について口やかましい	43	189	父母の考え方が古い	33	133
3	こづかいが少なすぎる	39	171	父母が勉強について口やかましい	31	132
4	父母が私とゆっくり話し合う時間がない	35	154	近所によい友だちがない	31	125
5	父母のいうようなよい点がとれない	34	150	父母が私とゆっくり話し合う時間がない	31	123
6	父母が私にこごとが多すぎる	34	148	父母が子といっしょに遊びに出かけない	30	122
7	家でおちついて勉強できない	33	142	父母がいうよなよい点がとれない	29	118
8	学校から帰ってから遊ぶ場所がない	33	142	父母が私にこごとが多すぎる	29	115
9	父母の考えが古い	31	135	学校から帰ってから遊ぶ時間がない	28	111
10	父母が私の気持ちや考えをわかってくれない	30	131	家でおちついて勉強できない	27	107
11	父母が子といっしょに遊びに出かけない	29	127	こづかいが少なすぎる	21	85
12	近所によい友だちがない	29	127	父母が私の気持ちや考えをわかってくれない	21	84
13	父母がるすをすることが多い	26	112	学校から帰ってから遊ぶ場所がない	20	81
14	学校から帰ってから遊ぶ時間がない	24	103	父母がきょうだいに対して不公平である	17	67
15	父母が勉強について教えてくれない	21	90	父母が勉強について教えてくれない	16	64
16	父母がきょうだいに対して不公平である	18	78	父母がるすをすることが多い	15	59
17	父母が参考書や雑誌など買ってくれない	17	76	父母が私にきびしすぎる	14	56
18	父母が私にきびすぎる	16	70	父が母に（母が父に）対して無理なことをいう	11	44
19	上級学校への進学や就職について父母と意見が合わない	15	66	父母が私の相談相手になってくれない	10	42
20	家がびんぼうである	14	62	父母が友だちとつき合うことを喜ばない	10	41
21	父母が私といっしょにテレビを見ない	14	61	上級学校の進学や就職について父母と意見が合わない	8	34
22	父母が私の相談相手になってくれない	14	61	父母が私といっしょに食事をしない	8	33

23	父母が私といっしょに食事をしない	13	56	両親がよくけんかする	8	31
24	私にはやまかしくいらが父母の生活がだらしい	12	53	父母が私といっしょにテレビを見ない	7	30
25	父が母（母が父に）に無理なこをいう	11	50	父母の職業がきらい	7	29
26	父母の職業がきらい	11	46	父母が参考書や雑誌などを買ってくれない	6	26
27	両親がよくけんかする	8	36	私にはやかましくいうが父母の生活がだらしない	5	21
28	父母が友だちとつき合うことを喜ばない	8	36	家がびんぼうである	5	20
29	父母が私をかわいがってくれない	6	28	父母が私をわわいがってくれなきらい	4	18
30	きらいな友だちがさそいにくる	4	17	きらいな友だちがさそいにくる	3	12
	ひとり平均不満数		6.7			5.4

(3) 男の子のほうに多く見られる不満。

(a) 勉強について口やかましくいう。

小学生　男 50%　女 43%

中学生　男 43%　女 31%

この項目について男の子に不満の多いことは，親の男の子に対する期待の大きいことへの反映であろう。

(b) 学校から帰って遊ぶ時間がない。

小学生　男 45%　女 35%

(c) 父母がるすをすることが多い。

小学生　男 36%　女 28%

中学生　男 26%　女 15%

親のるすに対する不満は女子よりも男子が，そしてまた中学生よりも小学生のほうが大きいことは注目すべきことであろう。

(d) 父母の考え方が古い。

小学生　男 36%　女 25%

(e) こづかいが少なすぎる。

小学生　男 34%　女 15%

中学生　男 39%　女 21%

— 20 —

こづかいに対する不満については男女の差が，きわめてはっきりと出ている。

(f) 学校から帰って遊ぶ場所がない。

中学生　男 34%　女 20%

遊ぶ場所についての不満は小学生では男31%，女32%とほとんど変わりがないにかかわらず中学生になって女子の比率が低くなっているのは，調査2の「友だち関係」の表8が示すように中学生女子の遊び場は男子のように公園，遊園地，広場よりも自分の家，友人の家が中心を占めるようになってきているためである。

(g) 上級学校への進学や就職について父母と意見が合わない。

中学生　男 15%　女 8%

(h) 家が貧乏である。

中学生　男 14%　女 5%

(4) 女の子のほうに多く見られる不満。男の子より女の子のほうが比率が高いという不満はあまり見受けられない。

(a) 学校から帰って遊ぶ時間がない。

中学生　女 28%　男 24%

6　るす家庭の子の不満

(1) るす家庭の子には不満が多い。

女性の社会的地位の向上，経済成長による労働力の社会的需要の増大，家庭の電化による家事の減少，家庭の文化生活への意欲などの原因がからみ合って，今日夫婦がともに働きに出る家庭がだんだん多くなっている。本調査の対象である1329家庭について見ても夫婦ともに働きに出ている（一方が欠けている場合も含む）と答えているものは，住宅地区で小学生27%，中学生28%，商業地区で小学生17%，中学生24%，工業地区で小学生28%，中学生41%の多い数に上っている。そしてこれらるす家庭の子どもは，いきおい親との情緒的接触が稀薄になり，いろいろの面に不満を持ちやすいことが考えられるが，本調査においても，ひとり平均不満数は表6が示すように，一般家庭の子が小学生6.1に対しるす家庭の子は8.0，中学生では一般家庭の子が5.5に対しるす家庭の子は6.6となっていて，るす家庭の子のほうがいずれも相当不満が多くなっている。

— 21 —

表6　　留守家庭の子の不満　　小学生

順位	るす家庭の子 (117) 不満項目	%	不満数	一般家庭の子 (376) 不満項目	%	不満数
1	父母がいそがしすぎる	68	79	父母がいそがしすぎる	49	184
2	父母がるすをすることが多い	56	66	父母が勉強について口やかましい	47	175
3	父母が勉強について口やかましい	49	57	学校から帰って遊ぶ時間がない	39	146
4	学校から帰ってから遊ぶ場所がない	46	54	父母が私とゆっくり話し合う時間がない	34	127
5	父母が私とゆっくり話し合う時間がない	46	54	学校から帰ってから遊ぶ場所がない	33	124
6	父母がいうようなよい点がとれない	37	43	父母の考え方が古い	31	115
7	父母が私にこごとが多すぎる	35	41	父母のいうような点がとれない	30	111
8	父母の考え方が古い	32	37	父母がるすをすることが多い	27	101
9	父母が子といっしょに遊びに出かけない	31	36	父母が子といっしょに遊びに出かけない	26	99
10	こづかいが少なすぎる	30	35	近じょによい友だちがない	26	96
11	学校から帰ってから遊ぶ時間がない	27	32	こづかいが少なすぎる	24	91
12	父母が私といっしょに食事をしない	26	31	父母が私にこごとが多すぎる	23	88
13	父母が参考書や雑誌を買ってくれない	25	29	父母が私の気持ちや考えをわかってくれない	20	77
14	家でおちついて勉強できない	23	27	父母が私といっしょに食事をしない	20	77
15	父母が勉強について教えてくれない	22	26	家でおちついて勉強できない	20	76
16	近じょによい友だちがない	22	26	父母が私にきびしすぎる	18	69
17	父母がきょうだいに対して不公平である	22	26	父母がきょうだいに対して不公平である	18	66
18	父母が私の相談相手になってくれない	21	25	父母が私といっしょにテレビを見ない	15	55
19	父母が私の気持ちや考えをわかってくれない	21	25	父母が参考書や雑誌などを買ってくれない	14	52
20	家がびんぼうである	20	23	父が母に（母が父に）無理なことをいう	13	49
21	父母が私にきびしすぎる	20	23	父母が勉強について教えてくれない	12	44
22	父母が私といっしょにテレビを見ない	18	21	父母が私の相談相手になってくれない	11	41
23	父が母に（母が父に）対して無理なことをいう	18	21	両親がよくけんかする	10	37
24	父母の職業がきらい	17	20	父母の職業がきらい	10	36
25	両親がよくけんかする	16	19	上級学校への進学について父母と意見が合わない	7	27
26	私にはやかましくいうが父母の生活がだらしない	11	13	私にはやかましいが父母の生活がだらしない	7	27
27	父母が友だちとつき合うことを喜ばない	10	12	きらいな友だちがさそいにくる	7	27
28	上級学校への進学について父母と意見が合わない	9	10	家がびんぼうである	7	26
29	きらいな友だちがさそいにくる	7	8	父母が友だちとつき合うことを喜ばない	7	26
30	父母が私をかわいがってくれない	7	8	父母が私をかわいがってくれない	7	25
	ひとり不満平均数		8.0			6.1

表7　　るす家庭の子不満　　中学生

順位	るす家庭の子 (262) 不満項目	%	不満数	一般家庭の子 (574) 不満項目	%	不満数
1	父母がいそがしすぎる	50	131	父母が勉強についてやかましい	38	217
2	父母が勉強について口やかましい	40	104	父母がいそがしすぎる	34	197
3	父母が私とゆっくり話し合う時間がない	38	100	父母がいうようなよい点がとれない	31	178
4	父母がるすをすることが多い	38	99	父母が私とゆっくり話し合う時間がない	31	177
5	父母の考え方が古い	36	95	父母が私にこごとが多すぎる	31	176
6	父母が子といっしょに遊びに出かけない	35	92	近じょによい友だちがない	30	175
7	父母がいうようなよい点がとれない	34	90	父母の考え方が古い	30	173
8	こづかいが少なすぎる	34	90	こづかいが少なすぎる	29	166
9	父母が私にこごとが多すぎる	33	87	家でおちついて勉強ができない	28	162
10	家ではおちついて勉強できない	33	87	父母が子といっしょに遊びに出かけない	27	157
11	近じょによい友だちがない	29	77	父母が私の気持ちや考えをわかってくれない	26	147

12	学校から帰って遊ぶ時間がない	29	77	学校から帰ってから遊ぶ場所がない	26	147
13	学校から帰って遊ぶ場所がない	29	77	学校から帰ってから遊ぶ時間がない	24	138
14	父母が私の気持ちや考えをわかってくれない	26	68	父母がきょうだいに対して不公平である	17	98
15	父母が勉強について教えてくれない	25	66	父母が勉強について教えてくれない	15	88
16	父母が私にきびしすぎる	18	48	父母が私にきびしすぎる	14	78
17	父母がきょうだいに対して不公平である	18	47	父母がるすをすることが多い	13	72
18	家がびんぼうである	16	41	父が母に（母が父に）無理なことをいう	11	65
19	父母が私の相談相手になってくれない	15	40	父母が私の相談相手になってくれない	11	63
20	父母が参考書や雑誌などを買ってくれない	15	39	父母が参考書や雑誌などを買ってくれない	11	63
21	上級学校への進学や就職について父母と意見が合わない	15	39	上級学校への進学や就職について父母と意見が合わない	11	61
22	父母が私といっしょに食事をしない	15	38	父母が私といっしょにテレビを見ない	10	55
23	父母が私といっしょにテレビを見ない	14	36	父母が私といっしょに食事をしない	9	51
24	父母の職業がきらい	13	35	私にはやかましくいうが父母の生活がだらしない	9	49
25	父が母に（母が父に）無理なことをいう	11	29	両親がよくけんかする	8	47
26	私にはやかましくいうが父母の生活がだらしない	10	25	家がびんぼうである	7	41
27	父母が私をかわいがってくれない	8	21	父母の職業がきらい	7	40
28	両親がよくけんかする	8	20	父母が友だちとつき合うことを喜ばない	6	35
29	父母が友だちとつき合うことを喜ばない	7	18	父母が私をかわいがってくれない	4	25
30	きらいな友だちがさそいにくる	4	11	きらいな友だちがさそいにくる	3	18
	ひとり平均不満数		6.6			5.5

(2)　るす家庭の子にはどんな不満が多いか。

(a)　父母がいそがしすぎる。

小学生るす家庭　68%　一般家庭　49%
中学生るす家庭　50%　一般家庭　34%

(b)　私とゆっくり話し合う時間がない。

小学生るす家庭　46%　一般家庭　34%
中学生るす家庭　38%　一般家庭　31%

(c)　父母がるすをすることが多い。

小学生るす家庭　56%　一般家庭　27%
中学生るす家庭　38%　一般家庭　13%

(d)　私にこごとが多すぎる。

小学生るす家庭　35%　一般家庭　23%

(e)　子といっしょに出かけない。

小学生るす家庭　31%　一般家庭　26%
中学生るす家庭　35%　一般家庭　27%

(f)　私にこごとが多すぎる。

小学生るす家庭　35%　一般家庭　23%

(g)　私の相談相手になってくれない。

小学生るす家庭　21%　一般家庭　11%
中学生るす家庭　15%　一般家庭　11%

(h)　勉強について教えてくれない。

小学生るす家庭　22%　一般家庭　14%
中学生るす家庭　25%　一般家庭　15%

(i)　参考書や雑誌など買ってくれない。

小学生るす家庭　15%　一般家庭　14%
中学生るす家庭　15%　一般家庭　11%

ⓙ　家がびんぼうである。

小学生るす家庭　20%　一般家庭　7%
中学生るす家庭　16%　一般家庭　7%

これらの項目を通じて見て，るす家庭の子どもが親子の接触を求め，心の触れ合いを求めようとする欲求が著しく現われていることは十分に意を用うべき点であろう。そしてたとえ時間的には長くなくとも，親子の心が通じ合い，感情の交わり合うような質の高い接触の仕方についてくふうすることの必要が痛感される。短い時間でさえ温かい心の触れ合うくふうをしないで，ただ子どもへの口やかましいことなり，それへの不満が35％もあって一般家庭の子どもをはるかに上回っていることは十分反省すべきことである。

るす家庭の子どもの不満が高じ，そのはけ口として非行に走る子どもの出ることが一般家庭の子どもよりは多いことは事実であり，この調査においても問題の子の不満調査のところにも示されているが，しかしるす家庭の子が直ちに非行の子につながるものでは決してないことははっきりしておかなければならないことである。るす家庭の子であっても親子の接触と心の触れ合いについて十分くふうし，また子ども自身が母親の働きに出ることについてよく納得しておれば，かえって自主性のあるしっかりとした，そして親をいたわり，勉強にと励む子になることも事実である。

7　問題の子の不満

(1)　問題の子は最も多くの不満をもっている。

ここで問題の子というのは，かって警察で補導を受けたことのある子どもと，月一回以上ずる休み（怠学）する子どもに限定している。こういう意味で問題の子は，小学生３名（内訳小学５年男子１名，女子１名，６年男子１名）と中学生24名（内訳１年男子２名，２年男子８名，３年男子14名，女子１名）となっていて，小学生よりも中学生に，中学生では学年の進むにつれて増加している。

問題の子の不満の著しく多いことは，ひとり平均不満数が中学生について見ると普通の子が5.9に対し，8.2となっていることによって明らかである。子どもの問題行動や非行が欲求不満のはけ口としての意味をもっているものといえよう。

なおこれらの中学生の問題の子のうち，るす家庭の子が41％（10人）を占め，また片親のないいわゆる欠損家庭の子が17％（４人）となっている。これはるす家庭の子は中学生では全体の31％，欠損家庭の子が全体の７％となつていることからみて，問題の子の出現率は，るす家庭，欠損家庭の方が普通家庭よりも相当多く高くなっていることがうかがわれる。

(2)　問題の子はどんなことに多く不満をもっているか。

(a)　こづかいが少なすぎる。

問題の子　67％　　普通の子　30％

表８　問題の子の不満　中学生

順位	問題の子（24　男23女１） 不満項目	%	不満数	普通の子（812） 不満項目	%	不満数
1	こづかいが少なすぎる	67	16	父母がいそがしすぎる	39	316
2	父母がいそがしすぎる	50	12	父母が勉強について口やかましい	38	310
3	父母が私の気持ちや考えをわかってくれない	46	11	父母が私とゆっくり話し合う時間がない	33	268
4	父母が勉強について口やかましい	46	11	父母の考え方が古い	32	259
5	父母が私にこごとが多すぎる	46	11	父母が私にこごとが多すぎる	32	259
6	父母がきょうだいに対して不公平である	42	10	父母のいうような点がとれない	32	258
7	父母のいうようなよい点がとれない	42	10	近じょによい友だちがない	30	245
8	父母の考え方がふるい	38	9	父母が子といっしょに遊びにでかけない	30	244
9	父母が私とゆっくり話し合う時間がない	38	9	こづかいが少なすぎる	30	240
10	家でおちついて勉強できない	38	9	家でおちついて勉強ができない	30	240
11	上級学校への進学や就職について父母と意見が合わない	38	9	学校から帰ってから遊ぶ場所がない	27	216
12	父母が私にきびしすぎる	29	7	学校から帰ってから遊ぶ時間がない	25	207
13	両親がよくけんかする	29	7	父母が私の気持ちや考えをわかってくれない	25	204
14	父母が友だちとつき合うことを喜ばない	29	7	父母がるすをすることが多い	20	166
15	近じょによい友だちがない	29	7	父母が勉強について教えてくれない	17	149
16	学校から帰ってから遊ぶ時間がない	29	7	父母がきょうだいに対して不公平である	17	135
17	学校から帰って遊ぶ場所がない	29	7	父母が私にきびしすぎる	15	119
18	父母が私の相談相手になってくれない	21	5	父母が私の相談相手になってくれない	12	98
19	父母が子といっしょに遊びに出かけない	21	5	父母が参考書や雑誌などを買ってくれない	12	97
20	父母がるすをすることが多い	21	5	上級学校への進学や就職について父母と意見が合わない	11	90
21	父母が参考書や雑誌などを買ってくれない	21	5	父が母に（母が父に）対して無理なことをいう	11	90
22	父母が勉強について教えてくれない	21	5	父母が私といっしょにテレビを見ない	11	88

23	父が母に（母が父に）対して無理なことをいう	17	4	父母が私といっしょに食事をしない	11	86
24	きらいな友だちがさそいにくる	17	4	家がびんぼうである	10	80
25	父母が私をかわいがってくれない	13	3	父母の職業がきらい	9	73
26	父母が私といっしょに食事をしない	13	3	私にはやかましくいうが父母の生活がだらしない	9	71
27	父母が私といっしょうにテレビを見ない	13	3	両親がよくけんかする	7	60
28	私には口やかましいが父母の生活がだらしない	13	3	父母が友だちとつき合うことを喜ばない	6	45
29	家がびんぼうである	8	2	父母が私をかわいがってくれない	5	43
30	父母の職業がきらい	8	2	きらいな友だちがさそいにくる	3	25
	一人平均不満数		8.2			5.9

(b) 父母がいそがしすぎる。

問題の子　50%　　普通の子　39%

(c) 私の気持ちや考えをわかってくれない。

問題の子　46%　　普通の子　25%

(d) 勉強について口やかましい。

問題の子　46%　　普通の子　38%

(e) 私にこごとが多すぎる。

問題の子　46%　　普通の子　32%

(f) 兄弟にたいして不公平である。

問題の子　42%　　普通の子　17%

(g) 父母のいうようなよい点がとれない。

問題の子　42%　　普通の子　32%

(h) 上級学校への進学や就職について父母と意見が合わない。

問題の子　38%　　普通の子　11%

(i) 私にきびしすぎる。

問題の子　29%　　普通の子　15%

(j) 父母がよくけんかする。

問題の子　29%　　普通の子　7%

(k) 友だちとつき合うことを喜ばない。

問題の子　29%　　普通の子　6%

(l) きらいな友だちがさそいにくる。

問題の子　17%　　普通の子　3%

問題の子の不満のうち「こづかいが少すぎる」が67%と著しく高い比率を示していることは特に注目しておかなければならないことである。こづかいが少なすぎることへの不満は，客観的に少ないということへの不満というよりも，いろいろの不満のはけ口としての問題行動がこづかいとからみ合っていることから出ている不満であろう。

私の気持ちや考えを親がわかってくれないことへの不満の多いことも問題の子の不満の特徴をなしている。温かい親子の相互理解，気持ちの交流の欠けている点がうかがわれる。次に勉強について口やかましいことか，こごとが多すぎるとか，父母のいうようなよい点がとれないとかが普通の子より不満が多いことは，子どもの心への理解に基づかない形式的な勉強への干渉過剰によるものと考えられる。

兄弟に対して不公平であるという不満が普通の子に比べて著しく高くなっていることも見落すことのできない項目であろう。情緒的な安定感を特に必要とする家庭生活において，親の子どもへの不公平な態度は，著しく子どもの安定感をこわし，性格や行動のうえに影響することの多いことも考えて見る必要がある。

「父母がよくけんかする」ことに対する不満をもつ子も普通の子の３倍以上の率になっている。父母の不和が子どもの心の安定感をくずす致命的な作用をするものである。

最後に，親が友だちとつき合うことを喜ばないとか，きらいな友だけが誘いにくるとかへの不満が，普通の子の場合にはきわめて低率であるにかかわらず，問題児については相当の高率を示しているのも目だった点である。今日この年令の子どもの問題行動は単独でするよりも集団的に行われる傾向をもつものである。だから友だちとつき合うことへの親の態度も普通の子どもの場合よりも禁止的になる場合が多くなるであろうし，また友だち仲間からぬけ出ようとしても，ぬけ出られないで苦しんいるものの相当あることが，こうした比率に

表9　子どもの不満（地域別）　小学生（493）

順位	住宅地区（153） 不満項目	%	不満数	商業地区（168） 不満項目	%	不満数	工業地区（172） 不満項目	%	不満数
1	父母がいそがしすぎる	49	75	父母がいそがしすぎる	49	82	父母がいそがしすぎる	62	106
2	学校から帰ってから遊ぶ時間がない	41	63	勉強について口やかましい	47	79	父母が勉強について口やかましい	53	91
3	父母が勉強について口やかましい	41	62	父母が私とゆっくり話し合う時間がない	42	70	学校から帰ってから遊ぶ時間がない	47	81
4	父母がるすをすることが多い	34	52	学校から帰ってから遊ぶ場所がない	37	63	父母のいうようなよい点がとれない	46	79
5	父母が私とゆっくり話し合う時間がない	31	47	父母の考え方が古い	35	59	父母が私とゆっくり話し合う時間がない	37	64
6	近じょによい友だちがない	30	46	こづかいが少なすぎる	35	58	父母がるすをすることが多い	34	58
7	父母のいうようなよい点がとれない	29	44	父母がるすをすることが多すぎる	34	57	父母が子といっしょに遊びに出かけない	31	54
8	父母の考え方が古い	27	41	学校から帰ってから遊ぶ時間がない	33	56	学校から帰ってから遊ぶ場所がない	31	53
9	学校から帰ってから遊ぶ場所がない	26	40	父母が私にこごとが多すぎる	26	44	父母の考え方が古い	30	52
10	父母が私にこごとが多すぎる	26	40	父母が子といっしょに遊びに出かけない	26	43	父母が私にこごとが多すぎる	26	45
11	父母が子といっしょうに遊びに出かけない	25	38	近じょによい友だちがない	25	42	父母が参考書や雑誌などを買ってくれない	26	44
12	父母が私といっしょに食事をしない	24	36	父母のいうようなよい点がとれない	24	41	父母がきょうだいに対し不公平である	22	38
13	家でおちついて勉強できない	21	32	父母が私といっしょに食事をしない	24	40	家でおちついて勉強できない	22	38
14	こづかいが少なすぎる	20	31	父母が私にきびしすぎる	21	36	こづかいが少なすぎる	22	37
15	父母がきょうだいに対し不公平である	18	28	家でおちついて勉強できない	20	33	近じょによい友だちがない	20	34
16	父母が私にきびしすぎる	17	26	父母が私といっしょにテレビを見ない	18	31	父母が私といっしょに食事をしない	19	32
17	父母が私の気持ちや考えをわかってくれない	16	25	父母が私の相談相手になってくれない	16	27	父母が勉強について教えてくれない	17	30
18	父母が私といっしょにテレビを見ない	15	23	父母がきょだいに対して不公平である	15	26	父母が私の気持ちや考えをわかってくれない	17	30
19	父が母に（母が父に）対して無理なことをいう	14	21	父母が勉強について教えてくれない	13	22	父母が私にきびしすぎる	17	30
20	きらいな友だちがさそいにくる	12	18	父母の職業がきらい	13	22	父が母に（母が父に）対して無理なことをいう	17	29
21	父母が勉強について教えてくれない	12	18	上級学校への進学について父母と意見が合わない	12	21	家がびんぼうである	16	27
22	父母が参考書や雑誌などを買ってくれない	12	18	父が母に（母が父に）対して無理なことをいう	12	20	両親がよくけんかする	13	22
23	父母が私の相談相手になってくれない	11	17	父母が参考書や雑誌などを買ってくれない	11	19	父母が私といっしょにテレビを見ない	13	22
24	父母の職業がきらい	10	16	両親がよくけんかする	11	18	父母が私の相談相手になってくれない	13	22
25	両親がよくけんかする	10	16	父母が私の気持ちや考えをわかってくれない	10	17	父母が友だちとつき合うことを喜ばない	11	19
26	私にはやかましくいうが父母の生活がだらしない	8	13	家がびんぼうである	10	16	父母の職業がきらい	10	18
27	父母がかわいがってくれない	7	11	私にはやかましくいうが父母の生活がだらしない	8	13	私にはやかましくいうが父母の生活がだらしない	8	14
28	上級学校への進学について父母と意見が合わない	5	8	父母が友だちとつき合うことを喜ばない	8	13	きらいな友だちがさそいにくる	5	9
29	父母が友だちとつき合うことをきらう	4	6	父母がかわいがってくれない	8	13	父母がかわいがってくれない	5	9
30	家がびんぼうである	4	6	きらいな友だちがさそいにくる	5	8	上級学校への進学について父母と意見が合わない	5	8
	ひとり不満平均数		6.0			6.5			6.9

— 30 —

— 31 —

表10　子どもの不満（地域別）　中学生（836）

順位	住宅地区（276）不満項目	%	不満数	商業地区（272）不満項目	%	不満数	工業地区（288）不満項目	%	不満数
1	父母がいそがしすぎる	32	87	父母がいそがしすぎる	49	134	父母が勉強について口やかましい	40	115
2	父母が勉強について口やかましい	31	86	父母が勉強について口やかましい	44	120	父母がいそがしすぎる	37	107
3	父母のいうようなよい点がとれない	29	79	父母が私とゆっくり話す時間がない	39	105	父母が私とゆっくり話し合う時間がない	37	106
4	父母の考えが古い	28	76	父母がいうようなよい点がとれない	38	103	父母の考え方が古い	36	105
5	父母が子といっしょに遊びに出かけない	24	67	父母が私にこごとが多すぎる	37	102	こづかいが少なすぎる	36	104
6	学校から帰ってから遊ぶ場所がない	24	66	近じょによい友だちがない	37	101	父母が私にこごとが多すぎる	35	102
7	父母が私とゆっくり話し合う時間がない	24	66	父母が子といっしょに遊びに出かけない	34	93	家でおちついて勉強できない	34	99
8	こづかいが少なすぎる	23	64	こづかいが少なすぎる	32	88	父母が子といっしょに遊びに出かけない	31	89
9	家でおちついて勉強できない	23	64	父母の考え方が古い	32	87	近じょによい友だちがない	31	88
10	近じょによい友だちがいない	23	63	家でおちついて勉強できない	32	86	父母のいうようなよい点がとれない	30	86
11	父母が私の気持ちや考えをわかってくれない	22	60	父母が私の気持ちや考えをわかってくれない	30	81	学校から帰ってから遊ぶ時間がない	27	77
12	父母が私にこごとが多すぎる	21	59	学校から帰ってから遊ぶ場所がない	29	80	学校から帰ってから遊ぶ場所がない	27	77
13	学校から帰ってから遊ぶ時間がない	19	53	学校から帰ってから遊ぶ時間がない	28	76	父母が私の気持ちや考えをわかってくれない	26	74
14	父母が勉強について教えてくれない	17	48	父母がるすをすることが多い	23	63	父母がるすをすることが多い	23	66
15	父母がきょうだいに対し不公平である	16	45	父母がきょうだいに対して不公平である	23	62	父母が勉強について教えてくれない	18	53
16	父母がるすをすることが多い	15	42	父母が勉強について教えてくれない	19	53	父母が私にきびしすぎる	16	45
17	家がびんぼうである	12	33	父母が私にきびしすぎる	19	52	上級学校への進学や就職について父母と意見が合わない	15	44
18	父母が私にきびしすぎる	11	29	父母が私の相談相手になってくれない	16	43	父母が私の相談相手になってくれない	14	41
19	上級学校への進学や就職について父母と意見が合わない	9	25	父母が参考書や雑誌などを買ってくれない	15	40	父母が参考書や雑誌などを買ってくれない	14	40
20	父母が参考書や雑誌などを買ってくれない	8	22	父母が私といっしょにテレビを見ない	14	38	父母がきょうだいに対し不公平である	13	38
21	父母が私といっしょにテレビを見ない	8	22	父が母に（母が父に）対して無理をいう	13	36	父が母に（母が父に）対し無理をいう	13	38
22	父母が私といっしょに食事をしない	8	22	父母が私といっしょに食事をしない	12	34	父母が私といっしょに食事をしない	11	33
23	父が母に（母が父に）対して無理なことをいう	7	20	上級学校への進学や就職について父母と意見が合わない	11	31	私にはやかましくいうが，父母の生活がだらしない	11	33
24	父母の職業がきらい	7	19	家がびんぼうである	10	28	父母が私といっしょにテレビを見ない	11	31
25	父母が私の相談相手になってくれない	7	19	父母の職業がきらい	10	26	父母の職業がきらい	10	30
26	父母が友だちとつき合うことを喜ばない	6	16	私にはやかましくいうが父母の生活がだらしがない	9	25	両親がよくけんかする	9	27
27	私にはやかましくいうが，父母の生活がだらしがない	6	16	両親がよくけんかする	9	24	家がびんぼうである	7	21
28	両親がよくけんかする	6	16	父母が友だちとつき合うことを喜ばない	8	21	父母がかわいがってくれない	6	16
29	父母がかわいがってくれない	5	13	父母がかわいがってくれない	6	17	父母が友だちとつき合うことをきらう	6	16
30	きらいな友だちがさそいにくる	3	9	きらいな友だちがさそいにくる	6	15	な友だちがさそいにくる	2	5
	ひとり不満平均数		4.7			6.9			6.3

— 32 —

— 33 —

現われているのであろう。

8 地域別に見た子どもの不満

(1) どの地域に不満が多いか。

家庭生活は住宅地区，商業地区，工業地区によってかなりその実態に相違のあることが予想されるが，その相違が子どもたちの不満のうえにどのように反映しているのであろうか。

まず地区によって不満の多少を見ると，ひとり平均不満数からいって，住宅地区の子どもは小学生，中学生ともに不満が少なく，商業地区，工業地区はともに多くなっている。

ひとり平均不満数

	住宅地区	商業地区	工業地区
小学生	6.0	6.5	6.9
中学生	4.7	6.9	6.3

次に不満の内容については表9，表10が示すように地区によって相当差異のあることが認められる。

(2) 住宅地区に多い不満

(a) 学校から帰ってから遊ぶ時間がない。（小学生）

住宅地区 41%　商業地区 33%　工業地区 37%

(b) 近所によい友だちがいない。（小学生）

住宅地区 30%　商業地区 25%　工業地区 20%

(c) きらいな友だちがさそいにくる。（小学生）

住宅地区 12%　商業地区 5%　工業地区 5%

(3) 商業地区に多い不満

(a) 私とゆっくり話し合う時間がない。

小学生　商業地区42%，住宅地区31%，工業地区37%

中学生　商業地区39%，住宅地区24%，工業地区37%

(b) こづかいが少なすぎる。

小学生　商業地区35%，住宅地区20%，工業地区22%

(c) 勉強について口やかましい。

中学生　商業地区44%，住宅地区32%，工業地区40%

(d) 父母がいそがしすぎる。

中学生　商業地区49%，住宅地区32%，工業地区37%

(e) こごとが多すぎる。

中学生　商業地区37%，住宅地区21%，工業地区35%

(f) 近所によい友だちがない。

中学生　商業地区37%，住宅地区23%，工業地区31%

(g) 子といっしょに遊びに出かけない。

中学生　商業地区38%，住宅地区24%，工業地区31%

(h) 父母のいうようなよい点がとれない。

中学生　商業地区38%，住宅地区29%，工業地区30%

(4) 工業地区に多い不満

(a) 父母のいうようなよい点がとれない。

小学生　工業地区46%，住宅地区29%，商業地区24%

(b) 父母の考え方が古い。

中学生　工業地区36%，住宅地区28%，商業地区32%

(c) 家におちついて勉強できない。

中学生　工業地区34%，住宅地区23%，商業地区32%

(d) こづかいが少なすぎる。

中学生　工業地区36%，住宅地区23%，商業地区32%

(e) 上級学校への進学や就職について父母と意見が合わない。

中学生　工業地区15%，住宅地区９%，商業地区11%

二，家庭と学校では，子どもの友だち関係が，どのようになっているか。（調査２）

１，調 査 の ね ら い

子どもの成長発達にとって，″友だち関係″はきわめて重要な意義をもっている。″朱に交われば赤くなる″と言われるが，交わる友だちが″朱″であれば，自分もおのずから″赤く″なるのである。子ども本来の色は″白″であり，″青″であっても，交わる相手によって次第に赤く染まってくる。

その意味で，子どもの友だち関係は，いろいろな観点から研究されてきたけれども，従来の調査・研究は，主として″学校内″における友だち関係であった。そして，そこでは目に見えないいろいろな人間関係の糸が明らかにされて，教育指導のうえに多くの知見を与えたけれども，家庭へ帰ってからの子ども友だち関係については，ほとんどこれといった調査も研究もない。それは，その研究が不必要だというのではないけれども，学級を単位として生活している学校における友だち関係とは比較にならないほど事情が複雑であって，なかなかはっきりした結果が得られないからである。しかし，教師の監督・指導の手を離れた家庭における子どもの友だち関係こそむしろ重要な点であって，そこにどのような問題があるかを知ることは，今後の青少年指導のうえに重要な手がかりを与えるものと思う。そこで″家庭における子どもの友だち関係″を，研究の主題として取り上げたが，以下４つの問題にわけて，それらの点を考察することにする。

(1) 家庭では，どのようなものを友だちとして選んでいるか。
　異性の友だちは，どのくらいあるか。同じ学校の友だちが多いか，別の学校の友だちが多いか。
　学年ではどのようなものを対象にするか。

(2) 家庭における友だちは，どのような理由で選び，またその相手とは，どのような場所でいっしょに遊んだり，勉強したりするか。

(3) 子どもの家庭における友だちについて，父や母はどの程度理解しているか。

(4) 学校から帰ってから，友だちといっしょにいるほうがすきかどうか。

２，調査の方法と対象

調査は質問紙調査法によった。その問題は巻末に添付したとおりで，その実施は教育委員会の協力のもとにそれぞれの学校の教官によって行なわれたのである。

調査の対象は，Table 1に示すとおりであり，小学５，６年，中学１，２，３年男女計1320名についてである。ただ，今回の結果の整理は，″父母ともにあるもの″だけに限ることにした。父母の一方が欠けている家庭の友だち関係はそれ自体重要な問題であるが，各学年ともその数も少なく一般的な結論を引き出すことは無理であるので，割愛することにした。

1. 調　査　対　象

Table 1　小学５，６年，中学１，２，３年男女

	小学							中学										総計
	男			女			男女計	男				女				男女計	
	5	6	計	5	6	計		1	2	3	計	1	2	3	計		
父母あるもの	126	122	248	111	105	216	464	130	128	132	390	124	125	118	367	757	1,221
父のみのもの	2	1	3	0	3	3	6	4	2	1	7	1	2	4	7	14	20
母のみのもの	7	6	13	4	5	9	22	4	13	13	30	7	13	7	27	57	79
計	135	129	264	115	113	228	492	138	143	146	427	132	140	128	401	828	1,320

なお，以下の結果は，主に小学校男，女，中学校男，女に分けて比較考察することにした。学年ごとの比較もきわめて重要であり，興味ある結果も得られるのであるが，限られた紙面ではかえって問題を煩雑にするので，上述のようにまとめて考察することにした。

３，調査の結果とわれわれの問題

(1) 家庭では，どのようなものを友だちとして選んでいるか。

（1・1） 家庭での友だちの中には，異性の友だちがどのくらいいるのか，また家庭での友だちは同じ学校のものが多いか，それとも別の学校のものが多いか。結果はTable 2，3のようである。

Table 2　　異 性 の 友 だ ち　　(%)

	小	学	中	学
	男	女	男	女
男 友 だ ち	98	6	98	7
女 友 だ ち	2	94	2	93

Table 3　　家庭での友だちが，同じ学校のものか，別の学校のものか。(%)

	小			学			中				学			
	男			女			男				女			
	5	6	平均	5	6	平均	1	2	3	平均	1	2	3	平均
同 じ 学 校	94.5	90.5	92.5	92.8	89.1	91.0	81.0	81.0	83.5	82.0	84.2	85.2	85.2	84.8
別 の 学 校	5.5	9.5	7.8	7.2	10.9	9.0	19.0	19.0	16.5	18.0	15.8	15.8	15.8	15.2

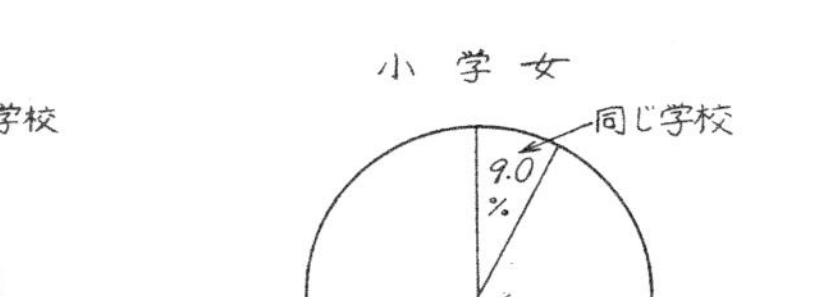

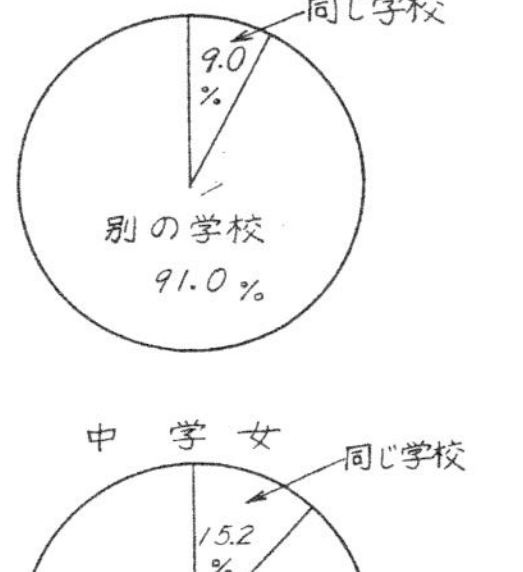

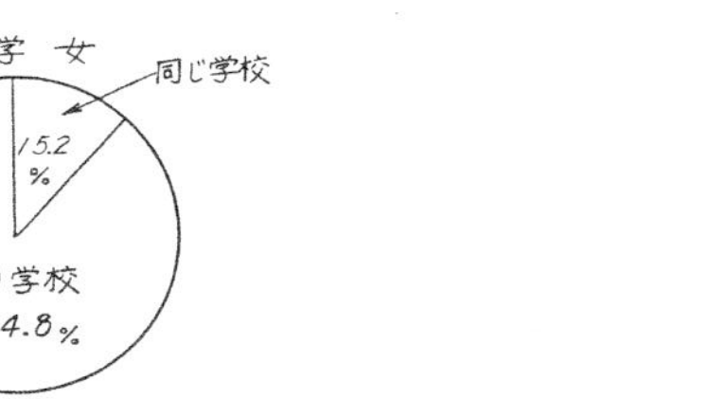

以上Table 2，3を通じて，家庭での友だち関係を見ると，およそ次のような点が考えられる。

(a)　異性を友だちに選ぶのは，小，中学とも，女子のほうがやや多い。これは，実際にいっしょに遊んでいる場面を観察して，このような結果になるかどうかはわからない。女子の場合，"いっしょに遊びたい"という希望が結果の中にふくまれ，男子の場合，いっしょに遊ぶ，と書くことがてれくさくて，つい書かなくなっている場合があるかも知れない。そのへんの検討はたいへんむずかしい問題であるが，ここではその結果だけを掲げておく。

(b)　別の学校の友だちを選ぶ率は，小学では男子7.8%，女子9.1%に対して，中学では男子18.0%，女子15.2%で，男女とも中学のほうがかなり多い。中学生になると，小学校の時の友だちで他の国，公，私立中学へ行ったものがあり，家庭ではそれらの者と友だち関係を結んでいるのかも知れない。

また，中学生はその行動範囲も広くなって，いっしょに野球をするとか，キャンプに行って友だちになったとかいうものもいるだろう。親はいちいち子ども友だちを知ることはむずかしいことであろうけれども，日常の接触の中で，できるだけ子どもの友だち関係について理解するようにしたいものである。ことに，中学生になって，別の学校のものを友だちとしているときには，できるだけその友だちについて理解するようつとめたい。

(1・2)　家庭での友だちは，どのような学年のものをその対象に選ぶだろうか。同じ学年のものを友だちに選ぶのか，それとも別の学年のものを選ぶだろうか。

また，別の学年では，上学年か下学年のどちらが多いだろうか。

Table 4　　同じ学年か別の学年か。上学年か下学年か。(%)

		小	学	中	学
		男	女	男	女
同 じ 学 年		70.0	73.2	78.3	79.0
別の学年	上 学 年	9.0	9.2	9.3	8.7
	下 学 年	20.0	15.6	10.0	10.0
そ の 他		1.0	2.0	2.0	2.3

Table 5　　上，下学年だけの比較　　(%)

	小	学	中	学
	男	女	男	女
上　学　年	33.0	36.0	47.7	46.5
下　学　年	67.0	64.0	52.3	53.5

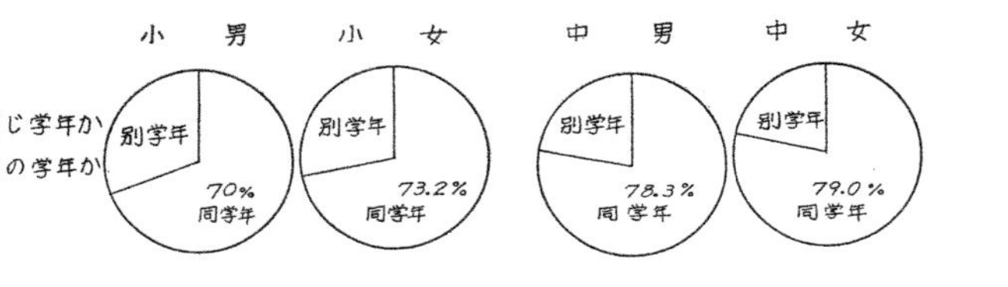

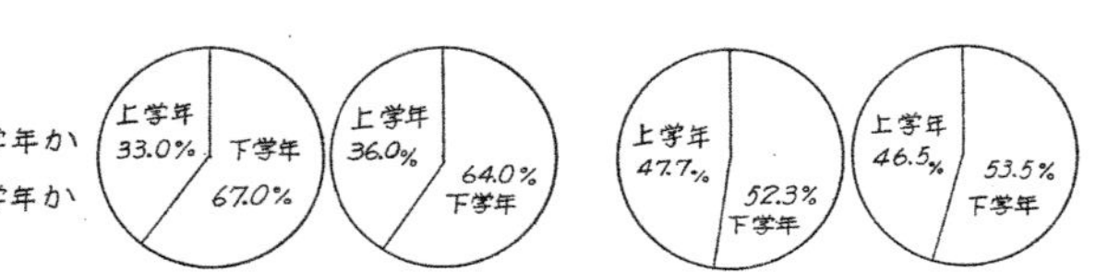

家庭での友だちは，どのような学年のものをその対象に選ぶだろうか。以上Table 4，5を通じて，およそ次のような点が考えられる。

(a)　小学，中学を通じて，同じ学年の中から友だちを選ぶものがはるかに多い。その傾向は，小，中学共通に見られるが，中学のほうが同じ学年から選ぶ率はやや多い。

(b)　別の学年のものを，上学年か下学年かという点から分けて見ると，小学では，男女とも下学年を選ぶものがはるかに多いが（男子33.0%対67.0%，女子36.0%対64,0%），中学では，その差は著しく縮まっている。中学では，比較的上学年のものをも友だちとして求めているわけである。

この調査結果を考えるについて，一つ付け加えておかねばならないことがある。それは，この調査は，その対象として小学5，6年，中学1，2，3年を選んでいる点に関してである。それゆえに，小学6年，中学3年は，

上学年の友だちを選ぶとするならば，前者は中学生，後者は高校生を求めねばならない。しかし，小，中学のわくを越えて友だちを求めることは，小学5年生が6年生を選び，中学1，2年生が2，3年生を選ぶよりも抵抗を感じるであろう。本調査では，小学では5年生，中学では1，2年生がそれぞれ上級生を選びうる位置にあるので，小学と中学とをまとめて比較する時には，他の条件が同じであるならば，小学生のほうがより多く"上学年"を選ぶはずである。しかしこの結果が示すように，小学では上学年を選ぶものが少なく，下学年を選ぶものが多いので，中学では比較的上学年のものを選ぶ傾向が強くなるということは，きわめて一般的なものと考えることができる。

（1•3）　学校では，どのようなものを友だちとして選ぶだろうか。

この結果は，家庭における友だち関係と比較するために，同じ被調査者に対して質問し得たものである。

Table 6　　同学年か別学年か（%）

	小	学	中	学
	男	女	男	女
同　学　年	99.0	97.5	99.0	99.5
別　学　年	1.0	2.5	1.0	0.5

(a)　学校での友だちは，同学年ということが決定的で，別学年を友だちとして考える余地はほとんどない。それは，小，中学，男女を通じて全く同じ傾向としてみとめられる。学校と家庭が，子どもの友だち関係のうえでこのようにはっきり違った傾向をもっているということは，十分心にとめておく必要がある。学校教育の延長が家庭教育でないのと同様に，友だち関係のうえからも，子どもの生活構造は全く別のものであることを知らねばならない。家庭における友だち関係の事実に即して，子どもの指導を考えねばならないのである。

(2)　家庭では，どのような理由で友だちを選ぶか。また，友だちと選ぶ場所，

教えあう場所は，どこが選ばれるか。

（2・1） 家庭では，どのような理由で友だちを選ぶか。

Table 7　家庭では，どのような理由で友だちを選ぶか。（%）

	小学		中学	
	男	女	男	女
1. 家が近い	29.0	35.0	33.4	36.7
2. 親　切	9.2	13.2	6.4	11.7
3. 勉強ができる	5.2	4.0	3.9	3.1
4. 同じスポーツ	7.7	2.4	5.8	3.6
5. 趣味同じ	9.0	6.7	11.8	4.2
6. そん敬	7.5	5.9	5.1	5.9
7. 考えがにている	10.4	9.8	16.1	10.7
8. 顔かたち	1.4	0.7	0.7	0.6
9. 境遇がにる	1.8	1.9	2.3	3.6
10. 親同志仲よい	6.4	9.2	3.9	8.0
11. その他	6.4	9.3	7.8	12.4

″友だちを選ぶ理由″の調査結果からは，およそ以下のような点が考察される。

(a) 友だちを選ぶ理由は，″家が近い″がもっとも多く，約3分の1を占めている。″学校での友だち″関係の調査でも″家が近い″ということは一つの理由としてあげられるけれども，それはむしろ小学でも低学年のころであって，小学でも高学年になるとその理由は著しく減少する。まして中学になると，学校での友だち関係ではほとんどそのかげを消してしまう。ところが，家庭での友人関係では，″家が近い″という理由が，中学でも相変わらず第1位を占めているということは注目されてよい点である。

(b) 次に多い理由は，″考えが似ている″というのである。″考え″の中には，必ずしも望ましいものばかりではないが，友だちは，本来そのような性格をもっているのであろう。

(c) 第3に多いのは″親切″である。この傾向は，とくに女子に顕著に見られる。女子は男子よりも″親切″とい理由が，友だち関係を結ぶ強い要因である。

同じく女子が男子と異なる他の傾向は，″親同志仲よい″という点である。

(d) 上の傾向とは逆に，男子が女子より多い理由には，″同じスポーツ″″趣味が同じ″というのがある。この理由は，小，中学ともに男子に多い理由である。

(e) その他″境遇がにている″″顔かたちがよい″さらに″勉強ができる″などは，必ずしも高い比率ではない。

（2・2） 友だちと遊ぶ場所，勉強を教えあう場所は，どこが選ばれるか。

Table 8　友だちと遊ぶ場所，勉強を教えあう場所は，どこが選ばれるか（%）

	遊ぶ場所				勉強			
	小学		中学		小学		中学	
	男	女	男	女	男	女	男	女
1. 公園 .遊園地	14.3	16.2	10.8	6.1	1.3	2.4	1.2	0.4
2. 広　場	15.5	12.0	13.1	5.5	2.1	3.0	3.1	0.8
3. 自分の家	15.8	24.8	16.7	36.4	31.6	36.2	30.9	35.7
4. 友だちの家	22.0	26.8	24.0	31.6	39.6	39.0	33.4	38.1
5. 路　地	10.9	4.9	8.7	3.0	3.7	1.6	5.7	1.6
6. 神社，寺のけいだい	2.9	1.7	2.4	2.0	0.6	0.1	0.6	0.5
7. デパート	5.1	0.3	1.6	2.2	0	0	0.2	0
8. 学校の運動場	8.7	7.7	9.7	6.0	2.4	3.0	5.3	1.4
9. 学校の図書館，教室	5.1	1.5	5.0	4.8	7.1	3.4	13.8	8.5
10. 町の図書館	8.5	0.3	0.4	0.9	1.4	1.0	2.4	1.6
11. じゅく	3.9	7.1	4.6	6.1	7.9	9.4	8.2	8.1
12. その他	2.8	0.3	3.0	1.1	2.2	1.1	4.1	2.0

遊 ぶ 場 所

(a) 小学男子では，″公園・遊園地″ ″広場″ ″自分の家″ ″友だちの家″が，友だちと遊ぶ場所としてはもっとも重要な場所である。

小学女子でも，この4つの場所が重要なものであることにかわりはないが，女子では，″自分の家″と″友だちの家″がよりいっそう重要な場所とされている。

(b) この小学男女間の差異の傾向は，中学生においてはいっそう顕著で，中学女子にとっては，″公園・遊園地″ ″広場″は遊ぶ場所ではなく，″自分の家″と″友だちの家″が中心を占め，この2つが約70%をおおっている。

″自分の家″や″友だちの家″が，小・中学を通じて重要な遊びの場所となっていることは，十分注目されてよいことである。そのことは，親が子どもの友だちを理解する重要な手がかりを与えうるからである。この傾向をよく理解し，その機会をうまく利用するならば，親は子どもの友人関係から発生する問題を指導するよい手がかりをつかみうるであろう。そして″家ぐるみ″子どもの友だちを理解することができるならば，子どもが誤って悪の道におちいることを予め防ぎうることにもなるであろう。

(c) 小学男子では，″路地″が11%を占め，″デパート″の5%も目だっている。

(d) ″学校の運動場″が放課後の友人交流の場所としては，低い位置を占めていることは，考えねばならない点である。学校から解放されたいということが子どもの希望であると考えるならば，学校の運動場が遊びの場所に選ばれないのはやむを得ないけれど，″路地″や″デパート″をかなり多く遊び場所としている現状において，なにより安全な学校の運動場が子どもにとって放課後魅力あるものになることはできないであろうか。

勉強を教えあう場所

(a) 勉強を教えあう場所としては，小・中学，男女を通じて″自分の家″と″友だちの家″が最大多数で，64〜75%がそれを占めている。友だち同志勉強を教え合う情景が察せられる。

(b) ″学校の図書館，教室″は，ここではその場所としてかなり多く選ばれ

ている。次に，″じゅく″が小，中学男女ともに10%近くが勉強を教え合う場所として利用されているのは，現代っ子の生活を反映しているということができよう。

(3) 父母と友だち

（3・1） 次に， 父母は友だちをよく知っているだろうか。 そしてそれを

Table 9 父 母 と の 関 係（5.1）

		小学				中学			
		男		女		男		女	
		父	母	父	母	父	母	父	母
名まえ	よく知っている	41.9	83.5	46.3	89.8	42.0	76.9	55.0	91.3
	少し 〃	35.8	13.7	37.0	8.8	31.0	14.9	30.2	7.4
	?	6.4	1.2	1.9	0	7.9	3.6	4.9	0.5
	ほとんど知らない	7.6	0.8	12.5	1.4	8.3	2.1	7.1	0.8
	全く知らない	8.2	0.8	2.3	0	10.8	1.5	2.7	0
性質	よく知っている	19.4	48.4	13.0	58.5	15.9	32.1	21.5	49.6
	少し 〃	29.0	32.3	40.3	30.0	22.3	32.8	28.6	31.7
	?	14.5	3.6	10.2	4.6	14.6	14.9	18.3	9.0
	ほとんど知らない	16.1	7.7	23.1	6.0	19.5	12.1	16.9	7.4
	全く知らない	21.0	8.0	13.4	0.9	27.7	8.2	14.7	2.5
話す	よく話す	15.0	45.2	13.9	66.2	10.8	27.9	11.4	57.2
	少し 〃	44.8	42.3	44.0	26.4	31.5	44.4	41.2	31.9
	ほとんど話さない	27.4	8.5	28.2	5.5	34.6	19.0	37.9	8.7
	全く 〃	12.8	4.0	13.9	1.9	23.1	8.7	9.5	2.2
賛成するか	よいという	35.3	56.1	31.0	61.2	22.8	40.8	24.0	47.7
	まあよいという	23.4	17.3	23.6	22.2	23.1	24.0	16.9	21.2
	何ともいわない	37.3	20.6	41.2	13.0	50.3	27.9	56.8	27.0
	少し反対する	2.0	4.4	2.3	3.2	1.5	5.1	1.9	1.6
	強く反対する	2.0	1.6	1.9	1.4	2.3	2.1	1.4	2.5

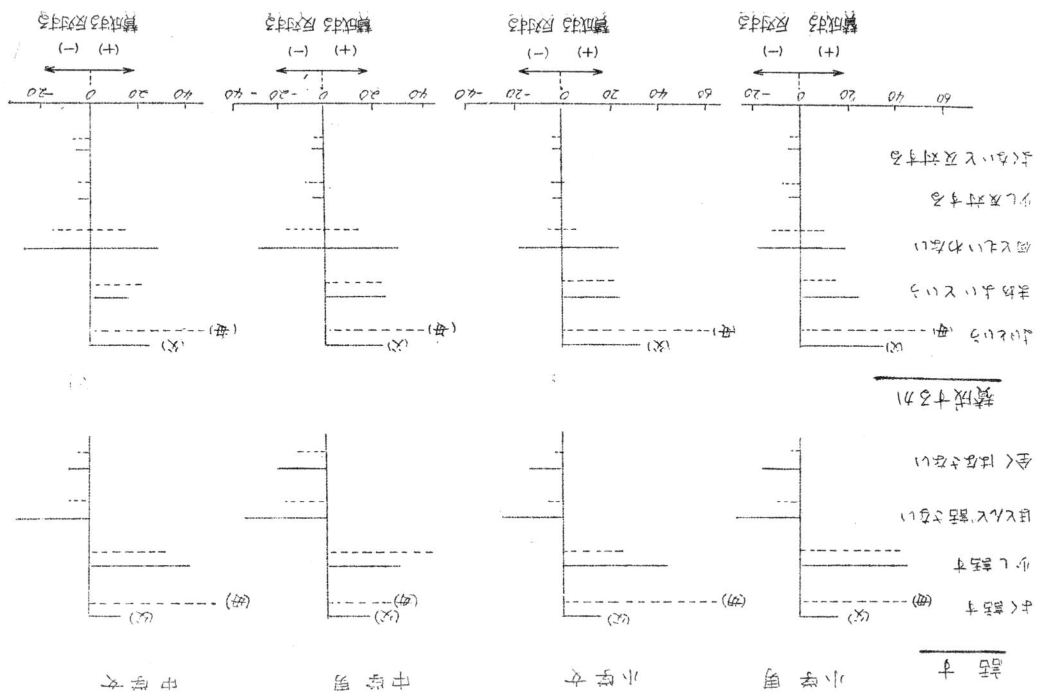
話す
よく話す
少し話す
ほとんど話さない
全く話さない
賛成するか
よいという
まあよいという
何ともいわない
少し反対する
よくないと反対する
小学男
小学女
中学男
中学女
賛成する 反対する
(+)
(−)
(父)
(母)

— 47 —

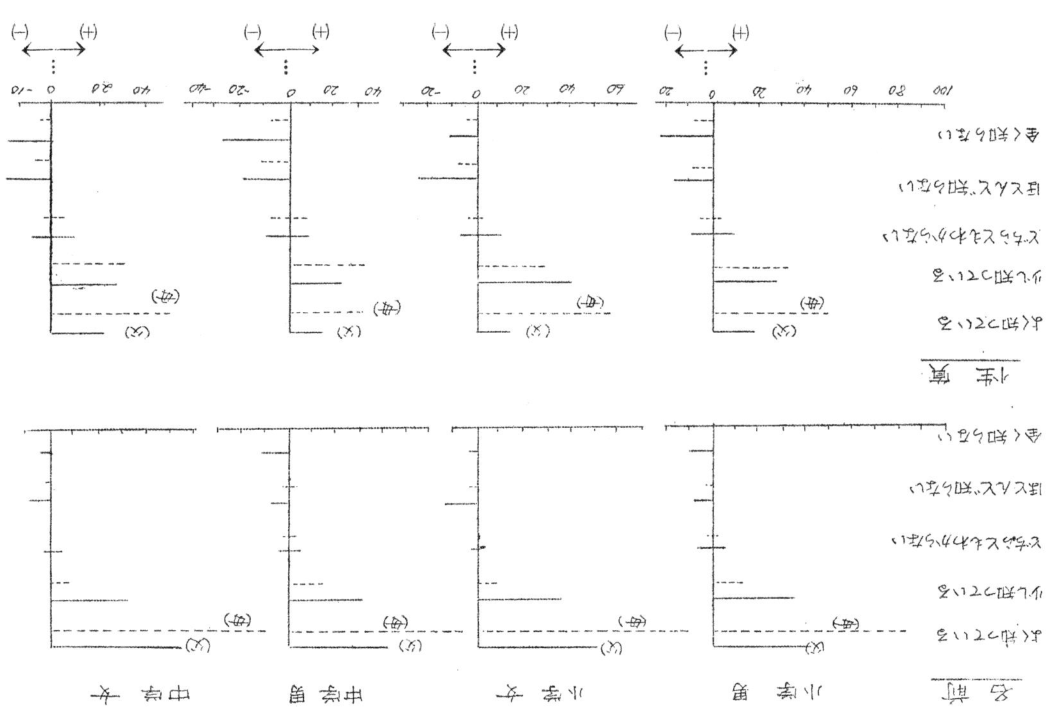
性質
名前
よく知っている
少し知っている
どちらともわからない
ほとんど知らない
全く知らない
小学男
小学女
中学男
中学女
(+)
(−)
(父)
(母)

— 46 —

″名まえ″と″性質″とについて調べ，また，友だちのことを父母に″話すか″，さらに自分の友だちを父母は″賛成するかどうか″という点から調べることにする。その結果は，Table 9のとおりである。

これらの結果から，次のようなことが考えられる。

(a) 家庭における友だちの″名まえ″や″性質″，父母に″話す″程度や″賛成″するかいなかについては，そのいずれにおいても，母は父よりよく知り，かつよく話し，賛成する程度も強い。

(b) 4つの領域について比較すると，″名まえ″を″知っている″（よく知っている，少し知っている）ということが一般的で，″ほとんど知らない″あるいは″全く知らない″というものは，きわめて少ない。

(c) しかし″性質″については，ことに父は″ほとんど知らない″あるいは″全く知らない″というものがかなり多くいる。

これは，小，中学共通であり，ことに，男子にはこの傾向が顕著である。父が友だちの性質を″全く知らない″というものが小学男子では21.0%，中学男子では27.7%いる。″ほとんど知らない″ものを合わせると37.1%，48.2%に達している。父は，子どもの友だちの″名まえ″についてはかなり知っていても，″性質″については，きわめて知らないのである。

(d) ″話す″という点について見ると″父″に″よく話す″というものはあまりいなくて，″少し話す″という程度のものがもっとも多く，″ほとんど話さない″″全く話さない″というものがかなりの比率を占めている。父には″ほとんど話さない″というものと。″全く話さない″というものの比率を加えると，小学男子40.2%小学女子42.1%，中学男子は57.7%，同じく女子でも47.4%となる。父は子どもの友人に関しては，その大半は″つんぼさじき″におかれているわけである。

(e) ″賛成するか否か″については，″何ともいわない″というものが，きわめて高い比率を占めている，ことに中学生においてはこの傾向が顕著で，男子では50%を越え，女子も30%に近い比率を示している。″積極的に反対する″という比率も少ないが，もともと友だちの性質も知らず，また話すこともない子どもの友だちについて，″何ともいわない″という答えが多数を占めるのも当然であろう。

（3・2） 上述の結果を，できるだけ単純化するために，次のように点数化することを試みた。

友だちの名まえを（父）（母）はよく知っている　4点
″　少し知っている　3点
″　どうともわからない　2点
″　ほとんど知らない　1点
″　全く知らない　0点

そして，すべての父や母が″よく知っている″ならば100，″全く知らない″と答えるものばかりならば0点になるよう計算した。その結果はTable 10のとおりである。

Table10　父母と友だち　（100点満点）

		小学 男	小学 女	中学 男	中学 女
名まえ	父	72.6	77.0	72.5	81.9
	母	94.6	96.1	91.3	97.8
性質	父	50.3	60.0	44.5	56.3
	母	76.3	88.3	67.1	79.6
話す	父	53.9	52.6	43.2	52.9
	母	76.2	55.5	64.1	81.1
賛成か	父	68.9	72.8	64.9	63.2
	母	70.3	87.8	74.0	77.5

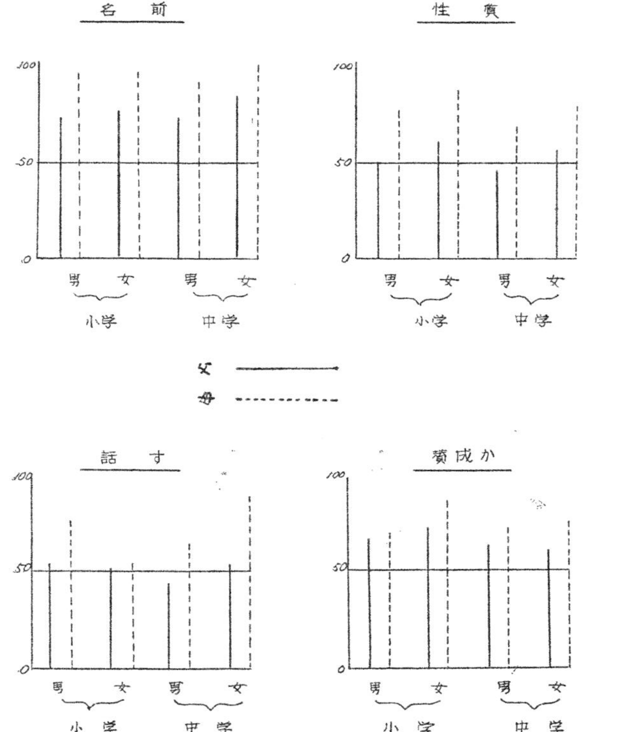

(a)　この結果は，前に考察したことを別の観点から整理したものであるが，これらによっても，母はいつも子どもに接近した存在であることがわかる。父と母との差は，″名まえ″を知っていること，″性質″をよく知っていること，″話をする″こと，″賛成か否か″のあらゆる領域に共通に見られる。

(b)　このグラフで，50の線は，その友だちについてほとんど無関心であるという程度を示している。したがって，50の線以上接近している程度といっ

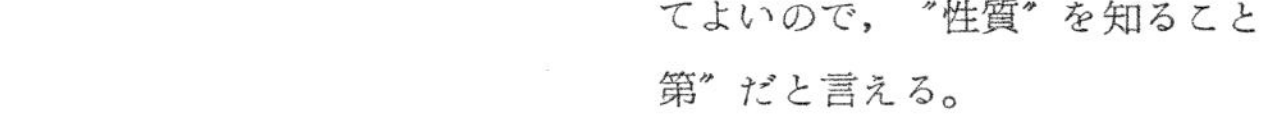

てよいので，″性質″を知ることと，″話す″ことについては，父は″落第″だと言える。

(c)　母はあらゆる点で子どもに接近している度合いが高いが，″名まえを知る″という点では，ほぼ100に近い。子どもから見ても，少なくとも母は，家庭での友だちの″名まえ″はよく知っていると考えられている。

（5・3）　父母と友だち（つづき）

一般的に言って，父と母とを比較した場合，母は父よりもはるかに子どもに接近していると言ったが，その父と母とを一つの単位として考えた場合どうなるであろうか。すなわち，父にもよく話し，母にもよく話すという関係の子どももいれば，母にはよく話すが父には全く話さない，という子どももいる。これが一般的な傾向のように見えるけれども，中にはその逆で，母よりも父の方によく子どもが話をする，という家庭もある。そこで次には，その程度はともかくとして，次の3つの場合に分けて，父母を一つの単位とした場合，子どもとの関係はどのようになっているかを見ることにする。

同じ程度……父と母とが同じ程度
父のほうが……父のほうが母かりよく″話す″
母のほうが……母のほうが父よりよく″話す″

結果は，Table11のとおりである。

(a)　この結果から見ると，父と母とが子どもに接する″程度が同じ″だというものは，小，中学，男女を通じて約半数である。

(b)　もちろん，その程度は，4つの領域において異なっていて，″名まえ″を知っている点と，″賛成するか否か″の領域では総平均50%を越えるが，″性質″を知っているか，″話す″かどうかの領域では，その比率はやや低い。総平均で39.1%，36.0%である。

(c)　″同じ程度″を除いて，父と母とを比較すると，著しくその差が現われる。″名まえ″の点では，父と母の比は2.1対47.5，性質の点では4.4対56.5，″話す″か，″賛成か否か″の点ではそれぞれ2.9対61.0，6.8対37.7の割合である。

母の役割がいかに重要であるかが察せられる。

Table11　父と母との程度の比較　(%)

		小学 男	小学 女	中学 男	中学 女	小学計	中学計	総平均
名前	同じ程度	48.8	47.7	51.3	58.0	53.1	54.5	52.2
	父の方が	3.2	0.9	3.6	0.5	2.4	2.2	2.1
	母の方が	48.0	51.4	45.1	41.5	54.5	43.4	47.5
性質	同じ程度	35.5	28.2	47.7	39.0	35.3	36.5	39.1
	父の方が	7.7	2.3	5.9	1.9	6.7	3.0	4.4
	母の方が	56.8	69.5	46.4	59.1	63.0	60.5	56.5
話	同じ程度	42.3	26.4	46.4	26.4	34.8	36.5	36.0
	父の方が	3.6	2.3	3.3	2.5	3.2	3.0	2.9
	母の方が	54.1	71.3	50.3	71.1	62.0	60.5	61.0
賛成	同じ程度	56.8	42.6	62.3	55.0	50.2	64.7	55.5
	父の方が	8.5	7.9	7.7	4.1	8.3	6.5	6.8
	母の方が	34.7	49.5	30.0	40.9	41.5	38.8	37.7

(4)　学校から帰ってから，友だちといっしょにいるほうがすきかどうか。最後に，学校から帰って後，友だちといっしょにいるほうがすきかどうかをきく。その答えは，5つの段階に分けて求めたが，その結果は，Table12のとおりである。

Table12　学校から帰ってから友だちといるほうがすきかどうか。(%)

	小学 男	小学 女	中学 男	中学 女
たいへんすき	36.0	22.4	25.6	15.0
どちらかというとすき	26.5	29.9	33.0	32.2
どちらともいえない	23.5	34.7	26.0	26.0
どちらかというとひとりのほうがすき	7.1	10.1	11.0	21.5
ひとりのほうがたいへんすき	6.8	3.0	4.5	5.5

(a)　がいして言うと，友だちといっしょにいるほうがすき（たいへんすき，どちらかというとすき）だということははっきりしている。それは，小，中学，男女を通じて見られる傾向であるが，〝どちらとも言えない〟というものが約4分の1ある，ということはどう理解すればよいのだろうか。ことに，小学女子はその率が34.5%を占めている。

(b)　〝たいへんすき〟と，〝どちらかというとすき〟という比率を比較すると，小学男子だけが，〝たいへんすき〟というものの率は高いが，小学女子，中学男子，女子はともに〝たいへんすき〟というもののほうが少ない。

ことに,中学女子にあっては,〝どちらかというとひとりのほうがすき〟というものが21.5%の高い率を示している。女子は思春期になるとより内向的になり，孤独を好むようになると言われているけれども，内に閉じこもりきりになるのでなく，さらに広く深い人間的接触を求めて発展することが期待されるのである。

以上，家庭における子どもの友だち関係を中心として，調査結果に基づいていくつかの考察を加えて来た。ここに明らかにされたものは，まだきわめて狭い範囲のものでしかないけれども，家庭における子どもの生活の一面を明らかにすることができた。子どもの生活は，学校におけるものと，家庭におけるものが，かなり異なった姿をしていることも明らかになった。しかも家庭における子どもの生活が，学校における生活を支える基礎であって，家庭における生活が乱れていては，せっかくの学校生活も実り多いものとはならないであろう。この2つは，異なった姿をとりつつ，ひとりびとりの子どもの性格を形成し，精神的発達をなしとげるのである。その意味において〝友だち関係〟を通じてのぞいた家庭における子どもの生活は，これをさらにひとりびとりの具体的生活に還元しつつ，その生活をよりよく見つめ，より深く考える手がかりとして，子どもの健全な発達のためによい力添えとなっていただきたいものである。

＜座　談　会＞

家庭生活において子どもは，どんな不満をもっているか。

家庭と学校では，子どもの友だち関係がどのようになっているか。

―― 調査の結果から ――

出　席　者

大西誠一郎	名古屋大学教授
加藤善三	名古屋市教育長
佐藤不二男	名古屋市立白山中学校教諭
福島佐松	名古屋市立新栄小学校長
山本喜三	愛知学芸大学教授
山名光子	名古屋市立松栄小学校長

（五十音順）

調　査　I

家庭において，子どもはどんな不満をもっているか。

司会　調査Ⅰでは，子どもはどんなことを不満に思っているか，という点について，また調査Ⅱでは，子どもの友交関係についての調査がなされたわけですが，これらの調査の結果から，どんな問題が見いだされたか，それらの問題をどう解決してゆけばよいだろうか，という点につきまして，それぞれのご専門の立場からお話をしていただきたいと思います。

まず，調査Ⅰの全般につきまして，山本先生にお願いします。

山本　調査対象は，小学生493名（男264名，女229名）中学生836名（男435名，女401名）で，市内小中学校から，商業地区・工業地区・住宅地区の学校を各１校ずつ抽出し，小学校は５・６年，中学校は１・２・３年の生徒を対象にしました。調査方法は，無記名ですが，学年別，性別，父母，きょうだいの有無，るす家庭と一般家庭，父親への不満と母親への不満，問題児と普通の子とがそれぞれ区分できるようになっています。不満項目については，大きく５つの領域に分けられます。親の子に対する態度に関するもの（調査表の１～６まで），親子の接触に関するもの（同７～12），勉強に関するもの（同13～18），親の生活に関するもの（同19～24），子の生活に関するもの（同25～30）で，各領域とも６項目ずつ，計30項目の中から不満に思う項目をいくつでもあげられるようにしてあります。

調査結果を見ますと，全体を通じて最も多いのが，父母がいそがしすぎる。父母が私とゆっくり話し合う時間がない。といった，親子の接触に関する領域で（表１）この傾向は，女子より男子に多く，中学生より小学生に多くなっています。次いで多い領域は，勉強に関する領域です。

るす家庭の子については，当然ですが，親子接触の不満が非常に強くなっています。（特に小学生では，父母がいそがしすぎる68％，るすをすることが多い56％で１・２位を占めている）またこづかいが少ないことへの不満も，小・中学生とも，るす家庭の子の方が強くなっております。全体的に，るす家庭の子は，一般家庭の子より，不満が多くなっています。

第3に，問題の子（ここでは便宜上，月1日以上ずる休みをしたことがある。警察等から補導を受けたことがある一のいずれかに該当する子どもとした。その結果，小学生3名，中学生24名が該当しましたが（小学生は数が少ないので除外）問題の子の不満で目だったものは，こづかいが少ない不満が67%で1位を占めていることです。（一般の子は30%で9位）また，親の子に対する態度に関する領域でも一般の子より高い不満をもっています。こうしたことから，子どもの非行化には，親の子に対する態度が重要なポイントだともいえます。

以上簡単に調査結果について申しましたが，とかく家庭生活が変わりつつある中で，こうした不満のはけ口が，非行につながりやすいということを十分頭に入れて，子どもに，不満にうち勝つ力を養うことがたいせつだと思います。

司会　親子関係の不満が，小・中学生，男女ともに多くなっております。健全な家庭の団らんに欠ける，いいかえれば，家庭としての機能のマヒという問題について，まずお願いします。

加藤　こんなに親子接触の不満を訴えているとは意外でした。

山名　生活の合理化から時間に余裕ができ，母親に自分の向上のためや趣味のためといった外出の機会が多くなったこと。また父親にも，外で遊ぶ場所と機会が多くなり，家族との接触が少なくなってきたのが原因だと思います。

加藤　第1に，最近ＧＨＱ――Go Home Quickly 早く家へ帰れ――ということばがあります。最近若い人が家庭中心的になってきました。これ自体は悪くありませんが，今日の社会状勢の中で，こうした安易な幸福感に閉じこもっていてよいものでしょうか。

第2に，「父の不在」「教育ママ」「幼稚園や小学校低学年に女の先生が多い」というところから，「教育の女性化」という問題です。母親の教育方針は，よい点をとって，一流校へはいって，一流会社へ就職して，といった「まちがいのないコース」を歩ませようとする消極性が強いために，「対社会的な積極性の欠如」した人間に育ってしまう。また，男の子が男らしくなるモデルは父親であるから，父親は，もっと家庭では男らしく行動せねばいけないと思います。

第3に，テレビが家庭へはいったために，今までの家族の横のつながりが，テレビ中心の人間関係になって，家族間の横のつながりが薄れてきたといえないでしょうか。

山名　若い人が家庭中心になったのは，子どもをいたわったり，家庭教育をしっかりするために，といった「子どものために」家庭的になるのではなくて，「夫婦生活を楽しむために」という傾向が見られますね。

福島　それに，生活の合理化がすすんで，手間をかけないで衣類や食事ができるようになったので，母親が世話をしてくれた，という実感がわかず，親のありがたさより金の有無のほうがものをいうようになり，「母親がいても，不在だ」という感じがするのではないでしょうか。

山名　母親は近所の人とおしゃべりはよくするが，家庭で，子どもとじっくり話し合ったり，団らんすることをほとんどしませんね。

加藤　経済的に何ら困らなくても，母親が内職をしたり，職についたりすることはどうですか。

山名　働く尊さを知るためよりも，自分のお金をかせいで，そのお金を使って楽しむという，消費面のほうが強いですね。学生のアルバイトでも，この傾向があるようです。

司会　親子の接触不満が意外に多いという実体を踏まえながら，次に，家庭での団らんを作るためにどんなくふうをしたらよいだろうか，ということについてお願いします。

山本　接触する時間は短くしても，ほんとうに心の通い合えるような質の高い接触を考えることが第1ですね。欧米では食事の時間に少なくとも30分は話し合いをしなければスイートホームとはいえないといいますが，たとえ毎日は無理でも，夕食ぐらいは家族全部で，楽しい話題を交換しながらとるとか，時には家族いっしょにピクニックに出かけるとか，親子黒板やおかあさん黒板などで，親子の心の通う機会を絶やさないようにしたいと思います。

司会　次にるす家庭の問題につきまして，この調査でも，一般の子より不満が多くなっていますし，かつ，るす家庭が意外に多い（小学生493人中117人，中学生836人中376人で，約30%を占める）数字を示しております。るす家庭という環境が，非行につながりやすいという点も指摘されておりますので，皆さんの掘り下げたご意見をお聞かせ願います。

山名　家族構成も考慮する必要があると思います。たとえば，祖父母がいるとか，きようだいの人数によって，不満の内容や強さに差がでてくると思います。

特にひとりっ子などは問題ですね。

また，最近の家族構成の単純化による家族の小数化にも不満を増す原因があると思います。

福島　ひとりっ子は，とかく根性がありませんね。親の世話がいき届きすぎるからでしょう。

山名　未亡人が多いということもいえるのではないでしょうか。子どもだけが生きがいで，子どもに思いをかけすぎるのだと思います。

佐藤　まず，「親がいそがしい」ということの内容を分析する必要があると思います。私の学校（中学）で悩みの調査をした時は，母親がいそがしすぎる，という不満はむしろ女の子のほうが多くなっています。と同時に，親が生活のために働くことに同情的な見方をしている子もかなりあります。不満なのか，同情なのか，という点も分析する必要があります。

「親とゆっくり話し合いたい」という希望がたいへん多いのですから，せめて1週間に1度ぐらい夕食をともにして，話を聞いてやってもらいたいと思います。

加藤　親の気のつかなかった点が発見されたということは有意義ですね。

山名　小学校では，親子の接触の不満はやはり男の子に多いようです。それは，男の子のほうが，より活動的であるために，不満をぶっつける壁，不満を支えてくれる者を女の子以上に必要とするからでしょう。女の子は，どちらかというと消極的なので，はっきり不満の形になって現われにくいし，また，家庭での手伝いが男の子より多いのも救いになっています。だから男の子は，女の子より精神的に不安定だといえるでしょう。

加藤　労働力の絶対数の不足という傾向からいえば，女性が家庭にもどることが，いちがいによいかどうかということと，女性が外に出ても，なお家庭が破壊されないような，前向きの姿勢をとるには，いかにくふうするかということですね。

大西　子どもにとって貧乏はそれ程苦にならないのですが，親にとってはおそらく子ども以上に苦になるのでしょう。

佐藤　問題の子は，まず例外なく，家族そろって夕食をとる機会がありません。だから，せめて夕食ぐらいは家族そろってできないだろうかと思います。

大西　親には，子どもが現在もっている悩みや不満がはっきり理解できないん

— 59 —

じゃないでしょうか。

佐藤　それとうらはらなのが，子どもの顔さえ見れば「勉強，勉強」と追いこむことです。

山本　共かせぎをしていても，子どもはりっぱに育てられるのだという信念がほしい。それには，じょうずな愛情と，親の仕事のきびしさ——親のきびしい生活態度——をよく理解させることです。これを知ると子どもは親の生活に誇りを持ち，親に積極的に協力するようになります。

山名　ある農家の例ですが，親が畑に出ている間に，子どもたちに仕事の分担を決めておいたのです。ところが，ふろをたくはずの子どもがやらなかったために，母親が帰ってからふろをたいたんです。すると他の子どもたちが「おかあさんが甘やかすからいけないのだ。」とおこったのです。そこで，母親は，「おかあさんは仕事がえらいので，手にヒビや赤ぎれができて，とても痛いのです。ですから，ふろにはいるとたいへんよいのです。」と書いておきました。それを読んだ子どもが，その日ふろをたいてくれたのです。母親は大喜びで，「こんなにあたたかい，よいおふろは始めてだ。きょうのおふろはほんとうにありがたかった。」と子どもたちに感謝しました。それからは，子どもたちは，母親を非常によく観察するようになって，自発的に親を助け，家の仕事をするようになったのです。結局，「親がこんなに働いているのに」というおしつけの気持ちがあってはだめなのです。

佐藤　親にユーモアのセンスが豊かで，家の中が明るいと，子どもも人がらがよくなります。親のもってゆきかたで，情緒の安定した子どもができるのです。

加藤　よい子を育てるには，親は，おしつけではなく，カジ取りをすればよいのです。同時に，きびしい環境から育つ子どもでなければなりません。

山名　ただ，かわいい，の一点ばりではだめですね。

加藤　甘やかしていながら，顔さえ見れば，勉強しろ，ではテクニックとして，きわめてへたですね。

司会　勉強のお話がでましたが，親が勉強について口やかましくいう。親のいうようなよい点がとれない。とか，家で落ち着いて勉強ができない。といった，勉強に関する領域の不満が多く，特に，中学生では，この領域が不満のトップになっています。

— 60 —

学校での勉強の問題について，お話し合いをお願いします。

福島　小学校の入学式の日に，ある母親に，「小学校へはいったら１日に何時間ぐらい勉強させたらよいでしょうか」と聞かれましたが，机にしがみついて，教科書を読み，ノートに書いていなければ勉強じゃないと思っているんじゃないでしょうか。逆説的にいえば，遊ばせることが勉強なのだともいえます。池や，小川や，野原で，子どもはとても教科書では理解できない種々の事がらを学ぶものです。「よく学び，よく遊ぶ」ということは，学ぶことは遊ぶことであり，遊ぶことは学ぶことなのです。ところが，親はとかく子どもの点数ばかりを気にして，自分の子が友だちとうまく調和して，楽しく，のびのびと生活しているがどうかという，根本的な問題はあまり頭にないようですね。

山名　よい遊び場がないこともあると思います。

福島　よい点がとれない，といって歎いてばかりいるというのは，ほんとうに困ったことですね。

山名　その「点」も，近所の子との比較だけで，口やかましくいうのですからね。

福島　同時に，親が勉強を見てやれないというあせりも大きいのです。小学校の１・２年ぐらいは，親がついていて教えることもできるでしょうが，それ以上は，まず無理です。 その， あせりと不安が，「勉強しろ。」「よい点をとれ。」というだけになり，一方子どもにとっては，「勉強については口やかましいが，勉強を見てくれない，教えてくれない。」という不満になってしまいます。親は，人生の先輩として人間関係についての教えをすればよいのだ。ともいわれています。

山名　最近は，「教育ママ」などということばがあるように，なんとかして子どもに教えられるようになろうとして，実によく勉強します。それが，子どもに重荷をかけすぎる結果になっているんです。

山本　親があまり口やかましいと，その反応として，３つの形態があります。すなわち，①しかたなく従う――積極性・自主制の欠如。②反発する。③親のいうことに無関心になる。ことです。いずれにしても，親の過剰な干渉は，家族内での親子の人間関係を非常に悪くしています。

問題の子に，親がうるさい，という不満が多いのも，親の口が，逆にマイナ

スの結果になっているからだと思います。

山名　ある小学生が，作文で，父親はなんにもしてくれなくても，いるだけでたいへんうれしい。と書いています。たとえば，子どもをふろに入れた時でも，母親が子どもに服を着せる時は，子どもが自分で着るといっても，カゼをひくから，ボタンがちがった，よそを見てていけない………とせきたてるが，父親は，むしろ見ているだけで，時々手をかして励ますようにして着せてくれる。こうした扱い方の差が子どもにしみついてくるのだろうと思います。

佐藤　その点は，中学生になるとたいへんはっきりしています。もっと，子どもの気持ちを知ると同時に，親の気持ちを子どもにも理解させる必要があります。

山本　親と子の両方が，誤解しているケースが非常に多いですね。

加藤　最近の母親は，遊ぶことに罪悪感をもっていますね。これは訂正する必要があります。遊びという自然に即した教えの中からの成長が人間には必要なのです。単に，おけいこごとをしたって音楽家にはなれません。音楽の美が理解できないのです。こうした情熱は，自然に，のびのびと育った環境からでなければ生まれないのです。

大西　親が子どもを客観的に見られないこともあります。点数に関心をもつのは，親として当然ですし，サラリーマンの家庭では，よい点──→よい学校──→よい会社のコースを進ませる以外に望みがないというのもわかりますが，とかく，点数だけで勝負させようとして，その点数を支えている内容にまで眼がとどかないのです。

加藤　勉強させることは悪くありませんが，「勉強しなさい。」といった結果が，自分の期待どおりにゆかないというのは，テクニックとしてまずいし，子どもへの抑圧が，子どもの人間性をひからびさせてしまうという結果はたいへん不幸なことです。

司会　こづかいの問題につきまして，家庭教育のありかたは子どもに金の価値を教えれば十分だという意見もありますが，こづかいの与え方，使い方の問題につきまして――。

加藤　アメリカあたりでは，自分でアルバイトをさせて金の価値を見つけさせる。しかし，日本では，アルバイトは貧乏人がするものだという考えがあり，

親から金をもらって，使うという，勤労より消費的な面が強いので，金に裏づけされる勤労が忘れられています。

山本　こづかいが少ないことの不満は，問題の子が圧倒的に多く（問題の子は67％１位，普通の子は30％で９位）留守家庭の子が一般の子より多く（小学生＝留守家庭の子30％，一般の子24％，中学生＝留守家庭の子34％，一般の子29％）中学生のほうが小学生より多く，男子のほうが女子より多く（中学生＝男39％，女21％，小学生＝男34％，女15％）となっています。

地区別では，商業地区・工業地区・住宅地区の順となっています。

大西　戦後は，「消費は美徳」という考えが広まって，消費に対する構えというか，お金を生かし使う習慣が，親にも，業者にも欠けてきているように思います。

これは，ある例ですが，家族そろって遊びに出ても，母親には，物を買ってくれといってねだらないのですが，父親にはいえるというのです。それは，母親の家計のやりくりをしている真剣な姿を知っているが，父親は自分の知らない所で，お金をかせいでくるので，何だか楽をしているように見えるのです。父親が油にまみれて働いているきびしい姿を知らないので，父親には，おねだりができるのだというのです。中学生でも，父親の職業を知っている者は半数以下です。それも，「会社員」という程度の認識しかなく，なんという会社で，どんな仕事をしているか，ということはほとんど知らないのです。

父親の職場のようすを，家庭へもちこむとともに，子どもに，父親の職場を見せて，父親の仕事や，お金を生み出す労働のきびしい姿を認識させるようにすると，親がかせぐお金の価値を，自然と知るようになります。

山名　こづかい帳を与えて，こづかい帳の書き方を教えながら，自分で考えた使い方をするようにしむけるのも一つの方法ですね。

福島　最近の子どもは，非常にがめついのですが，アルバイトとサービスのかね合いについてはどんなものでしょうか。

加藤　二つの世界があることをはっきり教えておくべきですね。

それに，最近の商業娯楽のはんらんを助長し，娯楽への誘惑が非行化の道になっている点もあると思います。

佐藤　中学生の場合ですが，成績のよい子，家庭が安定している子はあまりお

金を使いませんし，ほしがりません。

修学旅行などで，やたらに食べたり，規定以上のお金を持ってくるのは，問題となる子や，情緒の不安定な子どもです。

福島　ふだん満たされないものを満たそうとする，不満のはけ口として現われるものでしょう。

司会　小学生と中学生とで，不満の領域に差が見られます。小学生では，親子接触に関する不満が多いのですが，中学生では，自意識の発達もあって，口やかましい，干渉しすぎる。といった不満が多くなっています。

また，父と母とに対する不満にも，父とは接触の機会の少ないこと，反対に母には干渉しぎるといった傾向がみられます。こうしたことから，父の役割，母の役割を再検討してみる必要があるように思います。 この２点につきまして，まとめてお願いします。

山本　一般的にいって，子どものことは母親にまかしておくんだという考えが残っていないでしょうか。

山名　昔は，子どもは男と女とで区別して，男は生命を守るために強く育て，女は家庭内の仕事が一人前にできるようしつけたものです。ところが，今では，人間として，やさしく，心豊かに育つようということを，男の子にも女の子にも求めて，男の子がらんぼうをしないように，女の子がみぐるしいふるまいをしないようにという育て方をするのです。もっと，男女の機能を生かすような，きめのこまかい育て方が必要だと思います。

あたたかさときびしさの中から，「こうあってほしい」という親の願いが，子どもに反映できるような環境であってほしいと思います。

山本　昔の家族制度がくずれて，家庭をしめくくるタガが無くなってしまい，このままでは家庭は分散してしまいます。これをくいとめるのは，親子の愛情だと思います。母親のやさしさと，父親のきびしさとが融和して初めて円満な家庭ができるのです。

特に母親は，自分と子どもを一体化してしまって，客観的に観察することが困難になって，冷静さを欠きやすいので，父親は母親を絶えずバックアップする必要があります。

なぜならば，普通の場合は，家庭教育の中心は母親ですが，母親にまかせす

ぎてしまうと，母親は責任を感じすぎてしまいますし，子どもの発達段階にいろいろと理解できない面が見つかるので非常に不安になってしまうのです。母親が，いつも安定した接触が保てるように，こうした父親の助言と力ぞえがどうしても必要になってきます。

先にも述べましたように，母親は子どもを客観的に見ることができないのに対し，父親は割に冷静・客観的に考えられるので，時にはきびしすぎるような態度で子どもにのぞむかもしれませんが，そんな時に母親は反対しないで，父親のいわんとすることを，よくかみくだき，やわらかくして子どもに理解させるように橋わたしをしてやるべきです。「おとうさんのいうことは………」などと，子どもの前で父と母の意見が左右に分かれてしまうようなことは実にまずいことです。

加藤　今までは，あまり家庭教育における父親の役割を無視しすぎてきたようです。父親と母親の機能分担をすべきです。男と女の役割を同質化しようとしすぎてはならないのです。父と母という異質のものが，同じ目標に向かってコーポレーションするところに，男の子は男らしく，女の子は女らしく成長するのです。

大西　今のままでは，父親は完全に子どもから疎外せられてしまって，単なる「標札亭主」になりさがってしまいますよ。

加藤　アメリカあたりでは，夫婦中心主義で，子どもは二次的に考えています。その点自主独立するにはもってこいの環境です。日本は，今まで，あまりにも夫婦生活がなく，妻の従属的な立場からくる欲求不満の代償が子どもであったので，子どもはいつまでたっても乳ばなれしなかったのです。この反動として，夫婦中心でなければならないという極端な考え方が生じました。ほんとうの幸福はその中間にあるんだと思います。

佐藤　親が子ども扱いにする，という不満が，中学生になると増加していますが，子どもの発達段階の正しい知識を養う必要があると思います。

子どもの親への不満と，親の子どもへの要望を比べると，必ずしも，あい反した内容ばかりではないんです。

たとえば，自分のことは自分でする。とか，最後までやりぬく。といったことは，親も子も望んでいるんです。しかし，現実には実行されない。勉強しなければいけないとは思っても，何かに疎外されてしまうんです。

加藤　第1に，親が，子どもの発達段階をよく理解していないことと，第2に，親は子どもに早く一人前になってもらいたいと同時に，自分の手から離したくないという矛盾をもっているので，とかく干渉しすぎる結果になると思います。

司会　ほかに，親が友だちとつき合うことを喜んでくれないとか，近所によい友だちがいないといった，友交関係の不満がありますが，これは，調査Ⅱでくわしく述べられていますので，そちらのほうでご検討いただくことにしたいと思います。では，調査Ⅰについてはこのへんで——。

調　査　Ⅱ

家庭と学校では，子どもの友だち関係がどのようになっているか。

司会　調査Ⅱでは，家庭における子どもの友だち関係を中心に，学校と家庭での交友範囲と，友だちの選択の理由につきまして調査したものであります。まず，この調査を主として担当していただいた大西先生に全般のご説明をお願いします。

大西　調査対象は，調査Ⅰと同様ですが，集計は，小学校男・女，中学校男・女の4分題でして，その点では，まだ不完全な資料であります。

第1の，交友範囲の調査は，子どもの生活圏を認識することによって，子どもをよりよく理解しようとするものです。

まず，家庭における友だちの範囲ですが，異性の友だちについては，ほとんどが同性の友だちですが，女子のほうが異性の友ちが多くなっています。

他校の友だちを選ぶ率は，小学生より中学生のほうがかなり多くなっています。学年別については，7割以上が同学年から選ばれておりますが，中学生のほうが同学年から選ぶ率は高くなっています。別の学年が，上級生か下級生かということになりますと，中学生はほぼ半々になっているのに対し，小学生は，6割以上が下級生の友だちになっています。

一方，学校での友だちについてみますと，小・中学生とも，97～99%は，同学年から選ばれており，学校の友交範囲はきわめて同質的であるが，家庭での友交範囲は，ややワクが広がっているといえます。いずれにしても，小・中学生の友交範囲は，大部分が，同学校，同学年といえるでしょう。

第2に，家庭での友だちを選択する理由ですが，全体を通じて，家が近いということが，⅓を占めています。しかし，次に多いのが，男子では，同じスポーツ，趣味，考え方，をもった友だちを選ぶ傾向（男子，小学生27%，中学生23%に対し，女子，小学生20%，中学生18%）があるのに対し，女子では，親切，という面が強い（女子，小学生13.2%，中学生11.7%，男子，小学生9.2%，中学生6.4%）。このことから，男子は同質の性格のものを選ぶ傾向があ

るのに対し，女子は感情面で友だちを選ぶ傾向があるといえます。

なお，勉強ができる。顔かたちや境遇が似ている。とか，親同志仲がよい，ということは，必ずしも高い比率ではありません。

次に，場所の問題にうつります。

遊ぶ場所としては，自分の家・友だちの家，公園，遊園地・広場がおもな場所ですが，男子より女子のほうが，また，上学年になるほど，家の中で遊ぶものが多くなり，中学生の女子は，7割近くが，家で遊んでいることになります。

家庭内での遊びは，親にとっては安心でしょうが，それだけに，家庭内の環境整備が重要になります。特に，幼児期には，自然の中で，自然に親しみながら成長するのが望ましいという観点からすると，家庭内での遊びも問題になります。

勉強を教え合う場としては，自分の家，友だちの家での比重が，遊ぶ場所として選ばれた以上に多くなり，64～75%に及んでいます。その他，学校・じゅくが，その場所としてやや多くなっています。

親と友だちとの関係について。

母親の場合は，8割ぐらいは，名まえぐらいは知っていますが，話をするとか，性質をよく知っているとか，ということになると，その率は女の子の母親で半数内外，中学の男の子の女親になると3割程度に落ちています。

特に，父親になりますと，よく話しをしたり，性質を知っている父親は，1割台しかありません。

以上のことから，①母親は父親よりも友だちのことをよく知っており，接触の機会も多い。②女の子のほうが，友だちについてはよく親に話をしている。③父親は，単に名まえ程度を知っているだけで，それ以上のことはまず，知らないといってよい。この点は，最後の友だちについて親が賛成するかどうか，の解答で，父親がどう思っているかわからないという答えが，小学生で4割程度，中学生では5割以上が，母親でも27%は，わからないのです。また，賛成している親の数が，友だちの性質をよく知っているとか，よく話をする数よりも多くなっているのは——特に父親の場合顕著です——友だちを知らないのに，賛成している，ということでしょうか。

最後に，友だちの問題と関係しまして，友だちといるのが，すきかきらいか，

という点です。すき，または，どちらかというとすき，というのが，47%（中学女子）～62.5%ですが，どちらともいえない，というものが約¼あり，これはどう解釈すればよいのでしょうか。一方，ひとりのほうがよいというのは，中学女子で27%に及んでおり，物思う年ごろにはいっていることを示すものと思われる。全体に，積極的に，友だちといるほうがすきだと答えているのは15%（中学女子）～36%（小学男子）と，意外に少なくなっており，友だちに対して，消極的な態度を示しているといえましょう。

司会　大西先生に概要を説明していただきましたが，場所の問題では，家がおもな遊び，勉強の場でありながら，友だちのことについて，親と子のコミュニケーションがなされていない点。路地・デパートが遊びの場として選ばれている反面，学校が意外に利用されていません。こうしたことをまとめて，お話し合いをお願いします。

佐藤　るす家庭へ行って遊ぶ，というのは，監督者がいない，一般の眼から隔離されている，という点で，非常に注意しなければならない問題です。

山本　調査Ⅰでも，遊ぶ場所がないという不満が多くあげられていましたが，しかたがないので，家や，路地で遊ぶようになるともいえますね。

福島　この調査をしたのが，12月であったことも，多少影響しているかもしれませんね。

山名　外で遊んでいると，交通事故やゆうかいの心配等で，親が神経過敏になって，とかく近くや，家の中で遊ばせようとします。

また，小学生は，分団登校をするため，上級生が下級生の世話をみますので，小学生の５・６年は，割合下級生と仲よくなり，近くの子どもと接する密度が大きくなるんだと思います。

山本　公園や遊園地がもっと欲しいですね。

加藤　同感です。しかし，都心部で，これ以上空地が得られるとは考えられません。しかし問題意識はもっていますので，都市改造とタイアップして改善してゆきたいと思っています。都市の再開発が必要ですね。

司会　名古屋市では，運動場開放を，小数ながら行なっています。しかし，宣伝の不足と，子どもたちが学校からの開放感を求めているためか，運動場を開放している学校でも，１回平均70名程度しか集まらないのです。

福島　学校の運動場ぐらい遊ぶのにおもしろくない所はありませんね。

夢かもしれませんが，山や，池や，岩の下から水が流れてくる……といった，もっと変化と魅力に富んだ遊び場にならないものでしょうか。

佐藤　運動場の真ん中より，花壇のまわりだとか，かきねのそばのほうがおもしろいらしいですね。

加藤　運動場開放は決して理想の姿ではありません。やむを得ずやっているのであって，学校は学園といえるような緑の園になり，かつ緑と変化に富んだ公園がもっともっとほしいですね。私が子どもの時は，大そうじの日がいちばん楽しかったですよ。家の中が乱雑で，いつもと変わっているからね。

福島　公園もあるにはありますが，何か閑散としていて，楽しい，といったふんいきが感じられませんね。

加藤　今までは，建設の時代で，造るだけに手いっぱいでしたが，これからは，管理面に力を入れなければなりません。

大西　名大あたりに，幼稚園の園児が遊びにくると，山に登ったり降りたり，実に喜んで遊んでいます。もっと緑と，起伏に富んだ遊び場がほしいですね。

司会　次に，友だちに対する両親の態度について，ご指導をお願いします。

加藤　外国では，子どもがある程度大きくなりますと，親が家に友だちを呼んで，パーティを開くのが普通です。

大西　快く，家を開放してやれば，子どもも友だちを呼んでくるようになり，親が友だちを理解するチャンスもふえるわけです。

加藤　友だちと接触し合うことが，心身の成長に重要な要素をもっている，ということを知る必要があります。

山名　日本の家の物理的な条件も悪いですね。日曜日ぐらいはおとうさんにゆっくり眠らせてあげたいために，友だちが遊びにきても，「静かにしなさい」「外で遊びなさい」と追いたてなければなりません。また，学校から帰ったらすぐ勉強させるのではなく，一日を，勉強・遊びの時間というように，「自由に自分たちの時間」をつくってやる必要があります。

老人のいる家などは，母親が，主人や子どもの客にお茶をだした後，話などしていると注意されるといいます。こうした，家の者がお客の前にゴタゴタ出ないのがよいのだ，という古い考えも，友だちと家族の接近にブレーキをかける結果になっています。

加藤　他人の家を訪問する時のエチケットを子どものときからしっかりたたきこんでおくことも必要です。

佐藤　親の目で，友だちを選定し，おしつけてはいけません。たとえば，素行の悪い子と接触して，よい子どもにしてしまったような場合もあり，親が，「勉強のできる子かどうか」「よい子かどうか」（主として社会的経済的によい家庭ということ）ということばかり気にして，子どもに干渉しすぎるようになりがちです。

司会　非行の友だちをもった時，異性の友だちをもった時の二点が，親が最も心配するものですが，異性の友だちについての問題をお話し願います。

佐藤　ラブレターを見つけて，最もろうばいするのは母親です。その母親のしまつのしかたが問題です。感情の高ぶったまま，子どもに詰問しがちです。家の中だけで処理しようとしないで，学校と十分連絡をとり合って，じょうずに解決してもらいたいと思います。

加藤　もっと気軽に，親と話し合ったり，見せたりできる習慣を平素からつけることが重要です。

大西　この点で，子どもが父親に相談して賛成してもらえるかどうかわからないというのがこの調査では50%以上もいるわけで，賛成してくれるかどうかわからないのなら，最初からだまっていようということになります。父親に，子どもの話を聞いてやる時間がないのか，あるいは度胸がないためでしょうか。

加藤　注意は要するが，深刻になってはいけませんね。外国では，ガールフレンドの家へボーイフレンドが訪問するのがエチケットになっています。これがいちばん安全でしょうね。

大西　ふたりだけのヒソヒソ話ではなく，家族が中へはいるべきです。中学生ぐらいまでは，ふたりだけで，といったにえつまった恋愛関係でなく，もっと開放的に異性関係を考えていきたいものです。

山名　むしろ，家族がはいってくれたほうが楽しいのです。冒険的な不安定な気持ちの中での交際ですので，親の指導が望ましいのです。今の子どもは共学の経験もあり，ラブレターなどもむしろ楽しんで書いているのですが，おとなの目から見ると，とかく赤裸々な文面ですので親を刺激するわけです。

司会　学校から帰ってから，ひとりでいるほうがよい，という子の問題について，お願いします。

加藤　そんなに気にする必要はないと思います。孤独を好むというのは，個の確立期であり，人生観が芽ばえる時期にあたっています。

山本　近くによい友だちがいないことと，もう一つは，受験勉強からくる排他性ということです。これは，広島のある中学生の卒業時の作文ですが，「中学の生活は友だちをひとりずつ失ってゆくコースであった。受験勉強のために，今まで仲よしだった友だちを，け落としてゆく生活であった。」と書いていました。

福島　ごく単純な理由ですが，中学女子のある家庭で家を改築したところ，今までおよそ家へ友だちを呼んでこなかった子が，それからはよく呼んでくるようになったのです。そうした経済的な理由——見えもあるのでしょう。みすぼらしい家で，気をつかうくらいならばひとりでいたほうがよいということになるのでしょう。

司会　学校での友だちと家庭での友だちとの相互理解が不十分だということと，家庭と学校の相互連絡が足りないといわれますが，家庭と学校の役割について，お教えねがいます。

福島　学校は教科指導が主である，家庭は豊かな人間性をつくるところ，ということを打ち出す必要があると思います。

加藤　学校での教科の不理解ということが非行につながる場合が多いのです。だから，家庭学習は，予習と復習だけをするというようにはならないでしょうか。

大西　学校での教科の不足を，家庭で補うというのは酷ですね。学校自体が，教科について責任をもってもらいたいと思います。家庭でも，勉強勉強と追い回されていたのでは，至るところが学校みたいになって，緊張をほぐす機会がなくなってしまいます。先ほど話がありましたように，学校と家庭での役割をもっとはっきり区分すべきです。どうしたら子どもの勉強相手になってやれるか，勉強を教えてやれるか，ということに熱心すぎて，それが子どもを追い回わす結果になっています。

山名　地域の人たちも，何かあると全部学校へ持ち込んできます。それが本来家庭で処理すべきものでも，子どもの親に話すと感情的になるために学校へもってくるのです。また，本来地域の人々が主体となるべき子ども会などにも，とかく先生が引っぱり出されたりします。

私の学校では，入学祝いや進学祝いに，家庭連絡簿を渡し，家庭から学校へ，学校から家庭へと何でも記入してもらうようにしています。

山本　家庭は，人格形成の主役である，ということをよく認識し，まず，①子どもの生活時間の再検討——時間の合理的な配分，計画性を，単に一家庭ではなく，地域ぐるみで進める。②子どもが自分でできる範囲内で計画を立て，実行するようにしむける。勉強にも個人差があってもよいと思います。子どもにおしつけた計画ではなく，子どもとの約束でつくられた計画です。

加藤　テレビが家庭に導入された以上，家庭で考え，納得し，皆でルールを守ってゆく必要があります。テレビを見ない，のがよいのではなくて，いかにテレビを見るか，です。

司会　以上で，ひととおりお話をお願いしたわけですが，全体を通じて，補足することがございましたら，お願いします。

佐藤　自分の子を，親はもっと理解し，信頼してやってほしいことをいろいろなケースから思います。問題の子の家庭を訪問して，こんな家庭で，よく子どもがあの程度ですんでいるということをよく感じます。

親は，子どもの学校での人間関係がうまくいっているかどうかについて，もっと関心をもってもらいたいと思います。学校でのストレスがどこへいっても解決できないことは非行につながります。学校から帰って，いかにも疲れているような子どもは，学校での人間関係が円満にいってないことが多いのですが，それを，帰ったとたんに「勉強しろ」ではたまったものではありません。子どもをじっくり見ていれば，学校でのおよそのようすもわかりますし，この子にはこうしてやらなければいけない，ということもわかってくるものです。

山本　親も子どもの立場や気持ちをよく理解して，子どもと心のつながりをつくり，それから子どもの不満や不安を克服してゆく力をつけさせるようにしてゆきたいものです。親は子どもの手を引っ張るのではなく，あと押ししてやるものです。

大西　青年期＝独立期とはいいましても，その独立期の内容をみますと，この

時期は，だれからも干渉されない，親とも接続しない，というものではなく，むしろ一部に親との接触を望んでいる気持ちがあるのです。その接触とは，自分への干渉ではなく，自分を対等に見てくれる。呼びかけに応じてくれるような接触を望んでいるのです。そういう子どもの心の変化をよく見きわめ，それに応じた正しい構えを，親は身につけなければいけません。

加藤　たしかに，その時期は，一方では干渉されたくない。一方では接触してもらいたい，という不定な時期ですから，親に幅広い態度が望まれますね。

山名　子を見れば親がわかり，親を見れば子がわかる。といわれるように，親の生活態度が自然に子どもに現われます。教科の知識よりも，心理学的な知識を身につけるべきだと思います。

最近の子どもは，身体は発達したが，心の発達がともなわないために，心の不安を克服できないのです。栄養のことについてはやかましくなり，子どもは大きくはなりましたが，体力をつけることがるすになり，根性を支えきれない傾向があります。

加藤　現在の健康感を改める必要があります。体重と身長が大きい者が健康だとされて，からだを鍛えることがなくなりました。鉄棒も満足にできない子が多いです。都市は人間の墓場だとさえいわれます。もっときびしく鍛える環境を意識的につくる必要があります。

司会　まだ，いろいろご意見もありましょうが，予定の時間がまいりましたので，この辺で終わらせていただきたいと思います。親の，気がつかなかった，子どもの不満や願いや，性向が，たくさん提出され，よりよい子どもを育てるための，心構えや方法をお教えいただきまして，これからの家庭教育を進めるために貴重な示唆になると思います。

どうもありがとうございました。

留守家庭児童生徒（カギッ子）について

1　学校別 実数表

2、介　布　状　況

3．指　導　と　対　策

4．今後残された問題点

富山市教育委員会

昭和 40 年 8 月

富山市における留守家庭児童生徒（カギッ子）について

最近留守家庭児童生徒（カギッ子）が増加の傾向にあることはただ単に教育上の問題だけでなく、大きく社会全体の問題としてとりあげられなければならない。

本市における「カギッ子」原因の内容を見るに生活のための共かせぎが17.3%であり、豊かな消費生活よりと思われるものが82.7%という数を示している。これらがこどもたちに何らかの影響を与えることは事実である。

ここに富山市小中学校では去る6月1日現在にて留守家庭児童生徒（カギッ子）の実数を調査してその指導と対策にふみきった次第である。

留守家庭児童生徒（カギッ子）について

留　守　家　庭　児　童　生　徒　調

（小学校）　　　　（昭40．6．28）　富山市教育委員会

	学校名	在籍数	留守家庭						家人の帰宅するまでの状況			分布状況
			合計（%）	両親共稼	父子家庭	母子家庭	両親欠	その他	自宅	他家	その他	
1	総曲輪校	628	94（13.4）人	60人	2人	30人	1人	1人	78人	3人	0人	総曲輪四　16人
2	愛宕校	734	87（11.9）	64	1	15	1	6	43	23	21	牛島西部23
3	西田地方校	861	77（9.0）	51	17	7	2	0	63	12	2	長柄町13
4	星井町校	415	48（11.0）	33	4	11	0	0	40	5	0	西中野町6
5	五番町校	550	107（19.0）	87	7	11	2	0	90	15	2	南田町(二)13
6	八人町校	310	19（6.1）	9	0	9	1	0	4	15	0	今木町4
7	柳町校	957	239（25.0）	206	5	27	1	0	202	37	0	稲荷元町(二)24
8	清水町校	661	65（9.8）	55	0	7	0	3	53	11	1	旭町12
9	桜谷校	372	75（20.1）	53	1	19	0	2	29	31	15	田刈屋18
10	五福校	412	60（15.0）	50	1	8	0	1	58	2	0	五福30
11	安野屋校	525	54（10.3）	41	2	11	0	0	48	6	0	安野屋6
12	奥田校	1681	284（17.0）	246	4	21	1	12	242	42	0	中島22
13	東部校	864	186（21.0）	161	4	17	1	3	139	31	25	清水東部20
14	新庄校	957	265（27.7）	216	9	39	1	0	231	34	0	新園町16．常盤台(一)7 常盤台(二)
15	藤木校	202	19（9.4）	19	0	0	0	0	5	14	0	藤木4
16	岩瀬校	752	157（21.0）	133	8	11	2	3	122	29	6	古志町27　天神町27
17	針原校	318	69（22.0）	63	3	3	0	0	52	11	6	針原新町45
18	浜黒崎校	184	28（15.0）	25	0	3	0	0	17	14	0	浜黒崎12
19	大広田校	453	96（21.0）	88	3	4	1	0	36	8	52	東富山町27　那智町25
20	豊田校	475	79（16.6）	72	4	2	0	1	40	29	10	豊丘町18
21	広田校	347	73（21.0）	71	1	1	0	0	73	0	0	新屋新町32
22	神明校	265	39（15.1）	35	1	2	0	1	29	10	0	有明町(一)17　有明町(二)13
23	堀川校	1301	200（15.4）	176	4	20	0	0	147	50	3	太郎丸(二)22
24	山室校	999	159（16.0）	141	3	15	0	0	136	20	3	中川原21　中市17
25	蜷川校	648	118（18.0）	102	1	15	0	0	103	15	0	日清紡社宅22　上堀20
26	太田校	379	18（5.0）	12	0	0	0	0	13	3	2	中屋3
27	萩浦校	615	154（25.0）	135	3	12	0	4	132	18	4	高島23進町住吉町14昭和町12
28	熊野校	277	34（12.0）	27	1	4	0	2	24	9	1	辰尾新町7
29	月岡校	298	25（8.4）	21	0	3	1	0	20	5	0	月岡新[illegible]地区6
30	新保校	248	4（1.6）	2	0	1	0	1	4	0	0	
31	四方校	419	73（17.0）	65	2	6	0	0	46	26	1	港町11
32	八幡校	296	20（7.0）	15	4	1	0	0	19	5	0	金山新7
33	草島校	215	65（30.2）	58	0	7	0	0	48	15	2	富浦町37　草島8
34	倉垣校	168	50（29.8）	38	3	9	0	0	44	3	3	布目新町8
35	呉羽校	697	166（23.8）	136	6	16	1	7	96	36	0	呉羽町（三ツ塚）28
36	池多校	169	9（5.3）	9	0	0	0	0	4	5	0	
37	老田校	276	5（1.8）	5	0	0	0	0	5	0	0	東老田2
38	長岡校	226	19（8.0）	16	0	2	0	1	10	9	0	長岡新7
39	寒江校	185	10（5.4）	8	0	2	0	0	6	4	0	本郷4
40	古沢校	169	27（16.0）	19	3	4	1	0	19	5	3	古沢5
	合計	20,508	3376（16.4）	2823	107	381	17	48	2479	597	160	

Ⅱ 富山市におけるカギッ子の分布状況

（1） 多い地区（20％以上）……住宅、団地の多い地区

北部地区（草島、倉垣、岩瀬、萩浦、大広田 針原（岩瀬中））

東部地区（新庄、東部 柳町、広田（新庄中）（大泉中））

西部地区（呉羽、桜谷（西部中））

（2） 少い地区

都心部（総 八 五 安 星 西 清）

周辺農村部（藤木、太田、月岡、池多、老田、八幡）

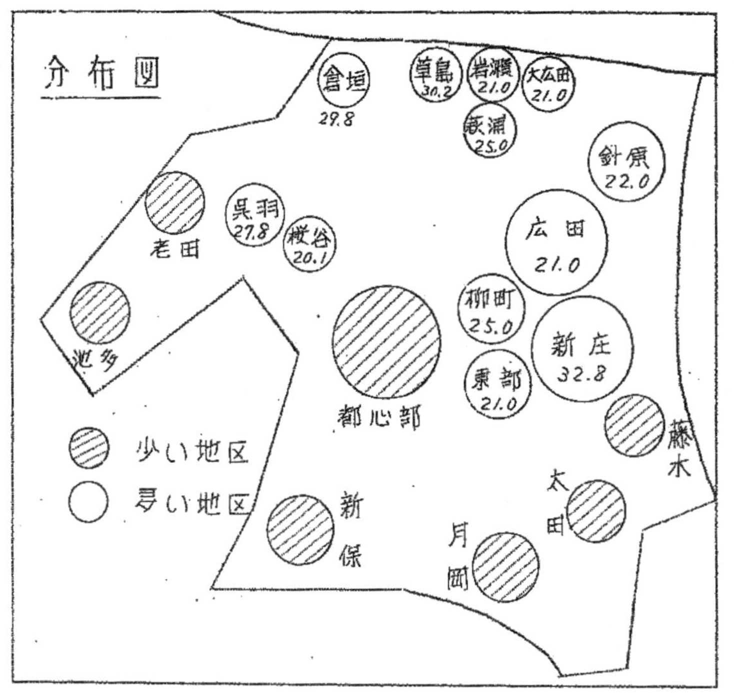

2．県内他都市との比較と増加傾向

（1） 小学校

	市町村名	2月現在	6月現在
1	城端町	15.9％	
2	大山町	15.5	
3	福光町	14.5	
9	氷見市	13.1	
10	富山市	13.0	16.4％
	県平均	11.5	

（2） 中学校

	市町村名	2月現在	6月現在
1	富山市	14.8％	17.6％
2	新湊市	13.6	
3	東砺波	13.3	
	県平均	11.7	

（中学校）

	学校名	在籍数	留守家族						家人帰宅までの状況			分布状況
			合計（%）	両親共稼	父子家庭	母子家庭	両親欠	その他	自宅	他家	その他	
1	芝園中学校	1,498人	202人（13.5）	143人	5人	44人	5人	7人	188人	9人	6人	牛島町32人 神通町26人 総曲輪24人 安野屋20人
2	堀川中学校	1,136	204（18.0）	156	12	34	0	2	192	11	1	太郎丸25，本町24 大泉22
3	東部中学校	682	101（15.0）	82	0	16	1	2	79	15	9	長江・24 不二越町21
4	西部中学校	628	133（21.0）	102	4	24	1	2	108	11	14	五福 42 有明町39 田刈屋30 五艘19
5	南部中学校	1,112	156（14.0）	102	10	41	2	1	133	14	7	長柄町16
6	北部中学校	616	95（15.4）	83	3	9	0	0	92	0	3	海岸通17
7	新庄中学校	883	290（32.8）	226	12	40	5	7	185	53	52	新庄町39 向新庄29 針原新町26 荒川26 田中25 新屋敷町24
8	岩瀬中学校	1,136	251（22.0）	208	7	33	0	3	216	13	22	荏原21 新庄新町20 港町30 天神町30 高島22
9	山室中学校	715	121（16.9）	93	2	22	2	2	103	6	12	不二越町34
10	奥田中学校	1,418	254（17.9）	200	7	29	2	16	231	21	2	錦町21
11	大泉中学校	707	160（22.7）	127	10	21	2	0	143	6	28	住吉町19
12	月岡中学校	230	32（13.8）	18	0	12	2	0	26	6	0	月岡新5
13	和合中学校	822	126（14.0）	103	7	16	0	0	106	5	8	四方町7
14	呉羽中学校	1,178	94（8.1）	86	0	8	0	0	89	5	5	茶屋町12
合計		12,776	2,219（17.6）	1,729	79	349	20	42	1,878	172	169	

Ⅲ、指導と対策について

今回の第一次実数調査以前より現在までに実施している対策について（1）各学校におけるもの （2）家庭におけるもの （3）地域におけるもの．についてのべてみると次のとおりである。

1．学校においては

（1） カギッ子の動態について具体的に調査し、名簿をつくり、家庭、地域と連絡を密にして実状に即した対策を行なう．

（2） カギッ子のためのグループをつくり、児童生徒の自主的活動を促進するなど、放課後の指導と活動を強化する。（クラブ活動参加、図書室利用、体育館運動場利用）

（3） 帰宅後の生活について適切な指導と助言をあたえる．（生活設計、生活日記、家庭学習、交友、あそび、金銭の使途）

（4） カギッ子保護者との連絡懇談会

（5） 家庭通信による学校と家庭との連けい

（6） 保護者、次保護者との連絡方法

（7） 集 団 下 校

（8） カギッ子の生活をきく会

（9） 両親学級、家庭教育学級による理解

（10） 教育相談による個人指導

2．家庭においては

（1） 親子の心の結びつきを深める．（親子メモ、親子日記、親子手紙、間食準備）

（2） 親子の話しあいの場を多くする．

（3） カギッ子の親としての立場を自覚する。（夕食だんらん、親子テレビ・ラジオ聴視、親子読書）

（4） 近隣、知人への依託（感謝のための帰宅挨拶）

（5） 学校との連けいを密に．

3．地域においては

（1） 町内地区委員，児童委員に名簿をおくり連絡をはかる．

（2） 町内の母親クラブの組織による指導。

（3） 町内こどもグループをつくり学習と遊びをさせる．

（4） 町内会 婦人会のカギッ子指導の雰囲気づくり．

（5） 環境の浄化運動．

（6） 児童文化センターの利用．

（7） 図書館，公民館の利用．

（8） 市立体育館 市民プールの利用．

Ⅳ．今後残された問題点

今回の調査はカギッ子についての第一次的な実数調査であり，その指導と対策も表面的である，したがってこの調査を契機としてカギッ子対策は今後一層掘り下げて考えなければならない．

（1） 学校においてはカギッ子そのものの動態についてもっと具体的に追跡的に調査把握し，その対策を講じなければならない．

（生活，学習，交友，行動，性格，余暇）

（2） カギッ子の親についての調査が必要である．

（親の考え，姿勢 態度）

（3） 地域の人々のカギッ子に対する意識と対策

（4） 施設の充実

（町内 教育委員会，富山市）

カギッ子は年とともに増加するのが現状のようであり，母親よ家庭に帰れということでは今の時勢にはあてはまらないことばのようである，このカギッ子問題は社会全体の問題としてとらえられ，総合的に，継続的に今後さけることの出来ない問題として，むしろ前向きの姿勢で自主性のある独立心のあるこどもに育成しなければならない。そのささえとして母の知恵，周囲の理解，施設の充実と対策が目下の急務ではないかと思われる．

留守家庭児童生徒調査報告書

福　　井　　県
福井県青少年問題協議会

は　じ　め　に

最近の著しい社会の進展に伴って、母親の就労がめだって増加し、放課後帰宅しても保護者が家にいない児童・生徒が非常に多くなっています。

こうした留守家庭の児童・生徒は、温い家庭から遠ざけられて、子どもの人間形成にいろいろなひづみをつくりやすい状態にあるので、その対策が今日の大きな社会問題になっています。

そこで本県では、先づその手がかりに県下小中学校の児童・生徒を対象に留守家庭児童・生徒の概況を調査しました。

本調査は、概数は握を主たる目的とした概観調査ではありますが、関係機関のみならず広くこうした問題に関心をお持ちの方々が、この資料を今後の調査研究の参考として御利用願えれば幸いです。

おわりに、この調査を実施するにあたって、調査用紙の配布から集計まで、大変な御協力、御苦労を願った県教委の方々や地教委、小中学校の先生方に深く感謝の意を表します。

昭和４０年１２月２５日

福井県総務部長　田　鍋　秀　則

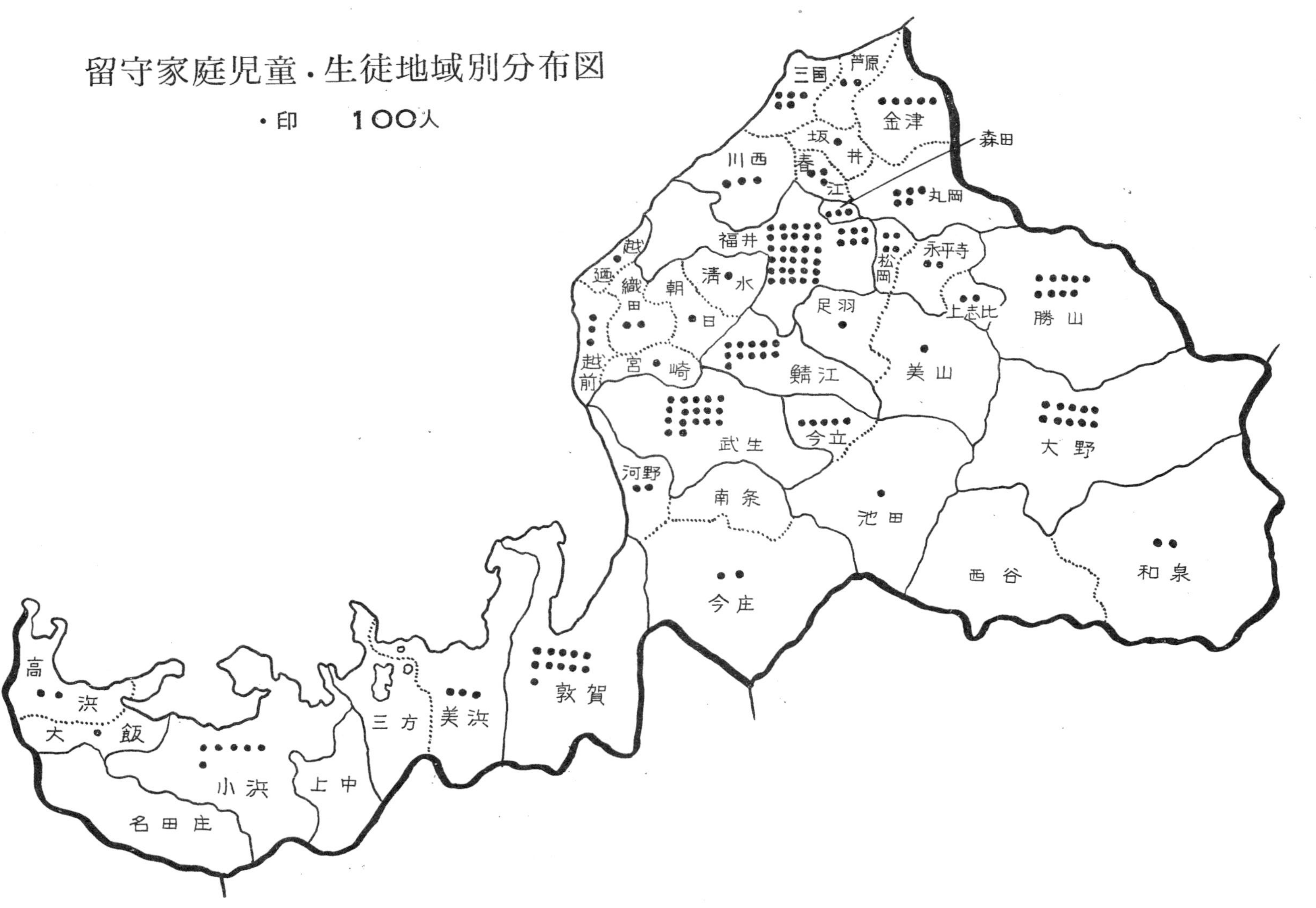

留守家庭児童・生徒地域別分布図

I　調　査　要　項

1. 調査の目的

県下小・中学校に在学する児童・生徒で、放課後帰宅したとき、保護者およびこれに代る者が相当期間不在の状態にある家庭の児童・生徒の実数および生活状況を調査し、今後の青少年健全育成対策の基礎資料を得ることを目的とする。

2. 調査機関

福井県、福井県教育委員会

3. 調査対象

県下小・中学校に在籍する全児童・生徒

4. 調査期日

昭和40年7月5日現在をもって実施した。

5. 調査方法

(1) この調査は、福井県総務部青少年室が関係各課の協力を得て企画し、福井県教育委員会が実施した。

(2) 県教育委員会は、市・町・村教育委員会に依頼して調査票を配布し取りまとめたうえ、その集計にあたった。

(3) 各学校では、学級担任がそのクラスの児童・生徒について、個人別調査票により調査し、学校長が集計票にまとめた。

6. 調査用語の説明

(1) 「児童・生徒数」調査月日現在の在籍数

(2) 「留守家庭児童・生徒」

この調査で、留守家庭児童生徒とは、放課後帰宅したとき、保護者およびこれに代る者が、就業等のため相当期間（年間通算１８０日以上）不在の状態にある家庭の児童・生徒をいう。

(3) 留守家庭の理由別

① 「両親共稼ぎ」両親（養継父母も含む）とも外に出て働いている家庭（自家営業、家内工業、内職等居宅内で労働している場合や農、漁、林業等不規則なものは除く）

② 「父子家庭」
③ 「母子家庭」 母または父が児童・生徒と生活をともにしていない家庭（死亡、離婚、遺棄行方不明等のため）

④ 「父母ともにいない家庭」父母の死亡、行方不明、遺棄等がある。

⑤ 「その他」両親共稼ぎ、欠損家庭以外で両親または片親が半年以上不在の家庭をさす。理由としては長期入院、海外居住、別居、出稼ぎ、長期受刑、非常災害等がある。

(4) 下校後の状況

① 「下校後」下校後とは児童・生徒が学校を出てから、保護者が帰宅するまでの時間をさす。放課後（下校時間後）学校に居残っている時間は含まない。

② 「親類・知人宅へ行く」この調査で類親・知人宅とは児童・生徒の保護者から保護の依頼をうけているものをいう。

学　校　調　査　票

（集計用）

市町村名	学校名	学校長名	印

学年	性別	児童・生徒数	留守家庭児童生徒数	経済状況		留守家庭の理由別					下校後の状況				
				1 要（準）保護家庭	2 その他	1 両親共稼ぎ	2 父子家庭	3 母子家庭	4 父母ともにいない家庭	5 その他	1 主に自分の家ですごす	2 親類・知人宅へ行く	3 近隣・友人の家で勉強したり遊んだりしている	4 主に塾などで勉強している	5 その他の場所で時間をすごす
1年	男														
	女														
2年	男														
	女														
3年	男														
	女														
4年	男														
	女														
5年	男														
	女														
6年	男														
	女														
合計	男														
	女														
	計														

個人別調査表（学級用）

学年　　　組

調査項目 ＼ 児童・生徒氏名	経済状況		留守家庭の理由別					下校後の状況				
	1 要（準）保護家庭	2 その他	1 両親共稼ぎ	2 父子家庭	3 母子家庭	4 父母ともにいない家庭	5 その他	1 主に自分の家ですごす	2 親類・知人宅へ行く	3 近隣友人の家で勉強したり遊んだりしている	4 主に塾などで勉強している	5 その他の場所で時間をすごす
1												
2												
3												
4												
5												
6												
7												
8												
9												
10												
11												
12												
13												
14												
15												
16												
17												
18												
19												
20												
21												
22												
23												
24												
25												
計												

（注）　（この調査表は県へ提出する必要がありません）

Ⅱ　調　査　結　果　の　概　要

1　留守家庭児童・生徒数

福井県の小・中学校に在籍する全児童・生徒数は昭和40年7月5日（調査月日）現在で126,661名であり、本調査でいう留守家庭児童・生徒は16,883名で、13.3%になっている。

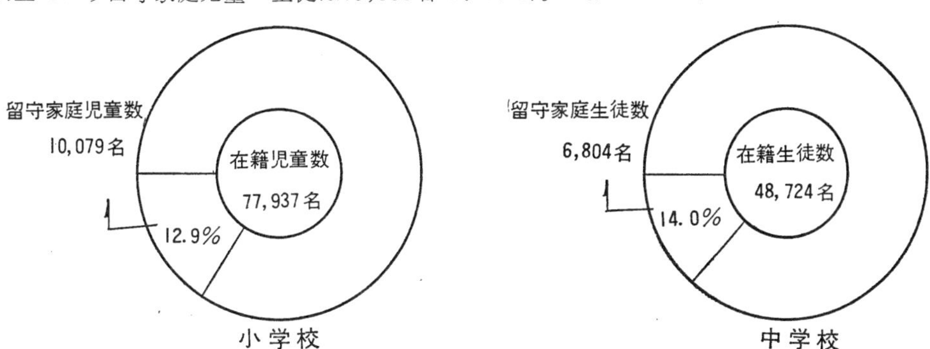

小学校・中学校別にみると、小学校12.9%、中学校14.0%で、中学校がやや高い比率になっている。

これを同じ定義で調査した富山県、福岡県、栃木県と比較すると次のとおりである。

		福井県	富山県	福岡県	栃木県
小学校	在籍児童数	77,937	101,685	330,700	183,306
	留守家庭児童数	10,079	11,663	41,014	11,488
	率	12.9	11.5	12.8	6.3
中学校	在籍生徒数	48,724	70,389	217,336	126,849
	留守家庭生徒数	6,804	8,244	23,133	7,997
	率	14.0	11.7	10.6	6.3
計	在籍児童生徒数	126,661	172,074	538,036	310,155
	留守家庭児童生徒数	16,883	19,907	64,147	19,485
	率	13.4	11.6	11.9	6.3

調査期日　富山県　昭和40年2月15日現在
　　　　　福岡県　昭和40年2月25日現在
　　　　　栃木県　昭和39年9月10日現在

調査期日において本県と大差のない富山、福岡の両県より2.5%以上上廻っていることは、本県の留守家庭児童・生徒の比率が相当高いことを示している。

学年別　留守家庭児童・生徒数

		第1学年	第2学年	第3学年	第4学年	第5学年	第6学年	計
小学校	在籍児童数	13,116	11,940	12,260	13,291	13,429	13,901	77,937
	留守家庭児童数	1,458	1,424	1,629	1,693	1,903	1,972	10.079
	率	11.1%	11.9%	13.3%	12.7%	14.2%	14.2%	12.9%
中学校	在籍生徒数	14,882	16,051	17,791				48,724
	留守家庭生徒数	2,145	2,160	2,499				6,804
	率	14.4%	13.5%	14.0%				14.0%

学年別にみると、小学校では低学年で少なく高学年に多くなっている。中学校は一年生が最も多く、2年生が最も少ない。

留守家庭児童・生徒数（学年別）

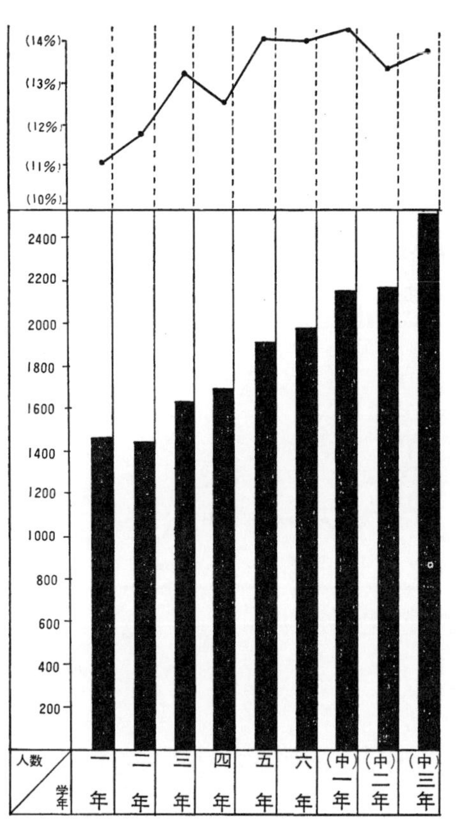

留守家庭児童・生徒数　（市町村別）

	数	比　率	密　度
	人	%	人
福井市	3,596	14.9	21.5
敦賀市	1,145	12.1	4.6
武生市	1,657	15.5	9.0
小浜市	615	10.4	2.6
大野市	1,018	12.9	2.9
勝山市	928	13.6	3.7
鯖江市	1,067	14.3	12.7
足羽町	99	4.2	1.7
美山町	147	9.3	1.1
森田町	381	24.7	62.5
松岡町	439	25.5	23.6
永平寺町	227	22.1	8.8
上志比村	198	26.5	7.9
西谷村	1	0.5	
和泉村	241	33.5	0.7
三国町	511	13.8	11.5
芦原町	163	7.8	4.3
金津町	542	17.6	6.9
丸岡町	485	12.2	4.5
春江町	311	13.8	12.6
坂井町	126	6.5	4.0
川西町	261	11.7	3.2
今立町	248	15.3	
池田町	101	6.3	0.5
南条町	34	3.4	0.6
今庄町	156	10.5	0.6
河野村	138	18.6	2.8
朝日町	130	8.2	2.9
宮崎村	93	13.2	2.8
越前町	362	16.2	7.2
越廼村	127	19.7	8.7
織田町	157	15.1	4.0
清水町	103	8.4	2.5
三方町	47	2.4	0.5
美浜町	311	12.5	2.0
上中町	41	3.0	0.5
名田庄村	56	11.3	
高浜町	180	9.4	2.6
大飯町	88	8.0	1.3
足羽中学校組合	71	15.3	
南越中学校組合	282	22.2	

留守家庭児童・生徒数を市町村別にみると、福井市の3,591名を最高に武生市の1,657名、敦賀市の1,145名と続き、最も少ないのは西谷村の１名となっている。

これを割合でみると、和泉村が33.5%で最も高く、次いで吉田郡一帯の上志比村26.5%、松岡町25.5%森田町24.7%、永平寺町22.1%と続いている。

これ等の地域は福井市に近いこと、機業場の多い地域であることなどの理由によるものと考えられる。

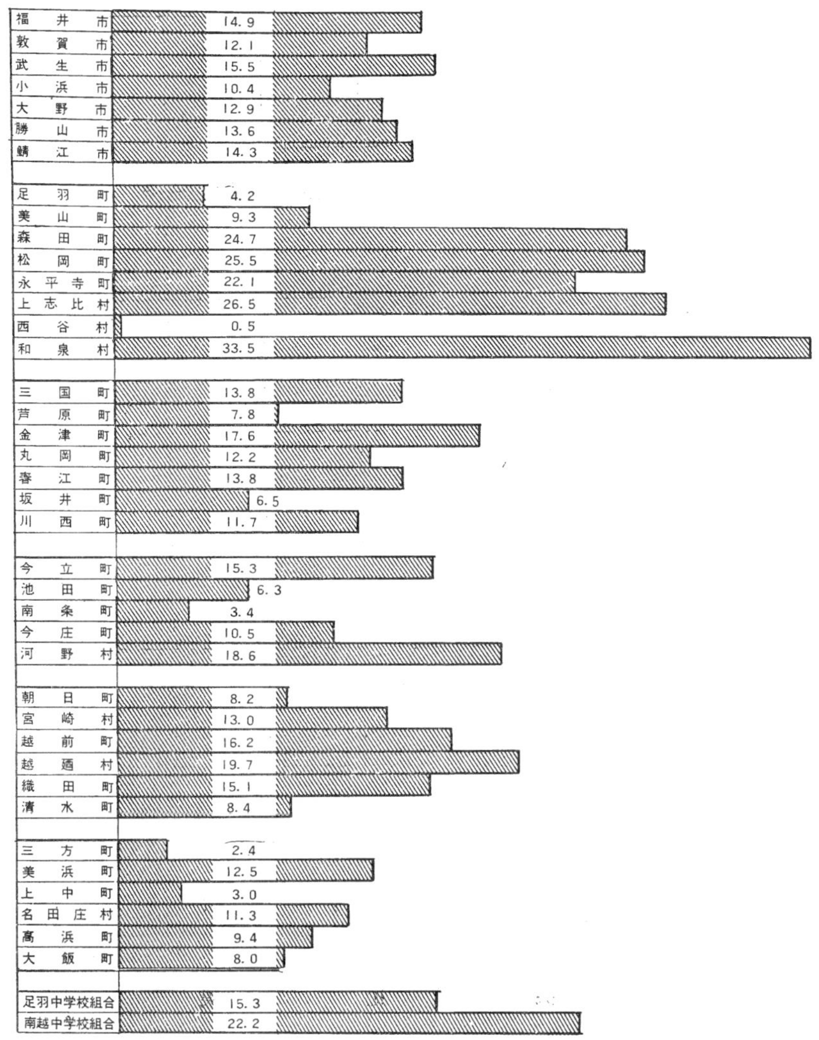

和泉村が最高の比率を示しているのは、鉱山地域の小中学校が48%にも及んでいるためである。

更に越廼村19.7%、河野村18.6%、越前町16.2%と海岸地帯で県平均を大きく上回っている。最も低いのは三方町の2.4%、南条町の3.4%、西谷村の0.5%等であり、 いづれも35年度の国調による産業別就業者数において、第一次産業従事者が多い地域である。

留守家庭児童生徒　(密度)

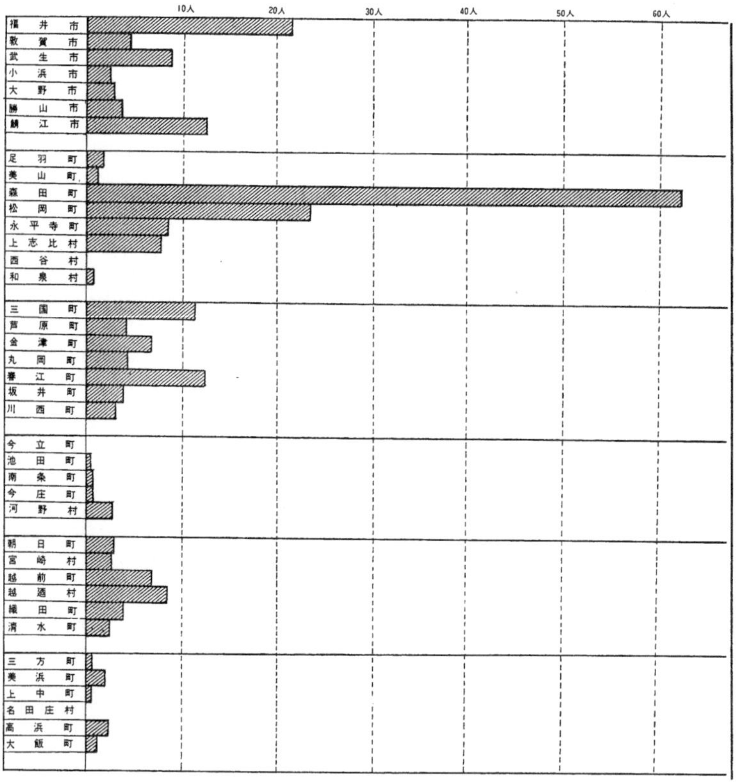

10人　20人　30人　40人　50人　60人

福井市
敦賀市
武生市
小浜市
大野市
勝山市
鯖江市
足羽町
美山町
森田町
松岡町
永平寺町
上志比村
西谷村
和泉村
三国町
芦原町
金津町
丸岡町
春江町
坂井町
川西町
今立町
池田町
南条町
今庄町
河野村
朝日町
宮崎村
越前町
越廼村
織田町
清水町
三方町
美浜町
上中町
名田庄村
高浜町
大飯町

2　留守家庭児童生徒の家庭の経済状況

留守家庭児童・生徒の家庭の経済状況

経済状況	小学校		中学校	
	実数	比率	実数	比率
1. 要（準）保護家庭	人 1,562	% 15.5	人 1,182	% 17.4
2. その他の家庭	8,517	84.5	5,622	82.6

留守家庭の経済状況を見ると、 要準保護家庭は小学校で15.5%、 中学校で17.4%、 全体では2,744名16.3%になっている。これを富山県の小学校12.9%、中学校13.6%と比較するとかなり高率である。

（学年別要準保護家庭数）

	1 年	2 年	3 年	4 年	5 年	6 年	中1年	2 年	3 年
数	178	214	255	254	292	369	363	375	444
%	12.2	15.0	15.7	15.0	15.3	18.7	16.9	17.4	17.8

学年別では、小学校６年生に最も多く、１年生が最も少ない。２年生から５年生まではほぼ同率になっている。中学校は高学年ほど比率が高くなっている。

（市　町　村　別　要　準　保　護　家　庭　比　率）

福井市	12.0	三国町	20.4	越前町	14.6
敦賀市	15.9	芦原町	18.4	越廼村	37.1
武生市	16.2	金津町	12.9	織田町	15.9
小浜市	27.0	丸岡町	13.2	清水町	16.5
大野市	13.9	春江町	19.3		
勝山市	16.0	坂井町	15.9		
鯖江市	16.9	川西町	19.2	三方町	19.1
				美浜町	35.0
				上中町	63.2
足羽町	17.2	今立町	9.7	名田庄村	39.3
美山町	13.6	池田町	29.7	高浜町	9.4
森田町	4.5	南条町	32.4	大飯町	44.3
松岡町	16.9	今庄町	30.1		
永平寺町	13.2	河野村	31.2		
上志比村	11.6				
西谷村	0				
和泉村	8.7	朝日町	20.7	足羽中学校組合	18.3
		宮崎村	15.1	南越中学校組合	14.3

市町村間にはかなり大きな差がある。とくに比率の高い地域は小浜市、三国町、池田町、南条町、今庄町、河野村、朝日町、越廼村、美浜町、上中町、名田庄村、大飯町（20％以上）等である。これらの市町村はいづれも欠損家庭の比率が高い。

3　留守家庭児童・生徒の内訳

留　守　家　庭　児　童・生　徒　の　内　訳　　（比率は全体を100として）

理由別	小学校		中学校	
	実数	比率	実数	比率
	人	%	人	%
1. 両親共稼ぎ家庭	8,260	82.0	4,618	67.9
2. 父子家庭	204	2.0	249	3.7
3. 母子家庭	1,059	10.5	1,457	21.4
4. 父母ともにいない家庭	71	0.7	82	1.2
5. その他の家庭	485	4.8	398	5.8

留守家庭の児童・生徒をその理由別にみると、「両親共稼ぎ」のために留守家庭になっている場合が大部分を占め、小学校で82.0％、中学校では67.9％になっており、全体で12,878名76.3％である。

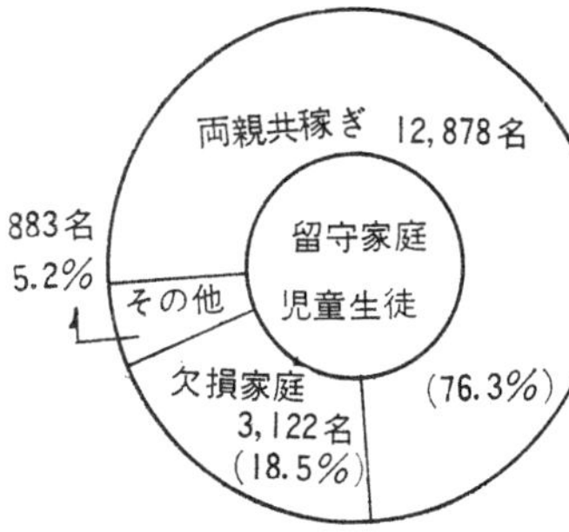

両親共稼ぎ　12,878名
留守家庭
児童生徒
(76.3％)
883名
5.2％
その他
欠損家庭
3,122名
(18.5％)

これを学年別にみると、小学校の低学年に多く、高学年になるにつれて少なくなっている。

「欠損家庭」は3,122名 18.5％で、小学校が13.2％、中学校が26.3％で中学校が小学校のほゞ2倍になっている。

学年別には低学年に少なく、高学年になるにつれて多くなっており、小学校2年の10.3％に比して、中学校3年では29.8％とその差が大きい。

欠損家庭の大部分は母子家庭で、父子家庭の約6倍になっている「その他」は小学校4.8％、中学校5.8％で学年間の差も少ない。

留守家庭児童・生徒の内訳（学年別）

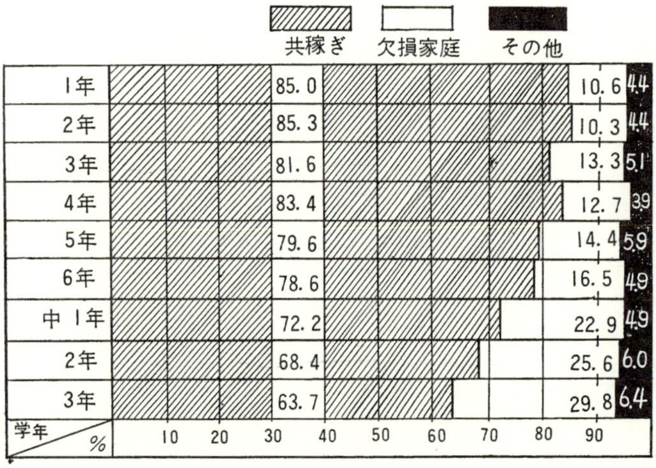

学年	共稼ぎ	欠損家庭	その他
1年	85.0	10.6	4.4
2年	85.3	10.3	4.4
3年	81.6	13.3	5.1
4年	83.4	12.7	3.9
5年	79.6	14.4	5.9
6年	78.6	16.5	4.9
中 1年	72.2	22.9	4.9
2年	68.4	25.6	6.0
3年	63.7	29.8	6.4

（学年 ／ %　10　20　30　40　50　60　70　80　90）

（市 町 村 別 分 布）

理由 ／ %	共稼ぎ	欠損家庭	その他
100	1		
90～99.9	1		
80～89.9	10		
70～79.9	16		1
60～69.9	9		
50～59.9	2		
40～49.9			1
30～39.9		1	
20～29.9	1	15	2
10～19.9		21	5
1～ 9.9	1	3	26
0～ 0.9		1	6

留守家庭の理由別

	共稼ぎ	欠損家庭	その他		共稼ぎ	欠損家庭	その他
	%	%	%		%	%	%
福井市	77.1	18.8	4.1	今立町	87.9	11.7	0.4
敦賀市	76.5	19.7	3.8	池田町	62.4	16.8	20.8
武生市	80.0	17.7	2.3	南条町	64.7	29.4	6.0
小浜市	73.0	23.4	3.6	今庄町	59.0	32.7	8.3
大野市	78.7	15.9	5.4	河野村	58.0	18.8	23.2
勝山市	77.0	18.2	4.8				
鯖江市	75.0	21.2	3.8	朝日町	66.1	28.5	5.4
足羽町	78.8	21.2	0	宮崎村	83.9	16.1	0
美山町	73.5	19.0	7.5	越前町	67.7	17.7	14.6
森田町	88.7	8.7	2.6	越廼村	29.9	22.0	48.2
松岡町	85.2	12.8	2.0	織田町	80.9	15.9	3.2
永平寺町	85.9	11.9	2.2	清水町	85.4	12.6	1.9
上志比村	90.4	8.6	1.0				
西谷村	100	0	0	三方町	78.7	6.4	14.9
和泉村	88.0	10.4	1.7	美浜町	75.8	20.6	3.5
				上中町	65.9	26.8	7.3
三国町	69.9	18.9	11.2	名田庄村	5.4	16.0	78.6
芦原町	69.3	27.6	3.1	高浜町	75.6	15.0	9.5
金津町	79.9	17.7	2.4	大飯町	64.8	25.0	10.2
丸岡町	71.5	23.1	5.4				
春江町	80.7	14.5	4.8				
坂井町	70.6	27.0	2.4	足羽中学校組合	74.6	25.4	0
川西町	60.2	24.5	15.3	南越中学校組合	78.0	21.3	0.7

市町村別には、まず度数分布表でみると、「共稼ぎ家庭」は70%～89.9%に最も多く集中しており、90%以上が2町村、30%以下が2町村ある。

「欠損家庭」は分布の巾が最も小さく10%から29.9%に集中している。

「その他」は1～9.9%に26市町村あり、分布の巾も小さいが、70%台の1、40%台の1がめだっている。

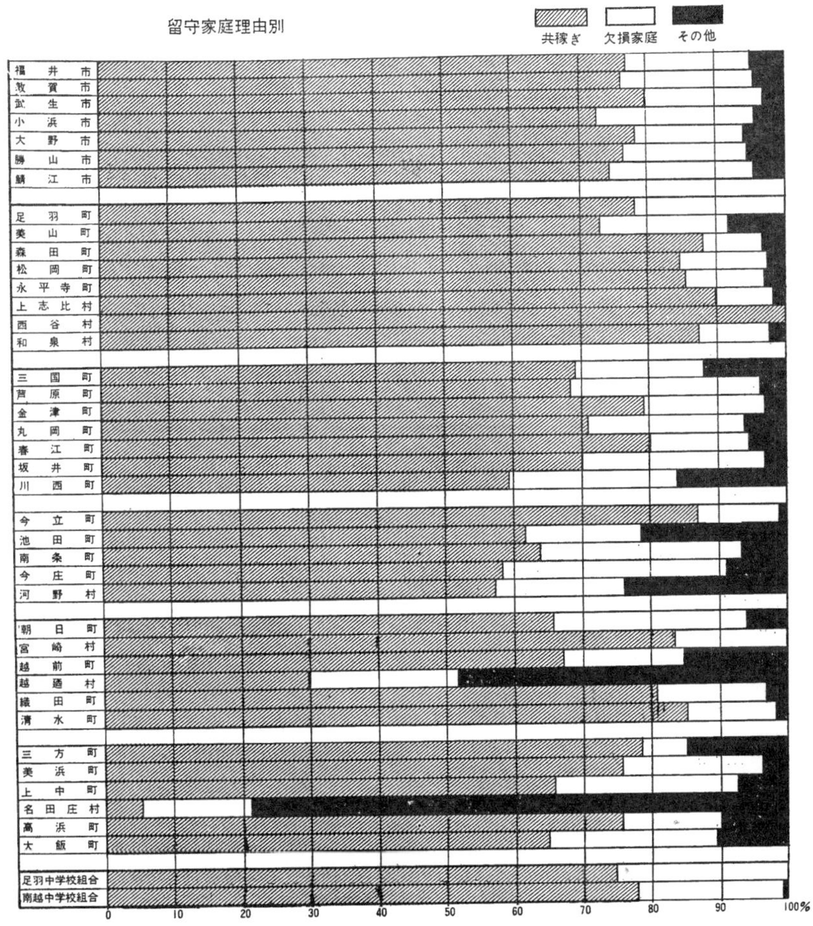

「共稼ぎ家庭」100%の１村は西谷村で、留守家庭児童数が１名である。

90.4%は上志比村で、森田、松岡、永平寺町など吉田郡一帯に共稼ぎ家庭が多いが、この地域は留守家庭児童・生徒の比率でも高い地域である。

なお和泉村、今立町、宮崎村、清水町なども共稼ぎ家庭の比率が高いが、いづれも「その他」の比率が極めて低い。

「共稼ぎ家庭」の比率がとくに低いのは名田庄村（5.4%）越廼村（29.9%）で、河野村、川西町、池田町なども少ないが、これらの町村はいづれも「その他」の比率が高く、出稼ぎや日傭い労務などに出かける人達が多い地域と考えられる。

「欠損家庭」は今立町、南条町、朝日町、芦原町、坂井町などに多い。

4 留守家庭児童・生徒の下校後の状況

留守家庭児童・生徒の下校後の状況

下校後の状況別	小学校		中学校	
	実数	比率	実数	比率
1. 主に自分の家ですごす	人 5,800	% 57.5	人 5,887	% 86.5
2. 親類・知人宅へ行く	826	8.2	126	1.9
3. 近隣・友人の家で勉強したり遊んだりしている	2,536	25.2	445	6.5
4. 主に塾などで勉強している	294	2.9	102	1.5
5. その他の場所で時間をすごす	623	6.2	244	3.6

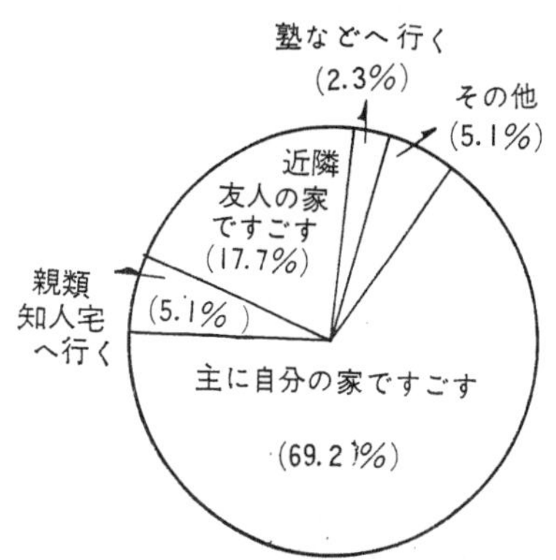

留守家庭児童・生徒の下校後の状況をみると、「主として自分の家ですごす」ものが最も多く11,687名69.2%になっている。

小学校は5,800名57.5%であるが、中学校は5,887名86.5と小学校を29%も上廻り、留守家庭の中学生の大部分が自宅ですごしていることを示している。

留守家庭児童・生徒の下校後の状況（学年別）

	主として自分の家ですごす	親類知人宅へ行く	近隣・友人の家で勉強したり遊んだり	主に塾などで勉強している	その他の場所で時間をすごす
小 1年	51.0	17.3	25.9	0.5	5.4
2年	53.6	11.7	27.6	0.8	6.3
3年	57.5	8.9	27.4	2.0	4.2
4年	56.9	6.4	25.8	5.6	5.3
5年	60.7	4.5	24.2	3.9	6.6
6年	62.8	3.4	21.5	3.7	8.6
中 1年	85.7	1.9	7.8	2.3	2.3
2年	84.5	2.2	7.4	1.4	4.6
3年	88.9	1.5	4.8	0.9	3.8

これを学年別にみると、小学校１年生の51.0%が最も低く、高学年になるにつれて次第に高率になり、中学校で一段と多くなっている。

「親類、知人宅へ行く」ものは、小学校826名8.2%、中学校126名1.9%と少ない。

低学年では割合比率が高く、小学校１年生で17.3%あるが、高学年になるにつれて大きく減少し、先の場合とは逆の傾向を示している。

「近隣、友人の家で勉強したり遊んだりしている」ものは2,981名17.7%であるが、小学校が2,536名25.2%と約4分の1あるのに対し、中学校は445名6.5%で、小学生に大へん多い。

小学2、3年をピークに次第に減少しているが、小学5年までは大差はない。

「主に塾などで勉強している」ものは全体に少なく、小学校で2.9%中学校で1.5%にとどまっている。

「その他の場所で時間をすごす」ものは小学校6.2%中学校3.6%で小学校がやや多く、5年6年が最も多い。

男女別にみると、「自分の家ですごす」ものは女子に多く、小学校では男子54.4%に対し女子60.9%、中学校では男子82.7%、女子90.6%といずれも女子が上回っているが、「近隣、友人の家で勉強したり遊んだりしている」ものや「その他の場所で時間をすごす」ものは男子に多い。

	自宅ですごす	親類・知人宅へ行く	近隣・友人の家ですごす	塾などに行く	その他
	%	%	%	%	%
福井市	72.5	5.6	13.7	2.5	5.6
敦賀市	54.1	4.8	28.1	6.3	6.7
武生市	77.6	4.5	12.4	2.7	2.7
小浜市	66.3	5.2	18.4	4.7	5.4
大野市	73.4	5.4	16.5	1.4	3.4
勝山市	65.5	5.5	21.1	3.9	4.0
鯖江市	72.4	6.2	15.1	0.7	5.6
足羽町	68.7	14.1	17.2	0	0
美山町	52.4	1.3	38.8	0	7.5
森田町	68.0	5.2	18.4	0.5	7.9
松岡町	72.2	5.7	11.8	2.7	7.5
永平寺町	73.1	3.5	20.3	0	3.1
上志比村	79.3	3.0	14.1	1.5	2.0
西谷村	0	100	0	0	0
和泉村	75.1	3.3	11.6	0	10.0
三国町	69.1	5.5	18.2	1.0	6.3
芦原町	68.7	13.5	16.6	0.6	0.6
金津町	68.8	6.5	17.2	1.7	5.9
丸岡町	58.7	7.8	22.5	5.7	5.3
春江町	63.7	10.6	18.3	0	7.4
坂井町	80.9	4.8	11.9	0.8	1.6
川西町	82.8	3.4	8.4	0	5.4

	自宅ですごす	親類・知人宅へ行く	近隣・友人の家ですごす	塾などに行く	その他
	%	%	%	%	%
今立町	40.7	8.1	37.9	2.4	10.9
池田町	74.3	5.9	15.8	0	3.9
南条町	85.3	2.9	0	11.8	0
今庄町	75.0	4.5	13.5	0.6	6.4
河野村	82.6	0.7	9.4	0	7.2
朝日町	77.0	3.1	16.9	0	3.1
宮崎村	74.2	6.4	18.3	0	1.1
越前町	39.9	7.2	40.4	3.9	8.6
越廼村	77.9	6.3	15.0	0	0.8
織田町	63.7	7.0	19.1	0	10.2
清水町	62.1	15.5	21.4	0	1.0
三方町	51.1	10.6	29.8	2.1	6.4
美浜町	64.6	7.1	22.5	0	5.8
上中町	41.5	14.6	36.6	0	7.3
名田庄村	48.2	1.8	50.0	0	0
高浜町	52.2	6.1	32.8	5.5	3.3
大飯町	79.5	7.9	10.2	0	2.3
足羽中学校組合	95.8	1.4	1.4	1.4	0
南越中学校組合	91.8	1.1	5.3	0.7	1.1

地域別にみると、「親類・知人宅へ行く」ものは足羽町、芦原町、春江町、清水町、三方町、上中町などに多く、「近隣・友人の家ですごす」ものは美山町、今立町、越前町、上中町、名田庄村、高浜町などに多い。(今立町、名田庄村は小学校のみの比率)

「その他の場所で時間をすごす」ものは、和泉村、今立町、越前町、織田町などが目立っている。

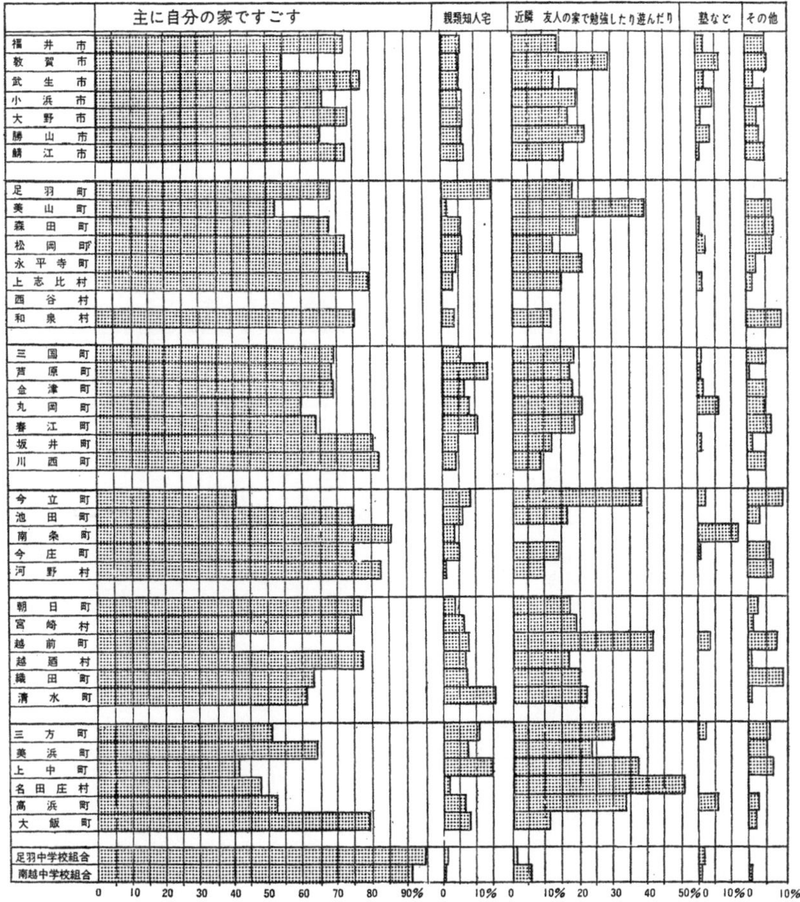
主に自分の家ですごす
親類知人宅
近隣　友人の家で勉強したり遊んだり
塾など
その他
福井市
敦賀市
武生市
小浜市
大野市
勝山市
鯖江市
足羽町
美山町
森田町
松岡町
永平寺町
上志比村
西谷村
和泉村
三国町
芦原町
金津町
丸岡町
春江町
坂井町
川西町
今立町
池田町
南条町
今庄町
河野村
朝日町
宮崎村
越前町
越廼村
織田町
清水町
三方町
美浜町
上中町
名田庄村
高浜町
大飯町
足羽中学校組合
南越中学校組合
0 10 20 30 40 50 60 70 80 90%
0 10%
0 10% 20 30 40 50%
0 10%
0 10%

あ　と　が　き

留守家庭児童・生徒については、その定義のしかた、調査方法等によって、その数は異なるものである。本調査では定義を「放課後帰宅したとき、保護者及びこれに代る者が就業等のため相当期間（年間通算180日以上）不在の状態にある家庭の児童・生徒」として調査した。

調査の結果、本県の留守家庭児童・生徒数は16,883名13.3%であり、同じ定義で調査した富山県、福岡県等より高率であって、本県の留守家庭児童・生徒の比率がかなり高いことを示している。なお本調査では、家内工業や内職等居宅内の労働や農、林、漁業等による不規則なものをのぞいて調査しているので、これ等を含めれば、更に相当数の増加が見込まれる。

地域別に見ると、市町村間にかなりの差がみられるが、これはその地域の経済的な条件・環境や生活意識の差異によるものであろう。

福井市とその周辺部や海岸地帯ではとくに比率が高く、福井市と吉田郡一帯はその密度も高いので、対策を急ぐ必要があるように思われる。

農山村等における留守家庭については、先に述べた如く、必ずしも実情に合ったものとは言い得ない。農繁期、農閑期の労働の実態、家内労働の実態や家族間の人間関係等を、その地域の実情に合った形では握する必要がある。

留守家庭の経済状況をみると、要準保護家庭は小学校15.5%中学校17.4%で、富山県に比してやや高率ではあるが、生活のために止むを得ない人達よりも、よりよい生活を求めて働きに出る人達の方がはるかに多いと思われる。このことは留守家庭児童・生徒の中で、共稼ぎの家庭の占める比率が極めて高いことにもあらわれている。経済的要求の増大、生活意識の変化等により、地域の経済開発の進展と共に、今後益々共稼ぎ家庭が増加するものと思われる。とくに低学年ほどその比率が高いことから、児童福祉・保護の立場からの共稼ぎ家庭対策が必要である。

欠損家庭は、高学年になるに従って多く、中学校では４分の１に当っている。その大部分が母子家庭であるので、母子家庭対策も十分考慮されねばならない。

下校後の状況では「主として自宅ですごす」児童・生徒が多く、中学生ではその大部分を占めている。中学生は、クラブ活動や補習等のため、帰宅時間が相当おそくなることも大きく影響していると思われるが、なにより、帰宅後の生活についての両親の暖かい配慮がのぞまれる。

「親類や知人宅で保護されているもの」は割合少なく、小学校の低学年で10数パーセントみられるのが目立つのみであるがその反面、「近隣・友人宅で勉強したり遊んだりしているもの」の数はかなり多い。

本調査は、留守家庭児童・生徒の概数は握を主たる目的とした概観調査であるため、下校後の生活状況の細部については明らかでない。自宅ですごす場合、近隣友人宅ですごす場合、その他の場所ですごす場合、それぞれどの様にしてすごしているのか、事故防止に対する配慮はなされているか、家庭での学習環境はととのえられているか、どの様な遊びをどこで行なっているか、家庭内の人間関係はどうか、地域社会の環境とその影響はどうか、（悪影響がないか）など、それぞれの地域社会でその実態に合せた追跡的な調査を行ない、具体的な問題点をとらえて対策を講ずる必要がある。

全　県　集　計

全　県　集　計　（人数）

学校	学年	性別	児童・生徒数	留守家庭児童生徒数	経済状況 1 要（準）保護家庭	経済状況 2 その他	留守家庭の理由別 1 両親共稼ぎ	2 父子家庭	3 母子家庭	4 父母ともいない家庭	5 その他	下校後の状況 1 主に自分の家ですごす	2 親類・知人宅へ行く	3 近隣・友人の家で勉強したり遊んだりしている	4 主に塾などで勉強している	5 その他の場所で時間をすごす
小学校	1年	男	6,704	717	93	624	607	17	61	3	29	341	132	197	7	40
		女	6,412	741	85	656	633	9	58	6	35	402	120	180	—	39
	2年	男	6,185	717	99	618	616	10	53	4	33	382	76	199	9	51
		女	5,755	707	115	592	597	11	61	8	29	381	91	194	3	38
	3年	男	6,309	850	130	720	697	20	83	5	46	476	73	242	19	40
		女	5,951	779	125	654	632	15	91	3	37	460	73	203	14	29
	4年	男	6,687	833	139	694	690	12	87	9	35	453	44	229	43	64
		女	6,604	860	115	745	723	13	86	9	31	510	64	207	53	26
	5年	男	6,972	1,016	159	857	797	31	112	9	68	575	44	273	34	90
		女	6,457	887	133	754	719	18	99	6	45	581	42	188	40	36
	6年	男	7,082	1,051	205	846	823	24	147	8	48	592	35	253	32	139
		女	6,819	921	164	757	726	24	121	1	49	647	32	171	40	31
	合計	男	39,939	5,184	825	4,359	4,230	114	543	38	259	2,819	404	1,393	144	424
		女	37,998	4,895	737	4,158	4,030	90	516	33	226	2,981	422	1,143	150	199
		計	77,937	10,079	1,562	8,517	8,260	204	1,059	71	485	5,800	826	2,536	294	623
中学校	1年	男	7,572	1,098	183	915	790	43	207	11	47	903	24	107	26	38
		女	7,310	1,047	180	867	758	34	183	13	59	935	16	61	23	12
	2年	男	8,139	1,124	201	923	759	42	235	14	74	890	30	119	15	70
		女	7,862	1,036	174	862	718	35	214	12	57	937	18	37	15	29
	3年	男	9,109	1,265	241	1,024	802	50	310	14	89	1,088	17	75	12	73
		女	8,682	1,234	203	1,031	791	45	308	18	72	1,134	21	46	11	22
	合計	男	24,970	3,487	625	2,862	2,351	136	752	39	210	2,881	71	301	53	181
		女	23,854	3,317	557	2,760	2,267	114	705	43	188	3,006	55	144	49	63
		計	48,724	6,804	1,182	5,622	4,618	249	1,457	82	398	5,887	126	445	102	244

（比率）

学校	学年	性別	児童・生徒数	留守家庭児童生徒率	経済状況 1 要（準）保護家庭	経済状況 2 その他	留守家庭の理由別 1 両親共稼ぎ	留守家庭の理由別 2 父子家庭	留守家庭の理由別 3 母子家庭	留守家庭の理由別 4 父母ともいない家庭	留守家庭の理由別 5 その他	下校後の状況 1 主に自分の家ですごす	下校後の状況 2 親類・知人宅へ行く	下校後の状況 3 近隣・友人の家で勉強したり遊んだりしている	下校後の状況 4 主に塾などで勉強している	下校後の状況 5 その他の場所で時間をすごす
小学校	1年	男		10.7												
		女		11.6												
	2年	男		11.6												
		女		12.3												
	3年	男		13.5												
		女		13.1												
	4年	男		12.5												
		女		13.0												
	5年	男		14.6												
		女		13.7												
	6年	男		14.8												
		女		13.5												
	合計	男		13.0	15.9	84.1	81.6	2.2	10.5	0.7	5.0	54.4	7.8	26.9	2.8	8.1
		女		12.9	15.1	84.9	82.4	1.8	10.5	0.7	4.6	60.9	8.6	23.3	3.1	4.1
		計		12.9	15.5	84.5	82.0	2.0	10.5	0.7	4.8	57.5	8.2	25.2	2.9	6.2
中学校	1年	男		14.5												
		女		14.3												
	2年	男		13.7												
		女		13.2												
	3年	男		13.9												
		女		13.2												
	合計	男		14.0	17.9	82.1	67.4	3.9	21.6	1.1	6.0	82.7	2.0	8.6	1.5	5.2
		女		13.9	16.8	83.2	68.3	3.4	21.3	1.3	5.7	90.6	1.7	4.3	1.5	1.9
		計		14.0	17.4	82.6	67.9	3.7	21.4	1.6	5.8	86.5	1.9	6.5	1.5	3.6

	学年	数率	児童・生徒数	留守家庭児童生徒数	経済状況 1 要（準）保護家庭	経済状況 2 その他	留守家庭の理由別 1 両親共稼ぎ	留守家庭の理由別 2 父子家庭	留守家庭の理由別 3 母子家庭	留守家庭の理由別 4 父母ともいない家庭	留守家庭の理由別 5 その他	下校後の状況 1 主に自分の家ですごす	下校後の状況 2 親類・知人宅へ行く	下校後の状況 3 近隣・友人の家で勉強したり遊んだりしている	下校後の状況 4 主に塾などで勉強している	下校後の状況 5 その他の場所で時間をすごす
小学校	1年	数		1,458	178		1,240	26	119	9	64	743	252	377	7	79
									154							
		%		11.1	12.2		85.0		10.6		4.4	51.0	17.3	25.9	0.5	5.4
	2年	数		1,424	214		1,213	21	114	12	62	763	167	393	12	89
									147							
		%		11.9	15.0		85.3		10.3		4.4	53.6	11.7	27.6	0.8	6.3
	3年	数		1,629	255		1,329	35	174	8	83	936	146	445	33	69
									217							
		%		13.3	15.7		81.6		13.3		5.1	57.5	8.9	27.4	2.0	4.2
	4年	数		1,693	254		1,413	25	173	18	66	963	108	436	96	90
									216							
		%		12.7	15.0		83.4		12.7		3.9	56.9	6.4	25.8	5.6	5.3
	5年	数		1,903	292		1,516	49	211	15	113	1,156	86	461	74	126
									275							
		%		14.2	15.3		79.6		14.4		5.9	60.7	4.5	24.2	3.9	6.6
	6年	数		1,972	369		1,549	48	268	9	97	1,239	67	424	72	170
									325							
		%		14.2	18.7		78.6		16.5		4.9	62.8	3.4	21.5	3.7	8.6
中学校	1年	数		2,145	363		1,548	77	390	24	106	1,838	40	168	49	50
									491							
		%		14.4	16.9		72.2		22.9		4.9	85.7	1.9	7.8	2.3	2.3
	2年	数		2,160	375		1,477	77	449	26	131	1,827	48	156	30	99
									552							
		%		13.5	17.4		68.4		25.6		6.0	84.5	2.2	7.4	1.4	4.6
	3年	数		2,499	444		1,593	95	618	32	161	2,222	38	121	23	95
									745							
		%		14.0	17.8		63.7		29.8		6.4	88.9	1.5	4.8	0.9	3.8

	留守家庭児童・生徒数			経済状況	留守家庭理由別			下校後の状況				
	数	比率	密度	要準保護	共稼ぎ	欠損家庭	その他	自宅ですごす	親類・知人宅へ行く	近隣・友人の家	塾	その他
	人	%	%	%	%	%	%	%	%	%	%	%
福井市	3,596	14.9	21.5	12.0	77.1	18.8	4.1	72.5	5.6	13.7	2.5	5.6
敦賀市	1,145	12.1	4.6	15.9	76.5	19.7	3.8	54.1	4.8	28.1	6.3	6.7
武生市	1,657	15.5	9.0	16.2	80.0	17.7	2.3	77.6	4.5	12.4	2.7	2.7
小浜市	615	10.4	2.6	27.0	73.0	23.4	3.6	66.3	5.2	18.4	4.7	5.4
大野市	1,018	12.9	2.9	13.9	78.7	15.9	5.4	73.4	5.4	16.5	1.4	3.4
勝山市	928	13.6	3.7	16.0	77.0	18.2	4.8	65.5	5.5	21.1	3.9	4.0
鯖江市	1,067	14.3	12.7	16.9	75.0	21.2	3.8	72.4	6.2	15.1	0.7	5.6
足羽町	99	4.2	1.7	17.2	78.8	21.2	0	68.7	14.1	17.2	0	0
美山町	147	9.3	1.1	13.6	73.5	19.0	7.5	52.4	1.3	38.8	0	7.5
森田町	381	24.7	62.5	4.5	88.7	8.7	2.6	68.0	5.2	18.4	0.5	7.9
松岡町	439	25.5	23.6	16.9	85.2	12.8	2.0	72.2	5.7	11.8	2.7	7.5
永平寺町	227	22.1	8.8	13.2	85.9	11.9	2.2	73.1	3.5	20.3	0	3.1
上志比村	198	26.5	7.9	11.6	90.4	8.6	1.0	79.3	3.0	14.1	1.5	2.0
西谷村	1	0.5		0	100.0	0	0	0	100.0	0	0	0
和泉村	241	33.5	0.7	8.7	88.0	10.4	1.7	75.1	3.3	11.6	0	10.0
三国町	511	13.8	11.5	20.4	69.9	18.9	11.2	69.1	5.5	18.2	1.0	6.3
芦原町	163	7.8	4.3	18.4	69.3	27.6	3.1	68.7	13.5	16.6	0.6	0.6
金津町	542	17.6	6.9	12.9	79.9	17.7	2.4	68.8	6.5	17.2	1.7	5.9
丸岡町	485	12.2	4.5	13.2	71.5	23.1	5.4	58.7	7.8	22.5	5.7	5.3
春江町	311	13.8	12.6	19.3	80.7	14.5	4.8	63.7	10.6	18.3	0	7.4
坂井町	126	6.5	4.0	15.9	70.6	27.0	2.4	80.9	4.8	11.9	0.8	1.6
川西町	261	11.7	3.2	19.2	60.2	24.5	15.3	82.8	3.4	8.4	0	5.4
今立町	248	15.3		9.7	87.9	11.7	0.4	40.7	8.1	37.9	2.4	10.9
池田町	101	6.3	0.5	29.7	62.4	16.8	20.8	74.3	5.9	15.8	0	3.9
南条町	34	3.4	0.6	32.4	64.7	29.4	6.0	85.3	2.9	0	11.8	0
今庄町	156	10.5	0.6	30.1	59.0	32.7	8.3	75.0	4.5	13.5	0.6	6.4
河野村	138	18.6	2.8	31.2	58.0	18.8	23.2	82.6	0.7	9.4	0	7.2
朝日町	130	8.2	2.9	20.7	66.1	28.5	5.4	77.0	3.1	16.9	0	3.1
宮崎村	93	13.2	2.8	15.1	83.9	16.1	0	74.2	6.4	18.3	0	1.1
越前町	362	16.2	7.2	14.6	67.7	17.7	14.6	39.9	7.2	40.4	3.9	8.6
越廼村	127	19.7	8.7	37.1	29.9	22.0	48.2	77.9	6.3	15.0	0	0.8
織田町	157	15.1	4.0	15.9	80.9	15.9	3.2	63.7	7.0	19.1	0	10.2
清水町	103	8.4	2.5	16.5	85.4	12.6	1.9	62.1	15.5	21.4	0	1.0
三方町	47	2.4	0.5	19.1	78.7	6.4	14.9	51.1	10.6	29.8	2.1	6.4
美浜町	311	12.5	2.0	35.0	75.8	20.6	3.5	64.6	7.1	22.5	0	5.8
上中町	41	3.0	0.5	63.2	65.9	26.8	7.3	41.5	14.6	36.6	0	7.3
名田庄村	56	11.3		39.3	5.4	16.0	78.6	48.2	1.8	50.0	0	0
高浜町	180	9.4	2.6	9.4	75.6	15.0	9.5	52.2	6.1	32.8	5.5	3.3
大飯町	88	8.0	1.3	44.3	64.8	25.0	10.2	79.5	7.9	10.2	0	2.3
足羽中学校組合	71	15.3		18.3	74.6	25.4	0	95.8	1.4	1.4	1.4	0
南越中学校組合	282	22.2		14.3	78.0	21.3	0.7	91.8	1.1	5.3	0.7	1.1

市　町　村　集　計　表

小　　　学　　　校

(1) 留守家庭児童数市町村別集計表（学年別・男女別）

市町村名	留守家庭児童実数													
	1		2		3		4		5		6		計	
	男	女	男	女	男	女	男	女	男	女	男	女	男	女
福井市	157	162	135	169	171	153	172	195	189	179	205	208	1,029	1,066
敦賀市	51	41	38	45	64	47	54	74	78	67	84	76	369	350
武生市	65	66	74	56	81	79	77	71	84	67	76	80	457	419
小浜市	27	25	24	20	26	21	31	38	20	40	49	30	177	174
大野市	49	53	49	34	65	56	57	51	76	48	45	58	341	300
勝山市	38	42	40	44	67	48	55	49	80	66	78	51	358	300
鯖江市	31	42	48	52	56	59	62	52	66	65	85	49	348	319
足羽町	6	9	7	3	1	5	8	7	9	5	4	2	35	31
美山町	6	10	10	7	6	8	8	13	26	11	12	12	68	61
森田町	21	21	20	20	20	17	15	13	17	20	16	16	109	107
松岡町	31	19	20	15	21	23	27	24	22	31	22	28	143	140
永平寺町	14	12	12	12	11	10	9	10	10	10	17	16	73	70
上志比村	4	3	2	6	5	1	3	13	16	5	8	2	43	35
三国町	12	18	26	21	21	22	25	26	38	23	32	28	154	138
芦原町	10	10	4	6	7	7	7	13	11	7	6	1	45	44
金津町	27	26	35	34	25	15	37	19	37	39	37	32	198	165
丸岡町	9	17	28	15	25	27	22	31	24	20	33	14	141	124
春江町	19	19	11	15	14	18	15	19	23	10	18	10	100	91
坂井町	6	8	6	7	15	6	2	6	7	9	9	20	45	56
川西町	14	10	9	8	8	11	14	9	9	12	19	19	73	69
西谷村														
和泉村	8	9	15	12	20	14	12	13	12	18	18	12	85	78
今立町	25	22	20	15	21	25	13	16	22	24	26	19	127	121
池田町	3	3	7	10	6	8	9	3	6	10	20	8	51	42
朝日町	13	10	2	4	4	10	4	6	4	7	7	5	34	42
宮崎村	2	3	4	7	2	3	5	7	—	4	7	10	20	34
越前町	12	11	5	7	18	23	22	20	32	18	34	33	123	112
越廼村	5	2	3	5	5	5	4	2	7	6	11	13	35	33
織田町	8	9	10	4	9	9	4	12	12	7	6	5	49	46
清水町	7	11	7	6	7	8	3	4	9	3	6	8	39	40
南条町	3	—	1	1	—	—	2	2	1	3	3	1	10	7
今庄町	2	5	1	5	4	7	8	—	9	3	15	8	39	28
河野村	3	1	4	2	3	2	6	3	5	2	3	4	24	14
三方町	2	2	2	2	8	3	2	3	1	1	3	3	18	14
美浜町	10	11	22	17	17	12	15	15	23	15	11	20	98	90
上中町	4	1	5	5	1	3	4	1	2	4	5	1	21	15
名田庄村	4	7	4	7	5	3	3	7	4	6	2	4	22	34
高浜町	4	9	7	7	7	8	8	8	18	18	13	11	57	61
大飯町	5	7		2	4	3	4	5	7	4	6	4	26	25
合計	717	741	717	707	850	779	833	860	1,016	887	1,051	921	5,184	4,895

（小　学　校）　　(2) 留守家庭児童の家庭の経済

市町村名	① 要（準）保護家庭											
	1年		2年		3年		4年		5年		6年	
	男	女	男	女	男	女	男	女	男	女	男	女
福井市	18	17	10	11	15	23	21	15	19	23	37	23
敦賀市	6	2	6	9	11	7	9	11	13	14	16	13
武生市	7	8	5	7	11	16	24	9	15	10	13	10
小浜市	3	6	11	4	9	5	11	12	2	9	11	8
大野市	5	5	5	4	11	7	4	5	8	6	7	10
勝山市	4	6	5	10	8	3	8	5	8	10	11	7
鯖江市	6	5	4	3	6	6	11	5	8	5	21	7
足羽町	1	3	2	—	—	1	1	2	1	—	2	1
美山町	—	—	—	—	—	1	2	2	6	—	2	3
森田町	—	1	1	—	3	2	—	—	—	—	1	2
松岡町	3	4	3	11	4	5	4	3	5	4	3	4
永平寺町	1	—	1	2	2	3	—	1	1	1	4	4
上志比村	—	—	1	2	—	—	—	3	1	1	2	1
三国町	3	2	8	5	4	4	4	7	2	5	5	6
芦原町	2	1	—	—	2	—	3	3	—	1	1	1
金津町	5	1	3	9	3	2	5	1	10	6	5	4
丸岡町	2	1	2	6	4	3	2	4	3	1	5	1
春江町	2	—	5	2	2	6	5	5	3	1	4	2
坂井町	—	2	2	—	3	—	—	—	—	—	—	6
川西町	3	4	1	—	2	3	2	2	1	6	5	6
西谷村												
和泉村	—	—	1	1	3	1	3	—	1	1	1	1
今立町	4	—	2	—	1	4	—	—	5	2	4	2
池田町	—	—	3	2	2	3	2	—	4	1	5	4
朝日町	3	1	—	1	1	4	1	1	—	3	1	2
宮崎村	—	—	—	2	—	—	1	—	—	—	4	3
越前町	2	2	1	2	2	4	2	5	7	1	10	5
越廼村	3	1	1	3	2	3	—	1	3	1	7	5
織田町	—	1	1	—	—	—	—	4	1	1	—	2
清水町	—	—	—	—	—	—	—	—	1	1	2	1
南条町	1	—	—	—	—	—	—	1	—	1	—	—
今庄町	1	3	—	—	3	3	1	—	2	1	2	1
河野村	1	—	3	2	1	1	3	—	4	2	2	2
三方町	—	1	—	—	—	—	—	1	—	—	1	1
美浜町	3	4	9	7	8	3	3	3	12	5	3	12
上中町	1	—	2	5	1	1	3	1	1	3	3	1
名田庄村	2	3	1	2	3	—	1	3	3	2	1	1
高浜町	—	—	—	1	1	—	—	—	2	4	3	1
大飯町	1	1	—	2	2	1	3	—	7	1	1	1
合計	93	85	99	115	130	125	139	115	159	133	205	164

状況市町村集計表（学年別・男女別）

② そ					の					他			
1 年		2 年		3 年		4 年		5 年		6 年		計	
男	女	男	女	男	女	男	女	男	女	男	女	男	女
139	145	125	158	156	130	151	180	170	156	168	185	1,029	1,066
45	39	32	36	53	40	45	63	65	53	68	63	369	350
58	58	69	49	70	63	53	62	69	57	63	70	457	419
24	19	13	16	17	16	20	26	18	31	38	22	177	174
44	48	44	30	54	49	53	46	68	42	38	48	341	300
34	36	35	34	59	45	47	44	72	56	67	44	358	300
25	37	44	49	50	53	51	47	58	60	64	42	348	319
5	6	5	3	1	4	7	5	8	5	2	1	35	31
6	10	10	7	6	7	6	11	20	11	10	9	68	61
21	20	19	20	17	15	15	13	17	20	15	14	109	107
28	15	17	4	17	18	23	21	17	27	19	24	143	140
13	12	11	10	9	7	9	9	9	9	13	12	73	70
4	8	1	4	5	1	8	10	15	4	6	1	43	35
9	16	18	16	17	18	21	19	36	18	27	22	154	138
8	9	4	6	5	7	4	10	11	6	5	—	45	44
22	25	32	25	22	13	32	18	27	33	32	28	198	165
7	16	26	9	21	24	20	27	21	19	28	13	141	124
17	19	6	13	12	12	10	14	20	9	14	8	100	91
6	6	4	7	12	6	2	6	7	9	9	14	45	56
11	6	8	8	6	8	12	7	8	6	14	13	73	69
8	9	14	11	17	13	9	13	11	17	17	11	85	78
21	22	18	15	20	21	13	16	17	22	22	17	127	121
3	3	4	8	4	5	7	3	2	9	15	4	51	42
10	9	2	3	3	6	3	5	4	4	6	3	34	42
2	3	4	5	2	3	4	7	—	4	3	7	20	34
10	9	4	5	16	19	20	15	25	17	24	23	123	112
2	1	2	2	3	2	4	1	4	5	4	8	35	33
8	8	9	4	9	9	4	8	11	6	6	3	49	46
7	11	7	6	7	8	3	4	8	2	4	7	39	40
2	—	1	1	—	—	2	1	1	2	3	1	10	7
1	2	1	5	1	4	7	—	7	2	13	7	39	28
2	1	1	—	2	1	3	3	1	—	1	2	24	14
2	1	2	2	8	3	2	2	1	1	2	2	18	14
7	7	13	10	9	9	12	12	11	10	8	8	98	90
3	1	3	—	—	2	1	—	1	1	2	—	21	15
2	4	3	5	2	3	2	4	1	4	1	3	22	34
4	9	7	6	6	8	8	8	16	14	10	10	57	61
4	6	—	—	2	2	1	5	—	3	5	3	26	25
624	656	618	592	720	654	694	745	857	754	846	757	5,184	4,895

（小 学 校）　　　　　　　　(3) 留 守 家 庭 の 理 由 別

市町村名	① 両親共稼ぎ家庭												② 父子家庭												③ 母				
	1年		2年		3年		4年		5年		6年		1年		2年		3年		4年		5年		6年		1年		2年		3
	男	女	男	女	男	女	男	女	男	女	男	女	男	女	男	女	男	女	男	女	男	女	男	女	男	女	男	女	男
福井市	136	141	122	148	148	126	141	167	152	142	161	172	3	1	—	1	6	6	4	3	5	5	5	5	16	13	9	11	13
敦賀市	40	39	32	34	49	38	48	61	62	56	68	60	2	—	—	1	1	—	1	1	2	—	1	2	7	1	5	9	10
武生市	54	55	69	51	72	65	58	61	70	59	65	71	2	1	—	1	1	1	—	2	3	1	—	—	9	8	2	2	4
小浜市	23	17	19	17	21	17	26	29	18	30	43	18	1	1	2	—	1	—	1	1	—	2	—	4	1	1	2	3	4
大野市	45	44	45	29	51	37	52	43	56	40	34	46	—	—	—	1	1	3	—	1	5	1	1	1	3	8	2	4	3
勝山市	37	39	36	35	53	37	47	42	67	56	64	36	1	—	—	—	1	—	—	—	1	—	2	2	—	3	2	6	8
鯖江市	23	33	35	45	48	53	49	46	55	57	63	39	1	1	2	1	2	1	—	1	2	1	3	—	3	4	6	3	6
足羽町	6	6	5	3	1	4	7	6	7	4	3	1	—	—	—	—	—	—	—	—	—	—	—	—	—	3	1	—	—
美山町	6	6	8	6	6	4	6	10	18	11	7	9	—	—	—	1	—	1	1	—	1	—	—	1	—	—	—	—	—
森田町	21	21	17	20	16	17	14	13	15	19	14	16	—	—	—	—	—	—	—	—	—	—	1	—	—	—	1	—	4
松岡町	29	16	19	15	16	20	25	23	15	28	20	27	—	1	—	—	1	1	—	—	2	—	—	—	1	2	—	—	3
永平寺町	13	11	10	12	10	7	9	9	9	10	14	12	—	—	—	—	—	—	—	—	—	—	1	1	—	1	1	—	1
上志比村	4	8	2	5	5	1	8	11	14	5	7	1	—	—	—	—	—	—	—	—	—	—	—	—	—	—	—	1	—
三国町	8	16	18	15	17	19	20	23	30	17	27	24	—	—	1	1	1	—	—	—	—	1	1	1	1	1	4	3	—
芦原町	9	7	3	5	4	6	5	8	11	5	4	1	—	1	—	—	—	—	—	—	—	1	—	—	—	1	1	—	2
金津町	20	24	32	26	21	11	31	17	30	32	32	28	2	—	—	—	1	—	—	—	1	—	—	—	2	1	3	6	3
丸岡町	9	16	27	10	17	22	18	27	15	16	27	13	—	—	—	1	1	2	1	1	—	1	1	—	—	1	—	3	6
春江町	14	18	10	13	13	18	9	17	20	9	12	8	—	1	—	—	—	—	1	1	1	—	3	—	2	—	1	2	1
坂井町	4	7	5	6	14	6	2	4	5	6	6	11	—	—	—	1	—	—	—	—	1	2	—	3	1	1	1	—	1
川西町	9	6	6	7	5	9	13	4	5	1	15	8	—	—	—	—	—	—	—	—	2	—	—	1	5	3	1	—	1
西谷村																													
和泉村	6	7	14	11	18	14	8	13	11	15	16	12	1	—	—	—	—	—	1	—	1	—	1	—	1	—	1	1	2
今立町	19	20	19	15	19	21	13	16	18	20	24	14	—	1	—	—	—	—	—	—	—	—	—	—	6	1	1	—	2
池田町	3	3	5	8	4	5	3	3	4	10	7	7	—	—	1	—	—	—	—	—	—	—	—	—	—	—	1	1	—
朝日町	10	9	1	4	3	8	4	5	2	6	6	4	1	1	—	—	—	—	—	—	—	1	—	—	1	—	1	—	1
宮崎村	2	3	3	7	2	3	5	7	—	4	5	7	—	—	—	—	—	—	—	—	—	—	—	1	—	—	—	—	—
越前町	11	9	3	5	13	17	18	15	20	11	21	20	—	—	1	—	1	—	—	—	1	—	1	—	1	1	—	1	1
越廼村	—	—	1	3	—	2	1	—	3	2	4	8	1	—	—	—	1	—	1	—	—	—	1	1	—	—	1	1	1
織田町	8	8	9	4	8	8	3	7	9	6	4	4	—	—	—	—	—	—	—	1	—	—	1	—	—	—	1	—	1
清水町	7	11	7	6	7	8	3	4	8	2	6	8	—	—	—	—	—	—	—	—	—	—	—	—	—	—	—	—	—
南条町	3	—	1	1	—	—	2	2	—	3	1	—	—	—	—	—	—	—	—	—	—	—	1	—	—	—	—	—	—
今庄町	2	4	—	3	3	2	7	—	6	3	12	5	—	—	1	—	—	—	—	—	—	—	—	—	—	1	—	—	1
河野村	3	1	3	1	2	2	5	2	5	2	3	4	—	—	1	—	—	—	—	—	—	—	—	—	—	—	—	1	—
三方町	2	2	2	2	8	3	2	3	1	1	3	2	—	—	—	—	—	—	—	—	—	—	—	—	—	—	—	—	—
美浜町	8	9	17	16	15	11	14	14	17	13	8	15	1	—	1	1	—	—	1	—	2	—	—	1	1	1	4	—	1
上中町	3	1	4	3	1	3	3	—	1	1	4	—	1	—	—	1	—	—	—	—	—	2	—	—	—	—	—	1	—
名田庄村	—	1	—	1	—	—	—	—	—	—	—	1	—	—	—	—	—	—	—	1	1	—	—	—	—	1	1	—	—
高浜町	3	8	7	5	6	5	8	7	15	14	9	10	—	—	—	—	—	—	—	—	—	—	—	—	—	—	—	1	1
大飯町	5	5	—	—	1	3	3	4	3	3	4	4	—	—	—	—	1	—	—	—	—	—	—	—	—	1	—	1	2
合計	607	633	616	597	697	632	690	723	797	719	823	726	17	9	10	11	20	15	12	13	31	18	24	24	61	58	53	61	83

市　町　村　集　計　表（学年別・男女別）

子	家		庭				④父母ともにいない家庭												⑤その他の家庭												計	
年	4年		5年		6年		1年		2年		3年		4年		5年		6年		1年		2年		3年		4年		5年		6年		男	女
女	男	女	男	女	男	女	男	女	男	女	男	女	男	女	男	女	男	女	男	女	男	女	男	女	男	女	男	女	男	女		
17	17	16	20	24	35	27	1	—	1	2	—	—	4	2	2	1	—	—	1	7	3	7	4	4	6	7	10	7	4	4	1,029	1,066
6	3	9	8	7	12	11	—	—	—	—	1	—	—	—	1	—	1	—	2	1	1	1	3	3	2	3	5	4	2	3	369	350
9	17	8	7	6	10	8	—	—	1	1	1	2	1	—	1	—	—	—	—	2	2	1	3	2	1	—	3	1	1	1	457	419
3	2	7	1	4	5	8	—	1	—	—	—	—	—	—	—	1	—	—	—	3	1	—	—	1	2	1	1	3	1	—	177	174
10	4	5	8	6	6	8	—	1	—	—	—	—	—	—	1	—	—	—	1	—	2	—	10	6	1	2	6	1	4	3	341	300
6	5	6	10	9	8	8	—	—	—	—	1	—	1	—	2	—	—	—	—	—	1	2	5	4	2	3	1	1	3	5	358	300
5	10	3	5	4	16	7	1	1	—	1	—	—	1	1	—	1	—	—	3	3	5	2	—	—	2	1	4	2	3	3	348	319
1	1	1	2	1	1	1	—	—	1	—	—	—	—	—	—	—	—	—	—	—	—	—	—	—	—	—	—	—	—	—	35	31
1	—	3	6	—	4	1	—	—	—	—	—	—	—	—	—	—	1	—	—	4	2	—	—	2	1	—	1	—	—	1	68	61
—	—	—	2	1	1	—	—	—	—	—	—	—	—	—	—	—	—	—	—	—	2	—	—	—	1	—	—	—	—	—	109	107
2	1	—	3	3	—	—	—	—	—	—	—	—	—	1	—	—	—	—	1	—	1	—	1	—	1	—	2	—	2	1	143	140
3	—	—	1	—	2	3	—	—	—	—	—	—	—	—	—	—	—	—	1	—	1	—	—	—	—	1	—	—	—	—	73	70
—	—	2	1	—	—	1	—	—	—	—	—	—	—	—	—	—	—	—	—	—	—	—	—	—	—	—	1	—	1	—	43	35
2	4	2	4	3	3	2	1	1	—	1	—	—	1	—	—	—	—	—	2	—	3	1	3	1	—	1	4	2	1	1	154	138
1	1	4	—	1	2	—	—	—	—	—	1	—	—	1	—	—	—	—	1	1	—	1	—	—	1	—	—	—	—	—	45	44
4	5	2	4	5	5	4	—	—	—	1	—	—	1	—	1	—	—	—	3	1	—	1	—	—	—	—	1	2	—	—	198	165
2	2	3	7	3	5	1	—	—	—	—	—	—	—	—	—	—	—	—	—	—	1	1	1	1	1	—	2	—	—	—	141	124
—	4	1	2	1	3	2	—	—	—	—	—	—	—	—	—	—	—	—	3	—	—	—	—	—	1	—	—	—	—	—	100	91
—	—	2	1	1	3	4	—	—	—	—	—	—	—	—	—	—	—	1	1	—	—	—	—	—	—	—	—	—	—	1	45	56
2	—	1	—	4	2	7	—	—	—	—	1	—	—	2	—	1	—	—	—	1	2	1	1	—	1	2	2	6	2	3	73	69
—	2	—	—	3	1	—	—	—	—	—	—	—	—	—	—	—	—	—	—	2	—	—	—	—	1	—	—	—	—	—	85	78
4	—	—	3	3	1	5	—	—	—	—	—	—	—	—	—	1	1	—	—	—	—	—	—	—	—	—	1	—	—	—	127	121
1	1	—	2	—	3	—	—	—	—	—	—	1	—	—	—	—	1	—	—	—	—	1	2	1	5	—	—	—	9	1	51	42
2	—	1	1	—	—	—	—	—	—	—	—	—	—	—	—	—	—	—	1	—	—	—	—	—	—	—	1	—	1	1	34	42
—	—	—	—	—	2	2	—	—	1	—	—	—	—	—	—	—	—	—	—	—	—	—	—	—	—	—	—	—	—	—	20	34
2	3	4	3	1	5	2	—	1	—	—	—	—	—	—	—	—	1	—	—	—	1	1	3	4	1	1	9	6	6	11	123	112
—	1	—	1	1	3	—	—	—	—	—	—	—	—	—	—	—	1	—	4	2	1	1	3	3	1	2	3	3	2	4	35	33
1	1	4	1	1	—	1	—	—	—	—	—	—	—	—	—	—	1	—	—	1	—	—	—	—	—	—	2	—	—	—	49	46
—	—	—	1	—	—	—	—	—	—	—	—	—	—	—	—	1	—	—	—	—	—	—	—	—	—	—	—	—	—	—	39	40
—	—	—	1	—	1	—	—	—	—	—	—	—	—	—	—	—	—	—	—	—	—	—	—	—	—	—	—	—	—	1	10	7
3	1	—	—	—	1	2	—	—	—	—	—	—	—	—	—	—	—	—	—	—	—	2	—	2	—	—	3	—	2	1	39	28
—	—	—	—	—	—	—	—	—	—	—	—	—	—	—	—	—	—	—	—	—	—	—	1	—	1	1	—	—	—	—	24	14
—	—	—	—	—	—	1	—	—	—	—	—	—	—	—	—	—	—	—	—	—	—	—	—	—	—	—	—	—	—	—	18	14
1	—	—	3	2	2	3	—	—	—	—	—	—	—	1	—	—	—	—	—	1	—	—	1	—	—	—	1	—	1	1	98	90
—	1	—	—	1	1	1	—	—	—	—	—	—	—	—	—	—	—	—	—	—	1	—	—	—	—	1	1	—	—	—	21	15
—	—	2	—	1	1	—	—	—	—	1	—	—	—	—	—	—	—	—	4	5	3	5	5	3	3	4	3	5	1	3	22	34
3	—	—	2	3	2	1	—	1	—	1	—	—	—	—	—	—	1	—	1	—	—	—	—	—	—	1	1	1	1	—	57	61
—	1	—	2	—	1	—	—	—	—	—	—	—	—	1	1	—	—	—	—	1	—	1	—	—	—	—	1	1	1	—	26	25
91	87	86	112	99	147	121	3	6	4	8	5	3	9	9	9	6	8	1	29	35	33	29	46	37	35	31	68	45	48	49	5,184	4,895

（小　学　校）

(4) 留守家庭児童の下校後の

市町村名	① 主に自分の家ですごす												② 親類・知人宅へ行く												③ 近隣・友遊んだり				
	1年		2年		3年		4年		5年		6年		1年		2年		3年		4年		5年		6年		1年		2年		3
	男	女	男	女	男	女	男	女	男	女	男	女	男	女	男	女	男	女	男	女	男	女	男	女	男	女	男	女	男
福井市	80	96	66	95	109	101	109	138	114	132	118	140	34	32	19	17	12	15	11	15	10	5	5	10	36	23	32	47	34
敦賀市	17	15	15	15	24	20	10	27	39	39	28	45	11	5	6	6	2	2	2	5	3	4	—	—	19	21	16	21	31
武生市	39	48	53	40	50	50	49	47	40	41	51	67	13	7	7	7	5	7	5	2	6	2	—	2	13	11	10	8	22
小浜市	12	13	9	10	6	9	13	22	7	18	31	22	2	4	3	2	5	3	3	2	—	1	3	1	11	7	10	8	12
大野市	24	31	36	23	34	33	44	33	51	33	26	47	10	6	3	1	12	4	2	1	5	3	2	2	12	14	4	3	18
勝山市	18	21	23	25	41	34	40	37	56	51	47	30	6	5	3	5	6	—	2	3	2	3	2	4	12	11	12	11	15
鯖江市	12	20	21	19	40	43	33	38	40	48	47	42	8	8	6	12	4	4	4	4	4	3	8	—	11	10	13	11	9
足羽町	—	2	4	2	1	1	8	5	5	4	2	2	1	4	—	1	—	2	—	1	1	1	2	—	5	3	3	—	—
美山町	2	6	3	1	2	5	6	8	10	6	5	5	—	—	—	—	—	1	—	—	—	1	—	—	4	4	5	5	4
森田町	11	9	11	9	9	7	2	4	15	19	7	10	4	5	1	3	2	2	—	1	—	—	1	1	3	4	5	8	6
松岡町	7	8	13	11	20	12	15	16	17	16	15	24	10	2	1	2	—	4	2	—	—	3	—	1	6	6	6	2	—
永平寺町	7	7	10	7	5	7	8	7	7	8	6	10	—	1	—	2	1	—	—	2	—	1	1	—	7	4	1	2	5
上志比村	2	6	1	4	3	1	6	9	14	5	4	2	—	—	—	—	2	—	—	1	—	—	1	—	1	2	1	2	—
三国町	5	7	13	11	18	21	12	8	24	15	17	24	—	6	2	3	1	1	2	—	2	3	2	1	5	3	11	6	2
芦原町	1	3	1	1	4	4	1	7	11	7	5	1	5	3	1	1	1	—	1	4	—	—	—	—	3	4	2	4	2
金津町	13	14	23	26	13	9	19	12	20	19	30	23	3	6	3	4	6	1	2	2	2	3	—	2	3	2	9	3	6
丸岡町	3	4	9	4	7	8	10	12	8	9	16	7	1	4	4	2	3	7	3	3	3	—	1	1	4	9	12	8	10
春江町	14	15	7	7	8	8	6	9	7	7	7	6	4	—	4	8	1	4	—	1	3	1	—	—	1	4	—	—	5
坂井町	4	3	2	5	12	5	2	4	7	8	8	19	1	3	2	—	—	—	—	—	—	—	—	—	1	2	2	2	3
川西町	13	10	6	8	7	8	10	4	5	8	14	18	—	—	2	—	—	1	—	2	—	1	—	—	1	—	1	—	—
西谷村															—	—	—	—	—	—	—	—	—	—	—	—	—	—	—
和泉村	7	8	9	11	14	8	7	11	8	18	18	12	1	1	2	1	—	—	1	1	—	—	—	—	—	—	4	—	6
今立町	12	8	9	9	7	7	2	5	11	14	10	7	7	4	1	—	—	5	—	—	1	2	—	—	6	9	9	6	9
池田町	3	3	4	5	4	6	6	3	5	8	14	6	—	—	—	1	1	—	1	—	—	—	2	1	—	—	2	4	—
朝日町	7	5	2	4	3	8	3	4	3	4	5	2	2	1	—	—	—	—	—	1	—	—	—	—	3	2	—	—	1
宮崎村	2	3	1	4	2	2	3	4	—	—	5	6	—	—	1	1	—	—	1	2	—	1	—	—	—	—	1	2	—
越前町	—	4	—	—	2	6	3	4	10	4	16	11	—	—	1	1	1	4	—	—	—	—	—	2	12	7	4	6	13
越廼村	5	2	2	1	3	5	3	2	5	4	4	8	—	—	1	4	—	—	—	—	1	—	1	—	—	—	—	—	2
織田町	2	2	4	2	3	6	—	2	8	5	4	5	2	1	1	—	1	—	1	3	—	—	1	—	4	5	3	2	5
清水町	—	4	4	6	4	6	—	1	5	3	4	6	4	4	1	—	1	—	—	3	—	—	—	1	3	3	2	—	2
南条町	—	—	1	1	—	—	2	2	1	3	2	1	—	—	—	—	—	—	—	—	—	—	—	—	—	—	—	—	—
今庄町	2	2	—	2	3	6	5	—	1	2	2	7	—	1	—	3	—	1	—	—	—	—	—	—	—	2	1	—	1
河野村	3	1	3	—	3	1	3	2	2	—	2	3	—	—	—	—	—	—	1	—	—	—	—	—	—	—	1	2	—
三方町	—	1	—	—	1	1	—	3	—	—	2	1	—	1	1	—	3	—	—	—	—	—	—	—	1	—	1	2	3
美浜町	5	8	10	4	3	5	8	7	8	8	6	16	1	—	—	1	3	5	—	5	—	—	1	2	4	3	8	10	10
上中町	2	—	4	1	1	1	2	—	2	—	1	—	1	1	—	1	—	—	—	—	—	1	2	—	1	—	—	3	—
名田庄村	—	1	—	3	2	1	3	6	1	4	2	4	—	1	—	—	—	—	—	—	—	—	—	—	4	5	4	4	3
高浜町	4	6	3	3	5	2	1	2	2	8	6	4	—	3	—	2	—	—	—	—	—	2	—	1	—	—	4	2	2
大飯町	3	6	—	2	3	3	2	5	6	3	5	4	1	1	—	—	—	—	—	—	—	1	—	—	1	—	—	—	1
合計	341	402	382	381	476	460	453	510	575	581	592	647	132	120	76	91	73	73	44	64	44	42	35	32	197	180	199	194	242

状況調べ市町村集計表（学年別・男女別）

人の家で勉強したりしている							④ 主に塾などで勉強している												⑤ その他の場所で時間をすごす												計	
年	4年		5年		6年		1年		2年		3年		4年		5年		6年		1年		2年		3年		4年		5年		6年		男	女
女	男	女	男	女	男	女	男	女	男	女	男	女	男	女	男	女	男	女	男	女	男	女	男	女	男	女	男	女	男	女		
29	36	26	45	29	46	40	1	—	4	—	4	3	5	11	9	9	6	7	6	11	14	10	12	5	11	5	11	4	30	11	1,029	1,066
22	25	27	18	14	35	17	—	—	—	1	6	3	11	14	7	9	4	9	4	—	1	2	1	—	6	1	11	1	17	5	369	350
19	15	16	28	16	17	5	—	—	2	1	2	1	1	4	1	4	1	6	—	—	2	—	2	2	7	2	9	4	7	—	457	419
2	8	8	7	14	10	3	—	—	—	—	—	4	4	6	1	2	—	3	2	1	2	—	3	3	3	—	5	5	5	1	177	174
16	9	17	15	10	12	7	—	—	—	—	1	—	4	—	—	1	1	1	3	2	6	7	—	3	1	—	5	1	4	1	341	300
12	5	6	16	6	22	16	—	—	1	1	2	1	7	3	3	6	3	1	2	5	1	2	3	1	1	—	3	—	4	—	358	300
10	17	6	17	11	18	5	—	—	—	—	2	2	—	—	—	1	1	—	—	4	8	10	1	—	8	4	5	2	11	2	348	319
2	—	1	3	—	—	—	—	—	—	—	—	—	—	—	—	—	—	—	—	—	—	—	—	—	—	—	—	—	—	—	35	31
2	—	5	15	2	4	7	—	—	—	—	—	—	—	—	—	—	—	—	—	—	2	1	—	—	2	—	1	2	3	—	68	61
4	11	6	1	1	6	4	—	—	—	—	—	—	1	1	—	—	—	—	3	3	3	—	3	4	1	1	1	—	2	1	109	107
6	3	2	2	8	1	2	2	—	—	—	—	—	4	4	—	2	—	—	6	3	—	—	1	1	3	2	3	2	6	1	143	140
3	1	1	3	1	5	6	—	—	—	—	—	—	—	—	—	—	—	—	—	—	1	1	—	—	—	—	—	—	5	—	73	70
—	2	3	2	—	3	—	—	—	—	—	—	—	—	—	—	—	—	—	1	—	—	—	—	—	—	—	—	—	—	—	43	35
—	11	17	7	5	10	3	—	—	—	—	—	—	—	1	—	—	2	—	2	2	—	1	—	—	—	—	5	—	1	—	154	138
3	4	2	—	—	1	—	—	—	—	—	—	—	1	—	—	—	—	—	1	—	—	—	—	—	—	—	—	—	—	—	45	44
5	11	5	11	11	2	5	—	—	—	—	—	—	—	—	—	3	1	2	8	4	—	1	—	—	5	—	4	3	4	—	198	165
10	6	7	8	6	12	2	—	—	2	—	2	—	3	7	4	2	2	4	1	—	1	1	3	2	—	2	1	3	2	—	141	124
6	4	6	7	2	5	3	—	—	—	—	—	—	—	—	—	—	—	—	—	—	—	—	—	—	5	3	6	—	6	1	100	91
1	—	2	—	1	1	—	—	—	—	—	—	—	—	—	—	—	—	1	—	—	—	—	—	—	—	—	—	—	—	—	45	56
1	2	1	2	3	2	—	—	—	—	—	—	—	—	—	—	—	—	—	—	—	—	—	1	1	2	2	2	—	3	1	73	69
—	—	—	—	—	—	—	—	—	—	—	—	—	—	—	—	—	—	—	—	—	—	—	—	—	—	—	—	—	—	—	—	—
6	3	1	4	—	—	—	—	—	—	—	—	—	—	—	—	—	—	—	—	—	—	—	—	—	1	—	—	—	—	—	85	78
9	10	11	10	7	2	6	—	—	—	—	—	—	1	—	—	—	2	3	—	1	1	—	5	4	—	—	—	1	12	3	127	121
2	2	—	1	2	2	1	—	—	—	—	—	—	—	—	—	—	—	—	—	—	1	—	1	—	—	—	—	—	2	—	51	42
1	1	1	1	3	2	3	—	—	—	—	—	—	—	—	—	—	—	—	1	2	—	—	—	1	—	—	—	—	—	—	34	42
1	1	1	—	3	2	4	—	—	—	—	—	—	—	—	—	—	—	—	—	—	1	—	—	—	—	—	—	—	—	—	20	34
13	15	15	15	13	7	16	—	—	—	—	—	—	1	1	6	1	3	2	—	—	—	—	2	—	3	—	1	—	8	2	123	112
—	1	—	1	2	5	5	—	—	—	—	—	—	—	—	—	—	—	—	—	—	—	—	—	—	—	—	—	—	1	—	35	33
2	1	3	2	1	1	—	—	—	—	—	—	—	—	—	—	—	—	—	—	1	2	—	—	1	2	4	2	1	—	—	49	46
2	3	—	3	—	2	1	—	—	—	—	—	—	—	—	—	—	—	—	—	—	—	—	—	—	—	—	1	—	—	—	39	40
—	—	—	—	—	—	—	3	—	—	—	—	—	—	—	—	—	1	—	—	—	—	—	—	—	—	—	—	—	—	—	10	7
—	2	—	3	1	8	1	—	—	—	—	—	—	—	—	—	—	—	—	—	—	—	—	—	—	1	—	4	—	5	—	39	28
1	—	1	1	1	1	—	—	—	—	—	—	—	—	—	—	—	—	—	—	—	—	—	—	—	2	—	2	1	—	1	24	14
2	2	—	1	—	—	2	1	—	—	—	—	—	—	—	—	—	—	—	—	—	—	—	1	—	—	—	—	1	1	—	18	14
2	7	3	9	6	4	1	—	—	—	—	—	—	—	—	—	—	—	—	—	—	4	2	1	—	—	—	6	1	—	1	98	90
1	2	1	—	2	2	1	—	—	—	—	—	—	—	—	—	—	—	—	—	—	1	—	—	1	—	—	—	1	—	—	21	15
2	—	1	3	2	—	—	—	—	—	—	—	—	—	—	—	—	—	—	—	—	—	—	—	—	—	—	—	—	—	—	22	34
6	7	5	11	5	2	5	—	—	—	—	—	—	—	1	3	—	5	1	—	—	—	—	—	—	—	—	2	3	—	—	57	61
—	2	—	1	—	1	—	—	—	—	—	—	—	—	—	—	—	—	—	—	—	—	—	—	—	—	—	—	—	—	—	26	25
203	229	207	273	188	253	171	7	—	9	3	19	14	43	53	34	40	32	40	40	39	51	38	40	29	64	26	90	36	139	31	5,184	4,895

市 町 村 集 計 表

中　　学　　校

(1) 留守家庭生徒数市町村集計表（学年別・男女別）

中学校 市町村名	留守家庭生徒実数 1年 男	1年 女	2年 男	2年 女	3年 男	3年 女	計 男	計 女	備考
福井市	253	227	267	220	253	281	773	728	
敦賀市	78	66	53	61	79	89	210	216	
武生市	139	127	141	129	145	100	425	356	
小浜市	28	49	64	51	39	33	131	133	
大野市	49	51	75	65	59	78	183	194	
勝山市	37	47	39	31	62	54	138	132	
鯖江市	46	45	74	73	81	81	201	199	
足羽町	12	5	2	3	6	5	20	13	
美山町	4	5	—	4	2	3	6	12	
森田町	26	24	32	30	27	26	85	80	
松岡町	24	24	20	28	29	31	73	83	
永平寺町	24	15	11	6	15	13	50	34	
上志比村	17	19	19	19	29	17	65	55	
三国町	37	26	37	30	43	46	117	102	
芦原町	15	17	10	11	12	9	37	37	
金津町	35	29	41	30	23	21	99	80	
丸岡町	28	31	23	29	54	55	105	115	
春江町	21	17	19	27	15	21	55	65	
坂井町	8	6	1	2	6	2	15	10	
川西町	9	22	12	21	28	27	49	70	
西谷村	—	—	1	—	—	—	1	—	
和泉村	16	9	13	10	14	16	43	35	
池田町	2	1	3	—	2	—	7	1	
朝日町	6	6	7	5	11	19	24	30	
宮崎村	9	11	5	4	5	5	19	20	
越前町	16	20	18	17	29	27	63	64	
越廼村	7	6	7	11	17	11	31	28	
織田町	11	8	4	5	15	19	30	32	
清水町	7	6	1	4	4	2	12	12	
南条町	6	4	—	2	2	3	8	9	
今庄町	19	17	14	7	15	17	48	41	
河野村	14	17	20	12	22	15	56	44	
三方町	4	6	—	2	1	2	5	10	
美浜町	17	20	19	16	27	24	63	60	
上中町	1	—	—	1	1	2	2	3	
高浜町	11	8	11	14	11	7	33	29	
大飯町	6	4	6	5	10	6	22	15	
足羽中学校組合	13	9	9	10	16	14	38	33	
南越中学校組合	43	43	46	41	56	53	145	137	
合計	1,098	1,047	1,124	1,036	1,265	1,234	3,487	3,317	

(2) 留守家庭生徒の家庭の経済状況市町村集計表

市町村名	経済状況												計		備考
	①要(準)保護家庭						②その他の家庭								
	1年		2年		3年		1年		2年		3年		全		
	男	女	男	女	男	女	男	女	男	女	男	女	男	女	
福井市	26	30	38	25	43	37	227	197	229	195	210	244	773	728	
敦賀市	16	13	10	9	14	13	62	53	43	52	65	76	210	216	
武生市	26	18	24	21	31	15	113	109	117	108	114	85	425	356	
小浜市	6	11	20	12	16	10	22	38	44	39	23	23	131	133	
大野市	11	11	8	9	10	15	38	40	67	56	49	63	183	194	
勝山市	10	13	12	5	13	11	27	34	27	26	49	43	138	132	
鯖江市	11	10	16	20	17	19	35	35	58	53	64	62	201	199	
足羽町	2	—	—	—	1	—	10	5	2	3	5	5	20	13	
美山町	2	2	—	1	1	—	2	3	—	3	1	3	6	12	
森田町	2	1	1	—	1	2	24	23	31	30	26	24	85	80	
松岡町	2	6	1	1	4	7	22	18	19	27	25	24	73	83	
永平寺町	5	1	3	—	1	—	19	14	8	6	14	13	50	34	
上志比村	1	1	3	3	3	1	16	18	16	16	26	16	65	55	
三国町	6	4	12	6	10	11	31	22	25	24	33	35	117	102	
芦原町	3	3	3	3	2	2	12	14	7	8	10	7	37	37	
金津町	5	1	2	1	5	2	30	28	39	29	18	19	99	80	
丸岡町	7	3	2	5	8	5	18	30	22	24	46	50	105	115	
春江町	2	1	5	11	2	2	19	16	14	16	13	19	55	65	
坂井町	1	2	—	1	3	—	7	4	1	1	3	2	15	10	
川西町	—	1	2	4	3	5	9	21	10	17	25	22	49	70	
西谷村	—	—	—	—	—	—	—	—	1	—	—	—	1	—	
和泉村	—	1	1	1	2	3	16	8	12	9	12	13	46	35	
池田町	1	—	1	—	2	—	1	1	2	—	—	—	7	1	
朝日町	1	—	—	—	3	3	5	6	7	5	8	16	24	30	
宮崎村	2	2	1	1	—	—	7	9	4	3	5	5	19	20	
越前町	1	3	3	1	1	1	15	17	15	16	28	26	63	64	
越廼村	—	2	4	6	4	1	7	4	3	5	13	10	31	28	
織田町	2	2	2	1	5	3	9	6	2	4	10	16	30	32	
清水町	5	3	1	3	—	—	2	3	—	1	4	2	12	12	
南条町	2	2	—	—	2	2	4	2	—	2	—	1	8	9	
今庄町	2	6	8	3	6	5	17	11	6	4	9	12	48	41	
河野村	2	5	4	3	6	2	12	12	16	9	16	13	56	44	
三方町	1	4	—	—	—	—	3	2	—	2	1	2	5	10	
美浜町	6	7	4	7	4	9	11	13	15	9	23	15	63	60	
上中町	1	—	—	1	—	2	—	—	—	—	1	—	2	3	
高浜町	—	—	—	2	2	1	11	8	11	12	9	6	33	29	
大飯町	3	2	2	2	7	3	3	2	4	3	3	3	22	15	
足羽中学校組合	2	—	2	3	2	4	11	9	7	7	14	10	38	33	
南越中学校組合	8	9	6	3	7	7	35	34	40	38	49	46	145	137	
合計	183	180	201	174	241	203	915	867	923	862	1,024	1,031	3,487	3,317	

(3) 留守家庭の理由別市町村集計表（学年別・男女別）

市町村名	① 両親共稼ぎ家庭						② 父子家庭						③ 母子家庭						④ 父母ともにいない家庭						⑤ その他の家庭					
	1 年		2 年		3 年		1 年		2 年		3 年		1 年		2 年		3 年		1 年		2 年		3 年		1 年		2 年		3 年	
	男	女	男	女	男	女	男	女	男	女	男	女	男	女	男	女	男	女	男	女	男	女	男	女	男	女	男	女	男	女
福井市	167	177	185	148	168	173	11	7	11	9	13	8	57	31	56	53	51	77	1	2	1	1	5	5	17	10	14	9	16	18
敦賀市	58	41	40	49	47	54	4	5	2	5	2	6	14	14	10	7	27	24	—	1	—	—	—	2	2	5	1	—	3	3
武生市	109	106	94	95	95	76	3	2	8	5	6	8	25	16	29	22	34	12	2	3	3	2	3	2	—	—	7	5	7	2
小浜市	20	34	42	35	22	14	3	2	2	3	1	3	5	12	15	12	13	12	—	—	3	1	1	—	—	1	2	—	2	4
大野市	36	40	57	46	44	56	—	2	2	6	1	4	9	7	10	9	10	16	1	—	1	—	—	1	3	2	5	4	4	1
勝山市	22	29	24	22	38	31	—	1	1	—	2	1	12	11	10	6	19	18	—	2	1	—	—	2	3	4	3	3	3	2
鯖江市	29	28	51	48	51	47	2	1	1	1	2	2	13	15	19	20	25	24	2	1	1	2	1	1	—	—	2	2	2	7
足羽町	10	4	2	3	3	3	—	—	—	—	1	1	1	1	—	—	2	1	1	—	—	—	—	—	—	—	—	—	—	—
美山町	2	4	—	2	1	2	—	1	—	—	1	—	2	—	—	2	—	1	—	—	—	—	—	—	—	—	—	—	—	—
森田町	19	19	29	26	18	24	4	1	—	—	—	—	2	1	2	4	6	2	—	1	—	—	—	—	1	2	1	—	3	—
松岡町	19	19	17	22	18	26	1	1	1	—	—	—	4	4	2	6	11	5	—	—	—	—	—	—	—	—	—	—	—	—
永平寺町	18	12	7	5	14	13	2	—	1	—	1	—	3	1	3	1	—	—	1	—	—	—	—	—	—	2	—	—	—	—
上志比村	15	18	16	18	25	16	—	—	—	—	—	—	2	1	3	1	4	1	—	—	—	—	—	—	—	—	—	—	—	—
三国町	31	17	11	20	21	23	—	1	—	—	—	1	5	5	10	6	15	13	—	—	—	—	—	2	1	3	16	4	7	7
芦原町	11	11	3	7	8	5	—	—	1	—	—	—	4	5	4	4	3	3	—	1	2	—	1	—	—	—	—	—	—	1
金津町	25	19	34	23	14	14	1	2	—	—	—	—	6	8	7	7	6	7	1	—	—	—	—	—	2	—	—	—	3	—
丸岡町	19	19	17	14	30	31	3	1	1	1	1	1	6	3	4	13	17	19	—	—	—	1	—	—	—	8	1	—	6	4
春江町	17	15	10	17	14	17	—	2	—	—	—	—	3	1	4	3	1	4	—	—	—	1	—	—	1	1	3	6	—	—
坂井町	5	2	1	1	3	1	1	—	—	—	—	1	1	4	—	1	3	—	—	—	—	—	—	—	1	—	—	—	—	—
川西町	7	18	10	14	8	12	—	—	1	—	2	—	1	1	—	3	11	10	—	1	—	1	—	—	1	2	1	3	7	5
西谷村	—	—	1	—	—	—	—	—	—	—	—	—	—	—	—	—	—	—	—	—	—	—	—	—	—	—	—	—	—	—
和泉村	15	8	12	9	11	12	1	—	—	—	1	—	—	1	1	—	2	4	—	—	—	—	—	—	—	—	—	1	—	—
池田町	—	—	1	—	—	—	1	—	—	—	1	—	1	—	1	—	1	—	—	—	—	—	—	—	—	1	1	—	—	—
朝日町	4	3	7	5	2	3	—	—	—	—	1	—	2	3	—	—	4	12	—	—	—	—	1	1	—	—	—	—	—	3
宮崎村	8	7	5	2	5	3	—	1	—	—	—	—	1	3	—	2	—	2	—	—	—	—	—	—	—	—	—	—	—	—
越前町	11	10	9	8	20	24	2	2	—	—	1	—	1	5	5	5	6	3	1	—	—	1	2	—	1	3	4	3	—	—
越廼村	2	3	2	3	1	3	—	—	—	—	1	—	—	1	3	3	3	2	—	—	—	—	—	—	5	2	2	5	12	6
織田町	9	6	3	4	11	16	1	—	—	—	—	—	1	2	1	1	3	2	—	—	—	—	—	—	—	—	—	—	1	1
清水町	3	3	—	—	3	2	—	—	—	1	—	—	3	2	1	3	1	—	—	—	—	—	—	—	1	1	—	—	—	—
南条町	4	1	—	2	—	2	—	—	—	—	—	—	1	3	—	—	2	1	—	—	—	—	—	—	1	—	—	—	—	—
今庄町	12	9	4	4	7	9	—	1	—	—	3	3	7	6	8	3	5	4	—	—	—	—	—	1	—	1	2	—	—	—
河野村	8	9	6	5	12	7	—	—	1	—	—	—	2	2	5	2	4	5	—	1	—	1	—	1	4	5	8	4	6	2
三方町	2	1	—	1	1	1	—	—	—	—	—	—	—	1	—	—	—	1	—	—	—	—	—	—	2	4	—	1	—	—
美浜町	12	14	10	11	19	13	1	1	2	1	4	2	3	4	6	3	3	7	—	—	1	—	—	—	1	1	—	1	1	2
上中町	1	—	—	—	1	1	—	—	—	—	—	—	—	—	—	1	—	1	—	—	—	—	—	—	—	—	—	—	—	—
高浜町	10	8	9	9	3	—	—	—	—	—	—	1	1	—	1	2	3	3	—	—	—	—	—	—	—	—	1	3	5	3
大飯町	4	2	3	2	6	5	1	1	—	—	—	—	1	—	3	2	3	—	—	—	—	—	—	—	—	1	—	1	1	1
足羽中学校組合	11	6	7	8	13	8	—	—	1	—	—	2	2	3	1	2	3	4	—	—	—	—	—	—	—	—	—	—	—	—
南越中学校組合	35	36	30	30	45	44	1	1	4	3	2	1	6	6	11	5	9	8	1	—	1	1	—	—	—	—	—	2	—	—
合計	790	758	759	718	802	791	43	34	42	35	50	45	207	183	235	214	310	308	11	13	14	12	14	18	47	59	74	57	89	72

(4) 留守家庭生徒の下校後の状況調べ　市町村集計表（学年別・男女別）

市町村名	① 主に自分の家ですごす						② 親類・知人宅へ行く						③ 近隣・友人の家で勉強したり遊んだりしている						④ 主に塾などで勉強している						⑤ その他の場所で時間をすごす					
	1 年		2 年		3 年		1 年		2 年		3 年		1 年		2 年		3 年		1 年		2 年		3 年		1 年		2 年		3 年	
	男	女	男	女	男	女	男	女	男	女	男	女	男	女	男	女	男	女	男	女	界	女	男	女	男	女	男	女	男	女
福井市	209	203	211	188	227	272	6	4	3	4	—	—	16	11	21	8	10	4	12	9	7	2	—	2	10	—	25	18	16	3
敦賀市	56	55	24	53	54	83	1	2	2	2	2	—	14	6	16	3	15	2	3	1	1	2	1	—	4	2	10	1	7	4
武生市	119	117	130	121	133	91	3	1	—	—	4	4	10	5	4	2	3	2	5	4	1	6	4	2	2	—	6	—	1	1
小浜市	23	47	49	51	36	30	—	—	3	—	—	—	—	1	10	—	2	—	4	1	2	—	—	2	1	—	—	—	1	1
大野市	35	46	69	59	58	67	—	1	1	1	—	1	14	2	5	—	1	9	—	2	—	3	—	1	—	—	—	2	—	—
勝山市	24	31	17	20	54	39	1	2	3	2	—	2	9	12	12	6	2	11	—	—	1	1	4	2	3	2	6	2	2	—
鯖江市	38	40	70	72	71	78	1	—	—	—	—	—	6	5	3	1	6	2	—	—	—	—	2	—	1	—	1	—	2	1
足羽町	12	5	1	3	6	5	—	—	1	—	—	—	—	—	—	—	—	—	—	—	—	—	—	—	—	—	—	—	—	—
美山町	4	5	—	4	2	3	—	—	—	—	—	—	—	—	—	—	—	—	—	—	—	—	—	—	—	—	—	—	—	—
森田町	22	24	23	26	25	26	—	—	—	—	—	—	4	—	5	2	—	—	—	—	—	—	—	—	—	—	4	2	2	—
松岡町	23	24	16	28	25	27	—	—	—	—	—	—	1	—	2	—	1	2	—	—	—	—	—	2	—	—	2	—	3	—
永平寺町	23	14	8	6	14	12	—	—	—	—	—	—	1	1	3	—	1	1	—	—	—	—	—	—	—	—	—	—	—	—
上志比村	14	14	19	15	24	14	—	—	—	—	—	2	3	3	—	—	5	1	—	2	—	1	—	—	—	—	—	3	—	—
三国町	26	19	27	27	35	44	1	—	1	1	1	1	4	—	3	2	3	1	—	2	—	—	—	—	6	5	6	—	4	—
芦原町	12	16	8	9	12	9	2	1	1	2	—	—	1	—	1	—	—	—	—	—	—	—	—	—	—	—	—	—	—	—
金津町	25	26	31	29	20	21	1	—	—	—	—	—	7	2	9	1	1	—	—	1	1	—	1	—	2	—	—	—	1	—
丸岡町	22	24	19	28	47	52	1	—	3	1	—	—	2	4	1	—	3	3	—	1	—	—	—	—	3	2	—	—	4	—
春江町	19	16	8	23	12	19	1	1	4	1	—	—	1	—	6	3	2	2	—	—	—	—	—	—	—	—	1	—	1	—
坂井町	8	6	1	2	4	2	—	—	—	—	—	—	—	—	—	—	—	—	—	—	—	—	—	—	—	—	—	—	2	—
川西町	9	18	11	19	25	23	—	—	—	2	—	1	—	3	1	—	3	2	—	—	—	—	—	—	—	1	—	—	—	1
西谷村	—	—	—	—	—	—	—	—	1	—	—	—	—	—	—	—	—	—	—	—	—	—	—	—	—	—	—	—	—	—
和泉村	14	9	11	9	2	5	—	—	—	—	—	1	1	—	2	1	—	—	—	—	—	—	—	—	1	—	—	—	12	10
池田町	2	1	3	—	2	—	—	—	—	—	—	—	—	—	—	—	—	—	—	—	—	—	—	—	—	—	—	—	—	—
朝日町	6	6	7	4	8	19	—	—	—	—	—	—	—	—	—	1	3	—	—	—	—	—	—	—	—	—	—	—	—	—
宮崎村	8	11	5	3	5	5	—	—	—	—	—	—	1	—	—	1	—	—	—	—	—	—	—	—	—	—	—	—	—	—
越前町	11	15	9	14	13	22	1	1	4	1	6	4	3	4	1	2	—	—	—	—	—	—	—	—	1	—	4	—	10	—
越廼村	7	6	4	11	16	11	—	—	—	—	1	—	—	—	3	—	—	—	—	—	—	—	—	—	—	—	—	—	—	—
織田町	8	8	4	5	13	19	—	—	—	—	1	—	1	—	—	—	—	—	—	—	—	—	—	—	2	—	—	—	1	—
清水町	5	5	1	4	4	2	1	1	—	—	—	—	1	—	—	—	—	—	—	—	—	—	—	—	—	—	—	—	—	—
南条町	5	4	—	2	2	3	1	—	—	—	—	—	—	—	—	—	—	—	—	—	—	—	—	—	—	—	—	—	—	—
今庄町	18	17	14	7	14	15	—	—	—	—	—	1	—	—	—	—	1	1	1	—	—	—	—	—	—	—	—	—	—	—
河野村	12	16	17	12	19	15	—	—	—	—	—	—	2	1	—	—	2	—	—	—	—	—	—	—	—	—	3	—	1	—
三方町	4	6	—	2	1	2	—	—	—	—	—	—	—	—	—	—	—	—	—	—	—	—	—	—	—	—	—	—	—	—
美浜町	15	17	19	16	23	23	1	2	—	—	—	1	—	1	—	—	2	—	—	—	—	—	—	—	1	—	—	—	2	—
上中町	—	—	—	1	1	1	—	—	—	—	—	—	1	—	—	—	—	1	—	—	—	—	—	—	—	—	—	—	—	—
高浜町	7	8	6	11	9	7	1	—	2	—	—	—	2	—	3	3	2	—	—	—	—	—	—	—	1	—	—	—	—	—
大飯町	5	4	4	3	7	5	1	—	—	1	1	1	—	—	2	—	1	—	—	—	—	—	—	—	—	—	—	1	1	—
足羽中学校組合	12	9	8	10	16	13	—	—	—	—	—	1	—	—	1	—	—	—	1	—	—	—	—	—	—	—	—	—	—	—
南越中学校組合	41	43	36	40	49	50	—	—	1	—	1	1	2	—	5	1	6	1	—	—	2	—	—	—	—	—	2	—	—	1
合計	903	935	890	937	1088	1134	24	16	30	18	17	2	107	61	119	37	75	46	26	23	15	15	12	11	38	12	70	29	73	22

日本の子どもとその家庭の実態

続・家庭福祉編

―全国家庭福祉実態調査結果報告―

財団法人　日本児童福祉協会刊

この「日本の子どもとその家庭の実態」**続・家庭福祉編は**、厚生省が昭和三十八年七月一日現在で実施した全国家庭児童調査に続いて、昭和三十九年八月一日現在で行なった全国家庭福祉実態調査の結果報告を内容としたものであります。

序

「**全国家庭福祉実態調査**」は，昭和39年8月1日現在，全国における児童のいる世帯および家庭ならびに欠損家庭の実態を把握して，児童福祉行政推進の基礎資料として活用することを目的に，厚生省児童家庭局が全国都道府県・指定都市において実施した層別無作為抽出調査である。調査は，各都道府県・指定都市の関係職員および調査員各位の御努力によって円滑に行なわれ，集計および製表ならびに分析検討を終え，ここに，この調査結果報告書を発表する運びに至ったものである。

この報告書は，昨年行なった「**全国家庭児童調査結果報告**」に続いて発表するものであり，とくに児童のいる家庭を主眼にして企画され，共稼ぎ家庭，出稼ぎ家庭および父母の欠損している家庭の状況を調査し，あわせて、児童のいる家庭の住宅，子ども部屋，庭およびその設備等の状況を調査したものである。

この調査は，昭和39年4月15日に行なわれた厚生統計母標本調査から1/15の抽出率で抽出された児童のいる世帯，約1万世帯を調査客体として実施したものである。

この調査の実施に当っては，全国都道府県・指定都市の関係職員および調査員の方々に多大の御労苦をわずらわし，また，この調査の企画製表に際しては，大臣官房統計調査部の関係係官各位に非常な御協力をいただいた。ここに厚く御礼を申し上げる次第である。

この報告書が，児童福祉関係者のみならず，広く一般の方々にも親しく読まれ，活用されることによって児童福祉行政に寄与するところがあれば，大きな喜びとするところである。

昭和40年9月

厚生省児童家庭局長　竹　下　精　紀

目　　次

序……………………………………………………厚生省児童家庭局長　竹　下　精　紀

第Ⅰ章　調査の概要

ページ

第1　調査の目的……………………………………………………9
第2　調査の種類および調査期日………………………………………9
第3　調査事項……………………………………………………9
第4　調査の対象と客体……………………………………………9
第5　調査の方法……………………………………………………9
第6　調査の機関……………………………………………………9
第7　用語の定義……………………………………………………9
第8　世帯と家庭……………………………………………………12
第9　調査票……………………………………………………14

第Ⅱ章　世帯と家庭

第1　世帯と家庭……………………………………………………17
児童のいる世帯は，全世帯の67%，3世帯のうち2世帯にあたる。……………17
児童のいる家庭は，1,629万家庭であり，児童のいる世帯1に対して1.04である。……………17
児童のいる世帯は，1世帯1家庭84%，1世帯2家庭16%，1世帯3家庭以上1%である。………17
第2　家庭と児童……………………………………………………17
児童のいない家庭は,全家庭の37%で,児童のいない家庭を1とすると，児童のいる家庭は1.67と多くなっている。……………………………………………17
児童のいる家庭のうち，児童1人の家庭は，35%である。……………………18
児童は3,209万人であるが，児童のいる家庭の平均児童数は，2人である。……………18
児童のいる家庭人員は4人が最も多く，36%であり，ついで5人，3人の順になっている。……18
4人家庭・児童2人という家庭が最も多く，28%であり，ついで3人家庭・児童1人の家庭は22%である。……………………………………………18

第Ⅲ章　児童のいる家庭

第1　家庭の父母……………………………………………………23
父，母ともに働いている家庭は46%であり，全国では755万家庭と推計される。……………23
父のいない家庭および母のいない家庭は，それぞれ6%および1%である。……………23
父，母ともに働いている家庭において，父，母ともに収入を得て働いている家庭は46%であり，収入はないが，母が働いている家庭は53%である。……………23
父は常用勤労者が最も多く，51%であるが，そのうち管理・技術・事務に従事している者は30%である。……………………………………………24
母が家族従事者として働いている家庭は26%であり，常用勤労者として母が働いている

家庭は10%である。……………………………………………………………………………………24
父の学歴では，「中卒」が48%であり，ついで「高卒」が23%である。……………………………24
母の学歴では，「中卒」が49%であり，ついで「高卒」が32%である。……………………………24
父がいる家庭の父の平均年収は，44万3千円である。……………………………………………25
働いている父の平均年収は，40歳代では50万1千円である。…………………………………26
働いている父の年齢構成は，30歳代が42%，40歳代が29%，50歳代が19%である。…………26
働いていない父は，50歳代の父が53%である。……………………………………………………26
母の平均年収は4万2千円であり，これを働いて収入を得た母については，平均年収は15万3千円である。……………………………………………………………………………………27
働いている40歳代の母は8万5千円の平均年収を得ている。収入を得ている40歳代の母は，15万4千円である。………………………………………………………………………………27
働いていない母は，30歳代の母が42%で，20歳代の母が27%で，40歳代は22%である。…………27

第2　家庭の状況 ……………………………………………………………………………………28
年収「24万～36万円未満」の収入階級の家庭が多く，21%であり，ついで「36万～48万円未満」の収入階級の家庭が19%である。…………………………………………………………28
平均年収は，4人家庭が51万2千円であり，5人家庭が52万3千円である。……………………28
家庭の平均年収は，児童2人の家庭が最も多く52万円で，ついで児童3人の家庭の48万9千円で，児童1人の家庭の48万2千円とほぼ同じである。…………………………………28
児童2人の家庭は4割をしめ，児童1人の家庭とあわせると，4家庭中3家庭におよんでいる。…28
住宅地区に住む家庭は4人家庭が多く，平均家庭人員では漁業地区に住む家庭が最も多く，ついで農業地区である。………………………………………………………………………29
南九州地域は平均家庭人員が最も多く4.70人であり，四国地域では最も少なく4.11人で，ついで関東I地域も少なく4.19人である。……………………………………………………30

第3　住　　　宅 ……………………………………………………………………………………30
3家庭のうち2家庭が，自分で所有している住宅に住んでいる「自家」家庭である。…………30
家庭の平均年収は，給与住宅に住んでいる家庭が最も高く，61万円であり，ついで公営住宅に住んでいる家庭が54万3千円であり，間借りしている家庭が39万7千円と少なくなっている。…………………………………………………………………………………………30
家庭人員は，公営住宅および給与住宅に住んでいる4人家庭が多く，それぞれ47%および46%であり，間借りしている家庭は3人家庭が多くなっている。……………………………31
平均家庭人員は，自家に住む家庭が最も多く4.50人であり，間借りしている家庭は3.55人である。………………………………………………………………………………………………31
自家に住む家庭では，5室以上の部屋を持っている家庭が過半数をしめているが，間借りしている家庭は，1室または2室の家庭がほとんどで91%をしめている。……………………32
自家に住んでいる家庭は，15坪以上の住宅に住んでいる家庭が84%にも達しているが，間借りしている家庭の50%は5坪以下の住宅に住んでいる。……………………………………33
5坪以下の広さの住宅に住んでいる家庭では，転居したいと希望する家庭は31%，条件によって転居したいとする家庭は32%となっている。………………………………………………33
転居することを希望している家庭は，自家，公営，給与住宅，借家，間借と住宅所有状況が変化するにしたがって増加の傾向をたどり，間借りしている家庭では31%が転居を希望している。…………………………………………………………………………………………33
農業地区に住む家庭は，87%の家庭が庭を持っているが，遊び場としての庭がある家庭

は31％である。商業および工業地区の家庭は，14％および16％の家庭しか遊び場としての庭がない。……34
遊び場としての庭を持っている家庭は，4家庭に1家庭の25％である。遊び場でない庭がある家庭を含めると，64％である。……35
遊ぶ設備のある庭がある家庭は27％であり，遊ぶ設備のない庭がある家庭は72％である。……35

第Ⅳ章　家 庭 の 児 童

第1　児 童 の 父 母……39
父，母ともに働いている家庭の児童は，50％であり，全国児童の半分をしめており，全国では1,606万人と推計される。……39
父のいない家庭の児童は5％で，母のいない家庭は1％である。……39
父，母ともに働いている家庭において，父，母ともに収入を得ている家庭の児童は44％である。……40
常用勤労者を父に持つ児童が最も多く50％であり，ついで農業に従事している者を父にもつ児童が20％である。……40
農林業の家族従事者として，母が働いている家庭の児童が多く，21％であり，ついで常用勤労者として，母が働いている家庭の児童が10％である。……40
中学を卒業した学歴の父をもつ児童は50％で，高校を卒業した学歴の父をもつ児童は22である。……41
中学を卒業した学歴の母をもつ児童は父の場合と同じく半数をしめ，小卒，高卒の母が父より多くなっている。……41
「24万～36万円未満」の収入を得ている父をもつ児童は22％で多く，ついで「36万～48万円未満」は18％となっている。……41
収入を得ていない母をもつ児童は73％であるが，「6万～12万円未満」の収入を得ている母をもつ児童は9％となっている。……42
「24万～36万円未満」の収入を働いて得ている父をもつ児童は24％で多く，「36万～48万円未満」は19％である。……42
漁業地区に住む家庭の平均児童数は2.50人と最も多く，ついで農業地区が2.15人となっている。住宅地区の1家庭の平均児童数が最も少なくなっている。……43
住宅地区に住む家庭の4人家庭が児童の割合も多くなっている。児童のしめる割合も漁業，農業地区と多くなっている。……43

第2　児 童 の 状 況……44
男子は52％，女子は49％で，その性比は106.3％であり，男子児童は全国で16,536,000人，女子児童は15,551,000人と推計される。……44
未就学児童は31％，小学生児童は32％，中学生児童は21％である。……44
親しい友人は2人以下が41％であり，3人，4人の親しい友人がいる児童は36％である。……45
2人以下の友人をもつ者は，未就学児童にかなり多く54％であり，小学生児童については22％である。……45
未就学児童については，2人以下の友人をもつ児童が71％であり，小，中学生児童については，3人および4人の友人をもつ児童が45％である。……45

児童の53%は，子ども部屋をもたずにいる。……46
中学生，高校生では勉強部屋または寝室として，子供部屋をもつ児童が多く30%，42%であり，未就学児童は子ども部屋をもたない児童が多く，78%である。……47
収入階級が高くなるにしたがって，子ども部屋をもっている児童が僅かずつ多くなっている。…47
第3　住　宅　……48
4人家庭の児童は最も多く，33%であり，5人家庭の児童は29%である。……48
自家に住む家庭では，5人家庭に，公営，給与住宅に住む家庭では4人家庭，間借りしている家庭では，3人，4人家庭に児童が多くなっている。……48
自家に住む家庭では，「24万～36万円未満」の収入階級に児童が多く，22%であり，公営，給与住宅では「36万～48万円未満」に多い。……49
自家に住む児童が最も多く，70%であり，ついで借家に住む児童は14%である。……50
自家に住む家庭の児童は，小学校在学の児童が多く34%をしめ，公営，給与住宅に住む家庭は未就学，小学生と多く，間借りしている家庭は半数以上が未就学の児童である。……50
子ども部屋を持っている児童は，給与住宅に住む家庭の児童が最も多く，44%で，ついで自家であり，間借りしている家庭の児童の91%は子ども部屋をもっていない。……50
自家に住む児童は遊び場としてではないが，その他の庭としてもっている児童が46%と多くなっており，公営住宅に住む児童は遊び場として，40%の児童が庭をもっている。……50
遊び場としての庭のある児童は，収入階級の高い階級に分布している。……51
農業地区に住む児童の88%は庭があり，ついで住宅地区の61%であるが，漁業地区の70%および商業地区の53%は，庭がない。……51
児童の就学状況別に庭の有無はさしたる差異は見られない。……52
子ども部屋をもたない児童の41%が庭をもっていない。子ども部屋をもっている児童の74%は庭をもっている。……53
遊び場としての庭をもっている児童の25%は，その設備があるとしているが，73%は庭に遊びの設備をもっていない。……54
未就学の児童については，庭の設備を16%もっているが，他の児童はほとんどもっていない。…54

第V章　欠　損　家　庭

第1　欠　損　家　庭　……57
父または母がいない欠損家庭は，8%である。……57
父または母がいない欠損家庭数は，全国で1,257,000である。……57
父がいない家庭のうちで，父に代わるものがいない家庭は91%であり，母がいない家庭のうちで，母に代わるものがいない家庭は63%である。……57
父がいない家庭のうちで，56%の家庭が父を病死によって失なっている。……57
母がいない家庭のうちで，56%の家庭が病死によって母を失なっている。……58
父を失なった家庭の41%が，父を昭和30年以前になくしている。……58
母を失なった家庭の25%が，母を昭和30年以前になくしている。……58
父がいない家庭の平均年収は31万8千円である。……58
母がいない家庭の平均年収は36万4千円である。……59
欠損家庭の半分以上は，年収として24万円未満の収入しか得ていない。……60
父または母がいない家庭のうちで，父または母に代わる者の収入は，それぞれ24万8千円と7万8千円である。……60

父がいない家庭において，間借りしている家庭は９％である。……61
父がいない家庭において，２室をもっている家庭は22％である。……62

第２　欠損家庭の児童……62
父がいない家庭の児童数は，平均１家庭に1.50人であるが，１人の児童だけがいる家庭は，65％である。……62
母がいない家庭の児童数は，平均1.46人である。……62
父がいない家庭の児童数は全国で1,572,000人である。……62
父がいない家庭は，１家庭あたり平均3.14人の家庭人員がいる。……63
母がいない家庭では，１家庭あたり3.29人である。……63
欠損家庭の家庭人員は，398万4千人である。……63

第３　その他の欠損家庭……63
長期にわたって父または母が不在の家庭は，２％である。……63
長期にわたって父が不在の家庭は1.7％であり，父または母が家庭をはなれている家庭のうちでは，85％をしめている。……64
長期にわたって父が不在の家庭は，27万５千家庭である。……64
父が301日以上不在の家庭は，31％である。……64
父または母が常用または日雇労働者として，長期にわたって父または母が不在の家庭は，75％である。……64
長期にわたって父または母が不在の家庭において，30％の家庭が「24万円～36万円未満」の収入階級に属する。……64
長期にわたって父が不在の家庭の31％は，東北地方に属している。……65
長期にわたって母が不在の家庭の30％は，関東Ⅰ地方に属している。……65
長期にわたって父が不在の家庭は，農業地区では36％である。……65
長期にわたって父が不在の家庭の父の平均年収は，29万５千円である。……66
長期にわたって父が不在の家庭の父の学歴をみると，中卒が50％である。……66

第４　その他の欠損家庭の児童……66
長期にわたって父が不在の家庭の児童数は，平均１家庭に2.10人いる。……66
長期にわたって母が不在の家庭の児童数は平均１家庭に1.53人である。……66
長期にわたって父または母が不在の家庭の児童数は，65万１千人である。……66
長期にわたって父が不在の家庭の家庭人員は１家庭あたり平均4.30人である。……67

第Ⅵ章　統計表

第１表　家庭数，父・母の有無・収入の有無別……71
第２表　働いている父のいる家庭数，父の収入階級・年齢階級別……71
第３表　働いている母のいる家庭数，母の収入階級・年齢階級別……72
第４表　家庭数，父・母の従業上の地位別……72
第５表　家庭数，児童数・家庭人員別……73
第６表　家庭数，住宅所有状況・部屋の坪数別……73
第７表　家庭数，住宅所有状況・室数別……73
第８表　家庭数，収入階級・住宅所有状況別……74
第９表　家庭数，室数・家庭人員別……74
第10表　家庭数，住宅所有状況・転居希望の有無別……75

第 I 章

調査の概要

第Ⅰ章　調査の概要

第1　調査の目的

「**全国家庭福祉実態調査**」は，全国の児童のいる家庭における父母の状況，その稼働の実態，住宅，子ども部屋および庭の状況ならびに欠損家庭の実態を把握して児童福祉行政推進の基礎資料とすることをもって目的とした調査である。

第2　調査の種類および調査期日

この調査は，「**準備調査**」および「**本調査**」に分け，それぞれ次のように実施した。

なお,厚生統計母標本調査は,昭和39年4月15日現在調査したものである。

調査の種類	調査期日	調査内容
準備調査	昭和39年5月20日～6月10日	厚生統計母標本調査から児童のいる世帯を選出する。
本調査	昭和39年8月1日	児童のいる家庭の調査を行なう。

第3　調査事項

「**全国家庭福祉実態調査票**」に示す事項である。「**第Ⅰ章　第9調査票**」を参照のこと。

第4　調査の対象と客体

この調査の調査対象は，全国の児童のいる世帯とした。調査客体は昭和39年度厚生統計母標本調査地区から層別無作為抽出法により抽出率1/15で選ばれた調査地区内にある，児童のいる世帯のうち，児童のいる家庭とした。

なお，この調査を行なった厚生統計母標本調査地区数は，278地区である。

第5　調査の方法

1　準備調査

都道府県・指定都市の児童福祉主管課において，昭和39年度厚生統計母標本調査を使用して，児童のいる世帯を選出し，**全国家庭福祉実態調査の被調査世帯**を決定した。

2　本調査

(1)　昭和39年8月1日現在を期して，あらかじめ指示された被調査世帯を調査員が訪問し，これらの世帯のうち児童のいる家庭ごとに調査票に掲げる事項について，面接質問法の他計主義により調査票を作成した。

(2)　調査員は，作成した調査票を8月20日までに都道府県・指定都市の児童福祉主管課長に提出した。

第6　調査の機関

1　厚生省においては，児童家庭局長が大臣官房統計調査部長の協力を得て，この調査の企画および実施の指導に当った。

2　都道府県・指定都市においては，民生主管部（局）長が，衛生主管部（局）長の協力を得て，調査の施行に当った。

3　都道府県・指定都市民生主管部（局）児童福祉主管課長は，民生主管部（局）長の命をうけ，調査員を指揮監督して，この調査を実施した。

第7　用語の定義

この調査における用語は，次のように定義した。

1　**児童**　児童福祉法(昭和22年法律第164号)にいう児童であって，満18歳に満たないものをいう。

2　**保護者・父および母**　保護者は，児童福祉法第6条に定める保護者ではなく，いわゆる社会通念上にしたがい，「**父**」は父または父に代わるものをいい，「**母**」は母または母に代わるものをいう。

3　**学歴**　は，次のものをいう。

(1)　小　卒　小学校卒業のもの

(2)　中　卒　高等小学校・新制中学校卒業のもの

(3)　高　卒　旧制中学校・新制高等学校卒業のもの

(4)　短大卒　旧制専門学校・新制短大卒業のもの

(5)　大　卒　旧制大学・新制大学卒業のもの

(6)　中退者は，その直前の学校たとえば旧制中学中退は中卒とし，小学校の中途退学は不就学とする。

4　**従業上の地位**

(1)　農林業主　農林業を自ら営むものをいい，耕地面積等の大小，雇人の有無を問わない。

(2)　非農林業主　農林業を除く他の事業を自ら営むものをいい，雇人の有無を問わない。なお，専業的家内労働を含む。

(3)　家族従事者　農林業または非農林業の家族として従事しているものをいう。

(4)　常用勤労者　（管理・技術・事務）
公務と非公務（民間）であるとを問わず，常用勤労者であって管理職，技術職または事務職に従事するもの，いわゆる「ホワイト・カラー族」をいう。

(5)　常用勤労者（その他）　公務と非公務とを問わず，常用勤労者のうちで，上記の管理，技術，事務以外の職務に従事しているもの，いわゆる「ブルー・カラー族」をいう。（1か月以上の契約で他に雇われて賃金・給料をうけているものをいう。以下同じ。）

(6)　日雇労働者　日々雇い入れられるまたは1か月未満の契約によって雇い入れられる者であって賃金を得ているものをいう。

(7)　家内労働者　家の中で作業に従事し，賃金を得ている者および内職をする者をいい，専業的家内労働を含まない。

(8)　その他の就業者　上記のいずれにも属しない者で働いているもの。

(9)　2つ以上の仕事をもっている場合は労働時間の長い方を，時間で区別し難いときは収入の多い方とする。

5　**雇用規模**　常用勤労者について，管理，技術，事務およびその他を問わず，本店，支店または支社，出張所，工場または研究所を含むものとする。

なお，公務に従事する常用勤労者については，1,000人以上の区分に属するものとする。

6　**子ども部屋**

(1)　勉強部屋　子どもが勉強するときだけ使う部屋をいう。

(2)　寝　　室　子どもが寝るときだけ使う部屋をいう。

(3)　遊び部屋　子どもが遊ぶときだけ使う部屋をいう。

(4)　勉強部屋・寝室　子どもが勉強するときと寝るときだけ使う部屋をいう。

以下，同じように子ども自身の部屋があって，子どもがその部屋をどのように使っているかによっている。

7　**親しい友達**　児童が平素親しくしている友達をいう。

8　**住宅の所有状況**

(1)　自　家　同居世帯員中の世帯員が所有している住宅をいう。

(2)　公営住宅　地方公共団体の設置した住宅をいう。

(3)　給与住宅　官舎または社宅をいう。

(4)　借　家　公営住宅および給与住宅以外の住宅で借りているものをいう。

（公団住宅を含む。）

9　**庭の状況**　他の家庭と共用すると否とを問わず，家庭が使用できる庭をいう。

10　**38年中の収入**

勤労収入は38年中の手取り総金額を，農林業・事業等の家庭においては総収入から農林業・事業等に要する必要経費を差引いた金額をいう。

11　**欠　損　家　庭**

(1)　父（母）　実父（母）および養継父(母)をいい，これらの者に代わるものを含まない。

(2)　**欠損家庭となった理由**

父または母が欠損した理由について，病死，事故死，その他の死亡（自殺，他殺，老衰死），離別，生死不明，遺棄，長期拘禁，未婚の父およびその他等をいう。

12　**地　区　特　性**

昭和35年国勢調査時の調査区は特性により21分類されているが，近似的な特性の調

基準はつぎのとおり

分類地区名	分類符号	分類基準			
住宅地区	10	就業者のない内職のみの世帯数	≧5		
	11	勤め人，労務者の世帯数	≧30		
	3	給与住宅に住む世帯数	≧30		
	4	〃	≧10		
漁業地区	5	漁　家　数	≧20		
	6	〃	≧5		
工業地区	7	製造業，建設業，鉱業を営む世帯数	≧10		
	15	〃	≧5	勤め人，労務者の世帯数	≧20
商業地区	16	〃	≧5	〃	<20
	8	商業，サービス業，自由業を営む世帯数	≧20	〃	≧20
	9	〃	≧20	〃	<20
	17	〃	≧20	〃	≧20
	18	〃	≧10	〃	<20
農業地区	12	農林業の就業者のみの農家数	≧25	勤め人，労務者の世帯数	<15
	13	非農林業の就業者のいる農家数	≧25	〃	<15
	14	農　家　数	≦20	〃	<15
	19	〃	≧20		
その他の地区	1	20人以上の準世帯数	≧1		
	2	20＞世　帯　数	≧1		
	20	世　帯　総　数	≧20		
	21	〃	＝0		

（注）　2つ以上の基準に該当するものは，分類符号の若い方に分類してある。

査区の組合せにより下記地区とした。

「住宅地区」　分類符号「3，4，10，11」
「漁業地区」　〃　「5，6」
「工業地区」　〃　「7，15，16」
「商業地区」　〃　「8，9，17，18」
「農業地区」　〃　「12,13，14，19」
「その他の地区」　〃　「1，2，20，21」

13　**地域ブロック**

「北海道」　北海道全域
「東　北」　青森，秋田，山形，岩手，宮城および福島の6県をいう。
「関東Ⅰ」　埼玉，東京，神奈川および千葉の1都3県をいう。
「関東Ⅱ」　茨城，栃木，群馬，山梨および長野の5県をいう。
「北　陸」　新潟，富山，石川および福井の4県をいう。
「東　海」　岐阜，静岡，愛知および三重の4県をいう。
「近畿Ⅰ」　滋賀，和歌山および奈良の3県をいう。
「近畿Ⅱ」　大阪，京都および兵庫の2府1県をいう。
「中　国」　岡山，広島，鳥取，島根および山口の5県をいう。
「四　国」　香川，徳島，愛媛および高知の4県をいう。
「北九州」　福岡，佐賀，長崎および大分の4県をいう。
「南九州」　熊本，宮崎および鹿児島の3県をいう。

第8　世帯と家庭

(1)　**世帯**とは，調査日現在，住居および家計（日常生活を営むための収支をいう。)を一つにしている者の集まり，または1人で独立家計を維持している者をいう。

(2)　世帯主が外国人である世帯および施設に収容されている世帯は対象としない。

(3)　**家庭**　とは，これらの世帯のうち，児童のいる世帯について，児童とその親の関係でとらえたつぎの頁の図のものをいう。

世　帯　と　家　庭

(注……1.　大円は18才以上の人を，小円は18才未満児を示す。
　　　 2.　点線内は家庭を示している。)

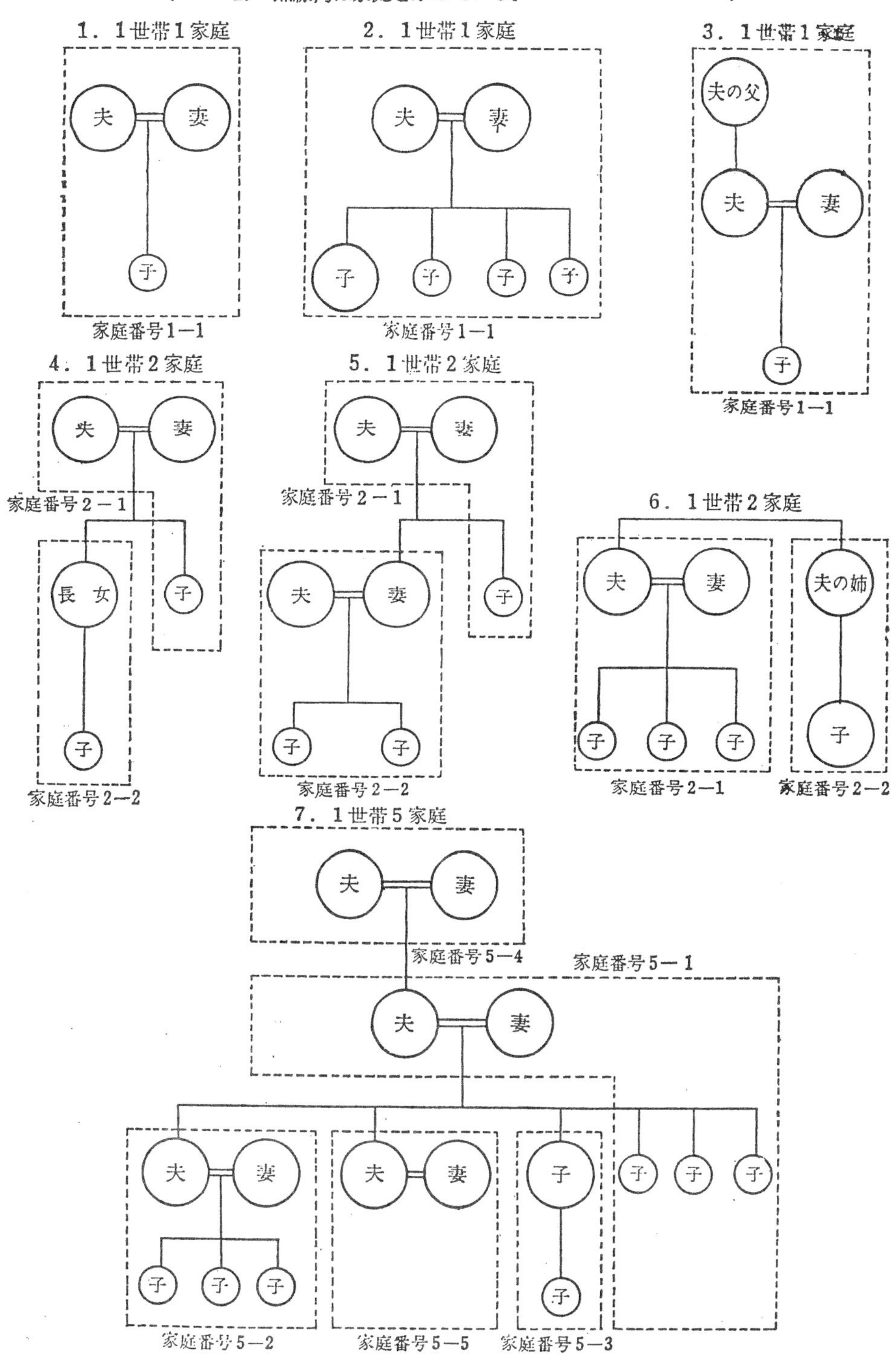

第9調　査　票

行政管理庁承認第4546号
昭和39年9月30日まで
厚　2－8－11－1
昭和39年7月1日登録

全国家庭福祉実態調査票

厚生省　児童家庭局

（昭和39年8月1日現在）

調査地区番号		調査世帯番号		調査家庭番号	－	家庭類型	

都道府県・指定都市名

調査員氏名

父（これに代るものを含む）		
(1) 有無	あり（1 働いている　2 働いていない）　3 いない	(2) 児童との続柄
(3) 出生年月	明・大・昭　　年　　月	(4) 学歴
(5) 従業上の地位	1 農林業主　2 非農林業主　3 常用勤労者（管理・技術・事務）　4 常用勤労者（その他）　5 日雇労働者　6 その他の就業者　7 不就業者	
(6) 雇用規模	1 1人～29人　2 30人～99人　3 100人～999人　4 1000人以上	

母（これに代るものを含む）		
(7) 有無	あり（1 働いている　2 働いていない）　3 いない	(8) 児童との続柄
(9) 出生年月	明・大・昭　　年　　月	(10) 学歴
(11) 従業上の地位	1 農林業主　2 農林業の家族従事者　3 非農林業主　4 非農林業の家族従事者　5 常用勤労者（管理・技術・事務）　6 常用勤労者（その他）　7 日雇労働者　8 家内労働者　9 その他の就業者　10 不就業者	
(12) 雇用規模	1 1人～29人　2 30人～99人　3 100人～999人　4 1000人以上	

この家庭に属する児童

番号	(13) 性	(14) 出生年月	(15) 就学状況	(16) 就労状況	(17) 子供部屋の有無	(18) 親しい友達の数
1	1 男　2 女	昭和　年　月	1 未就学　2 小学　3 中学　4 全日高校　5 定時高校　6 免除　7 中卒		0 なし　1 勉強　2 寝室　4 遊び	人
2	1　2	昭和　年　月	1　2　3　4　5　6　7		0　1　2　4	人
3	1　2	昭和　年　月	1　2　3　4　5　6　7		0　1　2　4	人
4	1　2	昭和　年　月	1　2　3　4　5　6　7		0　1　2　4	人
5	1　2	昭和　年　月	1　2　3　4　5　6　7		0　1　2　4	人
6	1　2	昭和　年　月	1　2　3　4　5　6　7		0　1　2　4	人
7	1　2	昭和　年　月	1　2　3　4　5　6　7		0　1　2　4	人

同居者

番号	(19) 性	(20) 出生年月	(21) 児童との続柄
1	1 男　2 女	明・大・昭　年　月	
2	1　2	明・大・昭　年　月	
3	1　2	明・大・昭　年　月	
4	1　2	明・大・昭　年　月	
5	1　2	明・大・昭　年　月	
6	1　2	明・大・昭　年　月	

住宅状況

(22) 住宅の所有状況	1 自家　2 公営住宅　3 給与住宅　4 借家　5 間借　6 その他		
(23) 転居希望	1 転居したい　2 条件によつては転居したい　3 転居の希望なし　4 その他		
(24) 延坪	坪（　$米^2$）	(25) 室数	室
(26) 畳のある室	室	(27) 畳数	帖

庭の状況

(28) 庭の有無	1 遊び場としての庭あり　2 その他庭あり　3 な	(29) 児童の遊びの設備状況	0 なし　1 砂場　2 ブランコ・スベリ台　4 その他（　　）

(30) 生活保護受給状況	1 医療扶助のみ　2 その他うけている　3 受給していない
(31) 所得税	1 課税　2 非課税
(32) 市区町村民税	1 均等割のみ　2 所得割あり　3 非課税

(33) 38年中の収入	父	母	児童	社会保障給付金	その他	合計
	円 ,000	円 ,000	円 ,000	円 000	円 000	円 000

(34) 母子福祉貸付金の効果	うけた（1 うけてよかつた　2 効果はなかつた　3 わからない）　4 うけない

現に父母のいない家庭

	(35) 欠損家庭となつた理由	(36) その時期
父	1 病死　2 事故死　3 その他の死亡　4 離別　5 生死不明　6 遺棄　7 長期拘禁　8 未婚の父　9 その他	昭和　年
母	1 病死　2 事故死　3 その他の死亡　4 離別　5 生死不明　6 遺棄　7 長期拘禁　8 未婚の母　9 その他	昭和　年

その他の家庭の欠損

	(37) 欠損の状況	(38) 欠損となる理由	(39) 欠損期間	(40) 在宅中の仕事
父	1 あり　2 なし		38年のうち　日	
母	1 あり　2 なし		38年のうち　日	

A	B	C	D	E	F	G	H	I	J	K	L

上質紙　A版4号　55kg

— 14 —

第 Ⅱ 章

世 帯 と 家 庭

解説統計表の表章記号の規約

計数のない場合	—
計数不明の場合	…
統計項目のあり得ない場合	•
数値が微少（0.05未満）の場合	0.0

第Ⅱ章　世　帯　と　家　庭

第１　世 帯 と 家 庭

児童のいる世帯は，全世帯の67%，３世帯のうち２世帯にあたる。

この調査によって推計された全国の世帯数は2,346万世帯であり，その67.0%にあたる1,572万世帯が「児童のいる世帯」である。これを昨年実施した「**全国家庭児童調査**」と比較すると，78万世帯多く，全世帯に占める児童のいる世帯の割合も僅かに多くなっている。

第１表　世帯数と家庭数

全　国 世帯数	児童のいる 世帯数	全　国 家庭数	児童のいる 家庭数
23,458,000	15,718,000	26,035,000	16,292,000

児童のいる家庭は，1,629万家庭であり，児童のいる世帯１に対して1.04である。

児童のいる家庭は，全国で1,629万家庭と推計され，児童のいる世帯１に対して平均1.04家庭となっている。昨年度の調査に比して児童のいる世帯に占める割合は，減っている。

児童のいる世帯は，１世帯１家庭84%，１世帯２家庭16%，１世帯３家庭以上１%である。

児童のいる世帯の84.0%は，１世帯１家庭で，全国で1,321万家庭と推計され，15.5%は１世帯２家庭となっている。前記調査においては，１世帯１家庭は88.6%であり，１世帯２家庭は11.2%であった。

第２表　家庭数別児童のいる世帯数

	総　数	１世帯 １家庭	１世帯 ２家庭	１世帯 ３家庭 以上
全国 推計値	15,718,000	13,207,000	2,432,000	79,000
百分比 （%）	100.0	84.0	15.5	0.5
全国家 庭児童 調査	100.0	88.6	11.2	0.2

第１図　家庭数別児童のいる世帯

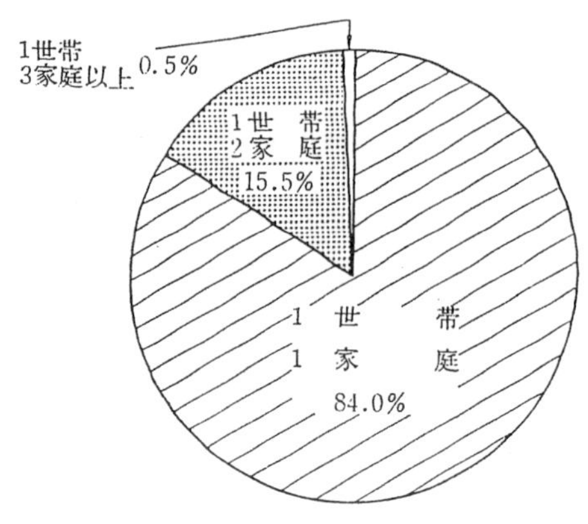

第２　家 庭 と 児 童

児童のいない家庭は，全家庭の37%で，児童のいない家庭を１とすると，児童のいる家庭は1.67と多くなっている。

これを児童の数別にみると，児童のいない家庭は全国では，974万家庭あり，児童のいる家庭は1,629万家庭である。そのうち児童１人だけの家庭は全家庭の中では22.0%をしめ，児童２人の家庭は25.2%であって，児童のいる家庭の中では最も多く，以下児童が多くなるにしたがってその割合は減っている。

第２図　児童数別家庭

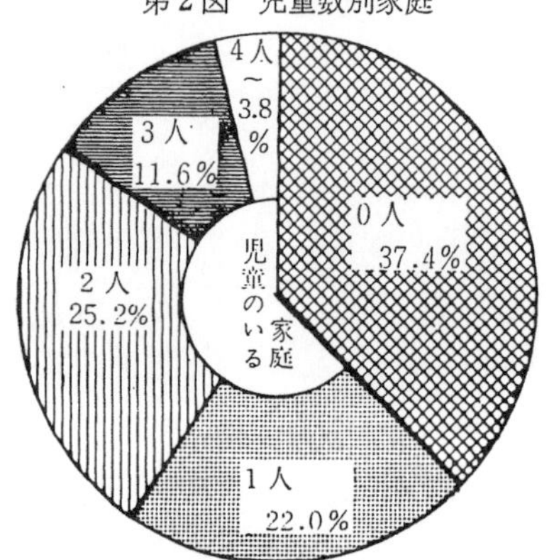

第３表　児童数別家庭数　　%

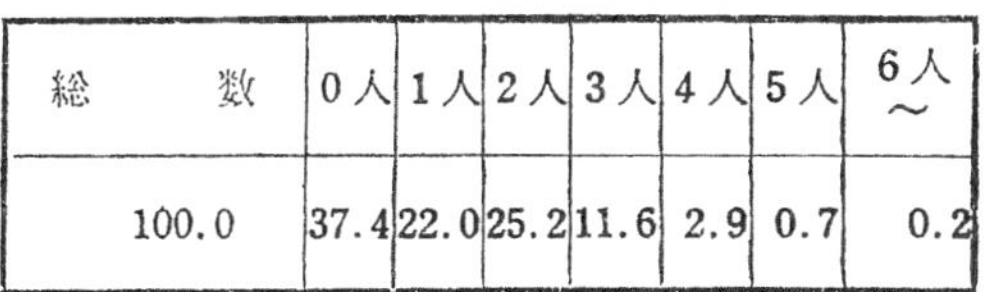

総数	0人	1人	2人	3人	4人	5人	6人〜
100.0	37.4	22.0	25.2	11.6	2.9	0.7	0.2

児童のいる家庭のうち，児童１人の家庭は，35%である。

これを児童のいる家庭についてだけでみると，児童が１人いる家庭は35.2%であり，児童が２人いる家庭は40.3%であり，１番多くなっている。これを昨年の「**全国家庭児童調査**」によると，児童が１人の家庭33.1%，児童が２人の家庭37.9%に比べると，僅かに多くなっている。その反面，児童が３人以上いる家庭は減少している。

第４表　児童数別児童のいる家庭数　　%

総数	1人	2人	3人	4人	5人	6人〜
100.0	35.2	40.3	18.5	4.7	1.1	0.3

第３図　児童数別児童のいる家庭

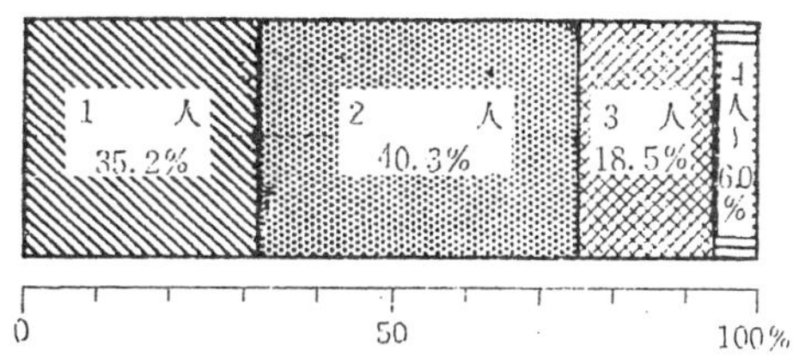

児童は3,209万人であるが，児童のいる家庭の平均児童数は，２人である。

18歳未満の児童数は3,209万人であり，児童のいる世帯の平均児童数は2.04人であり，児童のいる家庭の平均児童数は，1.97人である。これを昨年の調査によると，１家庭あたり2.06人に比べると，僅かに減少している。

児童のいる家庭人員は４人が最も多く，36%であり，ついで５人，３人の順になっている。

児童のいる家庭のうち，平均人員が４人の家庭は35.5%で，最も多くなっている。ついで５人家庭，３人家庭の順に，それぞれ23.5%，23.1%となっている。

第４図　家庭人員別児童のいる家庭

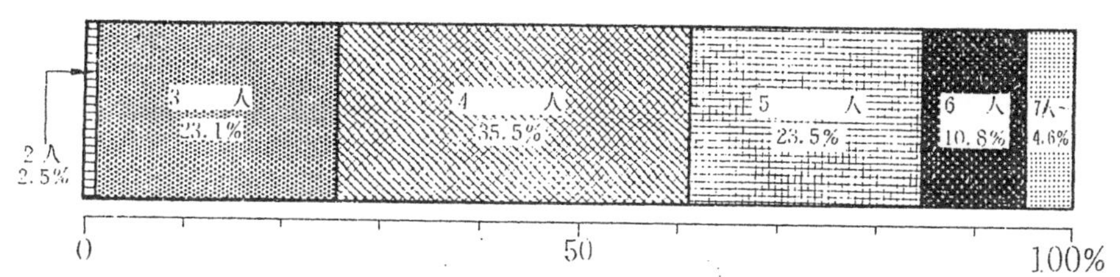

第５表　家庭人員別児童のいる家庭数　　%

総数	2人	3人	4人	5人	6人	7人	8人	9人〜
100.0	2.5	23.1	35.5	23.5	10.8	3.4	1.0	0.2

４人家庭・児童２人という家庭が最も多く，28%であり，ついで３人家庭・児童１人の家庭は22%である。

児童のいる家庭のうち，人員が４人であり，児童が２人の家庭は28.4%であり，ついで３人家庭において，児童が１人いる家庭は22.0%である。5人家庭では児童を3人もつ家庭は12.8%であり，児童を２人をもつ家庭は7.9%である。

第6表　児童数，家庭人員別家庭数

%

	総　数	2　人	3　人	4　人	5　人	6　人	7　人	8　人	9　人	10人～
総　　　数	100.0	2.5	23.1	35.5	23.5	10.8	3.4	1.0	0.2	0.0
児　童　1　人	35.2	2.5	22.0	6.7	2.7	0.9	0.3	0.0	—	—
児　童　2　人	40.3	—	1.1	28.4	7.9	2.4	0.5	0.1	0.0	—
児　童　3　人	18.5	•	—	0.4	12.8	4.3	0.8	0.2	0.0	—
児　童　4　人	4.7	•	•	—	0.1	3.1	1.2	0.2	0.2	0.0
児　童　5　人	1.1	•	•	•	—	0.0	0.7	0.3	0.0	0.0
児童6人　～	0.3	•	•	•	•	—	—	0.2	0.1	0.0

第 Ⅲ 章

児童のいる家庭

解説統計表の表章記号の規約

計数のない場合	—
計数不明の場合	…
統計項目のあり得ない場合	・
数値が微少（0.05未満）の場合	0.0

第Ⅲ章　児童のいる家庭

第１　家庭の父母

父，母ともに働いている家庭は46%であり，全国では 755 万家庭と推計される。

父(またはこれに代わるものを含めている。)，母（またはこれに代わるものを含めている。）とも働いている家庭は46.3%である。また父，母ともに働いていない家庭は0.8%である。父が働いている家庭は92.0%であり，母が働いている家庭は52.4%である。

父のいない家庭および母のいない家庭は，それぞれ６%および１%である。

父のいない家庭は5.8%で，母のいない家庭は0.8%である。

第７表　父および母の状況別家庭数

%

	総　数	父あり		父なし
		働いている	働いていない	
総　数	100.0	92.0	2.2	5.8
母あり　働いている	52.4	46.3	1.2	4.8
母あり　働いていない	46.8	44.9	0.8	1.0
母　な　し	0.8	0.7	0.1	0.0

第5図　父および母の状況別家庭

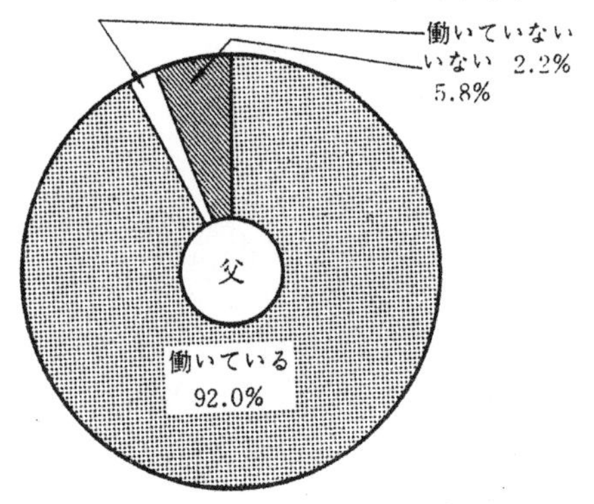

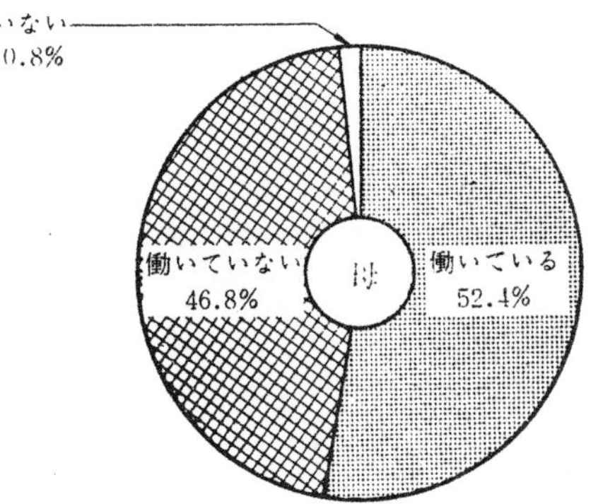

父，母ともに働いている家庭において，父，母ともに収入を得て働いている家庭は46%であり，収入はないが，母が働いている家庭は53%である。

父，母ともに働いている家庭において，父が

第６図　働いている父，母の収入有無別家庭

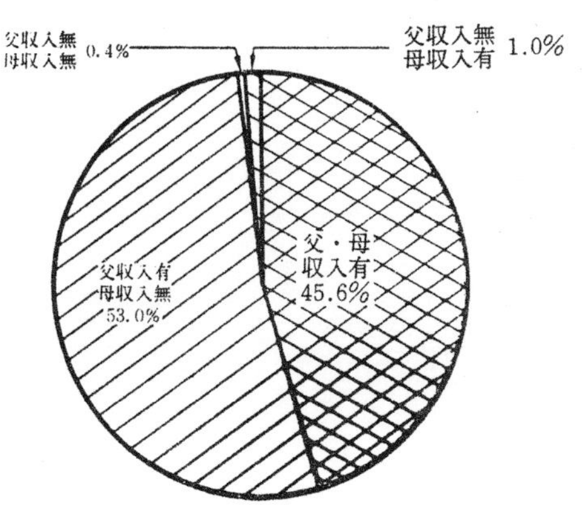

第８表　働いている父，母の収入有無別家庭数

%

母＼父	総　数	収入有	収入無
総　数	100.0	98.6	1.4
収入有	46.6	45.6	1.0
収入無	53.4	53.0	0.4

収入を得て働いている家庭は98.6%であり，母が収入を得て働いている家庭は46.6%である。母が収入を得ないで働いている家庭が53.4%と多くなっている。父，母ともに収入を得て働いている家庭は45.6%である。

働いている父，母を従業上の地位別にみると，つぎのとおりである。

父は常用勤労者が最も多く，51%であるが，そのうち管理・技術・事務に従事している者は30%である。

働いている父の従業上の地位をみると，父が農林業主である家庭は17.8%であり，その他の非農林業主は14.7%であり，最も多くの父が従事している仕事は常用勤労者であり51.4%である。そのうち管理・技術・事務を常勤として従事している父は30.0%である。

第9表　父の従業上の地位

		%
総数		100.0
農林業主		17.8
非農林業主		14.7
常用勤労者（管理・技術・事務）	総数	30.0
	1～29人	4.8
	30～99人	5.0
	100～999人	5.6
	1,000人～	14.0
	不明	0.5
常用勤労者（その他）	総数	21.4
	1～29人	6.9
	30～99人	3.9
	100～999人	4.8
	1,000人～	5.5
	不明	0.2
日雇労働者		3.8
その他の就業者		4.2
不明		0.2
不就業者		2.2
父なし		5.8

母が家族従事者として働いている家庭は26%であり，常用勤労者として母が働いている家庭は10%である。

働いている母の仕事をみると，農林・非農林とも含めて家族従事者として母が働いている家庭が最も多く26.0%であり，とくに農林業の家族従事者として母が働いている家庭が18.8%であり，非農林業における家族従事者として母が働いている家庭は7.2%である。

第10表　母の従業上の地位

	%
総数	100.0
農林業主	4.0
家族従事者	18.8
非農林業主	2.0
家族従事者	7.2
常用勤労者（管理・技術・事務）	3.7
常用勤労者（その他）	6.5
日雇労働者	2.7
家内労働者	4.4
その他の就業者	2.8
不明	0.2
不就業者	46.8
母なし	0.8

つぎに父，母の学歴についてみる。

父の学歴では，「中卒」が48%であり，ついで「高卒」が23%である。

父の学歴別をみると，中学校卒業の学歴をもつ父は47.7%であり，高等学校卒業の学歴をもつ父は23.3%であり，大学卒業の学歴をもつ父は8.0%である。

母の学歴では，「中卒」が49%であり，ついで「高卒」が32%である。

第7図　父，母の従業上の地位

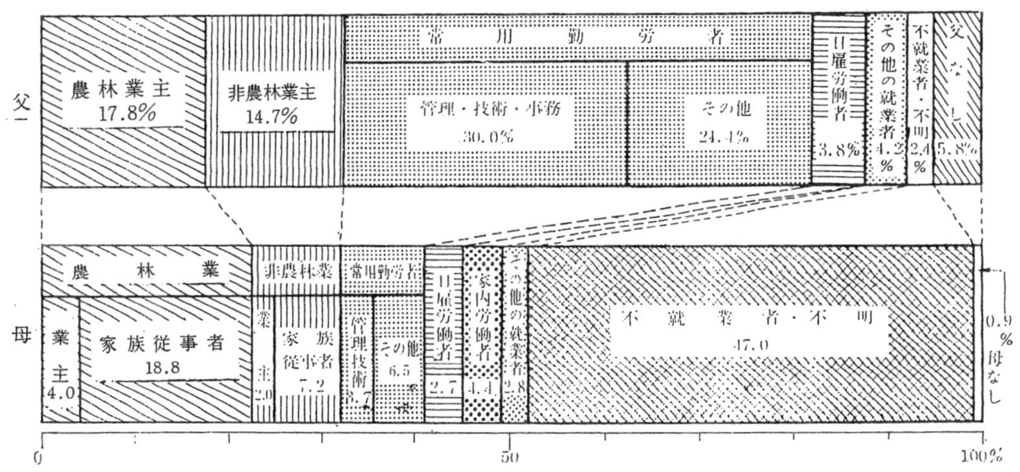

第11表　父，母の学歴別家庭数

%

	総数	不就学	小卒	中卒	高卒	短大卒	大卒	不明
父	100.0	0.2	11.8	47.7	23.3	3.0	8.0	5.9
母	100.0	0.4	15.3	49.0	31.5	2.0	0.9	0.9

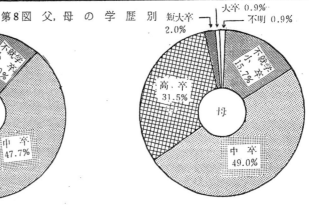

第8図　父，母の学歴別

父
不就学 小卒 12.0%
中卒 47.7%
高卒 23.3%
短大卒 3.0%
大卒 8.0%
不明 5.9%

母
不就学 小卒 15.7%
中卒 49.0%
高卒 31.5%
短大卒 2.0%
大卒 0.9%
不明 0.9%

父がいる家庭の父の平均年収は，44万3千円である。

父（父に代わるものを含む。）の平均年収は，44万3千円である。これを父の年齢別にみると，40歳から49歳までの父の平均年収が49万4千円で最も多く，30歳から39歳までの父の収入が平

第12表　年齢別父の平均年収

総数	～19歳	20～29歳	30～39歳	40～49歳	50～59歳	60歳～	不明
円 443,000	円 150,000	円 358,000	円 437,000	円 494,000	円 430,000	円 322,000	円 184,000
(100.0%)	(0.0%)	(10.1%)	(41.1%)	(28.6%)	(19.7%)	(0.3%)	(0.2%)

均年収が43万7千円でこれについでいる。

働いている父の平均年収は40歳代では50万1千円である。

働いている父の平均年収は45万2千円である。これを年齢階級別にみると，30歳から39歳までの働いている父の平均年収が44万円であり　50歳から59歳までの父の平均年収が45万3千円でこれについで高い。

働いている父の年齢構成は，30歳代が42%，40歳代が29%，50歳代は19%である。

働いている父の年齢構成についてみると，最も多いのは30歳代で働いている父の41.7%に相当する。次いで40歳代の28.8%，50歳代の18.9%の順である。

働いていない父は，50歳代の父が53%である。

働いていない父を年齢階級別にみると，50歳代が53.1%で全体の過半数をしめ，40歳代の父は20.8%，30歳代の父は16.8%となっている。

第10図　年齢別働いていない父

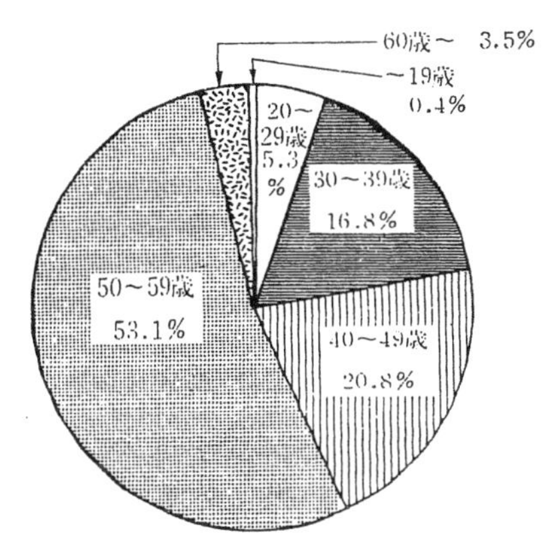

第13表　年齢別働いている父の平均年収

総数	～19歳	20～29歳	30～39歳	40～49歳	50～59歳	60歳～	不明
円 452,000 (100.0%)	円 225,000 (0.0%)	円 360,000 (10.2%)	円 440,000 (41.7%)	円 501,000 (28.8%)	円 453,000 (18.9%)	円 439,000 (0.2%)	円 440,000 (0.2%)

第9図　働いている父の年齢別構成

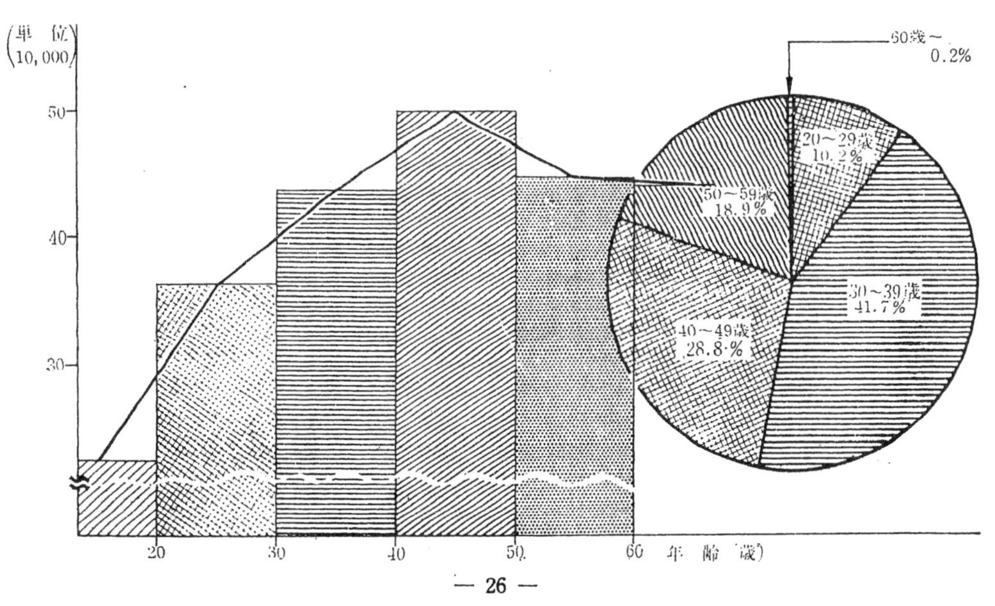

母の平均年収は，４万２千円であり，これを働いて収入を得た母については，平均年収は15万３千円である。

母のいる家庭について，その平均年収をみると，４万２千円でかなり低額であるが，収入を得ている母だけについてみると，その平均年収は15万３千円で，これを年齢別にみても大きな差異は見られず，全年齢を通じて約15万円程度となっている。

働いている40歳代の母は８万５千円の平均年収を得ている。収入を得ている40歳代の母は，15万４千円である。

働いている母のうち，収入を得て働いている母についてみると，平均年収15万３千円となっている。これを年齢階級別にみると，20歳代の母は15万円であり，30歳代の母は15万４千円である。

働いていない母は，30歳代の母が42％で，20歳代の母が27％で，40歳代は22％である。

30歳代の母の41.5％は，働いていない。20歳代の母の27.0％，40歳代の母の21.6％も同様である。

第14表　年齢別母の平均年収

	総数	～19歳	20～29歳	30～39歳	40～49歳	50～59歳	60歳～	不明	母がいない
母の平均年収	円 42,000	円 50,000	円 27,000	円 43,000	円 54,000	円 45,000	円 25,000	円 13,000	—
母の割合	(100.0%)	(0.0%)	(21.1%)	(40.6%)	(26.9%)	(10.3%)	(0.1%)	(0.1%)	(0.8%)
働いている母の平均年収	円 153,000	円 150,000	円 150,000	円 154,000	円 153,000	円 155,000	円 150,000	円 75,000	—
働いている母の割合	(100.0%)	(0.0%)	(13.6%)	(41.3%)	(34.2%)	(10.8%)	(0.1%)	(0.1%)	(—)

第11図　働いている母の年齢別構成

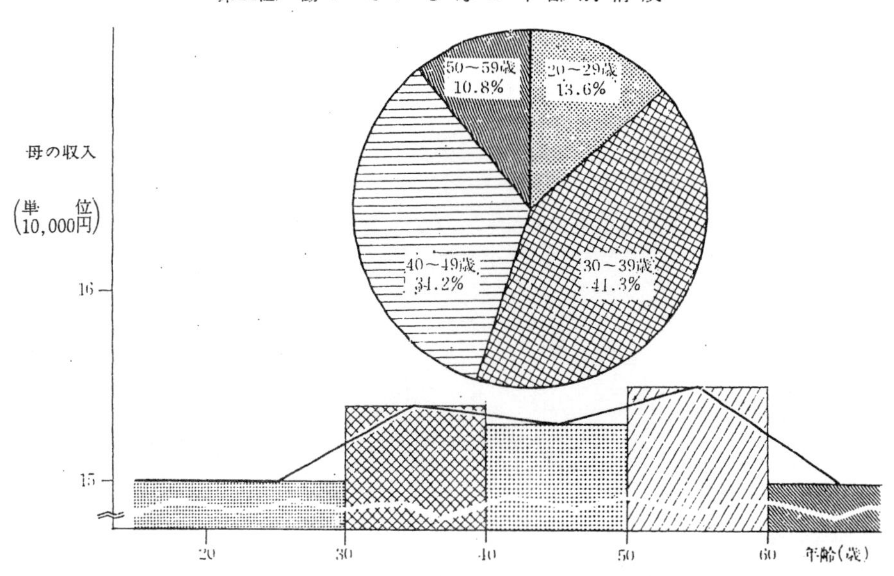

第12図　年齢別働いていない母

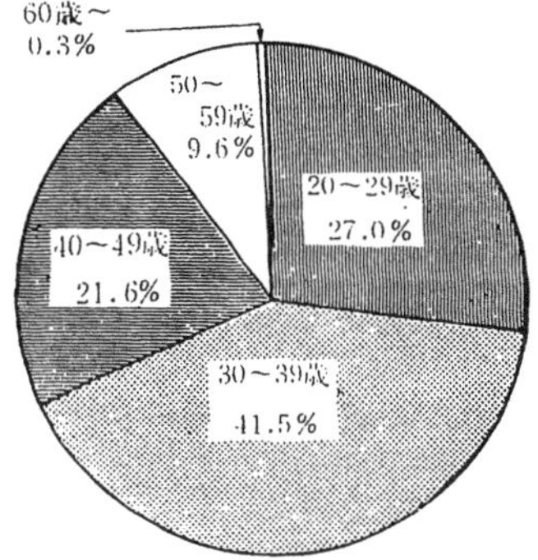

第 2 家庭の状況

年収「24万～36万円未満」の収入階級の家庭が多く，21％であり，ついで「36万～48万円未満」の収入階級の家庭が19％である。

児童のいる家庭について，38年中に得た収入を階級別にみると，最も多くの家庭が「24万～36万円未満」の収入階級に属しており，20.5％である。また，「36万～48万円未満」の収入階級に属する家庭は19.1％である。「48万～60万円未満」は14.3％，「60万～80万円未満」は15.5％である。

これを昨年の「全国家庭児童調査」と比較してみると，収入の多い家庭の割合は全般に増加しており，収入の少ない家庭の割合は減っている。つぎの表をみても明らかである。

平均年収は，4人家庭が51万2千円で，5人家庭が52万3千円である。

2人家庭の38年中の平均年収は最も少なく25万2千円であり，3人家庭の平均年収は44万4千円であり，4人家庭の平均年収は51万2千円であって，家庭人員が増えるにしたがって，おおむね増加の傾向にある。

第15表　収入階級別家庭数

％

	昭和39年度全国家庭福祉実態調査	昭和38年度全国家庭児童調査
総数	100.0	100.0
円 0	0.4	1.8
1 ～ 59,999	0.3	0.8
60,000 ～ 119,999	2.5	3.9
120,000 ～ 179,999	5.2	7.8
180,000 ～ 239,999	8.3	10.1
240,000 ～ 359,999	20.5	23.5
360,000 ～ 479,999	19.1	20.4
480,000 ～ 599,999	14.3	12.2
600,000 ～ 799,999	15.5	11.1
800,000 ～ 999,999	6.4	3.6
1,000,000～	7.3	4.6
不明	0.2	0.2

家庭の平均年収は，児童2人の家庭が最も多く52万円で，ついで児童3人の家庭の48万9千円で，児童1人の家庭の48万2千円とほぼ同じである。

児童2人の家庭は4割をしめ，児童1人の家庭とあわせると，4家庭中3家庭におよんでいる。

2人の児童がいる家庭の平均年収は52万円であって，最も高くなっており，ついで1人または3人の児童がいる家庭がそれぞれ48～9万円となっている。また児童が増えるにしたがって平均年収は減っている。

つぎに児童数別にみると，1人子家庭は35.2％で2人児童をもつ家庭がついで多く，2人の

第16表　家庭人員別平均年収

総数	2人	3人	4人	5人	6人	7人	8人	9人	10人～
円 498,000	円 252,000	円 444,000	円 512,000	円 523,000	円 544,000	円 553,000	円 584,000	円 508,000	円 472,000
(100.0％)	(2.5％)	(23.1％)	(35.5％)	(23.5％)	(10.8％)	(3.4％)	(1.0％)	(0.2％)	(0.1％)

第13図　家 庭 人 員 別 平 均 年 収

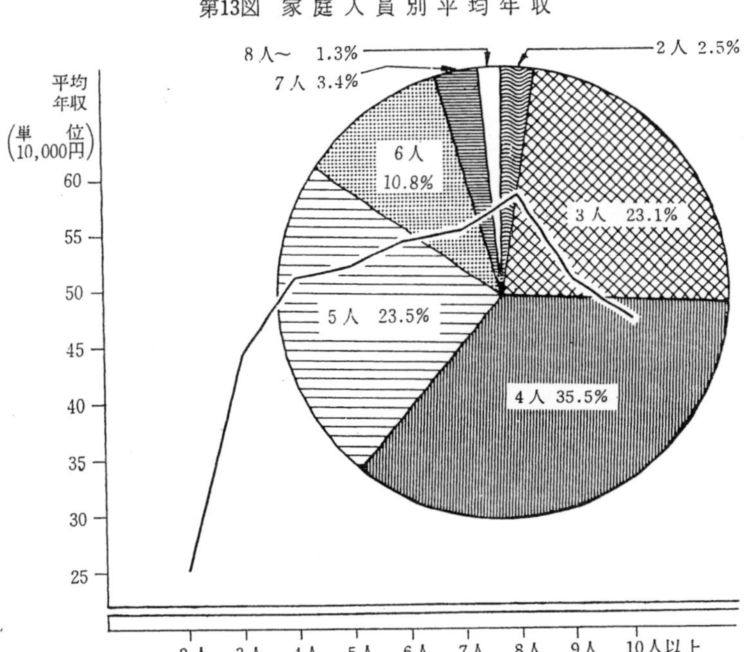

児童をもつ家庭は40.3%であり，これを合わせると75.5%となる。

住宅地区に住む家庭は4人家庭が多く，平均家庭人員では漁業地区に住む家庭が最も多く，

第17表　児 童 数 別 平 均 年 収

総　　数	1　　人	2　　人	3　　人	4　　人	5　　人	6 人 ～
円 498,000 (100.0%)	円 482,000 (35.2%)	円 520,000 (40.3%)	円 489,000 (18.5%)	円 461,000 (4.7%)	円 458,000 (1.1%)	円 440,000 (0.3%)

第14図　児 童 数 別 平 均 年 収

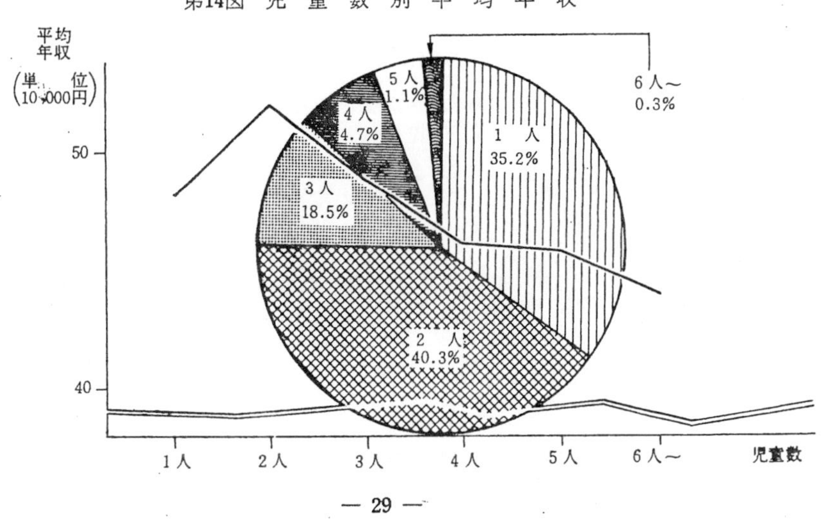

ついで農業地区である。

昭和35年に行なわれた国勢調査に使用された調査地区を地区特性分類基準にしたがい，住宅，漁業，工業，商業，農業，およびその他の地区に分類した（これについては，「第Ⅰ章　調査の概要　第7　用語の定義」の中で説明したとおりである。）地区の家庭人員をみると次のとおりである。

住宅地区に住む家庭は，4人家庭が多く40.8%であり，3人家庭は25.3%となっている。また商業地区に住む家庭は，4人家庭が36.4%である。

漁業地区に住む家庭の平均家庭人員は4.92人と最も多く，ついで農業地区が4.55人であり，住宅地区に住む家庭の平均家庭人員は4.16人と最も少なくなっている。

第18表　地区特性，家庭人員別家庭数

%

	平均家庭人員	総数	2人	3人	4人	5人	6人	7人	8人	9人	10人～
	人										
総数	4.32	100.0	2.5	23.1	35.5	23.5	10.8	3.4	1.0	0.2	0.1
住宅地区	4.16	100.0	2.2	25.3	40.8	20.9	7.9	2.3	0.5	0.1	0.0
漁業地区	4.92	100.0	2.0	15.2	22.5	27.8	19.2	7.9	5.3	—	—
工業地区	4.40	100.0	2.4	25.9	30.0	21.7	13.2	4.9	1.7	0.2	—
商業地区	4.23	100.0	3.0	24.6	36.4	23.4	9.0	2.5	0.9	0.1	0.1
農業地区	4.55	100.0	2.1	17.6	31.8	28.1	14.2	4.6	1.2	0.4	0.0
その他の地区	4.25	100.0	3.3	25.7	34.3	21.6	10.5	3.5	0.9	0.1	0.1

第19表　地域ブロック別平均家庭人員

	平均家庭人員
	人
総数	4.32
北海道	4.44
東北	4.39
関東Ⅰ	4.19
関東Ⅱ	4.42
北陸	4.29
東海	4.33
近畿Ⅰ	4.38
近畿Ⅱ	4.27
中国	4.23
四国	4.11
北九州	4.29
南九州	4.70

南九州地域は平均家庭人員が最も多く4.70人であり，四国地域では最も少なく4.11人で，ついで関東Ⅰ地域も少なく4.19人である。

第3　住　宅

3家庭のうち2家庭が，自分で所有している住宅に住んでいる「自家」家庭である。

児童のいる家庭のうちで，66.8%の家庭が自分で所有している住宅，いわゆる「自家」に住んでおり，ついで借家に住んでいる家庭が15.8%であり，間借りに住んでいる家庭は4.6%である。

家庭の平均年収は，給与住宅に住んでいる家庭が最も高く，61万円であり，ついで公営住宅に住んでいる家庭が54万3千円であり，間借りしている家庭が39万7千円と少なくなっている。

「自家」に住んでいる家庭の38年中の年収は49万円である。給与住宅に住んでいる家庭の年

第20表　住宅所有状況別家庭数

%

総数	自家	公営住宅	給与住宅	借家	間借	その他	不明
100.0	66.8	5.4	6.7	15.8	4.6	0.7	0.1

第15図　住宅所有状況別家庭

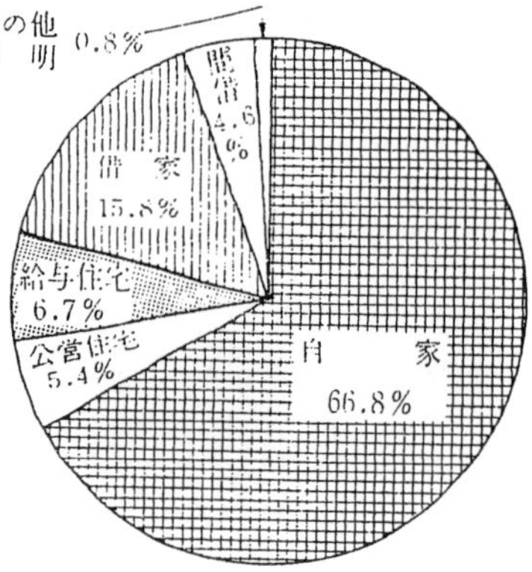

収は61万円で最も高く，公営住宅に住んでいる家庭がこれに次ぎ，その平均年収は54万3千円である。

これに反し，間借りしている家庭は39万7千円とかなり低くなっている。

家庭人員は，公営住宅および給与住宅に住んでいる4人家庭が多く，それぞれ47%および46%であり，間借りしている家庭は3人家庭が多くなっている。

平均家庭人員は，自家に住む家庭が最も多く4.50人であり，間借りしている家庭は3.55人である。

自家に住んでいる家庭の平均家庭人員4.50人で最も多くなっており，公営，給与住宅および借家に住んでいる平均家庭人員は4.0人となっており，間借りしている家庭人員は3.55人と少

第21表　住宅所有状況，収入階級別家庭数

%

	総数	自家	公営住宅	給与住宅	借家	間借	その他	不明
平均年収	円 498,000	円 490,000	円 543,000	円 610,000	円 505,000	円 397,000	円 374,000	円 533,000
総数	100.0	100.0	100.0	100.0	100.0	100.0	100.0	100.0
円 0	0.4	0.5	—	—	0.2	—	7.9	—
1 ～ 59,999	0.3	0.4	—	0.1	0.1	0.4	—	—
60,000 ～ 119,999	2.5	3.0	0.5	0.3	1.7	3.4	6.6	—
120,000 ～ 179,999	5.2	5.8	1.1	0.9	4.5	8.2	9.2	—
180,000 ～ 239,999	8.3	9.3	2.9	2.8	7.4	10.8	10.5	—
240,000 ～ 359,999	20.5	21.0	14.9	15.4	19.9	27.3	23.7	36.4
360,000 ～ 479,999	19.1	17.8	23.7	22.8	20.9	22.2	14.5	—
480,000 ～ 599,999	14.3	13.3	22.1	17.1	15.0	14.2	13.2	36.4
600,000 ～ 799,999	15.5	14.6	25.5	17.1	17.6	9.1	5.3	9.1
800,000 ～ 999,999	6.4	6.6	5.4	8.7	6.2	3.0	5.3	18.1
1,000,000 ～	7.3	7.5	3.8	14.8	6.4	1.5	3.9	—
不明	0.2	0.3	0.2	—	0.1	—	—	—

第16図　住宅所有状況，収入階級別家庭

第22表　住宅所有状況，家庭人員別家庭数

%

	総　数	自　家	公営住宅	給与住宅	借　家	間　借	その他	不　明
平均家庭人員	人 4.32	人 4.50	人 4.05	人 4.09	人 4.02	人 3.55	人 3.74	人 4.64
総　数	100.0	100.0	100.0	100.0	100.0	100.0	100.0	100.0
2　人	2.5	1.9	1.6	0.6	4.2	8.5	11.8	—
3　人	23.1	18.7	25.3	26.6	31.9	47.8	32.9	36.4
4　人	35.5	33.8	47.2	46.4	36.0	29.2	31.6	18.2
5　人	23.5	26.5	19.9	18.9	18.1	10.4	18.4	—
6人～	15.4	19.1	6.0	7.5	9.8	4.1	5.3	45.4

第17図　住宅所有状況，家庭人員別家庭

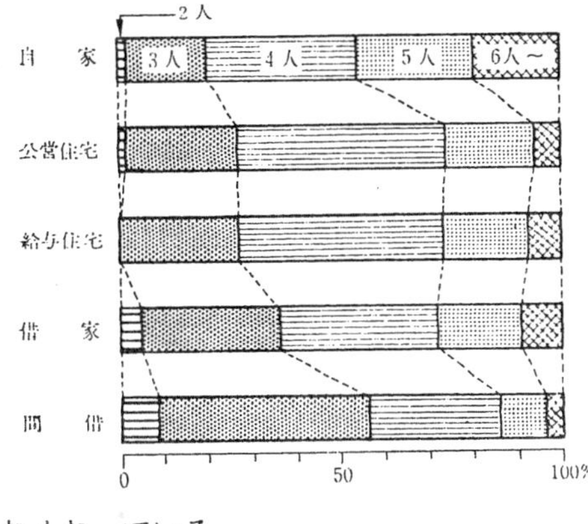

なくなっている。

自家に住む家庭では，５室以上の部屋を持っている家庭が過半数をしめているが，間借りしている家庭は，１室または２室の家庭がほとんどで91%をしめている。

５室以上ある住宅に住んでいる家庭は全家庭の37.9%をしめ，３室または４室ある住宅に住んでいる家庭は20.0%，20.2%である。

これを住宅の所有状況によってみると，自家で５室以上ある住宅に住む家庭は自家に住む家庭の52.3%をしめしており，公営住宅に住む家庭で，３室ある住宅に住む家庭は55.8%で最も多くなっているが，給与住宅に住んでいる家庭

第23表　住宅所有状況，室数別家庭数

%

	総数	自家	公営住宅	給与住宅	借家	間借	その他	不明
総数	100.0	100.0	100.0	100.0	100.0	100.0	100.0	100.0
1室	5.5	1.4	4.5	3.9	11.5	46.9	15.8	—
2室	16.2	7.9	28.7	27.0	34.2	44.4	22.4	27.3
3室	20.0	14.8	55.8	38.6	26.5	5.9	15.8	18.2
4室	20.2	23.5	7.9	21.8	15.6	1.9	10.5	27.3
5室～	37.9	52.3	3.1	8.6	12.2	0.9	35.5	18.2
不明	0.1	0.1	—	0.2	0.1	—	—	9.1

では3室ある住宅に住んでいる家庭の割合は減って，4室ある家庭が増加している。

これらに反して，借家は2室が多く34.2%，3室が26.5%となっており，さらに間借りしている家庭については，1室の家庭が46.9%と最も多く，2室もっている家庭は44.4%となっている。

自家に住んでいる家庭は，15坪以上の住宅に住んでいる家庭が84%にも達しているが，間借りしている家庭の50%は5坪以下の住宅に住んでいる。

児童のいる家庭の64.3%は15坪以上の広さを持つ住宅に住んでおり，10坪以上14坪以下の住宅に住んでいる家庭は19.8%である。

自家に住んでいる家庭の83.9%は15坪以上の広さの住宅に住んでいるのに反して，間借りしている家庭の半数は5坪以下の広さの住宅に住んでいる。

5坪以下の広さの住宅に住んでいる家庭では，転居したいと希望する家庭は31%，条件によって転居したいとする家庭は32%となっている。

5坪以下の住宅に住んでいる家庭では，転居したいと希望している家庭は31.1%であり，条件によっては転居を希望する家庭は31.9%で，転居を希望している家庭が多くなっている。これに反し，15坪以上の住宅に住む家庭の89.9%は転居を希望していない。

転居することを希望している家庭は，自家，公営，給与住宅，借家，間借と住宅所有状況が変化するにしたがって増加の傾向をたどり，間借りしている家庭では31%が転居を希望している。

第24表　住宅所有状況，坪数別家庭数

%

	総数	自家	公営住宅	給与住宅	借家	間借	その他	不明
総数	100.0	100.0	100.0	100.0	100.0	100.0	100.0	100.0
～5坪	5.0	0.7	1.8	2.8	12.4	49.5	11.8	—
6～9坪	10.2	3.7	31.4	18.0	23.3	22.4	14.5	27.3
10～14坪	19.8	11.5	60.0	41.9	32.7	17.1	17.1	18.2
15坪～	64.3	83.9	6.8	35.8	30.9	5.3	56.6	45.5
不明	0.7	0.3	—	1.5	0.7	5.7	—	9.1

第25表　転居の有無，坪数別家庭数

%

	総　数	～5坪	6～9坪	10～14坪	15坪　～	不　明
総　　数	100.0	100.0	100.0	100.0	100.0	100.0
転居したい	7.4	31.1	16.1	10.7	3.0	13.0
条件によって転居したい	9.7	31.9	23.6	14.2	4.1	34.8
転居の希望なし	79.3	31.1	55.3	71.1	89.9	37.7
そ　の　他	2.1	3.5	3.0	2.2	1.7	10.1
不　　明	1.5	2.5	2.0	1.8	1.2	4.3

自家に住む家庭の91.8%は転居を希望していないのに反して，間借りしている家庭の31.3%が転居を希望しており，37.6%が条件によっては転居を希望している。

転居を希望しない家庭は，公営住宅では79.0%，給与住宅では72.3%，借家47.2%，間借23.0%である。児童のいる家庭全体では79.3%が転居を希望していない。

農業地区に住む家庭は，87%の家庭が庭を持っているが，遊び場としての庭がある家庭は31%である。商業および工業地区の家庭は，14%および16%の家庭しか遊び場としての庭がない。

第26表　住宅所有状況，転居希望の有無別家庭数

%

	総　数	自　家	公営住宅	給与住宅	借　家	間　借	その他	不　明
総　　数	100.0	100.0	100.0	100.0	100.0	100.0	100.0	100.0
転居したい	7.4	2.2	6.6	7.7	22.4	31.3	11.8	9.1
条件によって転居したい	9.7	3.5	12.0	12.8	25.2	37.6	17.1	9.1
転居の希望なし	79.3	91.8	79.0	72.3	47.2	23.0	63.2	9.1
そ　の　他	2.1	1.2	1.8	4.9	3.6	4.4	6.6	—
不　　明	1.5	1.2	0.5	2.3	1.7	3.6	1.3	72.7

第18図　住宅所有状況，坪数別家庭

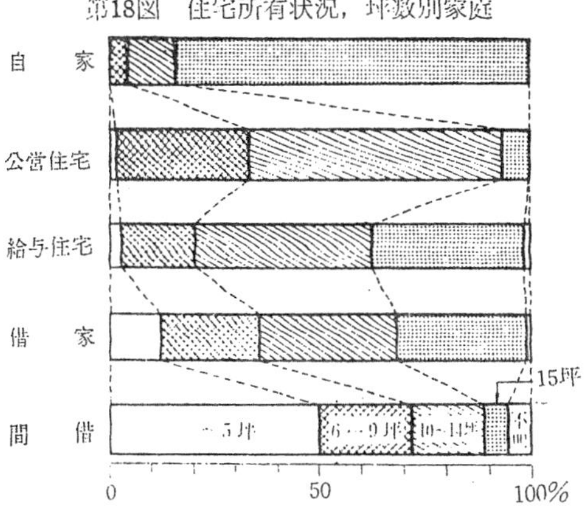

漁業，工業，商業地区に住んでいる家庭での過半数は庭がない。また，遊び場としての庭がある家庭は漁業，工業，商業地区ごとにそれぞれ5.3%，15.7%，14.4%と少なくなっている。

農業地区に住んでいる家庭の87.0%は庭があるが，遊び場としての庭がある家庭は30.8%である。

住宅地区に住んでいる家庭の59.8%は庭があるが，遊び場としての庭があるのは27.4%である。

児童の遊び場としての庭のある家庭は少なく

なっている。庭がある家庭では，その庭が遊び場として，どのように整備されているのであろうか。つぎにその設備をみる。

遊び場としての庭を持っている家庭は，4家庭に1家庭の25%である。遊び場でない庭がある家庭を含めると，64%である。

遊び場，その他としての庭のある家庭は64.1であり，庭のない家庭は35.6%となっている。

これを昨年の「**全国家庭児童調査**」と比較してみると，大体同じく児童のいる家庭の34.3%は「**児童の遊び場がない**」としていて一致をみている。参考までに昨年の調査の結果を掲げてみると下記のようになっている。

第27表　児童の遊び場別家庭数

	総数	自分の家庭に十分の庭がある	近所に空地がある	近くに児童遊園がある	近くに公園がある	その他の遊び場あり	遊び場がない	不明
家庭数	15,638,000	2,812,000	3,373,000	1,431,000	604,000	1,713,000	5,367,000	338,000
百分比(%)	100.0	18.0	21.6	9.2	3.9	10.9	34.3	2.2

第28表　地区特性，庭の有無別家庭数

%

	総数	庭あり		庭なし	不明
		遊び場として	その他として		
総数	100.0	24.9	39.2	35.6	0.3
住宅地区	100.0	27.4	32.4	39.9	0.3
漁業地区	100.0	5.3	25.8	68.9	—
工業地区	100.0	15.7	32.8	51.4	—
商業地区	100.0	14.4	32.7	52.8	0.1
農業地区	100.0	30.8	56.2	12.6	0.4
その他の地区	100.0	25.2	34.4	40.1	0.3

遊ぶ設備のある庭がある家庭は27%であり，遊ぶ設備のない庭がある家庭は72%である。

遊び場としての庭のある家庭のうちでも，遊びの設備のない家庭が71.9%にも達しており，庭に砂場のある家庭は6.4%であり，ブランコ・スベリ台のある家庭は8.1%である。

第19図　庭の有無別家庭

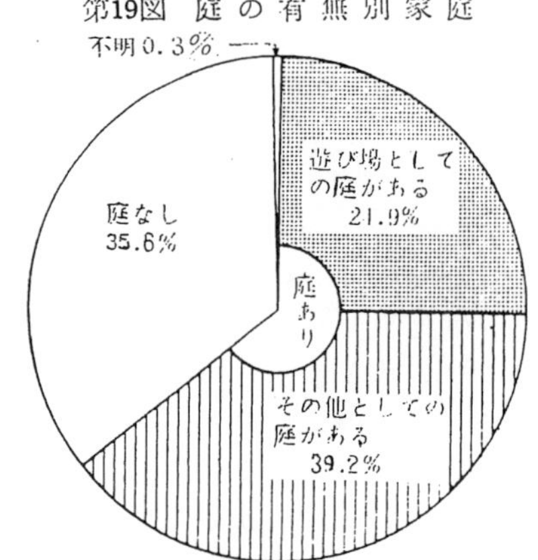

第29表　庭の有無，設備状況別家庭数

%

	総　数	遊びの設備あり					設備なし	不　明
		総　数	砂　場	ブランコ スベリ台	その他	2種以上		
総　数	100.0	9.6	2.0	3.7	1.1	2.9	89.6	0.8
遊び場としての庭あり	100.0	26.6	6.4	8.1	2.1	10.0	71.9	1.5
その他としての庭あり	100.0	5.5	0.9	3.3	0.9	0.4	94.3	0.2

第 Ⅳ 章

家 庭 の 児 童

解説統計表の表章記号の規約

計数のない場合	—
計数不明の場合	…
統計項目のあり得ない場合	・
数値が微少（0.05未満）の場合	0.0

第Ⅳ章　家庭の児童

第1　児童の父母

父，母ともに働いている家庭の児童は，50％であり，全国児童の半分をしめており，全国では1,606万人と推計される。

父（またはこれに代わるものを含む。），母（またはこれに代わるものを含む。）ともに働いている家庭の児童は50.0％であり，全国児童の半分が共稼ぎ家庭に属する児童である。この共稼ぎ家庭の児童は全国では16,064,000人と推計される。

また，父，母ともに働いていない家庭の児童は0.8％である。これは全国で253,000人と推計される。

父のいない家庭の児童は5％で，母のいない家庭は1％である。

父，母ともにいる家庭の児童は94.9％と相当数に達しているが，ここで父のいない家庭の児童は4.5％，母のいない家庭は0.6％である。これを全国でみると，144万人は父のいない児童，20万人は母のいない児童である。

第30表　父，母の状況別児童数

	総数	父，母ともにあり	父なし	母なし	父，母ともになし
全国推計値	人 32,088,000	人 30,435,000	人 1,444,000	人 203,000	人 5,000
百分比（％）	100.0	94.9	4.5	0.6	0.0

第31表　父，母の状況別児童数　％

	総数	父あり		父なし
		働いている	働いていない	
総数	100.0	93.5	2.0	4.5
母あり　働いている	55.0	50.0	1.2	3.8
母あり　働いていない	44.4	42.9	0.8	0.7
母なし	0.6	0.6	0.0	0.0

第32表　父，母の稼働状況別児童数

	総数	父，母ともに働いている	父が働いている	母が働いている	父，母ともに働いていない
全国推計値	人 30,435,000	人 16,064,000	人 13,748,000	人 370,000	人 253,000
百分比（％）	100.0	52.8	45.2	1.2	0.8

父，母ともに働いている家庭において，父，母ともに，収入を得ている家庭の児童は44%である。

共稼ぎ家庭において，父が収入を得て働いている家庭の児童は98.8にも達するが，母が収入を得て働いている家庭の児童は44.4%である。すなわち，直接収入を得ていないが，母が働いている家庭の児童は55.6%である。

また，共稼ぎ家庭のうちで，父，母ともに収入を得て働いている家庭の児童は，43.9%となっている。

第33表　働いている父，母の収入有無別児童数

%

母＼父	総数	収入有	収入無
総数	100.0	98.8	1.2
収入有	44.4	43.9	0.5
収入無	55.6	54.9	0.7

第20図　働いている父，母の収入の有無別児童

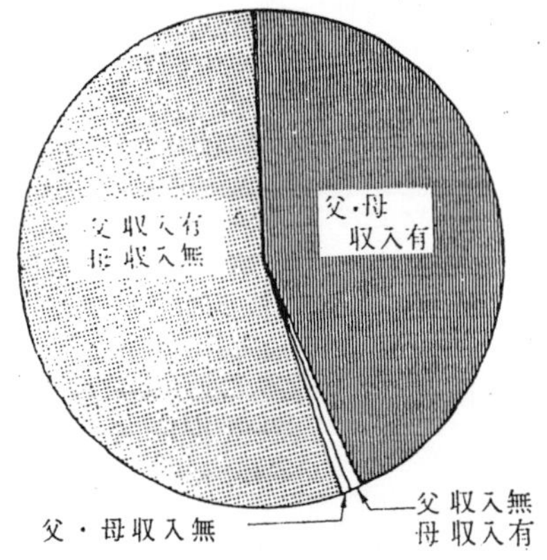

常用勤労者を父にもつ児童が最も多く50%であり，ついで農業に従事している者を父にもつ児童が20%である。

働いている父の仕事の内容を分類すると，常用勤労者として働いている父をもつ児童が約半分の49.5%をしめており，ついで農林業主となって働いている父をもつ児童が20.4%である。

常用勤労者の中で，管理・技術・事務職につ いている父をもつ児童は，28.4%をしめ，その他は21.1%である。また常用勤労者のうち従業員1人から29人までのところにつとめている父をもつ児童は11.3%であり，30人から99人までは8.4%，1,000人以上では18.9%である。

第34表　父の従業上の地位

%

総数		100.0
農林業主		20.4
非農林業主		14.9
常用勤労者（管理・技術・事務）	総数	28.4
	1～29人	4.6
	30～99人	4.6
	100～999人	5.4
	1,000人～	13.4
	不明	0.5
常用勤労者（その他）	総数	21.1
	1～29人	6.7
	30～99人	3.8
	100～999人	4.9
	1,000人～	5.5
	不明	0.2
日雇労働者		4.2
その他の就業者		4.4
不明		0.2
不就業者		2.0
父なし		4.5

農林業の家族従事者として，母が働いている家庭の児童が多く，21%であり，ついで常用勤労者として，母が働いている家庭の児童が10%である。

母の仕事の従業上の地位をみると，不就業者が44.4%をしめているが，農林業の家族従事者とし働いている母をもつ児童が21.4%と多く，常用勤労者9.5%，非農林業の家族従事者が7.4%である。

第35表　母の従業上の地位

%

総数	100.0
農林業主	4.4
家族従事者	21.4
非農林業主	1.8
家族従事者	7.4
常用勤労者(管理・技術・事務)	3.2
常用勤労者(その他)	6.3
日雇労働者	3.0
家内労働者	4.4
その他の就業者	2.9
不明	0.2
不就業者	44.4
母なし	0.7

中学を卒業した学歴の父をもつ児童は50％で，高校を卒業した学歴の父をもつ児童は22％である。

児童の父の最終学歴をみると，最終学歴が中学卒業である父をもつ児童は，全体の50.4％となっている。ついで高校卒業の父をもつ児童は22.3％であり，大学を卒業した父をもつ児童は7.3％である。

中学を卒業した学歴の母をもつ児童は父の場合と同じく半数をしめ，小卒，高卒の母が父より多くなっている。

「24万～36万円未満」の収入を得ている父をもつ児童は22％で多く，ついで「36万～48万円未満」は18％となっている。

父の収入階級別に児童の割合をみると，「24

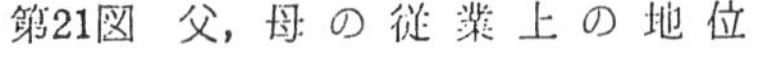
第21図　父，母の従業上の地位

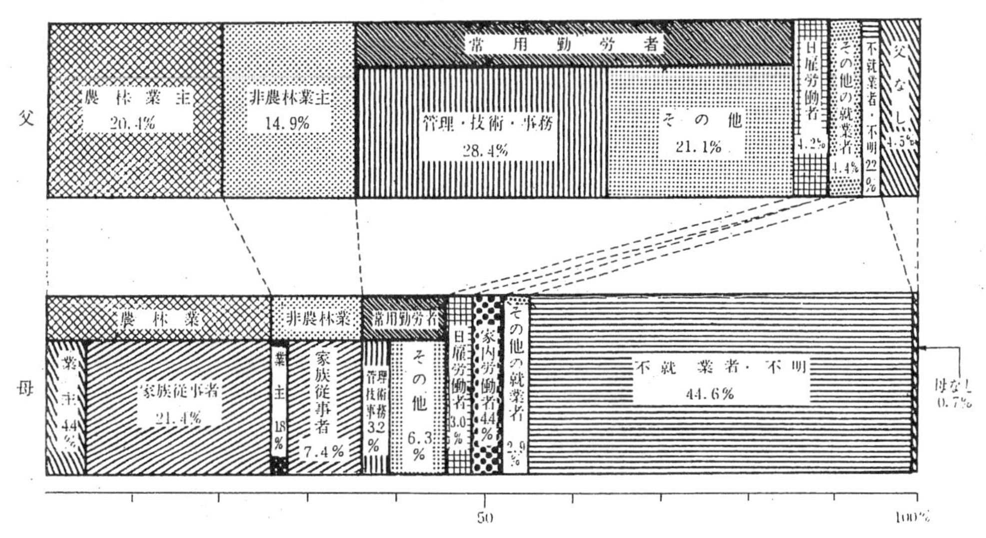

第36表　父，母の学歴別児童数

%

	総数	不就学	小卒	中卒	高卒	短大卒	大卒	不明
父	100.0	0.2	12.3	50.4	22.3	2.9	7.3	4.6
母	100.0	0.4	15.9	50.7	29.7	1.8	0.8	0.8

第22図　父，母の学歴別児童

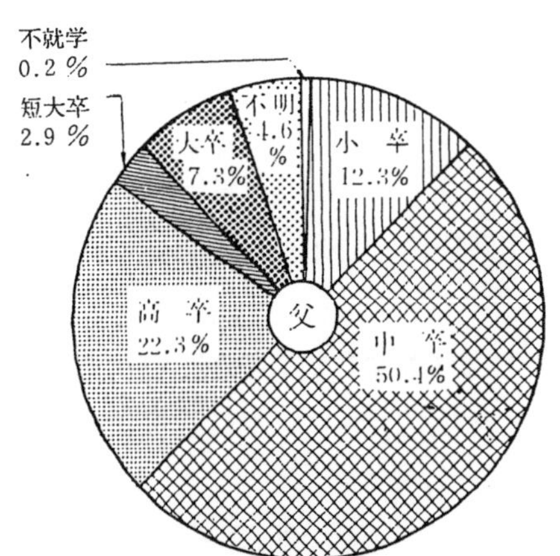

万〜36万円未満」の収入階級に属する父をもつ児童が最も多く22.3％をしめ，ついで「36万〜48万円未満」の収入階級に属する父をもつ児童が17.8％であり，48万円以上と60万円以上の収入を得ている父をもつ児童が12％台になっている。

収入を得ていない母をもつ児童は73％であるが，「6万〜12万円未満」の収入を得ている母をもつ児童は9％となっている。

全国の児童について，その母の収入からみると，収入を得ていない母をもつ児童は72.6％もおり，収入を上げている母についてみると，その収入については，「6万〜12万円未満」の収入を得ている母をもつ児童は8.5％で，「12万〜18万円未満」の収入を得ている母をもつ児童は5.5％である。

「24万〜36万円未満」の収入を働いて得ている父をもつ児童は24％で多く，「36万〜48万円未満」は19％である。

第37表　父，母の収入階級別児童数

％

	父	母
平均年収	円 451,000	円 126,000
総数	100.0	100.0
円 0	6.6	72.6
1 〜 59,999	0.5	6.2
60,000 〜 119,999	2.8	8.5
120,000 〜 179,999	6.1	5.5
180,000 〜 239,999	9.4	2.4
240,000 〜 359,999	22.3	2.5
360,000 〜 479,999	17.8	
480,000 〜 599,999	12.8	
600,000 〜 799,999	12.6	2.1
800,000 〜 999,999	4.0	
1,000.000〜	5.0	

第23図　父，母の収入階級別児童

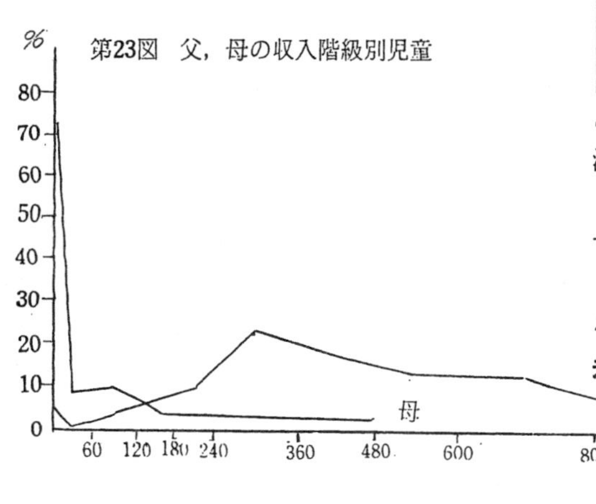

つぎに働いている父について，その収入をみると，前述したとおり児童をもつ父のほとんどは働いており，また，働いている父のほとんどは，収入を得ているが，「24万～36万円未満」の収入を得ている父をもつ児童は23.6%と最も多く，ついで「36万～48万円未満」が19.0%である。

第38表　働いている父の収入階級別児童数

	%
平均年収	453,000円
総数	100.0
0円	1.0
1 ～ 59,999	0.5
60,000 ～ 119,999	3.0
120,000 ～ 179,999	6.5
180,000 ～ 239,999	9.9
240,000 ～ 359,999	23.6
360,000 ～ 479,999	19.0
480,000 ～ 599,999	13.6
600,000 ～ 799,999	13.4
800,000 ～ 999,999	4.2
1,000,000 ～	5.4

第24図　働いている父の収入階級別児童

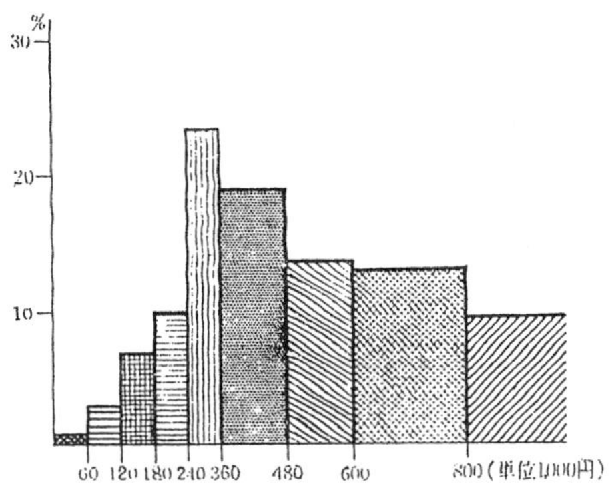

漁業地区に住む家庭の平均児童数は2.50人と最も多く，ついで農業地区が2.15人となっている。住宅地区の１家庭の平均児童数が最も少なくなっている。

住宅地区に住む家庭の４人家庭が児童の割合も多くなっている。児童のしめる割合も漁業，農業地区と多くなっている。

１家庭の平均児童数は，1.96人で，児童のいる家庭の家庭人員が４人の家庭に属する児童の割合が32.8%と最も多くなっている。これについで家庭人員が５人である家庭に属する児童の割合が29.1%となっている。

これを地区別にみると，住宅地区に住む家庭

第39表　地区特性,家庭人員別児童数

	平均児童数	総数	2人	3人	4人	5人	6人	7人	8人	9人～
	人	%								
総数	1.96	100.0	1.3	12.3	32.8	29.1	15.9	6 0	2.1	0.6
住宅地区	1.88	100.0	1.2	14.0	40.4	27.1	11.9	4.1	1.0	0.3
漁業地区	2.50	100.0	0.8	6.6	17.0	29.7	23.9	13.3	8.8	—
工業地区	1.90	100.0	1.2	14.0	26.8	27.5	19.9	6.9	3.6	0.2
商業地区	1.99	100.0	1.6	14.0	35.3	29.4	13.5	3.9	1.9	0.4
農業地区	2.15	100.0	1.1	8.8	26.6	32.3	20.2	7.7	2.5	0.8
その他の地区	1.91	100.0	1.7	14.1	32.5	27.5	15.1	6.5	1.9	0.6

の平均児童数は1.88人と比較的少ないが，漁業地区では，2.50人，農業地区では，2.15人と多くなっており，ついで商業地区がこれに続く。

家庭人員が6人以上の家庭に属する児童の割合は，漁業地区，農業地区に多い。

第25図　地区特性，家庭人員別児童

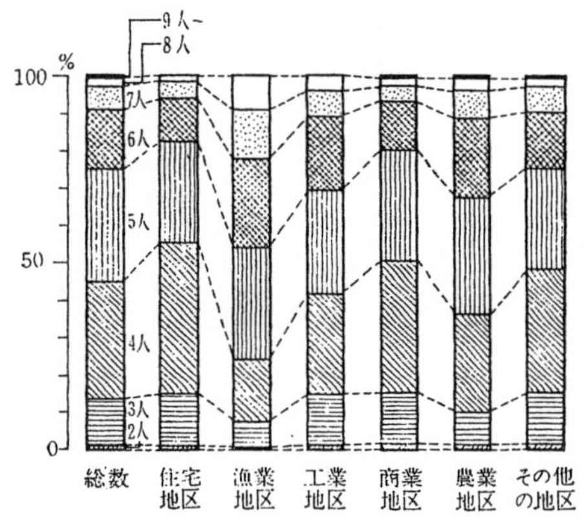

第2　児童の状況

男子は52%，女子は49%で，その性比は106.3であり，男子児童は全国で16,536,000人，女子児童は15,551,000人と推計される。

この調査における男子児童と女子児童の割合は51.5%と48.5%であり，その比率は女子100.0%に対して，男子は106.3となっている。

また全国推計によると，男子児童と女子児童はそれぞれ16,536,000人と15,551,000人である。

第40表　性別児童数

	総　数	男	女
	人	人	人
全国推計値	32,088,000	16,536,000	15,551,000
百分比(%)	100.0	51.5	48.5

未就学児童は31%，小学生児童は32%，中学生児童は21%である。

未就学児童は30.6%，小学生児童は32.3%，中学生児童は20.8%であり，全日制高校生は12.1%となっている。

就学状況を男女別にみると，未就学，小学生，中学生児童については，その比率に差はみられないが，全日制高校生においては女子児童に対して男子児童は110.4であり，また定時制高校生についてみるとその比率は，146.2となっている。

第26図　就学状況別児童

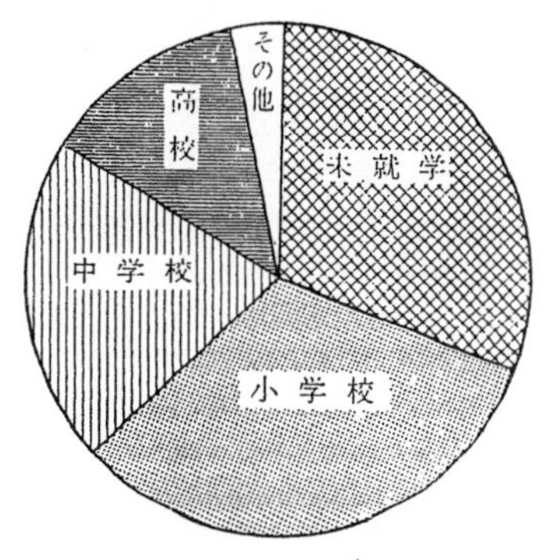

第41表　性，就学状況別児童数

%

	総　数	未就学	免　除	小学校	中学校	全日制高校	定時制高校	中学卒	不　明
総数	100.0	30.6	0.1	32.3	20.8	12.1	0.9	3.0	0.2
男	51.5	51.6	30.4	51.4	51.3	52.5	59.4	48.4	55.3
女	48.5	48.4	69.6	48.6	48.7	47.5	40.6	51.6	44.7
性比	106.3	106.6	43.8	105.8	105.1	110.4	146.2	93.9	123.8

第42表　性，友人数別児童数

%

	総数	～2人	3～4人	5～10人	11人～	不明
総数	100.0	40.8	36.2	21.1	0.5	1.4
男	100.0	40.4	36.0	21.6	0.7	1.4
女	100.0	41.1	36.5	20.6	0.4	1.4

親しい友人は2人以下が41%であり，3人，4人の親しい友人がいる児童は36%である。

この調査においては，調査員が被調査家庭を訪問して児童の保護者に面接して調査したものであり，直接児童に面接して調査を行なったものではないが，保護者が知りうる親しい友人ということでその人数を調査したものである。

2人以下の親しい友人をもっている児童は40.8%であり，3～4人をもっている児童は36.2%である。したがって4人以下というのは，77.0%となっている。

この親しい友人の数については，男，女子ともさしたるひらきはみられない。

2人以下の友人をもつ者は，未就学児童にかなり多く54%であり，小学生児童については22%である。

未就学児童について，2人以下の親しい友人をもつ児童は53.6%と半数以上をしめている。ついで小学生児童については22.2%である。3，4人の友人をもつ児童は小学生児童については39.7%であり，中学生児童については，25.6%である。

未就学児童については，2人以下の友人をもつ児童が71%であり，小，中学生児童については，3人および4人の友人をもつ児童が45%である。

未就学児童の71.4%は，友人が2人以下であり，友人が3人以上である児童は，少なくなっている。

また，小学生児童の28.1%は，友人が2人以下であり，44.5%の小学生児童は，友人が4人である。

中学生児童の場合には，友人が2人以下のも

第43表　就学状況，友人数別児童数

%

	総数	～2人	3～4人	5～10人	11人～	不明
総数	100.0	100.0	100.0	100.0	100.0	100.0
未就学	30.6	53.6	15.6	9.5	4.6	78.6
免除	0.1	0.2	0.0	0.0	—	1.1
小学校	32.3	22.2	39.7	40.4	37.6	8.8
中学校	20.8	13.1	25.6	27.8	39.4	5.3
全日制高校	12.1	7.3	14.2	18.2	14.7	4.2
定時制高校	0.9	0.6	1.2	1.0	0.9	—
中学卒	3.0	2.7	3.5	2.8	2.8	1.4
不明	0.2	0.2	0.2	0.3	—	0.7

第44表　就学状況，友人数別児童数

%

	総数	～2人	3～4人	5～10人	11人～	不明
総数	100.0	40.8	36.2	21.1	0.5	1.4
未就学	100.0	71.4	18.4	6.5	0.1	3.6
免除	100.0	73.9	8.7	4.3	—	13.0
小学校	100.0	28.1	44.5	26.5	0.6	0.4
中学校	100.0	25.8	44.6	28.2	1.0	0.4
全日制高校	100.0	24.7	42.4	31.8	0.6	0.5
定時制高校	100.0	28.1	47.9	23.4	0.5	—
中学卒	100.0	36.6	42.4	19.9	0.5	0.8
不明	100.0	38.3	34.1	23.4	—	4.3

第27図　就学状況，友人数別児童

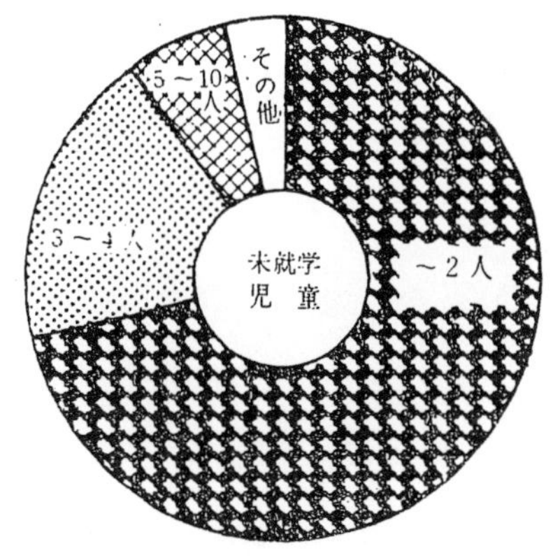

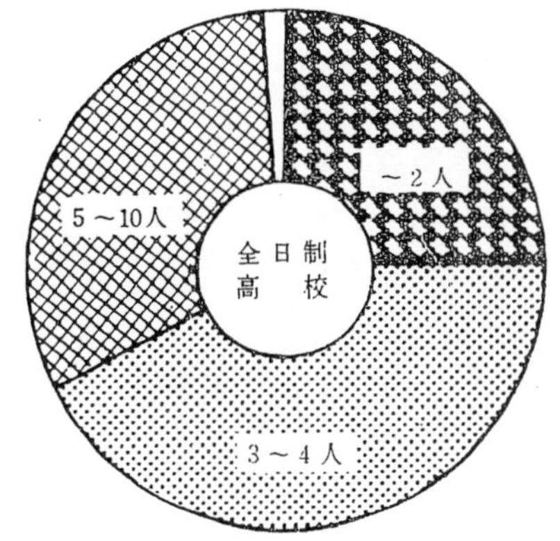

のは25.8%であり，友人が3～4人の児童は44.6%であり，友人が5人以上の児童の割合は，小学生の場合に比べて僅かずつ多くなっている。

児童の53%は，子ども部屋をもたずにいる。

53.2%の児童が子ども部屋をもたずに生活している。また，児童の19.5%は勉強部屋と寝室を兼用しており，勉強部屋をもっている児童は9.7%であり，勉強部屋，寝室，遊び部屋を兼用している児童は9.0%である。

第45表　性，子ども部屋別児童数

%

	総数	勉強部屋	寝室	遊び部屋	勉強部屋・寝室	寝室・遊び部屋	遊び部屋・勉強部屋	勉強部屋・遊び部屋	子ども部屋なし	不明
総数	100.0	9.7	2.5	2.1	19.5	1.6	1.4	9.0	53.2	0.9
男	100.0	9.8	2.4	2.1	19.5	1.7	1.3	9.0	53.5	0.8
女	100.0	9.6	2.6	2.2	19.6	1.6	1.4	9.1	52.9	1.0

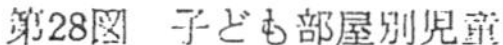

第28図　子ども部屋別児童

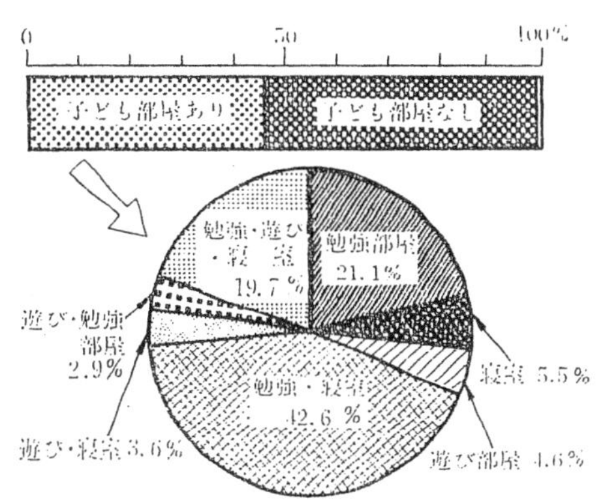

中学生，高校生では勉強部屋または寝室として，子ども部屋をもっている児童が多く30%，42%であり，未就学児童は子ども部屋をもたない児童が多く，78%である。

未就学児童の77.8%は，子ども部屋をもっていない。学齢児童の半数以上は，子ども部屋をもっており，小，中，高校生と学齢が進むにつれて，勉強部屋と寝室を兼用している児童は多くなっている。

収入階級が高くなるにしたがって，子ども部屋をもっている児童が僅かずつ多くなっている

第46表　就学状況，子ども部屋別児童数

%

	総数	勉強部屋	寝室	遊び部屋	勉強部屋・寝室	寝室・遊び部屋	遊び部屋・勉強部屋	勉強部屋・寝室・遊び部屋	子ども部屋なし	不明
総数	100.0	9.7	2.5	2.1	19.5	1.6	1.4	9.0	53.2	0.9
未就学	100.0	1.4	2.6	6.4	3.0	4.8	0.5	2.0	77.8	1.6
免除	100.0	4.3	4.4	—	8.7	—	—	—	78.3	4.4
小学校	100.0	13.2	2.0	0.4	20.7	0.3	2.7	12.1	47.9	0.6
中学校	100.0	13.8	2.0	0.1	30.2	0.2	1.0	12.3	40.0	0.5
全日制高校	100.0	16.2	1.3	0.0	42.0	0.1	0.8	13.9	25.4	0.4
定時制高校	100.0	10.9	1.6	—	27.6	0.5	—	11.5	44.8	3.1
中学卒	100.0	1.6	16.8	—	9.0	0.3	0.2	5.1	65.5	1.5
不明	100.0	2.1	4.3	4.3	23.4	2.1	2.1	4.3	46.8	10.6

第29図　就学状況，子ども部屋別児童

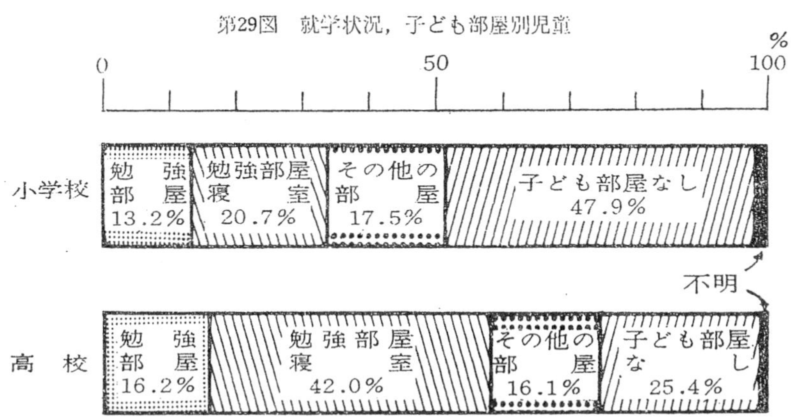

第47表　収入階級，子ども部屋別児童数

%

	総数	勉強部屋	寝室	遊び部屋	勉強部屋・寝室	寝室・遊び部屋	遊び部屋・勉強部屋	勉強部屋寝室遊び部屋	子ども部屋なし	不明
総数	100.0	100.0	100.0	100.0	100.0	100.0	100.0	100.0	100.0	100.0
0円	0.4	0.1	1.0	—	0.4	0.3	—	0.2	0.4	—
1～59,999	0.2	0.1	—	0.2	0.1	—	—	—	0.4	—
60,000～119,999	2.2	1.3	3.3	1.4	1.3	2.7	0.4	1.1	2.9	3.2
120,000～179,999	5.2	2.9	7.3	2.1	2.9	5.4	1.1	2.5	7.0	5.9
180,000～239,999	8.6	6.1	8.0	4.1	6.1	4.8	5.4	5.3	11.0	3.2
240,000～359,999	20.8	16.8	22.7	14.7	15.5	12.9	14.9	13.7	25.2	17.7
360,000～479,999	19.2	17.5	19.0	25.8	16.9	17.1	13.8	17.5	20.6	16.1
480,000～599,999	14.1	16.1	11.8	18.7	15.8	11.7	15.2	12.5	13.4	15.6
600,000～799,999	15.7	20.6	16.7	14.7	20.0	20.4	25.4	21.4	11.8	19.4
800,000～999,999	6.4	8.6	5.1	8.3	9.1	11.1	7.6	10.5	4.1	7.5
1,000,000～	7.1	9.8	4.9	9.9	11.9	13.5	15.6	15.0	3.0	9.7
不明	0.2	0.1	0.2	—	0.1	—	0.7	0.1	0.2	1.6

第3　住　宅

4人家庭の児童は最も多く，33%であり，5人家庭の児童は29%である。

自家に住む家庭では，5人家庭に，公営，給与住宅に住む家庭では4人家庭に，間借りしている家庭では，3人，4人家庭に児童が多くなっている。

自家に住む家庭では，5人家庭にいる児童が最も多く，31.3%である。4人家庭にいる児童は，29.2%である。公営，給与住宅にも同じような傾向がみられ，最も児童の多いのは，4人家庭で，公営住宅の場合には47.9%，給与住宅の場合には，46.5%であり，5人家庭ではそれぞれ26.4%，25.7%である。間借りしている家庭は3人家庭，4人家庭に児童が多く，それぞれ，31.7%，35.8%である。

第30図　家庭人員，住宅所有状況別児童

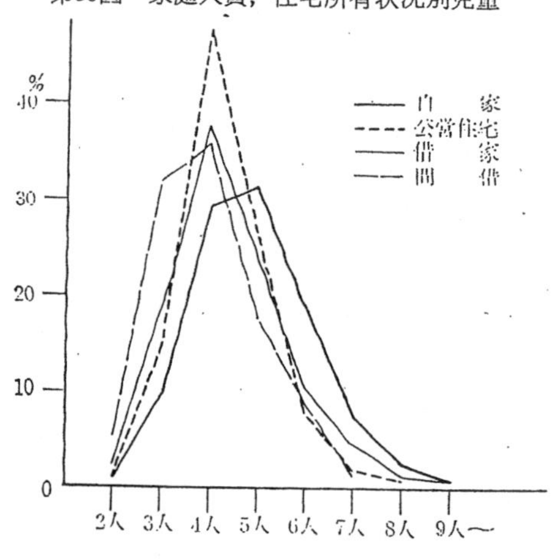

第48表　家庭人員，住宅所有状況別児童数

%

	総　数	自　家	公営住宅	給与住宅	借　家	間　借	その他	不　明
総　数	100.0	100.0	100.0	100.0	100.0	100.0	100.0	100.0
2　人	1.3	1.0	0.9	0.3	2.4	5.4	6.8	—
3　人	12.3	9.6	14.4	14.7	18.5	31.7	20.5	19.0
4　人	32.8	29.2	47.9	46.5	37.7	35.8	34.8	14.3
5　人	29.1	31.3	26.4	25.7	24.2	17.5	26.5	—
6　人	15.9	18.7	7.7	8.7	10.3	8.4	8.3	57.1
7　人	6.0	7.2	2.0	2.5	4.5	1.2	3.0	9.5
8　人	2.1	2.5	0.8	1.6	1.4	—	—	—
9　人　～	0.6	0.6	—	—	0.9	—	—	—
平均家庭人員	4.32人	4.50人	4.05人	4.09人	4.02人	3.55人	3.74人	4.64人
平均児童数	1.97人	2.06人	1.90人	1.92人	1.78人	1.56人	1.74人	1.91人

自家に住む家庭では，「24万～36万円未満」の収入階級に児童が多く，22%であり，公営，給与住宅では「36万～48万円未満」に多い。

第49表　収入階級，住宅所有状況別児童数

%

	総　数	自　家	公営住宅	給与住宅	借　家	間　借	その他	不　明
総　数	100.0	100.0	100.0	100.0	100.0	100.0	100.0	100.0
0　円	0.4	0.4	—	—	0.3	—	6.1	—
1～ 59,999	0.2	0.3	—	0.2	0.1	0.4	—	—
60,000～119,999	2.2	2.7	0.6	0.2	1.4	2.8	4.5	—
120,000～179,999	5.2	5.9	1.0	1.1	4.4	8.3	8.3	—
180,000～239,999	8.6	9.6	2.8	2.8	7.6	11.1	12.9	—
240,000～359,999	20.8	21.6	13.9	15.1	20.1	27.0	22.8	33.3
360,000～479,999	19.2	18.2	22.8	21.5	21.1	22.1	12.9	—
480,000～599,999	14.1	13.0	21.4	16.4	15.4	14.5	15.9	42.9
600,000～799,999	15.7	14.7	27.5	18.2	17.3	8.8	8.3	4.8
800,000～999,999	6.4	6.4	6.0	9.2	6.1	3.3	5.3	19.0
1,000,000～	7.1	7.1	3.9	15.4	6.3	1.8	3.0	—
不　明	0.2	0.2	0.1	—	0.0	—	—	—
平均年収	498,000円	490,000円	543,000円	610,000円	505,000円	397,000円	374,000円	533,000円

自家に住む児童が最も多く，70%であり，ついで借家に住む児童は14%である。

自家に住む児童は69.7%で最も多く，ついで借家に住む児童は14.2%である。

自家に住む家庭の児童は，小学校在学の児童が多く34%をしめ，公営，給与住宅に住む家庭は未就学，小学生と多く，間借りしている家庭は半数以上が未就学の児童である。

自家に住む家庭の児童は小学生が33.5%，未就学児童が26.3%，中学生が22.4%となっているが，公営住宅または給与住宅に住む家庭では未就学の児童がそれぞれ35.3%または36.8%となっており，小学生は33.8%または31.5%となっているのに反して，間借りしている家庭の児童は未就学児童が最も多く，55.1%となっている。

第50表　就学状況，住宅所有状況別児童数

%

	総数	自家	公営住宅	給与住宅	借家	間借	その他	不明
総数	100.0 (100.0)	100.0 (69.7)	100.0 (5.2)	100.0 (6.5)	100.0 (14.2)	100.0 (3.6)	100.0 (0.7)	100.0 (0.1)
未就学	30.6	26.3	35.3	36.8	39.8	55.1	48.5	42.9
免除	0.1	0.1	0.3	0.1	0.1	0.1	—	—
小学校	32.3	33.5	33.8	31.5	27.8	25.9	31.1	33.3
中学校	20.8	22.4	17.5	18.5	17.9	12.2	11.4	14.3
全日制高校	12.1	13.4	10.2	9.6	9.7	3.9	7.6	4.8
定時制高校	0.9	0.9	0.6	0.8	1.2	1.1	—	—
中学卒	3.0	3.1	2.2	2.3	3.2	1.6	1.5	4.8
不明	0.2	0.2	0.1	0.5	0.2	—	—	—

第31図　就学状況，住宅所有状況別児童

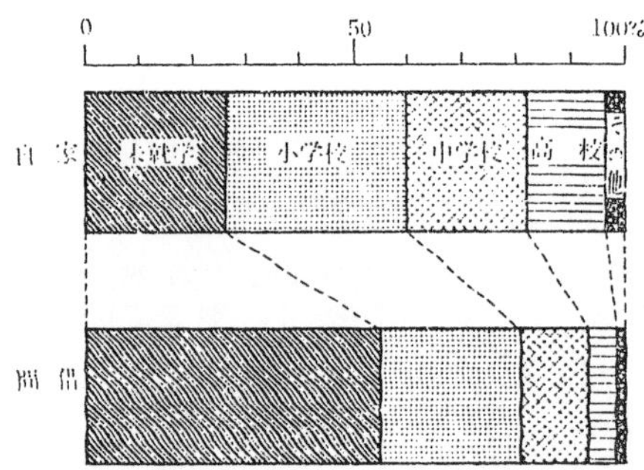

子ども部屋をもっている児童は，給与住宅に住む家庭の児童が最も多く，44%で，ついで自家であり，間借りしている家庭の児童の91%は子ども部屋をもっていない。

間借りしている家庭の児童の90.7%は子ども部屋をもっていない。また，間借りしている家庭の児童の4.7%は，勉強部屋と寝室を兼用している。これに対して，給与住宅に住む家庭の児童の54.8%が子ども部屋をもっており，自家に住む家庭の児童も51.4%は子ども部屋をもっている。子ども部屋をもっている児童について，その部屋を使っているのは，勉強部屋と寝室とを兼用して使っている児童が多く，勉強部屋だけに使うか，勉強部屋，寝室および遊び部屋に兼用して使っている児童がこれについで多い。

自家に住む児童は遊び場としてではないが，その他の庭としてもっている児童が46%と多くなっており，公営住宅に住む児童は遊び場として，40%の児童が庭をもっている。

児童の65.6%は庭のある家庭に住んでいる。

第51表　子ども部屋，住宅所有状況別児童数

%

	総　数	自　家	公営住宅	給与住宅	借　家	間　借	その他	不　明
総　数	100.0	100.0	100.0	100.0	100.0	100.0	100.0	100.0
勉強部屋	9.7	10.8	8.6	8.9	7.0	2.0	6.1	9.5
寝　室	2.5	3.0	0.9	1.1	1.7	0.4	2.3	4.8
遊び部屋	2.1	2.0	2.6	4.8	1.9	0.4	1.5	—
勉強部屋・寝室	19.5	22.1	16.8	24.8	9.6	4.7	13.6	14.3
寝室・遊び部屋	1.6	1.6	0.7	4.5	1.3	—	—	—
遊び・勉強部屋	1.4	1.5	0.9	1.1	1.3	—	0.8	—
勉強部屋・寝室遊び部屋	9.0	10.4	6.9	9.5	5.3	1.4	5.3	4.8
子ども部屋なし	53.2	47.8	61.6	44.3	70.5	90.7	69.7	66.7
不　明	0.9	0.8	0.9	0.9	1.5	0.4	0.8	—

第52表　庭の有無，住宅所有状況別児童数

%

	総　数	自　家	公営住宅	給与住宅	借　家	間　借	その他	不　明
総　数	100.0	100.0	100.0	100.0	100.0	100.0	100.0	100.0
庭あり　遊び場として	25.4	27.2	40.2	31.2	13.0	9.1	24.2	14.3
庭あり　その他として	40.2	46.0	37.9	29.4	24.3	12.9	44.7	33.3
庭なし	34.0	26.5	22.0	39.0	62.5	77.6	28.8	14.3
不　明	0.3	0.3	—	0.5	0.2	0.4	2.3	38.1

自家に住む児童の73.2%は，庭のある家に住んでおり，その庭を遊び場以外に利用している児童が46.0%で，相当多い。また，公営住宅に住む児童の78.1%は庭のある家に住んでいる。これに対して，間借りしている家庭の児童の場合には，その22.0%が庭をもっているに過ぎない。

第32図　庭の有無，住宅所有状況別児童

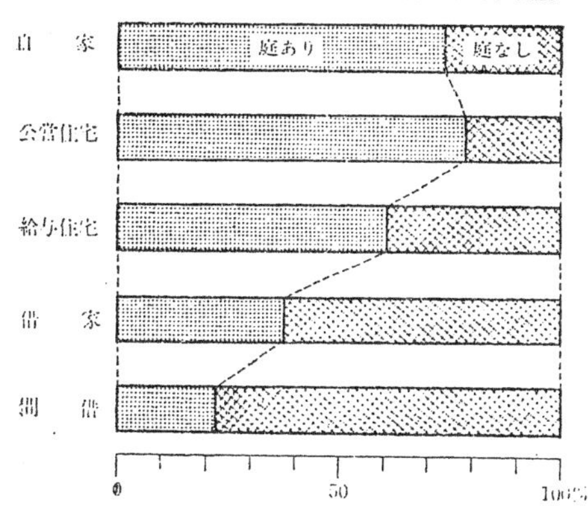

遊び場としての庭のある児童は，収入階級の高い階級に分布している。

農業地区に住む児童の88%は庭があり，ついで住宅地区の61%であるが，漁業地区の70%および商業地区の53%は，庭がない。

漁業地区に住む児童の69.8%は，庭のない家庭に住んでいる。商業地区に住む児童の52.6%および工業地区に住む児童は49.0%も同様である。これに対し，農業地区に住む児童の11.9%

は，庭のない家庭に住んでおり，庭があると答えた児童は87.8%である。遊び場以外に利用している庭がある家庭に住んでいる児童は56.3%である。遊び場としての庭がある児童は，全体で25.4%である。庭がない家庭に住んでいる児童は，全体で34.0%である。住宅地区の児童の27.6%は遊び場としての庭のある家庭に住んでおり，これに遊び場以外の庭がある家庭に住んでいる児童を加えると60.7%になる。

児童の就学状況別に庭の有無はさしたる差異は見られない。

第53表　収入階級，庭の有無別児童数

%

	総数	庭あり		庭なし	不明
		遊び場として	その他として		
総数	100.0	100.0	100.0	100.0	100.0
円 0	0.4	0.8	0.3	0.1	—
1 ～ 59,999	0.2	0.5	0.1	0.2	—
60,000 ～ 119,999	2.2	2.1	2.2	2.2	4.6
120,000 ～ 179,999	5.2	4.6	5.4	5.3	9.2
180,000 ～ 239,999	8.6	7.2	9.6	8.4	6.2
240,000 ～ 359,999	20.8	18.2	22.1	21.3	15.4
360,000 ～ 479,999	19.2	17.0	20.2	19.7	13.8
480,000 ～ 599,999	14.1	13.6	14.1	14.7	6.2
600,000 ～ 799,999	15.7	18.2	14.2	15.7	9.2
800,000 ～ 999,999	6.4	7.5	5.8	6.3	7.7
1,000,000 ～	7.1	10.0	5.9	6.1	24.6
不明	0.2	0.3	0.2	0.0	3.1

第54表　地区特性，庭の有無別児童数

%

	総数	庭あり		庭なし	不明
		遊び場として	その他として		
総数	100.0	25.4	40.2	34.0	0.3
住宅地区	100.0	27.6	33.1	39.1	0.3
漁業地区	100.0	4.2	25.2	69.8	0.8
工業地区	100.0	16.4	34.7	49.0	—
商業地区	100.0	15.4	32.0	52.6	0.1
農業地区	100.0	31.5	56.3	11.9	0.3
その他の地区	100.0	26.0	35.5	38.3	0.3

第55表　就学状況，庭の有無別児童数

%

	総数	庭あり		庭なし	不明
		遊び場として	その他として		
総数	100.0	25.4	40.2	34.0	0.3
未就学	100.0	27.7	35.1	36.8	0.3
免除	100.0	21.7	34.8	43.5	—
小学校	100.0	26.6	41.0	32.1	0.3
中学校	100.0	23.4	43.0	33.1	0.4
全日制高校	100.0	22.6	45.4	31.8	0.2
定時制高校	100.0	18.2	42.2	39.6	—
中学卒	100.0	17.2	42.7	39.9	0.2
不明	100.0	25.5	46.8	27.7	—

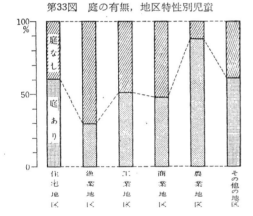

第33図　庭の有無，地区特性別児童

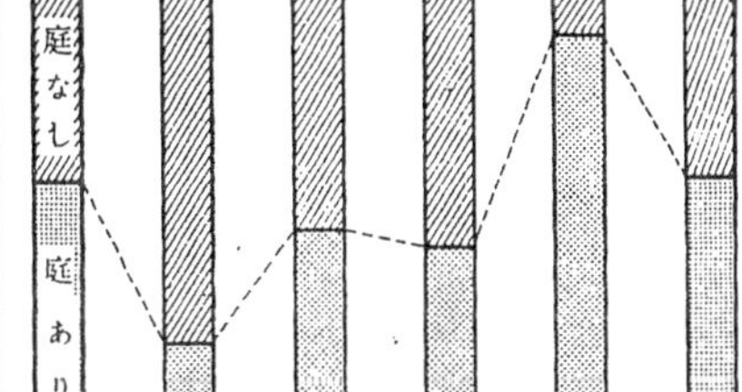

子ども部屋をもたない児童の41%が庭をもっていない。子ども部屋をもっている児童の74%は庭をもっている。

庭も子ども部屋もない家庭に住んでいる児童は，41.0%であり，子ども部屋をもっている児童の73.6%は，庭をもっており，子ども部屋をもっている児童で遊び場として利用できる庭のある児童は30.6%である。子ども部屋をもたないが，遊び場としての庭をもっている児童は20.9%であり，子ども部屋はないが，庭がある児童は58.8%である。

第56表　子ども部屋，庭の有無別児童数

%

	総数	庭あり		庭なし	不明
		遊び場として	その他として		
総数	100.0	25.4	40.2	34.0	0.3
勉強部屋	100.0	23.6	47.7	28.3	0.4
寝室	100.0	21.2	49.8	28.8	0.2
遊び部屋	100.0	44.5	34.1	21.0	0.5
勉強部屋・寝室	100.0	27.4	45.4	26.9	0.3
寝室・遊び部屋	100.0	60.7	21.6	17.1	0.6
遊び・勉強部屋	100.0	41.3	40.2	18.5	—
勉強・寝室・遊び部屋	100.0	30.6	43.0	26.1	0.3
子ども部屋なし	100.0	20.9	37.9	41.0	0.3
不明	100.0	28.0	37.6	32.3	2.2

遊び場としての庭をもっている児童の25％は，その設備があるとしているが，73％は庭に遊びの設備をもっていない。

遊び場としての庭のある児童のうち，73.0％は庭に遊びの設備をもっておらず，25.4％が庭に遊びの設備をもっている。そのうちわけは，砂場が6.1％，ブランコ・スベリ台が7.8％である。遊び場以外の庭がある児童の5.5％は，庭に遊びの設備をもっており，94.3％は庭に遊びの設備をもっていない。

未就学の児童については，庭の設備を16％もっているが，他の児童はほとんどもっていない。

第57表　庭の有無，庭の設備の状況別児童数

％

	総数	砂場	ブランコ・スベリ台	その他	砂場・ブランコ・スベリ台	ブランコ・スベリ台・その他	砂場・その他	砂場・ブランコ・スベリ台その他	庭の設備なし	不明
総数	100.0	1.9	3.8	1.1	1.2	0.8	0.1	0.7	89.7	0.7
庭あり　遊び場として	100.0	6.1	7.8	2.2	3.5	2.8	0.3	2.7	73.0	1.6
庭あり　その他として	100.0	0.8	3.4	1.0	0.3	0.1	—	0.0	94.3	0.2

第34図　庭の設備の状況別児童

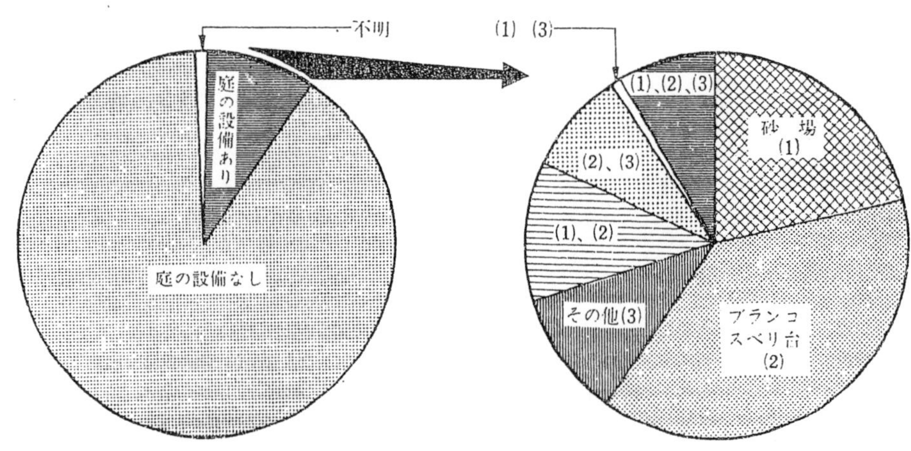

第58表　就学状況，庭の設備の状況別児童数

％

	総数	砂場	ブランコ・スベリ台	その他	砂場・ブランコ・スベリ台	ブランコ・スベリ台・その他	砂場・その他	砂場・ブランコ・スベリ台その他	庭の設備なし	不明
総数	100.0	1.9	4.0	1.1	1.0	0.8	0.1	0.7	89.7	0.8
未就学	100.0	3.4	7.8	0.9	1.8	0.9	0.1	1.0	83.6	0.5
免除	100.0	—	4.3	—	—	—	—	4.3	91.3	—
小学校	100.0	1.8	3.0	1.5	0.9	1.0	0.2	0.9	89.9	0.9
中学校	100.0	0.8	1.6	1.0	0.2	0.5	0.0	0.4	94.5	1.0
全日制高校	100.0	0.6	1.3	1.1	0.4	0.5	0.0	0.4	94.9	0.7
定時制高校	100.0	1.0	1.0	2.1	—	—	—	—	94.8	1.0
中卒	100.0	0.7	1.0	0.7	—	—	—	—	96.7	1.0
不明	100.0	6.4	14.9	—	2.1	—	—	—	72.3	4.3

第 V 章

欠損家庭

解説統計表の表章記号の規約

計数のない場合	—
計数不明の場合	…
統計項目のあり得ない場合	•
数値が微少（0.05未満）の場合	0.0

第V章　欠　損　家　庭

第１　欠　損　家　庭

父または母がいない欠損家庭は，８％である。

この調査における「父または母」とは，「**第Ⅰ章　調査の概要　第７　用語の定義**」の項で述べたごとく，児童の実父および養（継）父または実母および養（継）母だけをいうが，児童のいる家庭のうちで，父または母がいない家庭は，7.72％である。父がいない家庭は6.41％であり，母がいない家庭は1.31％である。

父または母がいない欠損家庭数は，全国で1,257,000家庭である。

父がいない家庭のうちで，父に代わるものがいない家庭は91％であり，母がいない家庭のうちで，母に代わるものがいない家庭は63％である。

父がいない家庭のうちで，父に代わるものがいる家庭は全国で９万８千家庭であり，父に代わるものがいない家庭は94万７千家庭であって，90.7％の家庭は父に代わるものがいない家庭である。また，母がいない家庭のうちで母に代わるものがいない家庭は62.5％である。

第59表　父，母　が　い　な　い　家　庭　数

	父がいない家庭			母がいない家庭		
	総数	父に代わるものがいる	父に代わるものがいない	総数	母に代わるものがいる	母に代わるものがいない
全国推計値	1,045,000	98,000	947,000	214,000	80,000	134,000
百分比(％)	100.0	9.3	90.7	100.0	37.5	62.5
全家庭に対する割合百分比（％）	6.41	0.60	5.81	1.31	0.49	0.82

父がいない家庭のうちで，56％の家庭が父を病死によって失なっている。

父がいない家庭のうちで，父の欠損理由別にみると，病死によって欠損となった家庭は55.7％であり，離別によって欠損となった家庭が22.7％でこれにつぎ，事故死によって欠損となった家庭は7.7％である。

第60表　欠損理由別父がいない家庭数

％

	総数	病死	事故死	その他の死亡	離別	生死不明	遺棄	未婚	その他
総数	100.0	55.7	7.8	1.8	22.7	3.0	2.7	3.2	3.0
父に代わるものがいる	100.0	56.5	6.5	6.5	22.6	1.6	1.6	—	4.8
父に代わるものがいない	100.0	55.6	8.0	1.3	22.8	3.2	2.8	3.5	2.8

第35図　欠損理由別父がいない家庭

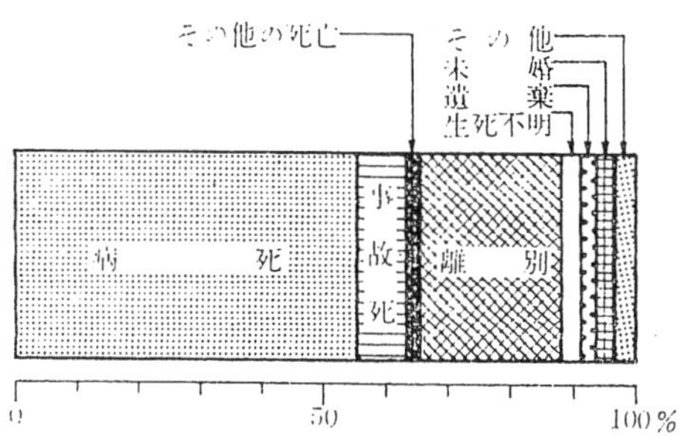

母がいない家庭のうちで，56%の家庭が病死によって母を失なっている。

母がいない家庭について，その理由をみると，病死によって母をなくした家庭が55.9％で最も多く，離別によって欠損家庭となった家庭が30.9%で，これについでいる。また，母に代わるものがいない家庭をその理由別にみると，病死によって母をなくした家庭が65.9%で最も多い。母に代わるものがいる家庭をその理由別にみると，離別による家庭が41.2%で最も多い。

第61表　欠損理由別母のいない家庭数

%

	総数	病死	事故死	その他の死亡	離別	生死不明	遺棄	未婚	その他
総数	100.0	55.9	2.2	0.7	30.9	0.7	3.7	—	5.9
母に代わるものがいる	100.0	39.2	2.0	2.0	41.2	—	5.9	—	9.8
母に代わるものがいない	100.0	65.9	2.4	—	24.7	1.2	2.4	—	3.5

第36図　欠損理由別母がいない家庭

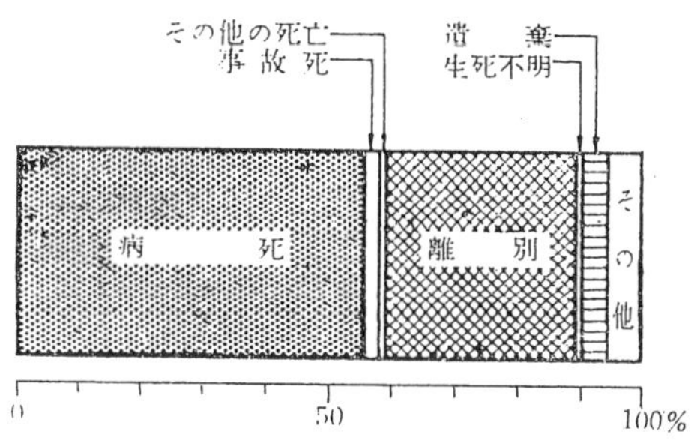

父を失なった家庭の41%が，昭和30年以前になくしている。

父がいない家庭について，父をなくした時期をみると，昭和30年以前に父を失なった家庭が41.0%で最も多く，昭和36年以後に父を失なった家庭が30.7%でこれについで多い。

母を失なった家庭の25%が昭和30年以前になくしている。

母がいない家庭について，母を失なった時期をみると，昭和36年以後に失なった家庭が45.6%である。

父がいない家庭の平均年収は，31万8千円である。

この調査における収入とは，前述したように，38年中の現金収入についていう。

父がいない家庭の平均年収は，31万8千円であるが，父に代わるものがいる家庭の平均年収

第62表　父，母の欠損時期別欠損家庭数

%

	総数	昭和～20年	21～25年	26～30年	31～35年	36年～	不明
父がいない家庭	100.0	2.1	12.7	26.2	27.4	30.7	0.9
母がいない家庭	100.0	—	8.8	16.2	27.9	45.6	1.5

第37図　父，母の欠損時期別欠損家庭

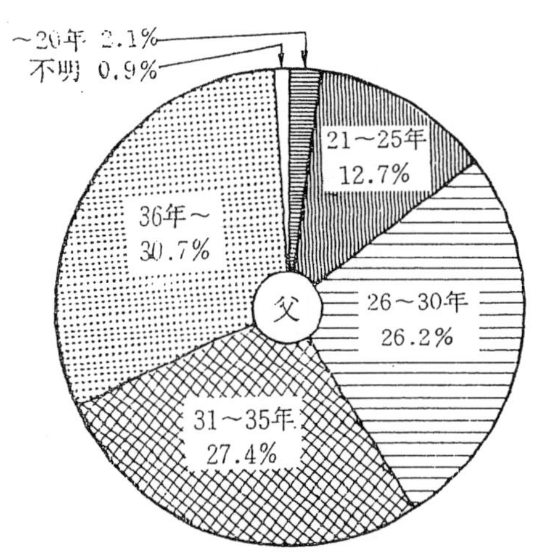

は41万2千円であり，父に代わるものがいない家庭の平均年収は30万9千円である。

母がいない家庭の平均年収は，36万4千円である。

母のいない家庭のうち，母に代わるものがいない家庭の平均年収は，38万9千円となってい

第63表　欠損家庭の平均年収

父がいない家庭			母がいない家庭		
総数	父に代わるものがいる	父に代わるものがいない	総数	母に代わるものがいる	母に代わるものがいない
円 318,488	円 411,935	円 308,601	円 364,060	円 324,314	円 388,700

第64表　収入階級別欠損家庭数

%

	父がいない家庭			母がいない家庭		
	総数	父に代わるものがいる	父に代わるものがいない	総数	母に代わるものがいる	母に代わるものがいない
0　円	1.5	—	1.7	1.5	—	2.4
1 ～ 59,999	3.0	1.6	3.2	3.0	—	4.8
60,000 ～119,999	16.6	4.8	17.8	11.9	11.8	11.9
120,000 ～179,999	32.8	12.9	34.9	27.4	33.3	23.8
180,000 ～239,999	50.8	29.0	53.0	45.2	54.9	39.3
240,000 ～359,999	71.1	54.8	72.8	63.7	70.6	59.5
360,000 ～479,999	81.6	66.1	83.2	72.6	78.4	69.0
480,000 ～599,999	88.3	83.8	88.8	83.7	86.3	82.1
600,000 ～799,999	95.1	93.5	95.3	93.3	96.1	91.7
800,000 ～999,999	97.6	93.5	98.0	96.3	96.1	96.4
1,000,000 ～	100.0	100.0	100.0	100.0	100.0	100.0

る。

欠損家庭の半分以上は，年収として24万円未満の収入しか得ていない。

第38図　父，母の収入階級別欠損家庭

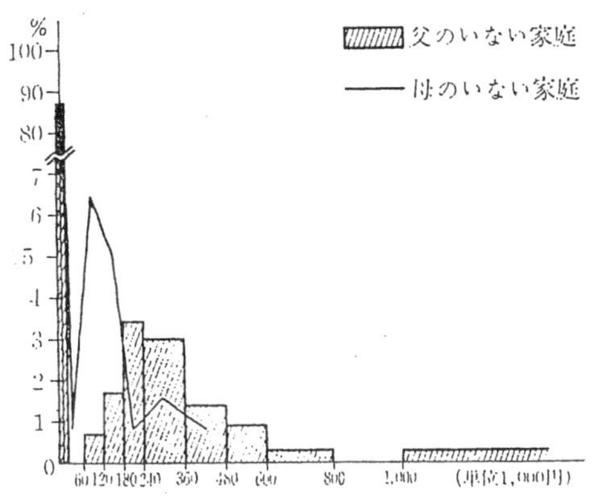

父がいない家庭をその収入面からみると，年収が24万円未満の家庭は，父がいない家庭，とくに父に代わるものがいない家庭では，50%以上となっている。また，母がいない家庭においても45.2%は24万円未満の収入階級に属する。父または母がいない家庭について，図に描いてみると第38図のようになる。

父または母がいない家庭のうちで，父または母に代わる者の収入は，それぞれ24万８千円と７万８千円である。

父がいない家庭で，父に代わるものの収入をみると，18万円以上36万円未満のものが最も多い。収入０円というものは14.5%である。また母がいない家庭における母に代わるものの収入をみると，37.3%が収入０円となっており，平均年収も７万８千円と少なくなっている。

第65表　父，母の収入階級別欠損家庭数

%

	総数	0円	1～円 59,999	60,000円～119,999	120,000円～179,999	180,000円～239,999	240,000円～359,999	360,000円～479,999	480,000円～599,999	600,000円～799,999	800,000円～999,999	1,000,000～円	不明
父がいない家庭 父に代わるもの	100.0	14.5	—	4.8	14.5	22.6	19.4	3.2	4.8	1.6	—	3.2	11.3
母がいない家庭 母に代わるもの	100.0	37.3	2.0	15.7	11.8	2.0	3.9	—	2.0				25.5

第66表　地域ブロック別欠損家庭数

%

	総数	父がいない家庭			母がいない家庭		
		総数	父に代わるものがいる	父に代わるものがいない	総数	母に代わるものがいる	母に代わるものがいない
総数	100.0	100.0	100.0	100.0	100.0	100.0	100.0
北海道	6.4	6.3	3.2	6.6	6.6	7.8	5.9
東北	9.9	9.6	8.1	9.8	11.0	13.7	9.4
関東Ⅰ	16.0	16.4	22.6	15.8	14.0	3.9	20.0
関東Ⅱ	8.5	8.3	16.1	7.3	9.6	7.8	10.6
北陸	5.0	5.6	1.6	6.0	2.2	3.9	1.2
東海	11.1	11.0	—	12.1	11.8	7.8	14.1
近畿Ⅰ	9.6	10.1	12.9	9.8	7.4	15.7	2.4
近畿Ⅱ	3.5	3.8	3.2	3.8	2.2	2.0	2.4
中国	9.1	8.9	6.5	9.1	10.3	15.7	7.1
四国	5.9	5.3	11.3	4.7	8.8	7.8	9.4
北九州	10.3	10.5	6.5	11.0	8.8	7.8	9.4
南九州	4.8	4.2	8.1	3.8	7.4	5.9	8.2

第67表　地区特性別欠損家庭数　%

	総数	父がいない家庭			母がいない家庭		
		総数	父に代わるものがいる	父に代わるものがいない	総数	母に代わるものがいる	母に代わるものがいない
総数	100.0	100.0	100.0	100.0	100.0	100.0	100.0
住宅地区	26.4	27.9	24.2	28.2	17.6	11.8	21.2
漁業地区	1.8	1.5	4.8	1.2	3.7	5.9	2.4
工業地区	5.7	5.7	9.7	5.3	8.8	5.9	10.6
商業地区	16.3	16.7	19.4	16.4	15.4	19.6	12.9
農業地区	26.3	24.4	27.4	24.1	33.8	33.3	34.1
その他の地区	23.5	23.8	14.5	24.8	20.6	23.5	18.8

これを図に描くと，つぎの第39図のようになる。

第39図　地区特性別欠損家庭

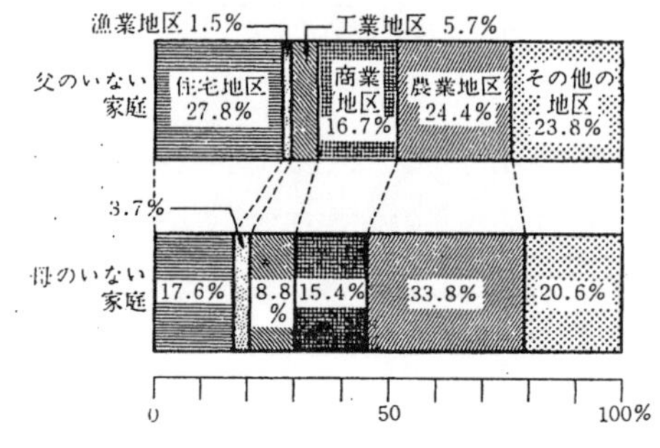

欠損家庭を地域ブロック別にみてみると，父がいない家庭は関東Ⅰ（東京，神奈川，埼玉，千葉）に最も多く，16.5%であり，母がいない家庭も関東Ⅰブロックに最も多く，14.6%である。

父がいない家庭において，間借りしている家庭は，9%である。

父がいない家庭の60.5%は自家に住んでおり，21.7%は借家に住んでいる。また，母がいない家庭の72.8%は自家に住んでおり，19.9%は借家に住んでおり，いずれも父がいない家庭とほぼ一致している。

第68表　住宅所有状況別欠損家庭数　%

	父がいない家庭			母がいない家庭		
	総数	父に代わるものがいる	父に代わるものがいない	総数	母に代わるものがいる	母に代わるものがいない
総数	100.0	100.0	100.0	100.0	100.0	100.0
自家	60.5	67.7	59.8	72.8	68.6	75.3
公営住宅	4.1	—	4.5	2.2	3.9	1.2
給与住宅	2.7	6.5	2.3	2.9	3.9	2.4
借家	21.7	19.4	21.9	19.9	21.6	18.8
間家	9.3	6.5	9.6	1.5	2.0	1.2
その他	1.7	—	1.8	0.7	—	1.2

父がいない家庭において，2室をもっている家庭は22%である。

父または母がいない家庭で5室以上の部屋数のある家に住んでいる家庭は，28.0%となっている。しかし，1室だけの家庭も父または母のいない家庭をあわせみたとき，12.3%である。

第40図　部屋数別欠損家庭

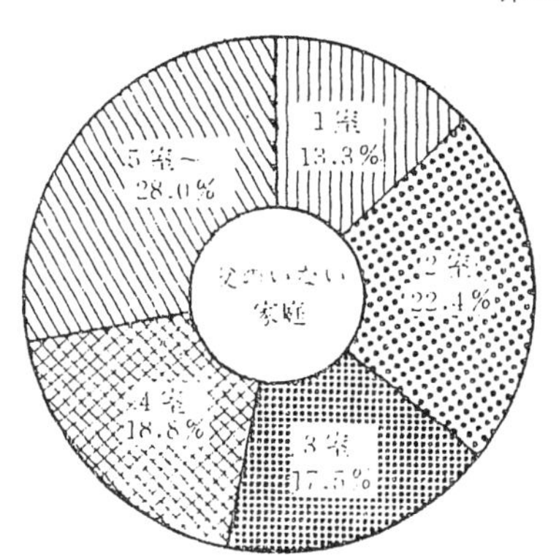

第2　欠損家庭の児童

父がいない家庭の児童数は，平均1家庭に1.50人であるが，1人の児童だけがいる家庭は，65%である。

この調査においては，あらかじめ調査客体を「児童のいる家庭」としているために，児童のいない欠損世帯の数は含まれていない。

したがって，今ここで述べているのは児童のいる家庭のうちの父がいないという欠損家庭における平均の児童の数である。

父がいない家庭における児童数は，1人が全体の2/3弱，64.5%であり，児童2人というのは，23.8%である。

母がいない家庭の児童数は，平均1.46人である。

母がいない家庭の児童数は，1人が68.4%であり，2人までで9割をしめることになる。平均1家庭に1.46人と父がいない家庭より少なくなっており，母がいない家庭のうちで母に代わるものがいる家庭においては，児童1人という家庭は3/4以上となっている。

父がいない家庭の児童数は全国で1,572,000人である。

第69表　児童数別欠損家庭数

%

	父がいない家庭			母がいない家庭		
	総数	いる	いない	総数	いる	いない
総数	100.0	100.0	100.0	100.0	100.0	100.0
1人	64.5	69.4	64.0	68.4	78.4	62.4
2人	23.8	27.4	23.3	22.8	13.7	28.2
3人	9.2	1.6	10.0	3.7	2.0	4.7
4人	2.0	1.6	2.0	4.4	5.9	3.5
5人～	0.6	—	0.7	0.7	—	1.2
1家庭あたり	人 1.50	人 1.35	人 1.52	人 1.46	人 1.35	人 1.53

第41図　児童数別欠損家庭

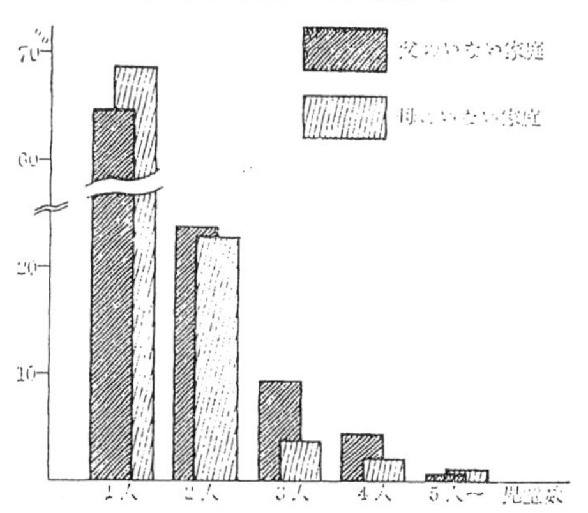

父がいない家庭は，１家庭あたり平均3.14人の家庭人員がいる。

父がいない家庭において，家庭人員が２人が35.8%であり，３人が32.8%である。また，父に代わるものがいる家庭においては，１家庭あたりの家庭人員は3.85人であり，家庭人員３人というのは43.5%である。

父も，父に代わるものもいない家庭の家庭人員は最も少なく，3.06人である。

母がいない家庭では，１家庭あたり3.29人である。

第70表　家庭人員別欠損家庭数

%

	父がいない家庭			母がいない家庭		
	総数	父に代わるものがいる	父に代わるものがいない	総数	母に代わるものがいる	母に代わるものがいない
総数	100.0	100.0	100.0	100.0	100.0	100.0
2人	35.8	4.8	39.0	23.5	15.7	28.2
3人	32.8	43.5	31.7	44.9	51.0	41.2
4人	18.2	25.8	17.4	16.9	19.6	15.3
5人	8.9	16.1	8.1	9.6	9.8	9.4
6人	3.2	6.5	2.8	3.7	2.0	4.7
7人～	1.1	3.2	0.8	1.5	2.0	1.2
1家庭あたり	人 3.14	人 3.85	人 3.06	人 3.29	人 3.37	人 3.25

第42図　家庭人員別欠損家庭

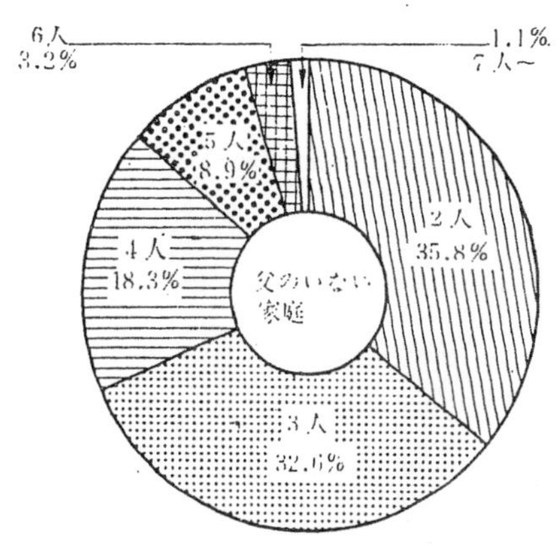

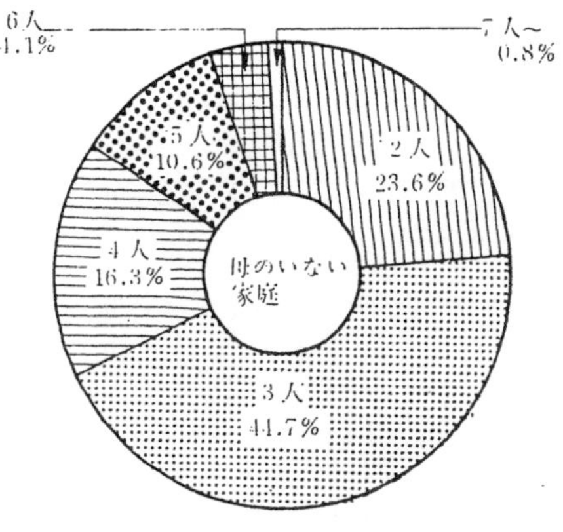

欠損家庭の家庭人員は，398万4千人である。

父がいない家庭の家庭人員は，327万9千人である。

第３　その他の欠損家庭

長期にわたって父または母が不在の家庭は，2％である。

この調査における「**その他の欠損家庭**」とは，「**父または母**」は，欠損家庭における「父または母」と同じであるが，現に父または母がこの調査時においては存在していて，かつ，父または母が長期にわたって，たとえば出稼ぎ等の就労状況によって家庭をはなれていて不在である家庭のことをいう。

長期にわたって父が不在の家庭は1.7％であり，父または母が家庭をはなれている家庭のうちでは，85％をしめている。

長期にわたって父が不在の家庭は，27万5千家庭である。

母が長期家庭をはなれていて，不在である家庭は，4万7千家庭である。

父が301日以上不在の家庭は，31％である。

父が半年以上，家庭をはなれて就労している家庭は，74.8％であり，父が不在の家庭では4家庭中3家庭までが半年以上父が不在の家庭である。

また，母が半年以上，家庭をはなれて就労している家庭は，96.7％で，母が不在の家庭では，半年以上不在の家庭はほとんどの母が家庭をはなれている。

第43図　欠損期間別その他の欠損家庭

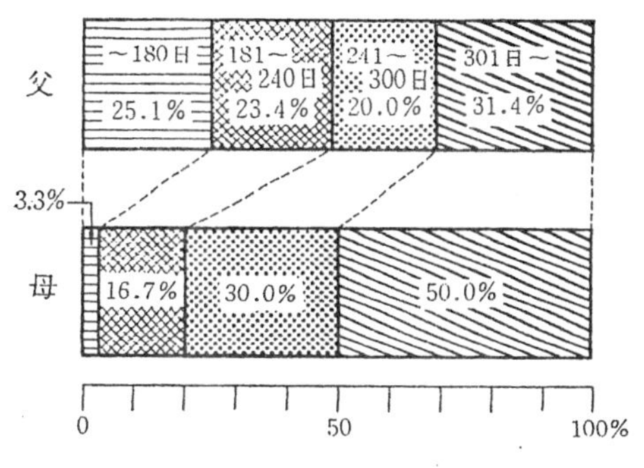

父または母が常用または日雇労働者として，長期にわたって父または母が不在の家庭は，75％である。

長期にわたって，常用勤労または日雇労働のため，父が不在の家庭は70.3％であり，また常用勤労または日雇労働のため長期にわたって父または母が不在の家庭は1.27％である。

第44図　欠損理由別

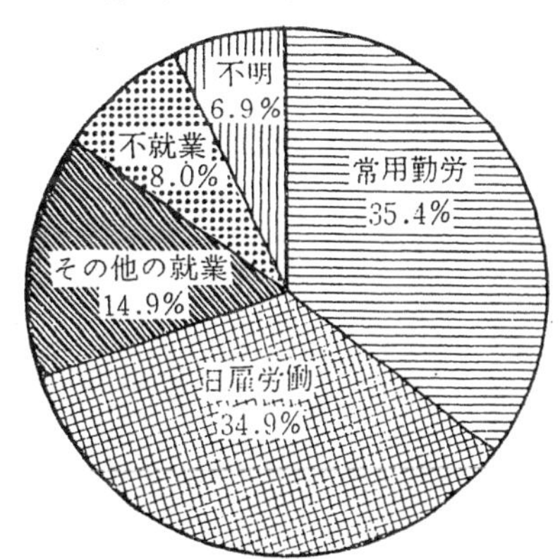

長期にわたって父または母が不在の家庭において，30％の家庭が「24万円～36万円未満」の収入階級に属する。

長期にわたって父または母が不在の家庭の81.9％はその所得が48万円未満である。また，6万円未満の収入しかない家庭はなく，12万円未満の家庭も4.4％である。

長期にわたって父が不在の家庭のうち，収入が18万円未満では14.3％しかなく，18万円以上48万円未満の家庭は68.5％である。

第71表　欠損理由別その他の欠損家庭数

父						母					
総数	常用勤労のため	日雇労働のため	その他の就業のため	不就業	不明	総数	常用勤労のため	日雇労働のため	その他の就業のため	不就業	不明
100.0	35.4	34.9	14.9	8.0	6.9	100.0	23.3	10.0	6.7	60.0	—

長期にわたって父が不在の家庭の31%は，東北地方に属している。

長期にわたって父が不在の家庭の３割強は東北地方（青森，秋田，山形，岩手，宮城，福島）に属しており，東海地方（岐阜，静岡，三重，愛知）および近畿Ⅱ地方（大阪，京都，兵庫）は最も少なく，1.7％である。

長期にわたって母が不在の家庭の30%は，関東Ⅰ地方に属している。

母が長期にわたって母が不在の家庭の３割は関東Ⅰ地方（埼玉，東京，千葉，神奈川）に属している。

第45図　地域ブロック別

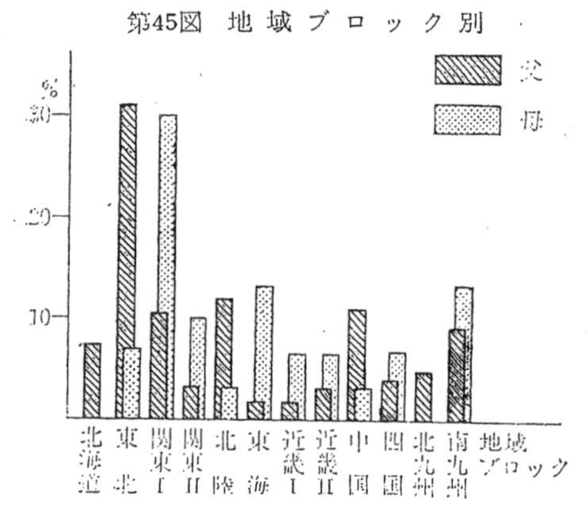

長期にわたって父が不在の家庭は，農業地区では36%である。

長期にわたって父が不在の家庭は農業地区においては，36.0％であり，漁業地区においては，12.0%となっているが，漁業地区全体から見た時には13.9%と他地区よりかなり多い割合をしめている。

長期にわたって父が不在の家庭の父の収入をみると，24万円以上36万円未満のものは，22.3%となっていて最も多いが，収入０円のものも17.1%である。

第72表　地区特性別その他の欠損家庭数

%

	父	母
総　数	100.0(1.69)	100.0(0.29)
住宅地区	14.9(0.82)	36.7(0.35)
漁業地区	12.0(13.91)	—(—)
工業地区	—(—)	6.7(0.30)
商業地区	9.7(1.13)	10.0(0.20)
農業地区	36.0(2.25)	20.0(0.21)
その他の地区	27.4(2.31)	26.7(0.38)

第46図　地区特性別その他の欠損家庭

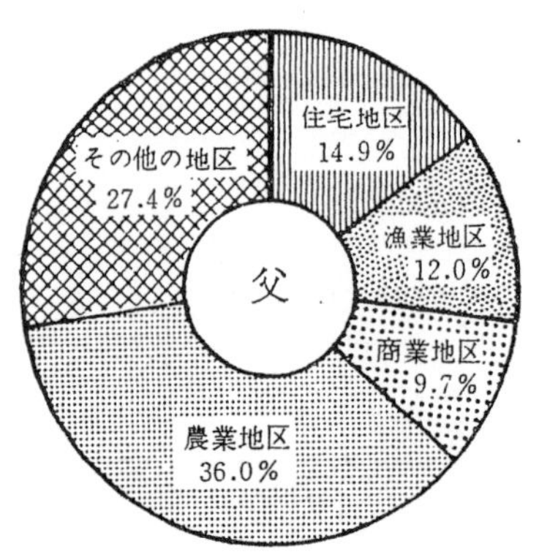

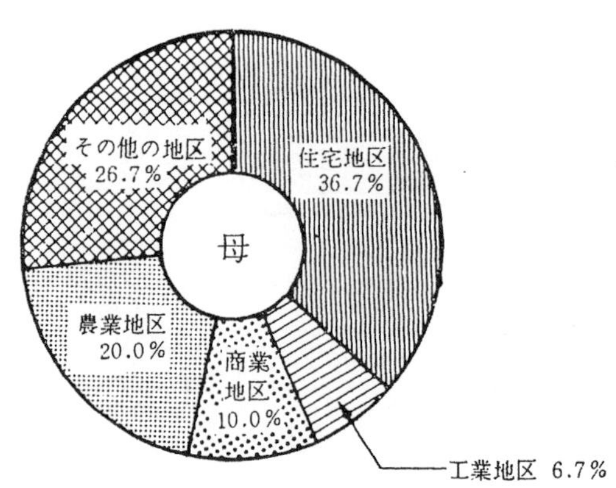

長期にわたって父が不在の家庭の父の平均年収は，29万5千円である。

母の収入は20万8千円である。収入0円の母は53.3%である。

長期にわたって父が不在の家庭の父の学歴をみると，中卒が50%である。

小卒と中卒とをあわせてみると，74.3%であり，母の学歴についてみると，70.0%である。

第47図　父または母の収入階級別

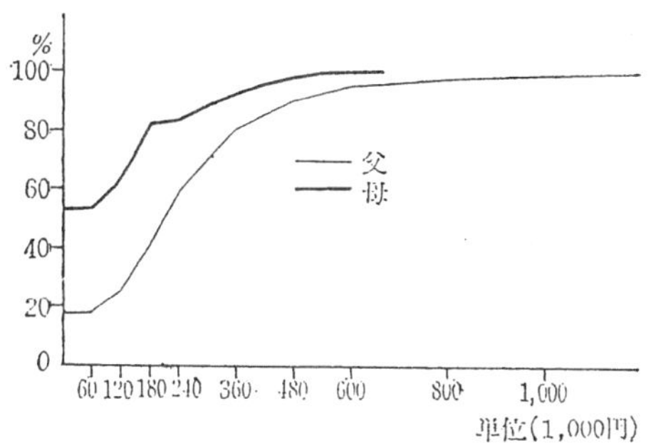

第48図　学歴別その他の欠損家庭

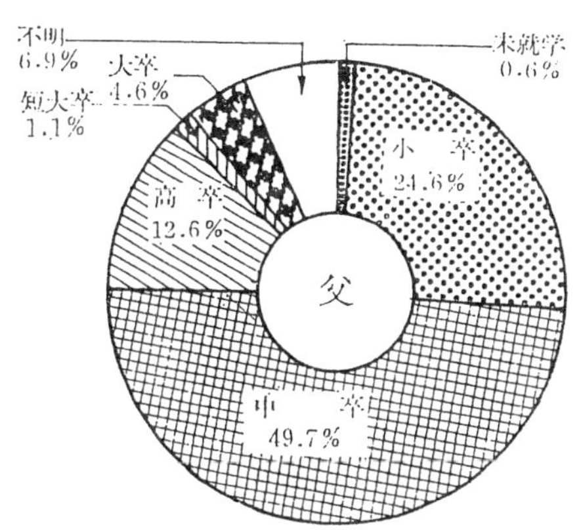

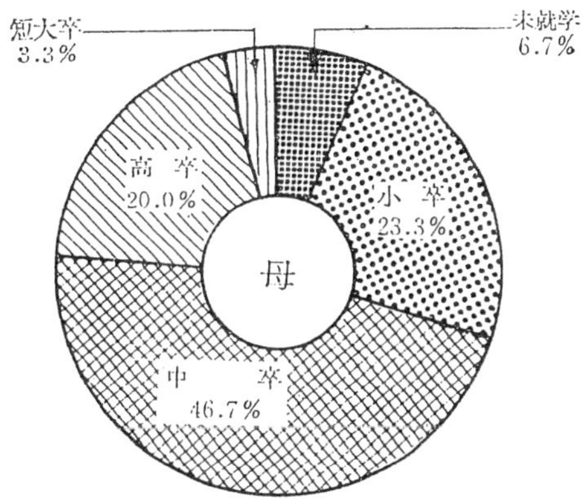

第4　その他の欠損家庭の児童

長期にわたって父が不在の家庭の児童数は，平均1家庭に2.10人いる。

欠損家庭における児童の場合と同じく，ここでも児童のいない家庭は，調査の客体に含まれていないので，その他の欠損家庭における平均児童数は2.10人である。

また，長期にわたって父が不在の家庭における児童は，1人である場合が31.3%であり，2人である場合は40.6%，3人である場合は18.3%である。

長期にわたって母が不在の家庭の児童数は，平均1家庭に1.53人である。

児童数1人の家庭は，56.7%であり，2人である家庭は33.3%であって，平均家庭人員は1.53人である。

長期にわたって父または母が不在の家庭の児童数は，65万1千人である。

長期にわたって父が不在の家庭の児童数は，57万9千人であり，長期にわたって，父および

第73表　児童数別その他の欠損家庭数

%

	父	母
総数	100.0	100.0
1人	31.3	56.7
2人	40.6	33.3
3人	18.3	10.0
4人	6.9	—
5人	1.7	—
6人～	1.1	—

母が不在の家庭のうちで，88.9％をしめている。

第49図　児　童　数　別

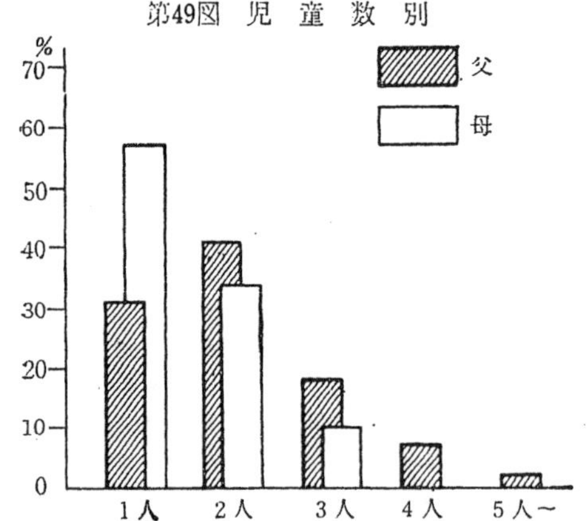

長期にわたって父が不在の家庭の家庭人員は1家庭あたり平均4.30人である。

長期にわたって父が不在の家庭人員は，118万5千人であり，母が不在の家庭人員は，17万人である。長期にわたり父が不在の家庭の家庭人員が4人であるものが34.9％で，最も多く，家庭人員が3〜5人であるものは81.2％である。

第74表　家庭人員別その他の欠損家庭数　％

	父	母
総　数	100.0	100.0
2　人	2.3	13.3
3　人	26.3	40.0
4　人	34.9	30.0
5　人	20.0	6.7
6　人	10.3	10.0
7　人	5.1	—
8　人	0.6	—
9　人	0.6	—
10 人　〜	—	—

第 Ⅵ 章

統　　計　　表

（本章には標本数を掲げてあるから，全国推計数を算出する場合は 1,573.380 を乗ずる。）

統計表の表章記号の規約

計数のない場合	—
計数不明の場合	…
統計項目のあり得ない場合	•
数値が微少（0.05未満）の場合	0.0

第1表　家庭数，父・母の有無・収入の有無別

			総数			父あり						父なし
						働いている			働いていない			
			総数	収入有	収入無	総数	収入有	収入無	総数	収入有	収入無	
総数		総数	**10 355**	**9 515**	**840**	**9 527**	**9 418**	**109**	**226**	**60**	**166**	**602**
		収入有	**2 869**	2 261	608	2 281	2 243	38	111	14	97	477
		収入無	**7 486**	7 254	232	7 246	7 175	71	115	46	69	125
母あり	働いている	総数	**5 423**	4 771	652	4 798	4 729	69	129	20	109	496
		収入有	**2 797**	2 215	582	2 231	2 198	33	108	14	94	458
		収入無	**2 626**	2 556	70	2 567	2 531	36	21	6	15	38
	働いていない	総数	**4 847**	4 672	175	4 654	4 618	36	88	39	49	105
		収入有	**72**	46	26	50	45	5	3	–	3	19
		収入無	**4 775**	4 626	149	4 604	4 573	31	85	39	46	86
母なし			**85**	72	13	75	71	4	9	1	8	1

第2表　働いている父のいる家庭数，父の収入階級・年齢階級別

	総数	～19歳	20～29歳	30～39歳	40～49歳	50～59歳	60歳～	不明
総数	**9 527**	**2**	**972**	**3 968**	**2 745**	**1 800**	**22**	**18**
円 0	109	–	18	44	19	18	1	9
1～ 59 999	51	–	8	20	8	14	1	–
60 000～119 999	278	–	33	88	59	96	2	–
120 000～179 999	600	1	79	196	165	155	2	2
180 000～239 999	904	–	96	361	237	209	1	–
240 000～359 999	2 250	1	339	976	552	371	7	4
360 000～479 999	1 851	–	224	898	470	256	2	1
480 000～599 999	1 300	–	89	615	389	207	–	–
600 000～799 999	1 268	–	55	481	472	256	2	2
800 000～999 999	401	–	13	148	157	83	–	–
1 000 000～	515	–	18	141	217	135	4	–

第３表　働いている母のいる家庭数，母の収入階級・年齢階級別

	総　数	～19歳	20～29歳	30～39歳	40～49歳	50～59歳	60歳～	不　明
総　　数	**5 423**	**1**	**872**	**2 192**	**1 740**	**608**	**4**	**6**
円 0	2 626	－	496	1 033	779	312	2	4
1～ 59 999	569	－	78	243	189	59	－	－
60 000～119 999	834	－	106	358	283	87	－	－
120 000～179 999	574	1	86	204	215	65	2	1
180 000～239 999	273	－	33	112	96	32	－	－
240 000～359 999	297	－	53	132	88	23	－	1
360 000～	250	－	20	110	90	30	－	－

第４表　家庭数，父・母の従業上の地位別

		父	母
総　　数		**10 355**	**10 355**
農林業主		1 844	415
家族従事者		※	1 949
非農林業主		1 526	207
家族従事者		※	742
常用勤労者（管理・技術・事務）	総　数	3 103	388
	1 ～ 29人	496	※
	30 ～ 99人	518	※
	100 ～999人	583	※
	1 000人～	1 450	※
	不　明	56	※
常用勤労者（その他）	総　数	2 212	676
	1 ～ 29人	719	※
	30 ～ 99人	407	※
	100 ～999人	497	※
	1 000人～	568	※
	不　明	21	※
日雇労働者		390	281
家内労働者		※	451
その他の就業者		432	293
不明		20	21
不就業者		226	4 847
なし		602	85

（注）　※印の個所は集計項目から除外した。

第5表　家庭数，児童数・家庭人員別

	総　数	2　人	3　人	4　人	5　人	6　人	7　人	8　人	9　人	10人～
総　数	**10 355**	**262**	**2 391**	**3 672**	**2 435**	**1 118**	**355**	**101**	**16**	**5**
1　人	3 644	262	2 276	691	282	98	30	5	–	–
2　人	4 177	•	115	2 937	818	252	47	7	1	–
3　人	1 913	•	•	44	1 323	445	79	18	3	1
4　人	486	•	•	•	12	320	126	24	3	1
5　人	109	•	•	•	•	3	73	31	2	–
6 人～	26	•	•	•	•	•	–	16	7	3

第6表　家庭数，住宅所有状況・部屋の坪数別

	総　数	～5 坪	6～9 坪	10～14 坪	15坪～	不　明
総　数	**10 355**	**521**	**1 055**	**2 048**	**6 662**	**69**
自　家	6 916	46	255	795	5 800	20
公営住宅	557	10	175	334	38	–
給与住宅	689	19	124	289	247	10
借　家	1 633	203	381	534	504	11
間　借	473	234	106	81	25	27
その他	76	9	11	13	43	–
不　明	11	–	3	2	5	1

第7表　家庭数，住宅所有状況・室数別

	総　数	1　室	2　室	3　室	4　室	5室～	不　明
総　数	**10 355**	**571**	**1 682**	**2 074**	**2 093**	**3 926**	**8**
自　家	6 916	97	548	1 023	1 625	3 618	5
公営住宅	557	25	160	311	44	17	–
給与住宅	689	27	186	266	150	59	1
借　家	1 633	188	559	432	254	199	1
間　借	473	222	210	28	9	4	–
その他	76	12	17	12	8	27	–
不　明	11	–	3	2	3	2	1

第8表　家庭数，収入階級・住宅所有状況別

	総数	自家	公営住宅	給与住宅	借家	間借	その他	不明
総数	10 355	6 916	557	689	1 633	473	76	11
円 0	42	32	–	–	4	–	6	–
1～ 59 999	30	25	–	1	2	2	–	–
60 000～119 999	260	207	3	2	27	16	5	–
120 000～179 999	534	403	6	6	73	39	7	–
180 000～239 999	860	645	16	19	121	51	8	–
240 000～359 999	2 119	1 454	83	106	325	129	18	4
360 000～479 999	1 975	1 228	132	157	342	105	11	–
480 000～599 999	1 485	918	123	118	245	67	10	4
600 000～799 999	1 607	1 012	142	118	287	43	4	1
800 000～999 999	666	454	30	60	102	14	4	2
1 000 000～	756	519	21	102	104	7	3	–
不明	21	19	1	–	1	–	–	–

第9表　家庭数，室数・家庭人員別

	総数	2人	3人	4人	5人	6人	7人	8人	9人	10人～
総数	10 355	262	2 391	3 672	2 435	1 118	355	101	16	5
1室	571	48	278	164	49	22	7	1	–	2
2室	1 683	62	566	625	284	107	30	7	1	1
3室	2 074	45	487	866	423	184	51	12	5	1
4室	2 093	44	403	713	562	263	77	27	4	–
5室～	3 926	63	654	1 303	1 114	542	190	53	6	1
不明	8	–	3	1	3	–	–	1	–	–

第10表　家庭数，住宅所有状況・転居希望の有無別

	総数	転居したい	条件によって転居したい	転居の希望なし	その他	不明
総数	**10 355**	**764**	**1 004**	**8 215**	**215**	**157**
自家	6 916	151	245	6 349	86	85
公営住宅	557	37	67	440	10	3
給与住宅	689	53	88	498	34	16
借家	1 633	365	412	770	59	27
間借	473	148	178	109	21	17
その他	76	9	13	48	5	1
不明	11	1	1	1	−	8

第11表　家庭数，地区特性・庭の有無別

	総数	庭あり		庭なし	不明
		遊び場として	その他として		
総数	**10 355**	**2 581**	**4 060**	**3 687**	**27**
住宅地区	3 152	863	1 021	1 259	9
漁業地区	151	8	39	104	−
工業地区	667	105	219	343	−
商業地区	1 503	217	491	793	2
農業地区	2 802	863	1 575	354	10
その他の地区	2 080	525	715	834	6

第12表　家庭数，住宅所有状況・庭の有無別

	総数	庭あり		庭なし	不明
		遊び場として	その他として		
総数	**10 355**	**2 581**	**4 060**	**3 687**	**27**
自家	6 916	1 835	3 188	1 877	16
公営住宅	557	220	210	127	−
給与住宅	689	215	199	272	3
借家	1 633	235	377	1 018	3
間借	473	51	51	368	3
その他	76	21	32	22	1
不明	11	4	3	3	1

第13表　家庭数，庭の有無・庭の設備の状況別

	総数	砂場	ブランコ スベリ台	その他	2種以上	遊びの設備なし	不明
総数	**10 355**	**204**	**387**	**112**	**298**	**9 276**	**78**
庭あり	6 641	199	344	90	274	5 685	49
庭なし	3 687	3	42	21	23	3 588	10
不明	27	2	1	1	1	3	19

第14表　家庭数，所得税課税状況別・市区町村民税課税状況別

総数	非課税	課税	不明
10 355	**4 460**	**5 891**	**4**

総数	非課税	均等割のみ	所得割	不明
10 355	**521**	**2 788**	**7 040**	**6**

第15表　児童数，父・母の有無・収入の有無別

			総数			父あり						父なし
						働いている			働いていない			
			総数	収入有	収入無	総数	収入有	収入無	総数	収入有	収入無	
総数		**総数**	**20 394**	**19 038**	**1 356**	**19 067**	**18 877**	**190**	**406**	**99**	**307**	**921**
		収入有	**5 573**	4 600	973	4 630	4 567	63	208	23	185	735
		収入無	**14 821**	14 438	383	14 437	14 310	127	198	76	122	186
母あり	働いている	総数	**11 214**	10 159	1 055	10 210	10 086	124	235	31	204	769
		収入有	**5 449**	4 515	934	4 538	4 484	54	203	23	180	708
		収入無	**5 765**	5 644	121	5 672	5 602	70	32	8	24	61
	働いていない	総数	**9 048**	8 764	284	8 738	8 677	61	161	67	94	149
		収入有	**124**	85	39	92	83	9	5	–	5	27
		収入無	**8 924**	8 679	245	8 646	8 594	52	156	67	89	122
母なし			**132**	115	17	119	114	5	10	1	9	3

第16表　児童数，父の収入階級・父の状況別

	総数	父あり		父なし
		働いている	働いていない	
総数	**20 394**	**19 067**	**406**	**921**
円 0	1356	190	307	859
1 ～ 59 999	111	100	11	–
60 000 ～ 119 999	562	552	8	2
120 000 ～ 179 999	1 246	1 238	3	5
180 000 ～ 239 999	1 924	1 893	15	16
240 000 ～ 359 999	4 542	4 499	25	18
360 000 ～ 479 999	3 639	3 616	12	11
480 000 ～ 599 999	2 618	2 600	11	7
600 000 ～ 799 999	2 564	2 547	14	3
800 000 ～ 999 999	807	807	–	–
1 000 000 ～	1 025	1 025	–	–

第17表　児童数，母の収入階級・母の状況別

	総数	母あり		母なし
		働いている	働いていない	
総数	**20 394**	**11 214**	**9 048**	**132**
円 0	**14 821**	5 765	**8 924**	132
1 ～ 59 999	1 255	1 210	45	–
60 000 ～ 119 999	1 741	1 711	30	–
120 000 ～ 179 999	1 128	1 101	27	–
180 000 ～ 239 999	492	488	4	–
240 000 ～ 359 999	520	510	10	–
360 000 ～	437	429	8	–

第18表　児童数，就学状況・性別

	総数	男	女
総数	**20 394**	**10 510**	**9 884**
未就学	6 238	3 218	3 020
免除	23	7	16
小学校	6 581	3 384	3 197
中学校	4 238	2 172	2 066
全日制高校	2 466	1 294	1 172
定時制高校	192	114	78
中学卒	609	295	314
不明	47	26	21

第19表　児童数，就学状況・友達の数別

	総数	～2人	3～4人	5～10人	11人～	不明
総数	**20 394**	**8 311**	**7 382**	**4 307**	**109**	**285**
未就学	6 238	4 453	1 148	408	5	224
免除	23	17	2	1	–	3
小学校	6 581	1 846	2 928	1 741	41	25
中学校	4 238	1 092	1 892	1 196	43	15
全日制高校	2 466	608	1 046	784	16	12
定時制高校	192	54	92	45	1	–
中学卒	609	223	258	121	3	4
不明	47	18	16	11	–	2

第20表　児童数，就学状況・住宅所有状況別

	総数	自家	公営住宅	給与住宅	借家	間借	その他	不明
総数	**20 394**	**14 222**	**1 056**	**1 321**	**2 904**	**738**	**132**	**21**
未就学	6 238	3 743	373	486	1 156	407	64	9
免除	23	14	3	1	4	1	–	–
小学校	6 581	4 762	357	416	807	191	41	7
中学校	4 238	3 180	185	244	521	90	15	3
全日制高校	2 466	1 910	108	127	281	29	10	1
定時制高校	192	133	6	10	35	8	–	–
中学卒	609	447	23	30	94	12	2	1
不明	47	33	1	7	6	–	–	–

第21表　児童数，室数・住宅所有状況別

	総数	自家	公営住宅	給与住宅	借家	間借	その他	不明
総数	**20 394**	**14 222**	**1 056**	**1 321**	**2 904**	**738**	**132**	**21**
1室	913	188	43	41	305	319	17	–
2室	3 103	1 112	286	340	975	353	30	7
3室	4 018	2 085	598	519	747	43	22	4
4室	4 276	3 358	89	294	494	17	19	5
5室～	8 067	7 466	40	126	381	6	44	4
不明	17	13	–	1	2	–	–	1

第22表　児童数，就学状況・子ども部屋の有無別

	総数	勉強部屋	寝室	遊び部屋	勉強部屋 寝室	寝室 遊び部屋	遊び部屋 勉強部屋	勉強部屋 寝室 遊び部屋	子供部屋なし	不明
総数	**20 394**	**1 974**	**510**	**434**	**3 985**	**333**	**276**	**1 844**	**10 852**	**186**
未就学	6 238	86	159	396	187	299	34	126	4 854	97
免除	23	1	1	−	2	−	−	−	18	1
小学校	6 581	870	128	29	1 364	22	178	797	3 154	39
中学校	4 238	586	84	6	1 278	7	42	522	1 693	20
全日制高校	2 466	399	31	1	1 035	1	20	344	626	9
定時制高校	192	21	3	−	53	1	−	22	86	6
中学卒	609	10	102	−	55	2	1	31	399	9
不明	47	1	2	2	11	1	1	2	22	5

第23表　児童数，住宅所有状況・子ども部屋の有無別

	総数	勉強部屋	寝室	遊び部屋	勉強部屋 寝室	寝室 遊び部屋	遊び部屋 勉強部屋	勉強部屋 寝室 遊び部屋	子供部屋なし	不明
総数	**20 394**	**1 974**	**510**	**434**	**3 985**	**333**	**276**	**1 844**	**10 852**	**186**
自家	14 222	1 537	429	284	3 146	229	213	1 473	6 795	116
公営住宅	1 056	91	10	27	177	7	10	73	651	10
給与住宅	1 321	118	14	64	328	59	15	126	585	12
借家	2 904	203	50	54	278	38	37	154	2 046	44
間借	738	15	3	3	35	−	−	10	669	3
その他	132	8	3	2	18	−	1	7	92	1
不明	21	2	1	−	3	−	−	1	14	−

第24表　児童数，子ども部屋の有無・庭の有無別

	総数	庭あり		庭なし	不明
		遊び場として	その他として		
総数	**20 394**	**5 186**	**8 203**	**6 940**	**65**
勉強部屋	1 974	466	941	559	8
寝室	510	108	254	147	1
遊び部屋	434	193	148	91	2
勉強・寝室	3 985	1 091	1 809	1 072	13
寝室・遊び部屋	333	202	72	57	2
遊び・勉強部屋	276	114	111	51	–
勉強・寝室・遊び部屋	1 844	690	690	459	5
子ども部屋なし	10 852	2 270	4 108	4 444	30
不明	186	52	70	60	4

第25表　児童数，就学状況・庭の有無別

	総数	庭あり		庭なし	不明
		遊び場として	その他として		
総数	**20 394**	**5 186**	**8 203**	**6 940**	**65**
未就学	6 238	1 730	2 190	2 298	20
免除	23	5	8	10	–
小学校	6 581	1 749	2 699	2 111	22
中学校	4 238	993	1 824	1 404	17
全日制高校	2 466	557	1 119	785	5
定時制高校	192	35	81	76	–
中学卒	609	105	260	243	1
不明	47	12	22	13	–

第26表　児童数，住宅所有状況・庭の有無別

	総　数	庭あり		庭なし	不　明
		遊び場として	その他として		
総　　数	**20 394**	**5 186**	**8 203**	**6 940**	**65**
自　　家	14 222	3 871	6 547	3 765	39
公営住宅	1 056	424	400	232	–
給与住宅	1 321	412	388	515	6
借　　家	2 904	378	706	1 814	6
間　　借	738	67	95	573	3
そ の 他	132	32	59	38	3
不　　明	21	2	8	3	8

第27表　児童数，地区特性・庭の有無別

	総　数	庭あり		庭なし	不　明
		遊び場として	その他として		
総　　数	**20 394**	**5 225**	**8 200**	**6 918**	**51**
住宅地区	5 918	1 632	1 956	2 314	16
漁業地区	377	16	95	263	3
工業地区	1 324	217	459	648	–
商業地区	2 776	428	887	1 459	2
農業地区	6 026	1 901	3 391	714	20
その他の地区	3 973	1 031	1 412	1 520	10

第28表　児童数，就学状況・庭の設備の状況別

	総数	砂場	ブランコスベリ台	その他	砂場・ブランコ・スベリ台	ブランコスベリ台その他	砂場・その他	砂場・ブランコ・スベリ台その他	庭の設備なし	不明
総数	**20 394**	**385**	**806**	**231**	**195**	**156**	**17**	**145**	**18 298**	**161**
未就学	6 238	212	488	56	115	59	4	61	5 212	31
免除	23	–	1	–	–	–	–	1	21	–
小学校	6 581	116	200	98	59	63	10	57	5 916	62
中学校	4 238	34	69	42	10	21	2	15	4 004	41
全日制高校	2 466	14	33	27	10	13	1	11	2 340	17
定時制高校	192	2	2	4	–	–	–	–	182	2
中学卒	609	4	6	4	–	–	–	–	589	6
不明	47	3	7	–	1	–	–	–	34	2

第29表　児童数，住宅所有状況・庭の設備の状況別

	総数	砂場	ブランコスベリ台	その他	砂場・ブランコ・スベリ台	ブランコスベリ台その他	砂場・その他	砂場・ブランコ・スベリ台その他	庭の設備なし	不明
総数	**20 394**	**385**	**806**	**195**	**231**	**156**	**17**	**145**	**18 298**	**161**
自家	14 222	253	542	123	180	35	15	29	12 926	119
公営住宅	1 056	14	14	10	9	117	2	47	839	4
給与住宅	1 321	69	154	32	17	1	–	3	1 027	18
借家	2 904	39	81	16	21	–	–	66	2 673	8
間借	738	10	12	11	1	3	–	–	693	8
その他	132	–	3	3	1	–	–	–	122	3
不明	21	–	–	–	2	–	–	–	18	1

第30表　庭のある児童数，庭の有無・庭の設備の状況別

	総数	砂場	ブランコ スベリ台	その他	砂場・ブランコ・スベリ台	ブランコ・スベリ台 その他	砂場・その他	砂場・ブランコ・スベリ台 その他	庭の設備なし	不明
総数	**13 425**	**381**	**683**	**194**	**204**	**152**	**18**	**145**	**11 548**	**100**
庭あり 遊び場として	5 225	316	406	116	183	146	18	143	3 816	81
庭あり その他として	8 200	65	277	78	21	6	−	2	7 732	19

第31表　欠損家庭数，父・母の状況・欠損理由別

	総数	病死	事故死	その他の死亡	離別	生死不明	遺棄	未婚	その他
父がいない家庭	**664**	**370**	**52**	**12**	**151**	**20**	**18**	**21**	**20**
父に代わるものがいる	62	35	4	4	14	1	1	−	3
父に代わるものがいない	602	335	48	8	137	19	17	21	17
母がいない家庭	**136**	**76**	**3**	**1**	**42**	**1**	**5**	−	**8**
母に代わるものがいる	51	20	1	1	21	−	3	−	5
母に代わるものがいない	85	56	2	−	21	1	2	−	3

第32表　欠損家庭数，父・母の状況・欠損時期別

	総数	昭和20年	21〜25年	26〜30年	30〜35年	36年〜	不明
父がいない家庭	**664**	**14**	**84**	**174**	**182**	**204**	**6**
父に代わるものがいる	62	3	9	20	14	16	−
父に代わるものがいない	602	11	75	154	168	188	6
母がいない家庭	**136**	−	**12**	**22**	**38**	**62**	**2**
母に代わるものがいる	51	−	8	12	13	18	−
母に代わるものがいない	85	−	4	10	25	44	2

第33表　欠損家庭数，家庭人員・父・母の状況別

	父がいない家庭			母がいない家庭		
	総数	父に代わるものがいる	父に代わるものがいない	総数	母に代わるものがいる	母に代わるものがいない
総数	**664**	**62**	**602**	**136**	**51**	**85**
2人	238	3	235	32	8	24
3人	218	27	191	61	26	35
4人	121	16	105	23	10	13
5人	59	10	49	13	5	8
6人	21	4	17	5	1	4
7人～	7	2	5	2	1	1

第34表　欠損家庭数，児童数・父・母の状況別

	父がいない家庭			母がいない家庭		
	総数	父に代わるものがいる	父に代わるものがいない	総数	母に代わるものがいる	母に代わるものがいない
総数	**664**	**62**	**602**	**136**	**51**	**85**
1人	428	43	385	93	40	53
2人	158	17	141	31	7	24
3人	61	1	60	5	1	4
4人	13	1	12	6	3	3
5人～	4	–	4	1	–	1

第35表　欠損家庭数，収入階級・父・母の状況別

	父がいない家庭			母がいない家庭		
	総数	父に代わるものがいる	父に代わるものがいない	総数	母に代わるものがいる	母に代わるものがいない
総数	**664**	**62**	**602**	**136**	**51**	**85**
0 円	10	−	10	2	−	2
1〜 59 999	10	1	9	2	−	2
60 000〜119 999	89	2	87	12	6	6
120 000〜179 999	107	5	102	21	11	10
180 000〜239 999	118	10	108	24	11	13
240 000〜359 999	134	16	118	25	8	17
360 000〜479 999	69	7	62	12	4	8
480 000〜599 999	44	11	33	15	4	11
600 000〜799 999	45	6	39	13	5	8
800 000〜999 999	16	−	16	4	−	4
10 000 000〜	16	4	12	5	2	3
不明	6	−	6	1	−	1

第36表　欠損家庭数，住宅所有状況・父・母の状況別

	父がいない家庭			母がいない家庭		
	総数	父に代わるものがいる	父に代わるものがいない	総数	母に代わるものがいる	母に代わるものがいない
総数	**664**	**62**	**602**	**136**	**51**	**85**
自家	402	42	360	99	35	64
公営住宅	27	−	27	3	2	1
給与住宅	18	4	14	4	2	2
借家	144	12	132	27	11	16
間借	62	4	58	2	1	1
その他	11	−	11	1	−	1

第37表　欠損家庭数，室数・父・母の状況別

	父がいない家庭			母がいない家庭		
	総数	父に代わるものがいる	父に代わるものがいない	総数	母に代わるものがいる	母に代わるものがいない
総数	**664**	**62**	**602**	**136**	**51**	**85**
1室	88	6	82	9	4	5
2室	149	14	135	21	7	14
3室	116	11	105	21	12	9
4室	125	9	116	35	11	24
5室～	186	22	164	50	17	33

第38表　父のいない欠損家庭数，母子福祉資金貸付金の効果・父の状況別

	父がいない家庭		
	総数	父に代わるものがいる	父に代わるものがいない
総数	**664**	**62**	**602**
うけた	44	3	41
うけてよかった	37	2	35
効果はなかった	2	-	2
わからない	5	1	4
うけない	613	59	554
不明	7	-	7

第39表　その他の欠損家庭数，家庭人員・父・母の状況・児童数別

	父					母				
	総数	1人	2人	3人	4人～	総数	1人	2人	3人	4人～
総数	**175**	**55**	**71**	**32**	**17**	**30**	**17**	**10**	**3**	**-**
2人	4	4	•	•	•	4	4	•	•	•
3人	46	40	6	•	•	12	11	1	•	•
4人	61	7	54	-	•	9	1	8	-	•
5人	35	3	9	23	-	2	1	1	-	-
6人	18	1	2	8	7	3	-	-	3	-
7人～	11	-	-	1	10	-	-	-	-	-

第40表　その他の欠損家庭数，欠損期間・父・母の欠損理由別

	父						母				
	総数	常用勤労のため	日雇労働のため	その他の就業のため	不就業	不明	総数	常用勤労のため	日雇労働のため	その他の就業のため	不就業
総数	**175**	**62**	**61**	**26**	**14**	**12**	**30**	**7**	**3**	**2**	**18**
～180日	44	11	15	17	–	1	1	–	–	–	1
181～240日	41	9	30	2	–	–	5	1	2	1	1
241～300日	35	19	8	4	3	1	9	5	–	–	4
301～365日	55	23	8	3	11	10	15	1	1	1	12

第41表　その他の欠損家庭数，収入階級・父・母の従業上の地位別

	父							母				
	総数	業主	常用勤労者	日雇労働者	その他の就業者	不就業者	不明	総数	常用勤労者	日雇労働者	その他の就業者	不就業者
総数	**175**	**21**	**62**	**59**	**6**	**14**	**13**	**30**	**7**	**3**	**3**	**17**
0円	–	–	–	–	–	–	–	–	–	–	–	–
1～59 999	–	–	–	–	–	–	–	–	–	–	–	–
60 000～119 999	7	1	1	2	–	2	1	2	–	–	1	1
120 000～179 999	18	5	2	6	–	3	2	5	–	2	–	3
180 000～239 999	37	4	10	13	5	4	1	3	1	–	–	2
240 000～359 999	52	5	15	27	–	3	2	10	3	1	1	5
360 000～479 999	31	5	13	9	–	1	3	2	–	–	–	2
480 000～599 999	13	1	7	2	1	–	2	3	1	–	1	1
600 000～799 999	8	–	6	–	–	–	2	1	1	–	–	–
800 000～999 999	5	–	5	–	–	–	–	1	–	–	–	1
1 000 000～	4	–	3	–	–	1	–	2	–	–	–	2
不明	–	–	–	–	–	–	–	1	1	–	–	–

第42表　その他の欠損家庭数，父・母の収入階級・父・母の状況別

	父	母
総数	**175**	**30**
0 円	30	16
1～ 59 999	1	－
60 000～119 999	13	3
120 000～179 999	27	6
180 000～239 999	31	－
240 000～359 999	39	3
360 000～479 999	16	2
480 000～599 999	9	
600 000～799 999	4	
800 000～999 999	3	
1 000 000～	2	

第43表　その他の欠損家庭数，地域ブロック・父・母の状況別

	父	母
総数	**175**	**30**
北海道	13	－
東北	54	2
関東Ⅰ	18	9
関東Ⅱ	6	3
北陸	21	1
東海	3	4
近畿Ⅰ	3	2
近畿Ⅱ	6	2
中国	19	1
四国	7	2
北九州	9	－
南九州	16	4

第44表　その他の欠損家庭数，地区特性・父・母の状況別

	父	母
総数	**175**	**30**
住宅地区	26	11
漁業地区	21	－
工業地区	－	2
商業地区	17	3
農業地区	63	6
その他の地区	48	8

日本の子どもとその家庭の実態　続・家庭福祉編

昭和41年１月30日　東京都千代田区霞ケ関２の１
財団法人　日本児童福祉協会発行　　￥ 150

—1966年4月—

留守家庭の教育問題に関する実験的研究

財団法人　母　親　乃　学　園

序

本研究は，昭和40年度文部省社会教育関係団体補助金の交付を受けて両親不在家庭の児童・生徒の生活実態を調査するとともに，親の教育観が組織的な教育指導によつて，どのように改善されるかを，実証的に検討したものである。最近は母親が留守になる家庭が非常に多くなつた。必らずしも母子家庭や経済上やむを得ない家庭とは限らない。住宅が次第に団地形式になるにしたがい，母親が外出しやすくなつたことも母親不在を助長し，いわゆる鍵っ子をつくり出したが，一方農村では男手不足のため，鍵はかけないが，鍵っ子同様母親不在の家庭が多くなつてきている。これらの母親不在，つまり昼間は両親不在の家庭の子どもたちを，その環境のためにそこなわれることのないように育てていくのにはどうしたらいいか。これは今日世界に共通な大きな問題であろう。今後も両親不在家庭は減少する見通しはつかない。とすればそのマイナスをできるだけ少なくし，できることなら，その悪条件を活用して，自立心を育てるといつたよい方向にもつていきたいものである。また両親不在家庭の場合最も欠けると思われる親と子の心のつながり，日常の連絡をどうするか，といつた細かい問題も皆して考えていかなければならない問題であろう。

本研究がこれらの問題解決の糸口として，少しでも貢献することができればまことに幸である。

なお，研究の実施にあたつて，並々ならぬ努力をつづけられた研究員調査員の方々，調査の際快よく協力をしてくださつた被調査校の児童および生徒とその両親のかたがた，〃文をかくお母さんの会〃と母親乃学園支部の会員の方々及び調査にあたつて特別のご配慮・ご協力をたまわつた大阪学芸大学助教授渡辺秀敏氏，相模原市教育委員会社会教育課長片野実氏，東京都荒川区立第10中学校長柳沢信高氏，姫路市〃文を書くお母さんの会〃榎並恵美子氏に対し，深謝を表する次第である。

昭和41年3月28日

財団法人　母親乃学園
理事長　波多野勤子

本研究の計画・実施・整理は，以下の諸氏により担当された。

母親乃学園理事長・文博	波多野　勤子
東京教育大学教授・文博	鈴木　清
東京学芸大学教授	佐藤　正
横浜国立大学教授・文博	間宮　武
東京学芸大学助教授・医博	藤原　喜悦
日本女子大学教授	松本　武子
日本家庭福祉会相談員	中島　由
日本家庭福祉会相談員	大久保　寿美子
兵庫県「文を書くお母さんの会」代表	萩原　幽香子
姫路市立城北小学校校長	平野　嘉昭
姫路市立城北小学校教諭	榎並　恵美子
東京都杉並区杉並第一小学校	西尾　豪之
東京都中野区立仲町小学校	平塚　トシ子
順天堂大学助教授	加賀　秀夫
姫路市立城北小学校教諭	森下　久枝
日本児童研究所所員	伊藤　恭子
〃	江口　恵子
〃	久原　恵子
〃	鮫島　ゆかり
〃	敷地　幸子
日本家庭福祉会相談員	鈴木　れい子

留守家庭の教育問題に関する実験的研究

～目　次～

被　調　査　校	東　京	中野区立仲町小学校	
		荒川区立第１０中学校	
	神奈川	相模原市	相原小学校
			星ケ丘小学校
			淵野辺小学校
			旭中学校
			南中学校
			北中学校
	大　阪	大阪市	野田小学校
			島屋小学校
			勝山中学校
		豊中市	豊中第６中学校
	兵庫県	姫路市	城北小学校

以上のほか母と子の文通連絡については，特に兵庫県"文を書くお母さんの会"の会員及び母親乃学園各支部会員の方々のご協力を得た。

留守家庭の教育問題に関する実験的研究

1. 研究の目的

最近家庭の事情により，子どもが家庭から帰宅したときの両親不在の問題── 留守家庭の問題── が社会的関心を集めている。

共稼ぎ家庭，母子家庭，両親が留守がちな家庭では，両親の注意が子どもにとどかず，子どもの心身の不健康，不良化，交通事故などの憂うべき事態が予想され，教育的，社会的な注目を集めるに到った。

その対策として，経済上やむを得ない者以外は，家庭に帰れという提唱もあるが，今日の時点では，このような家庭が増加する可能性こそあれ，減少するものとは到底考えられない。

このような現実を教育の具体的な面から把握し，その対策を考えなければならない。

上記の問題究明のために，つぎの実験的調査研究を行なった。

(1) 留守家庭の児童・生徒の生活状態の調査研究

一般家庭との比較において

(2) 家庭教育に対する態度の変化に関する調査研究

2. 研究の組織と内容

研究審議会（本部研究会議，地区研究委員会議）

a，留守家庭児童生徒の環境に即した指導に対する親の態度と心構えについての問題

b，留守家庭児童生徒の社会性の伸長を図る方法に対する研究

3. 研究の方法

(1) 留守家庭児童・生徒抽出のための手順

a，鍵っ子が多いと目されている学校（東京—荒川区および中野区。大阪—生野区，および此花区。神奈川—相模原地区。姫路市—豊富地区）の教師に依嘱して，鍵っ子を選んでもらった。

b，対照群は，上記学校における鍵っ子以外の児童・生徒とした。

c，留守家庭児童・生徒の母親は，各実験群の所属する地区において，協力可能な家庭を抽出して依頼した。

(2) 被験者数

児童（小学校５年生および６年生）生徒（中学校１年生および２年生）　総計4,４００名

留守家庭の親　計1,２００名

(3) 留守家庭の児童生徒の生活実態調査

a，調査対象

大都市，地方都市における鍵っ子，ふつう児

b，調査方法

調査票調査，面接調査

c，調査内容

① 好ましくない留守家庭における子どもの生活実態

② うまくいっている留守家庭における生活実態

(4) 家庭教育に関する調査

a，家庭教育シリーズの配布

① 家庭教育のむずかしさとたのしさ……沢田慶輔

② 家庭教育

勉強と読書のさせ方………………………中沢正寿

③ 鍵っ子 ………………………………………間宮　武

b，親子連絡ノートの活用

c，質問紙法により，約半年を隔てて，教育観および態度を調査し，上記資料配布および指導の効果を測定し，検討を試みる。

(5) 結果とその考察

別紙のとおり

・備　考

現在までのところ，全被験者から約$\frac{1}{3}$抽出して，各種の分析検討を試みている。なお，姫路地区の検討結果は現在検討中なので，ここでは割愛しておく。さらに文通ノートの分析も現在進行中である。（巻末参照のこと）

I　児童生徒の生活実態（一般児童生徒および不在家庭児童生徒の地域別性別比較）

………（数字は実数）

1.　両親の外出について（働きのため）

小　学　校

	一般								鍵っ子							
	東京		大阪		神奈川		計		東京		大阪		神奈川		計	
	男	女	男	女	男	女	男	女	男	女	男	女	男	女	男	女
毎日外出している	11	9	0	0	0	0	11	9	13	18	43	27	45	47	101	92
していない	80	76	55	46	77	80	212	202	0	0	1	0	5	1	6	1

中　学　校

	一般								鍵っ子							
	東京		神奈川		大阪		計		東京		神奈川		大阪		計	
	男	女	男	女	男	女	男	女	男	女	男	女	男	女	男	女
外出している	11	13	0	0	0	0	11	13	20	28	39	40	53	67	112	135
していない	107	98	104	87	76	64	287	249	3	0	1	2	2	1	6	3

両親が働きのために外出しているかどうかの比較においては小中学生共に一般家庭においては，外出しない，がほとんどであるのに反して，鍵っ子家庭においてはそのほとんどが外出していることが示されている。

2. 帰宅したときに誰かいますか

小　学　校

	一般								鍵っ子							
	東京		大阪		神奈川		計		東京		大阪		神奈川		計	
	男	女	男	女	男	女	男	女	男	女	男	女	男	女	男	女
います	90	77	55	46	77	80	222	203	3	8	18	9	19	18	40	45
いません	2	9	0	0	0	0	2	9	8	10	24	18	31	25	63	53

中　学　校

	一般								鍵っ子							
	東京		大阪		神奈川		計		東京		大阪		神奈川		計	
	男	女	男	女	男	女	男	女	男	女	男	女	男	女	男	女
います	123	114	104	87	76	64	303	265	17	13	27	16	22	30	66	59
いません	0	2	0	0	0	0	0	2	6	5	13	26	35	38	54	69

3. 帰宅したとき誰がいますか

小学校

	一般								鍵っ子							
	東京		大阪		神奈川		計		東京		大阪		神奈川		計	
	男	女	男	女	男	女	男	女	男	女	男	女	男	女	男	女
父	25	22	7	6	11	7	43	35	0	0	0	0	0	0	0	0
母	86	75	50	44	76	77	212	196	0	0	0	0	0	0	0	0
祖父母	22	24	7	6	23	17	52	47	4	3	7	2	7	2	18	7
兄姉	18	9	4	6	6	6	28	21	4	0	10	13	8	8	22	21
弟妹	43	43	23	10	35	38	101	91	3	1	8	13	19	7	30	21
家政婦	5	1	0	1	1	1	6	3	0	0	1	0	1	0	2	0
その他	11	5	3	0	3	2	17	7	0	1	2	1	1	0	3	2

中学校

	東京男	東京女	大阪男	大阪女	神奈川男	神奈川女	計男	計女	東京男	東京女	大阪男	大阪女	神奈川男	神奈川女	計男	計女
父	48	38	15	9	21	15	84	62	0	0	0	1	1	1	1	2
母	116	108	75	60	103	85	294	253	3	0	0	1	0	0	3	1
祖父母	27	23	5	14	22	14	54	51	4	6	6	18	9	4	19	28
兄姉	30	32	12	12	30	12	62	56	8	6	9	5	8	11	25	22
弟妹	42	51	31	25	64	46	137	122	5	6	10	24	16	14	31	44
家政婦	2	3	2	0	5	0	9	3	0	0	1	1	0	0	1	1
その他	8	11	1	1	4	1	13	13	0	1	3	2	1	0	4	3

4. あなたが親と一しょに食事をするのは

小学校

	一般								鍵っ子							
	東京		大阪		神奈川		計		東京		大阪		神奈川		計	
	男	女	男	女	男	女	男	女	男	女	男	女	男	女	男	女
あさ	54	52	32	30	52	54	138	136	10	17	30	31	26	19	66	67
ひる		2	1		1	1	2	3	0	0	2	5	1	0	3	5
よる	86	81	44	41	67	71	197	193	11	17	39	42	35	21	85	80

中学校

	一般								鍵っ子							
	東京		大阪		神奈川		計		東京		大阪		神奈川		計	
	男	女	男	女	男	女	男	女	男	女	男	女	男	女	男	女
あさ	69	76	35	25	67	65	171	166	17	18	25	25	31	34	73	76
ひる	9	4	3	1	2	0	14	5	3	1	4	0	0	0	7	1
よる	110	106	55	57	95	79	260	242	21	27	43	59	34	38	98	124

5. 日曜日に親と遊ぶか

小　学　校

	一般								鍵っ子							
	東京		大阪		神奈川		計		東京		大阪		神奈川		計	
	男	女	男	女	男	女	男	女	男	女	男	女	男	女	男	女
いつも	3	5	4		2	7	9	12	3	2	4	3	1	1	8	6
ときどき	52	56	22	33	47	45	121	134	6	10	30	27	24	18	60	55
ない	37	26	28	13	27	28	92	67	4	6	16	17	18	8	38	41

中　学　校

	一般								鍵っ子							
	東京		大阪		神奈川		計		東京		大阪		神奈川		計	
	男	女	男	女	男	女	男	女	男	女	男	女	男	女	男	女
いつも	3	7	2	5	3	4	8	16	2		1	15	3	0	6	15
ときどき	41	57	34	31	23	40	98	128	13	15	25	30	13	15	51	60
ない	78	50	40	28	77	43	195	121	11	9	30	32	25	28	66	69

6. 学校から帰って夕食まで何をしているか

小　学　校

	一般								鍵っ子							
	東京		大阪		神奈川		計		東京		大阪		神奈川		計	
	男	女	男	女	男	女	男	女	男	女	男	女	男	女	男	女
外で遊ぶ	54	19	20	15	33	14	107	48	7	7	25	14	17	9	49	30
家で遊ぶ	39	27	28	21	29	38	96	88	5	4	19	16	18	8	42	28
塾に行く	32	27	19	10	14	21	65	58	6	9	14	10	6	3	26	22
家で勉強	41	64	26	32	24	34	91	130	6	10	19	24	9	5	34	39
家の仕事	15	12	6	7	12	24	33	43	1	3	7	9	2	15	10	27
買物に行く	14	23	5	7	8	13	27	43	2	1	4	2	1	4	7	7

中　学　校

外で遊ぶ	36	6	3		18	5	57	11	6	1	10	7	9		25	8
家で遊ぶ	66	63	45	33	51	40	162	136	13	12	26	28	19	14	58	54
塾に行く	16	35	10	17	9	16	35	68	4	5	14	11	2	2	20	18
家で勉強	22	34	10	11	19	13	51	58	6	7	16	19	5	10	27	36
家の仕事	15	27	2	14	18	22	35	63	2	13	3	23	8	20	13	56
買物に行く	15	33	1	3	9	5	25	41	1	3	2	13		2	3	18

7. (1) 学校から帰って，どんな遊びをしていますか

小学校

	一般								鍵っ子							
	東京		大阪		神奈川		計		東京		大阪		神奈川		計	
	男	女	男	女	男	女	男	女	男	女	男	女	男	女	男	女
テレビを見る	31	20	21	9	14	29	66	58	1	5	16	7	10	6	27	18
マンガ	15	15	1	3	2	0	18	18	1	4	1	1	0	0	2	5
ドッヂボール	20	3	11	3	11	5	42	11	5	2	7	5	4	5	16	12
読書	5	14	1	2	3	8	9	24	1	5	1	1	2	3	4	9
自転車のり	15	3	7	6	3	2	25	11	6	3	5	0	5	0	16	3

中学校

	一般								鍵っ子							
	東京		大阪		神奈川		計		東京		大阪		神奈川		計	
	男	女	男	女	男	女	男	女	男	女	男	女	男	女	男	女
テレビを見る	52	60	46	35	49	53	147	148	10	12	32	38	20	18	62	68
ゲーム	12	7	1	0	3	3	16	10	2	0	8	6	0	0	10	6
趣味・おけいこ	5	10	3	11	7	9	15	30	3	1	0	9	5	5	8	15
読書	14	29	4	17	6	18	24	64	3	6	1	18	6	8	10	32
運動	48	9	7	0	24	10	79	19	4	5	8	8	8	7	20	20

(2) 遊ぶときに大人の人が世話をしてくれるか

小　学　校

	一般								鍵っ子							
	東京		大阪		神奈川		計		東京		大阪		神奈川		計	
	男	女	男	女	男	女	男	女	男	女	男	女	男	女	男	女
は　い	1	6	3	4	1	4	5	14	1	1	4	2	2	3	6	5
い い え	91	80	49	42	75	74	215	196	13	17	46	45	41	23	100	85

中　学　校

	一般								鍵っ子							
	東京		大阪		神奈川		計		東京		大阪		神奈川		計	
	男	女	男	女	男	女	男	女	男	女	男	女	男	女	男	女
は　い	5	5	2	1		2	7	8	1			9	1	1	2	10
い い え	114	106	56	56	98	85	268	242	21	24	54	55	40	40	115	119

(3) 近所におもしろく遊べる場所がありますか

小　学　校

	一般								鍵っ子							
	東京		大阪		神奈川		計		東京		大阪		神奈川		計	
	男	女	男	女	男	女	男	女	男	女	男	女	男	女	男	女
あ　る	66	65	36	28	58	60	160	153	10	8	38	29	36	22	84	59
な　い	26	22	18	18	17	17	61	57	3	13	12	21	7	4	22	38

中　学　校

	一般								鍵っ子							
	東京		大阪		神奈川		計		東京		大阪		神奈川		計	
	男	女	男	女	男	女	男	女	男	女	男	女	男	女	男	女
あ　る	29	29	18	20	49	41	96	90	7	5	13	18	19	24	39	47
な　い	94	85	53	37	54	46	201	168	17	23	40	38	22	18	79	79

(4) 遊び場はどんなところですか

小学校

	一般								鍵っ子							
	東京		大阪		神奈川		計		東京		大阪		神奈川		計	
	男	女	男	女	男	女	男	女	男	女	男	女	男	女	男	女
公園	13	13	25	13	7	6	45	32	2	3	21	10	1	0	24	13
遊園地	0	1	1	1	14	11	15	13	0	0	2	0	11	7	13	7
広場	4	3	15	11	20	10	39	24	2	0	18	8	8	2	28	10
空地	9	4	14	2	16	18	39	24	0	0	5	4	9	5	14	9
道路	20	8	7	1	2	4	29	13	3	2	3	1	1	0	7	3
学校	58	52	14	9	9	16	81	77	8	9	8	3	6	6	22	18
児童館	2	0	0	0	1	1	3	1	1	0	0	0	2	2	3	2
友だちの家	13	9	18	10	24	21	55	40	1	2	9	11	6	8	16	21
その他	29	15	10	7	10	8	49	30	2	2	6	8	3	2	11	12

中学校

	一般								鍵っ子							
	東京		大阪		神奈川		計		東京		大阪		神奈川		計	
	男	女	男	女	男	女	男	女	男	女	男	女	男	女	男	女
公園	22	18	10	15	7	7	27	40	3	3	11	16	3	7	17	26
遊園地	2	1	1	2	3	10	5	13	0	0	1	0	1	2	2	2
広場	10	0	7	4	14	15	31	19	0	2	3	3	5	2	8	7
空地	8	4	9	3	20	10	37	17	0	0	8	2	8	2	16	4
道路	14	6	3	1	3	2	20	9	2	1	3	1	1	0	6	2
学校	2	4	10	4	15	8	27	16	2	0	5	0	2	7	9	7
児童館	0	0	0	0	6	2	6	2	0	0	0	0	2	3	2	3
友だちの家	13	14	5	5	13	15	31	34	4	0	6	6	7	2	17	8
その他	4	8	4	3	9	9	17	20	1	1	6	1	1	4	8	6

8. 学校から帰って仲よく遊べる友だちがありますか

小　学　校

	一般								鍵っ子							
	東京		大阪		神奈川		計		東京		大阪		神奈川		計計	
	男	女	男	女	男	女	男	女	男	女	男	女	男	女	男	女
ある	82	73	47	36	69	61	198	170	12	16	44	43	40	24	96	83
ない	10	14	6	10	7	18	23	42	1	2	6	4	4	3	11	9

中　学　校

	一般								鍵っ子							
	東京		大阪		神奈川		計		東京		大阪		神奈川		計	
	男	女	男	女	男	女	男	女	男	女	男	女	男	女	男	女
ある	79	77	49	33	67	49	195	159	19	20	35	40	27	23	81	83
ない	45	28	24	29	37	37	106	94	3	9	20	27	15	18	38	54

9. 学校で仲のよい友だちがありますか

小　学　校

	一般								鍵っ子							
	東京		大阪		神奈川		計		東京		大阪		神奈川		計	
	男	女	男	女	男	女	男	女	男	女	男	女	男	女	男	女
ある	87	86	54	44	74	80	215	210	12	18	50	46	43	26	105	90
ない	3	1	0	2	3	0	6	3	1	0	0	1	1	1	2	2

中　学　校

	一般								鍵っ子							
	東京		大阪		神奈川		計		東京		大阪		神奈川		計	
	男	女	男	女	男	女	男	女	男	女	男	女	男	女	男	女
ある	118	108	70	63	100	85	288	256	23	28	51	64	40	41	114	133
ない	5	5	6	1	4	2	15	8	0	1	5	4	2	1	7	6

10. 困ったとき，だれに相談したいですか

小　学　校

	一般								鍵っ子							
	東京		大阪		神奈川		計		東京		大阪		神奈川		計	
	男	女	男	女	男	女	男	女	男	女	男	女	男	女	男	女
父	35	24	16	9	28	22	79	55	3	8	18	12	9	10	30	30
母	63	61	34	31	48	64	145	156	8	14	32	38	28	21	68	73
きょうだい	22	21	3	5	9	9	34	35	3	6	7	5	8	3	18	14
先生	6	5	5	1	0	1	11	7	1	0	3	1	1	0	5	1
友だち	20	27	12	9	10	9			5	5	4	9	6	5	15	19
その他	1	3	4	0	9	3			0	0	6	0	2	1	8	1

中　学　校

	一般								鍵っ子							
	東京		大阪		神奈川		計		東京		大阪		神奈川		計	
	男	女	男	女	男	女	男	女	男	女	男	女	男	女	男	女
父	29	14	14	5	28	4	71	23	5	4	11	13	7	4	23	21
母	63	67	39	37	51	54	153	158	10	20	27	33	17	23	54	76
きょうだい	15	22	9	12	11	11	35	45	4	4	9	16	8	9	21	29
先生	15	10	2	3	7	9	24	22	5	0	7	8	3	1	15	9
友だち	39	48	13	28	37	44	89	120	6	6	16	23	14	18	36	47
その他	6	2	7	1	6	4	19	7	1	2	5	10	3	3	9	15

11. 家でひとりでべんきようができますか

小　学　校

	一般								鍵っ子							
	東京		大阪		神奈川		計		東京		大阪		神奈川		計	
	男	女	男	女	男	女	男	女	男	女	男	女	男	女	男	女
できる	84	79	49	42	69	77	202	198	13	17	46	40	39	26	98	83
できない	8	8	4	1	7	3	19	12	0	1	2	7	5	1	7	9

中　学　校

	一般								鍵っ子							
	東京		大阪		神奈川		計		東京		大阪		神奈川		計	
	男	女	男	女	男	女	男	女	男	女	男	女	男	女	男	女
できる	115	109	68	59	96	81	279	249	23	29	50	64	40	39	113	132
できない	8	2	6	6	7	5	21	13	0	0	6	5	2	3	8	8

12.(1) 好きな科目

		一般								鍵っ子							
		東京		大阪		神奈川		計		東京		大阪		神奈川		計	
		男	女	男	女	男	女	男	女	男	女	男	女	男	女	男	女
小学校	国語	15	27	6	11	15	25	36	63	1	7	10	21	6	14	17	42
	社会	24	6	19	8	22	12	65	26	7	2	21	3	14	1	47	6
	算数	25	10	14	9	14	15	53	34	3	3	10	5	13	4	26	12
	理科	38	18	13	5	35	23	86	46	4	3	19	5	24	9	47	17
	音楽	18	54	4	15	5	21	27	90	1	4	1	15	6	6	8	25
	図画工作	12	17	15	6	17	19	44	40	1	6	10	5	10	6	21	17
	家庭	1	7	4	5	5	14	10	26	0	2	2	9	4	5	6	16
	体育	62	42	17	9	42	27	121	77	11	12	24	14	17	12	52	38
	無記入	0	0	0	1	0	0	0	1	0	0	0	1	0	0	0	1

(2) 嫌いな科目

小学生

	一般								鍵っ子							
	東京		大阪		神奈川		計		東京		大阪		神奈川		計	
	男	女	男	女	男	女	男	女	男	女	男	女	男	女	男	女
国語	39	5	18	5	18	6	75	16	3	0	12	3	6	2	21	5
社会	15	37	5	10	12	31	32	78	0	7	6	15	3	12	9	34
算数	31	35	15	19	31	40	77	94	5	10	22	28	15	14	42	52
理科	4	8	5	7	0	7	9	22	0	5	4	12	2	4	6	21
音楽	20	4	14	2	21	11	55	17	4	2	15	1	20	4	39	7
図画工作	4	12	2	3	13	8	19	23	0	3	1	1	4	3	5	7
家庭	35	13	6	0	22	6	63	19	6	2	7	0	12	2	25	4
体育	4	8	0	4	3	11	7	23	1	3	0	2	1	3	2	8
無記入	0	5	1	2	2	2	3	9	2	0	2	1	1	0	5	1

(3) 好きな科目

中学生

	一般								鍵っ子							
	東京		大阪		神奈川		計		東京		大阪		神奈川		計	
	男	女	男	女	男	女	男	女	男	女	男	女	男	女	男	女
国語	11	23	8	19	12	13	31	55	4	5	6	30	3	4	13	39
社会	52	17	32	18	28	4	102	39	12	1	19	20	13	7	44	28
数学	34	17	23	10	19	11	76	38	6	2	11	6	4	11	21	19
科学	51	13	17	8	18	7	86	28	7	0	12	5	5	1	24	6
音楽	10	27	6	15	4	17	20	59	3	10	5	14	1	10	9	34
美術	40	28	10	6	16	16	66	110	6	5	8	6	6	4	20	15
保健体育	74	44	19	13	31	21	124	78	13	13	12	16	10	8	35	37
技術家庭	35	27	8	8	11	8	54	43	5	12	6	7	9	6	20	25
英語	27	31	11	21	20	21	58	73	8	7	13	19	4	7	25	33
無記入	2	12	0	2	1	0	3	14	0	4	1	2	0	1	1	7

12.(4) 嫌いな科目

		一般								鍵っ子							
		東京		大阪		神奈川		計		東京		大阪		神奈川		計	
		男	女	男	女	男	女	男	女	男	女	男	女	男	女	男	女
中学校	国語	59	27	13	8	23	6	95	41	6	6	11	4	7	2	24	12
	社会	13	32	5	14	11	17	29	63	2	4	12	13	3	8	17	25
	数学	42	46	20	32	44	27	106	105	8	10	13	32	20	10	41	52
	科学	9	30	8	20	17	16	34	66	2	12	11	16	5	14	18	42
	音学	36	11	11	6	20	3	67	20	6	1	15	6	13	1	34	8
	美術	13	8	7	7	13	4	33	19	1	1	4	2	1	4	6	7
	保健体育	3	14	4	7	5	7	12	28	0	1	1	2	1	2	2	5
	技術家庭	9	4	6	3	7	11	22	18	2	1	1	5	0	17	3	23
	英語	43	20	37	13	24	18	104	51	9	5	13	17	14	11	36	33
	無記入	10	7	3	2	2	2	15	11	0	3	1	4	1	3	2	10

13. (1) 学校に行くのは好きですか

小学校

	一般								鍵っ子							
	東京		大阪		神奈川		計		東京		大阪		神奈川		計	
	男	女	男	女	男	女	男	女	男	女	男	女	男	女	男	女
はい	84	84	46	42	63	72	193	198	13	18	43	44	37	25	93	87
いいえ	8	3	9	3	11	8	28	14	0	0	7	4	6	2	13	6

中学校

	一般								鍵っ子							
	東京		大阪		神奈川		計		東京		大阪		神奈川		計	
	男	女	男	女	男	女	男	女	男	女	男	女	男	女	男	女
はい	108	101	55	57	83	77	246	235	23	24	46	61	37	39	106	124
いいえ	14	12	17	6	20	10	51	28	1	4	10	6	3	3	14	13

(2) 学校に行くのと，家にいるのとどちらが好きですか

小学校

	一般								鍵っ子							
	東京		大阪		神奈川		計		東京		大阪		神奈川		計	
	男	女	男	女	男	女	男	女	男	女	男	女	男	女	男	女
学校	32	40	35	18	54	60	121	118	4	7	30	30	28	23	62	60
家庭	57	47	20	28	21	19	98	94	9	11	20	16	13	3	42	30

中学校

	一般								鍵っ子							
	東京		大阪		神奈川		計		東京		大阪		神奈川		計	
	男	女	男	女	男	女	男	女	男	女	男	女	男	女	男	女
学校	92	78	43	41	74	67	209	186	17	20	38	47	34	31	89	98
家庭	26	29	28	21	28	19	82	69	5	9	16	20	11	12	32	41

14. 塾か，よその人にべんきょうを習いにいっていますか

小　学　校

	一般								鍵っ子							
	東京		大阪		神奈川		計		東京		大阪		神奈川		計	
	男	女	男	女	男	女	男	女	男	女	男	女	男	女	男	女
は　い	38	25	35	25	23	30	96	80	6	5	22	23	9	9	37	37
いいえ	50	59	19	20	52	50	121	129	7	13	26	25	33	18	66	56

中　学　校

は　い	39	51	20	26	26	29	85	106	7	7	23	21	11	11	41	39
いいえ	85	62	56	38	74	58	215	158	17	22	33	46	30	32	80	100

15.　べんきょうは誰のためだと思っていますか

小　学　校

	一			般					鍵			っ		子		
	東京		大阪		神奈川		計		東京		大阪		神奈川		計	
	男	女	男	女	男	女	男	女	男	女	男	女	男	女	男	女
自分	88	85	52	46	74	78	214	209	12	17	46	47	41	27	99	91
親	3	0	0	0	0	2	3	2	1	0	1	3	0	0	2	3
先生	1	1	0	0	0	1	1	2	0	0	1	0	0	0	1	0
社会	2	1	6	0	2	0	10	7	0	1	4	1	5	0	9	2

中　学　校

自分	119	110	73	64	91	83	283	257	24	29	55	66	41	42	120	137
親	0	0	1	1	2	2	3	3	0	0	0	0	0	1	0	1
先生	0	0	0	0	0	0	0	0	0	0	0	0	0	0	0	0
社会	5	3	2	0	11	4	18	7	0	0	1	2	1	1	2	3

16. 親はきびしいほうですか，やさしいようですか

小　学　校

	一般								鍵っ子							
	東京		大阪		神奈川		計		東京		大阪		神奈川		計	
	男	女	男	女	男	女	男男	女	男	女	男	女	男	女	男	女
父 きびしい	21	6	8	3	11	9	40	18	4	2	8	3	6	3	18	8
やさしい	30	34	14	17	8	17	52	68	4	6	11	6	2	5	17	17
ふ つ う	36	42	32	26	54	48	122	116	3	7	27	34	36	18	66	59
母 きびしい	13	12	6	4	9	0	28	16	3	1	4	5	6	2	13	8
やさしい	29	26	8	11	12	17	49	54	3	3	6	4	3	3	12	10
ふ つ う	51	49	41	31	56	53	148	133	7	13	17	16	34	21	58	50

中　学　校

父 きびしい	24	16	13	8	17	8	54	32	3	3	8	5	9	8	20	16
やさしい	8	8	17	20	10	23	35	51	2	1	11	12	4	4	17	17
ふ つ う	83	81	42	29	72	54	197	164	13	20	29	39	24	23	66	82
母 きびしい	22	20	13	14	12	10	47	44	1	7	9	14	3	6	13	27
やさしい	13	8	10	11	22	21	45	40	4	3	15	13	10	5	29	21
ふ つ う	88	86	52	47	67	56	207	189	18	18	28	38	27	32	73	88

17. 親はあなたのしたいことは何でもさせてくれますか

小　学　校

	一般								鍵っ子							
	東京		大阪		神奈川		計		東京		大阪		神奈川		計	
	男	女	男	女	男	女	男	女	男	女	男	女	男	女	男	女
は　い	0	2	7	18	3	14	10	34	0	2	15	18	3	2	18	22
いいえ	92	83	48	28	73	68	213	179	13	16	35	26	40	25	88	67

中　学　校

は　い	25	24	17	21	27	26	39	71	6	6	13	19	9	7	28	32
いいえ	97	89	57	42	76	60	230	191	17	23	42	48	32	35	91	106

18. 親は，あなたの欲しがるものは何でもあたえてくれますか

小　学　校

	一					般			鍵			っ			子	
	東　京		大　阪		神奈川		計		東　京		大　阪		神奈川		計	
	男	女	男	女	男	女	男男	女	男	女	男	女	男	女	男	女
い　つ　も	0	1	0	7	0	5	0	13	0	1	4	1	0	0	4	2
と き ど き	71	71	47	37	60	73	178	181	11	14	37	41	38	22	86	77
ほとんどない	21	15	8	2	17	2	46	19	2	3	9	6	6	5	17	14

中　学　校

い　つ　も	5	6	4	8	3	1	12	15	0	2	5	8	1	0	6	10
と き ど き	100	99	59	50	90	79	249	228	20	20	45	53	31	36	96	109
ほとんどない	18	9	13	4	11	6	42	19	4	7	6	8	9	7	19	22

19.(1) 父のよい点

小学校

	一般								鍵っ子							
	東京		大阪		神奈川		計		東京		大阪		神奈川		計	
	男	女	男	女	男	女	男	女	男	女	男	女	男	女	男	女
お金をくれる	13	14	8	1	5	4	26	19	1	1	5	1	1	2	7	4
いろいろと買ってくれる	17	13	12	5	7	5	36	23	0	2	7	3	7	2	14	7
やさしい	11	11	6	15	4	9	21	35	3	1	8	15	4	3	15	19
よく働く	7	7	0	1	1	0	8	8	0	1	2	0	0	2	2	3
勉強をおしえる	3	11	6	11	8	18	17	30	0	2	0	5	5	8	5	15

中学校

	一般								鍵っ子							
	東京		大阪		神奈川		計		東京		大阪		神奈川		計	
	男	女	男	女	男	女	男	女	男	女	男	女	男	女	男	女
やさしい	13	14	9	14	5	9	27	37	2	1	6	18	1	3	9	22
理解がある	6	12	10	9	4	9	20	30	1	3	5	8	2	4	8	15
いろいろ買ってくれる	7	8	3	2	7	12	17	22	0	1	6	6	4	0	10	7
いろいろなこと勉強を教えてくれる	10	4	5	3	5	6	20	13	2	2	1	1	3	3	6	7
面白い	4	9	0	5	2	4	0	18	0	1	0	5	0	1	0	7

(2) 父のわるい点

小 学 校

	一般								鍵っ子							
	東京		大阪		神奈川		計		東京		大阪		神奈川		計	
	男	女	男	女	男	女	男	女	男	女	男	女	男	女	男	女
おこる	28	17	18	13	20	8	66	38	5	5	14	11	10	4	29	20
うるさい	15	16	6	0	2	7	23	23	0	4	0	3	1	1	1	8
お酒，タバコ	4	7	4	3	8	12	16	22	1	5	10	1	4	4	15	10
ダラシがない	1	5	0	4	1	1	2	10	1	0	1	1	6	1	8	2
お金にうるさい(けち)	5	3	0	0	2	0	7	3	1	0	0	0	1	0	2	0

中 学 校

	一般								鍵っ子							
怒る，短気	30	21	21	9	23	25	74	55	4	9	8	12	12	5	24	26
自分勝手	7	13	0	0	1	2	8	15	1	1	0	1	0	1	2	2
口やかましい	6	4	0	3	2	3	8	10	1	0	1	5	1	4	3	9
むっつりしている	3	3	1	0	3	1	7	4	0	0	0	1	1	0	1	1
お酒を飲む	1	3	9	5	5	4	15	12	3	1	5	3	2	0	10	4

(3) 母のよい点

小学校

	一般								鍵っ子							
	東京		大阪		神奈川		計		東京		大阪		神奈川		計	
	男	女	男	女	男	女	男	女	男	女	男	女	男	女	男	女
やさしい	20	24	11	3	7	14	38	41	3	5	11	11	6	3	20	19
こづかいをくれる	13	5	3	1	3	1	19	7	1	2	5	1	3	1	9	4
いろいろ買ってくれる	7	11	3	4	7	10	17	25	1	1	2	6	6	4	9	11
勉強を教えてくれる	3	7	3	0	9	5	15	12	0	1	3	0	4	0	7	1
相談にのってくれる	2	10	3	11	10	10	15	31	0	2	1	2	2	2	3	6

中学校

	一般								鍵っ子							
	東京		大阪		神奈川		計		東京		大阪		神奈川		計	
	男	女	男	女	男	女	男	女	男	女	男	女	男	女	男	女
やさしい	19	26	25	20	26	16	70	62	11	4	13	21	7	2	31	27
相談相手になってくれる	15	39	8	20	9	27	32	86	6	8	4	15	7	7	17	30
いろいろ買ってくれる	9	9	2	1	0	3	11	13	0	2	1	3	2	1	3	6
こづかいをくれる	5	4	0	0	1	2	6	6	0	0	2	1	1	1	3	2
教育熱心、大事にしてくれる	4	6	3	6	13	6	20	18	1	1	1	2	2	1	4	4

(4) 母のわるい点

小 学 校

	一般								鍵っ子							
	東京		大阪		神奈川		計		東京		大阪		神奈川		計	
	男	女	男	女	男	女	男	女	男	女	男	女	男	女	男	女
おこる，こごとをいう	38	25	17	9	20	16	75	50	5	6	15	12	13	2	33	20
勉強にうるさい	13	17	2	1	3	3	18	21	1	2	0	0	1	0	2	2
うるさい	3	12	2	1	5	5	10	18	1	0	0	0	3	0	4	0
教育に不熱心	0	1	0	0	0	0	0	1	0	0	0	2	0	0	0	2
家にいない	0	0	0	0	0	0	0	0	0	0	1	0	1	0	2	0

中 学 校

おこる，こごとをいう	23	22	10	15	12	15	44	50	5	8	10	20	2	8	17	36
うるさい	12	16	10	10	10	8	29	33	0	2	2	6	4	4	6	12
勉強にうるさい	1	7	3	2	6	2	10	11	0	1	1	2	0	2	1	5
子供に理解がない	2	5	3	0	3	2	8	7	0	0	2	1	2	4	4	5
教育に不熱心	0	0	0	0	0	0	0	0	0	1	0	0	0	0	0	1

20. 親にしてもらいたいこと

小　学　校

	一般								鍵っ子							
	東京		大阪		神奈川		計		東京		大阪		神奈川		計	
	男	女	男	女	男	女	男	女	男	女	男	女	男	女	男	女
こづかいをふやして	46	30	19	9	15	8	80	47	3	6	7	4	9	3	19	13
勉強勉強といわないで	20	22	1	0	2	2	23	24	2	3	1	0	1	0	4	3
こごとを言わないで	15	14	3	1	1	4	19	19	2	1	1	0	0	1	3	2
あんまりすぐおこらないで	9	6	11	3	10	2	30	11	2	1	4	3	1	3	7	7
やさしくして欲しい	6	6	0	2	2	7	8	15	2	1	4	2	2	2	8	5
家にいてほしい	0	0	1	6	2	6	3	12	0	3	9	15	5	7	14	25

中　学　校

	一般								鍵っ子							
	東京 男	東京 女	大阪 男	大阪 女	神奈川 男	神奈川 女	計 男	計 女	東京 男	東京 女	大阪 男	大阪 女	神奈川 男	神奈川 女	計 男	計 女
こづかいのこと	21	10	19	14	21	14	61	38	4	1	6	9	11	3	21	13
いろいろ買ってほしい	9	11	8	5	6	3	23	19	2	5	6	3	6	1	14	9
勉強部屋が欲しい	5	7	5	6	3	4	13	17	2	4	0	1	1	0	3	5
おこらないで	17	9	10	7	13	13	40	29	8	12	10	3	3	3	21	18
家にいて欲しい	0	1	0	0	0	0	0	1	4	3	6	14	2	6	12	23

21. (1) 友だちについてうらやましいと思うことがありますか。

	一般								鍵							
	東京		大阪		神奈川		計		東京		大阪		神奈川		計	
	男	女	男	女	男	女	男	女	男	女	男	女	男	女	男	女
ある	58	57	40	30	49	57	147	144	8	5	29	23	26	16	63	44
ない	30	29	14	16	26	22	70	67	5	6	21	24	15	11	41	41

	一般								鍵							
	東京		大阪		神奈川		計		東京		大阪		神奈川		計	
	男	女	男	女	男	女	男	女	男	女	男	女	男	女	男	女
ある	50	67	30	35	54	54	134	156	11	10	34	38	22	27	67	75
ない	71	46	46	29	49	32	166	107	12	19	21	30	18	14	51	63

(2) 友だちについてうらやましく思うことがらは何ですか。

	一般								鍵							
	東京		大阪		神奈川		計		東京		大阪		神奈川		計	
	男	女	男	女	男	女	男	女	男	女	男	女	男	女	男	女
家	6	7	6	6	2	5	14	18	3	2	1	3	6	3	10	8
親	6	5	2	3	6	2	14	10	0	2	3	6	4	0	7	8
もちもの	26	12	15	1	12	8	53	21	3	0	6	2	5	2	14	4
ともだちをもつ	6	4	4	2	4	4	14	10	1	0	3	3	2	2	6	5
べんきょう	17	33	9	11	9	29	35	73	1	6	11	8	7	7	19	21
からだ	6	10	3	7	3	7	12	24	2	4	0	2	3	2	5	8
運動	10	12	9	6	16	20	35	38	1	1	7	6	2	3	10	10

	一般								鍵							
	東京		大阪		神奈川		計		東京		大阪		神奈川		計	
	男	女	男	女	男	女	男	女	男	女	男	女	男	女	男	女
家	6	13	8	6	2	5	16	24	2	4	4	13	3	7	9	24
親	5	8	3	5	4	8	12	21	3	2	6	6	1	3	10	11
もちもの	4	7	2	2	10	6	16	15	1	1	8	4	2	3	11	8
ともだちをもつ	1	7	0	1	3	6	4	14	1	1	3	4	2	3	6	8
べんきょう	20	33	14	19	27	27	61	79	4	6	13	19	11	12	28	37
からだ	5	8	4	7	9	7	18	22	2	1	4	4	3	3	9	8
運動	14	17	5	10	11	9	30	36	4	2	6	4	5	5	15	11

22. お小づかいはどんなもらい方をしていますか。

	一般								鍵							
	東京		大阪		神奈川		計		東京		大阪		神奈川		計	
	男	女	男	女	男	女	男	女	男	女	男	女	男	女	男	女
月ぎめ	56	60	35	32	32	44	123	136	6	8	22	30	21	15	49	53
ときどき	16	16	11	8	29	27	56	51	6	7	9	4	15	10	30	21
毎日	18	11	4	4	15	5	37	20	1	2	16	10	7	1	24	13

	一般								鍵							
	東京		大阪		神奈川		計		東京		大阪		神奈川		計	
	男	女	男	女	男	女	男	女	男	女	男	女	男	女	男	女
月ぎめ	92	89	62	53	64	65	218	207	13	24	36	49	24	26	73	99
ときどき	22	20	7	0	30	17	59	37	8	2	10	10	10	15	28	27
毎日	16	7	3	1	3	3	22	11	3	3	10	9	5	2	18	14

Ⅱ 児童生徒の生活実態の比率（パーセント）

学校		小学校				中学校			
条件		一般		鍵っ子		一般		鍵っ子	
応答項目	性	男	女	男	女	男	女	男	女
1	毎日外出している	4.9 %	4.3 %	94.4 %	98.9 %	3.7 %	5.0 %	94.9 %	97.8 %
	していない	95.1	95.7	5.6	1.0	96.3	95.0	5.1	2.2
2	います	99.1	95.7	38.8	45.9	100.0	99.2	55.0	46.1
	いません	0.9	4.2	61.2	54.1	0.0	0.7	45.0	53.9
3	父	9.3	8.8	0.0	0.0	12.9	11.1	1.0	2.0
	母	46.0	49.0	0.0	0.0	45.0	45.2	4.0	1.0
	祖父母	11.3	11.8	24.0	14.0	8.3	9.1	23.0	27.7
	兄姉	6.1	5.3	29.0	41.0	9.5	10.0	30.0	21.8
	弟妹	22.0	22.8	40.0	41.0	21.0	28.0	37.0	43.6
	家政婦	1.3	0.8	3.0	0.0	1.4	0.5	1.0	1.0
	その他	3.7	1.8	4.0	4.0	2.0	2.3	5.0	3.0
4	あさ	40.9	41.0	42.9	44.1	38.4	40.2	41.0	37.8
	ひる	0.6	0.9	1.9	3.3	3.1	1.2	3.9	0.5
	よる	58.4	58.1	55.2	52.6	58.4	58.6	55.0	61.7

応答項目		小学校 一般 男	小学校 一般 女	小学校 鍵っ子 男	小学校 鍵っ子 女	中学校 一般 男	中学校 一般 女	中学校 鍵っ子 男	中学校 鍵っ子 女
5	いつも	4.1 %	5.6 %	7.5 %	5.9 %	2.7 %	6.0 %	4.9 %	10.4 %
	ときどき	54.5	62.9	56.6	53.9	32.6	48.3	41.5	41.7
	ない	41.4	31.4	35.8	40.2	64.8	45.7	53.7	47.9
6	外で遊ぶ	25.5	11.7	29.2	19.6	15.6	2.9	17.1	4.0
	家で遊ぶ	22.9	21.5	25.0	18.3	44.4	36.1	39.7	28.4
	塾に行く	15.5	14.1	15.5	14.4	9.6	18.0	13.7	9.5
	家で勉強	21.7	31.7	20.2	25.5	14.0	15.4	18.5	18.9
	家の仕事	7.9	10.5	6.0	17.6	9.6	16.7	89	29.5
	買物に行く	6.4	10.5	4.2	4.6	6.8	10.9	2.1	9.5

7 (1) 学校から帰ってどんな遊びをするか	条件	一般 男	一般 女	鍵っ子 男	鍵っ子 女
小学校	テレビをみる	41.3 %	47.5 %	41.5 %	38.3 %
	マンガ	11.3	14.8	3.0	10.6
	ドッヂボール	26.3	9.0	24.6	25.5
	読書	5.6	19.7	6.2	19.1
	自転車のり	15.6	9.0	24.6	6.4

7 (1) 学校からかえつてどんな遊びをするか	条件		一般		鍵っ子	
	性		男	女	男	女
	中学生	テレビを見る	52.3 %	54.6 %	56.4 %	48.2 %
		ゲーム	5.7	3.7	9.1	4.3
		趣味，おけいこ	5.3	11.1	7.3	10.6
		読書	8.5	23.6	9.1	22.7
		運動	28.1	7.0	18.2	14.2

問題	項目 ＼ 学校	小学校				中学校			
	条件	一般		鍵っ子		一般		鍵っ子	
	性	男	女	男	女	男	女	男	女
7 (2)	遊ぶときおとなが世話をする	2.3 %	6.7 %	5.7 %	5.5 %	2.5 %	3.2 %	1.7 %	7.8 %
	世話をしてくれない	97.7	93.3	94.3	94.4	97.4	96.8	98.3	92.2
7 (3)	近所に遊ぶ場所がある	72.4	72.8	79.2	60.8	32.3	34.1	33.0	37.3
	遊べる場所がない	27.6	27.1	20.8	39.1	67.7	63.6	66.9	62.7

7 (4) 遊び場はどんなところか	条件		一般		鍵っ子	
	性		男	女	男	女
	小学校	公園	12.7 %	12.6 %	17.4 %	13.7 %
		遊園地	4.2	5.1	9.4	7.4
		広場	11.0	9.4	20.3	10.5
		空地	11.0	9.4	10.1	9.5
		道路	8.2	5.1	5.1	3.2
		学校（次頁へ続く）	22.8	30.3	15.9	18.9

		児童館 （前頁より）	0.8	0.4	2.2	2.1
		友だちの家	15.5	15.7	11.6	22.1
		その他	13.8	11.8	8.0	12.6
	中学校	公園	13.4	23.5	20.0	36.6
		遊園地	3.0	7.6	2.4	2.8
		広場	15.3	11.2	9.4	9.9
		空地	18.3	10.0	18.8	5.6
		道路	9.9	5.3	7.1	2.8
		学校	13.4	9.4	10.6	9.9
		児童館	3.0	1.2	2.4	4.2
		友だちの家	15.3	20.0	20.0	11.3
		その他	8.4	11.8	9.4	8.4

学校		小学校				中学校			
条件		一般		鍵っ子		一般		鍵っ子	
項目	性	男	女	男	女	男	女	男	女
8	ある	89.6 %	80.2 %	89.7 %	90.1 %	64.8 %	62.8 %	68.1 %	60.6 %
	ない	10.4	19.8	10.3	9.8	35.2	37.1	31.9	39.4
9	ある	97.3	98.6	98.1	97.7	95.0	96.9	94.2	95.7
	ない	2.7	1.4	1.9	2.2	5.0	3.0	5.8	4.3
10	父	29.4	21.7	20.8	19.0	18.2	6.1	14.6	10.7
	母	53.9	61.7	47.2	46.2	39.1	42.1	34.2	38.6
	きょうだい	12.6	13.8	12.5	8.9	8.9	12.0	13.3	14.7
	先生 （次頁へ続く）	4.1	2.8	3.5	0.6	6.1	5.9	9.5	4.6

	学校	小学校				中学校			
	条件	一般		鍵っ子		一般		鍵っ子	
	応答項目　性	男	女	男	女	男	女	男	女
10	友だち（前頁より）	0.0 %	0.0 %	10.4 %	12.0 %	22.8 %	32.0 %	22.8 %	23.9 %
	その他	0.0	0.0	5.6	0.6	4.9	1.9	5.8	7.6
11	できる	91.4	94.3	93.4	90.1	93.0	95.0	93.4	94.3
	できない	8.6	5.7	6.6	9.8	7.0	5.0	6.6	5.7
12 (1)	国語	8.1	15.6	7.6	24.1	4.9	10.2	6.1	16.0
	社会	14.7	6.6	21.0	3.4	16.2	7.3	20.8	11.5
	算数（数学）	12.0	8.4	11.6	6.9	12.1	7.1	9.9	7.8
	理科	19.5	11.4	21.0	9.8	13.4	5.2	11.3	2.5
	音楽	6.1	22.3	3.6	14.4	3.2	11.0	4.2	14.0
	図画工作（美術）	10.0	9.9	9.4	9.8	10.5	20.5	9.4	6.2
	家庭（技術・家庭）	2.3	6.5	2.7	9.2	8.6	8.0	9.4	10.3
	体育（保健・体育）	27.4	19.1	23.2	21.8	19.7	14.5	16.5	15.2
	英語					9.2	13.6	11.8	13.6
12 (2)	国語	22.1	5.0	13.3	3.6	18.4	9.7	13.1	5.5
	社会	9.4	26.0	5.7	24.4	5.6	14.9	9.3	11.5
	算数（数学）	22.6	31.1	26.6	37.4	20.5	24.9	22.4	24.0
	理科（次頁へ）	2.6	7.2	3.8	15.1	6.6	15.6	9.8	19.4

12 (2)	音　楽（前頁より）	16.2	5.6	24.7	5.0	13.0	4.7	18.6	3.7
	図画工作（美術）	5.6	7.7	3.2	5.0	6.4	4.5	3.3	3.2
	家　庭（技術・家庭）	18.5	6.1	15.8	2.9	4.3	4.3	1.6	10.6
	体　育（保健・体育）	2.1	7.6	1.3	5.8	2.3	6.6	1.1	2.3
	英　語					20.1	12.1	19.7	15.2
13 (1)	は　い	87.3	93.4	87.7	93.5	82.8	89.3	88.3	90.5
	い い え	12.7	6.6	12.3	6.5	17.2	10.6	11.7	9.5
13 (2)	家　庭	55.2	55.6	59.6	66.7	71.8	72.9	73.5	70.5
	学　校	44.7	44.3	40.4	33.3	28.2	27.1	26.4	29.5
14	は　い	44.2	38.3	35.9	39.8	28.3	40.1	33.9	28.1
	い い え	55.8	61.7	64.1	60.2	71.7	59.8	66.1	71.9
15	自　分	93.8	97.6	89.2	94.7	93.1	96.2	98.4	97.2
	親	1.3	0.9	1.8	3.1	1.0	1.1	0.0	0.7
	先　生	0.4	0.9	0.9	0.0	0.0	0.0	0.0	0.0
	社　会	4.4	0.5	8.1	2.1	5.9	2.6	1.6	2.1
16	父　きびしい	19.0	9.3	18.0	9.5	18.9	12.9	19.6	13.8
	やさしい	24.3	35.4	17.0	20.2	12.2	20.6	16.5	14.7
	ふつう	56.9	55.3	66.0	70.3	68.9	66.5	63.9	71.5
	母　きびしい	12.4	7.9	15.6	11.7	15.6	16.7	11.3	19.8
	やさしい（次頁へ）	21.7	26.6	13.8	14.7	15.0	15.2	25.2	15.4

	学校	小学校				中学校			
	条件	一般		鍵っ子		一般		鍵っ子	
	応答項目　性	男	女	男	女	男	女	男	女
16	ふつう（前頁より）	65.9 %	65.5 %	70.6 %	73.6 %	69.4 %	68.1 %	62.5	64.8 %
17	はい	32.0	16.0	17.0	24.7	23.1	27.1	23.5	23.2
	いいえ	68.0	84.0	83.0	75.2	76.9	72.9	76.5	76.8
18	いつも	0.0	6.1	3.7	2.2	4.0	5.7	5.0	7.1
	ときどき	79.5	85.0	80.4	82.8	82.2	87.0	79.3	77.3
	ほとんどない	20.5	8.9	15.9	15.1	13.9	7.3	15.7	15.6

19.	条件		一般		鍵っ子	
ア	性		男	女	男	女
父のよい点	小学校	お金をくれる	24.1 %	16.5 %	16.3 %	8.3 %
		いろいろ買ってくれる	33.3	20.0	32.6	14.6
		やさしい	19.4	30.4	34.9	39.6
		よく働く	7.4	7.0	4.7	6.2
		勉強を教える	15.7	26.1	11.6	31.2
	中学校	やさしい	30.0	30.8	27.3	37.9
		理解がある	22.2	25.0	24.2	25.9
		いろいろ買ってくれる（次頁）	18.8	18.3	30.3	12.1

		勉強を教えてくれる（前頁より）	22.2	10.8	18.2	12.1
		おもしろい	6.6	15.0	0.0	12.1
19.(ア)父のわるい点	小学校	おこる	57.9	39.6	52.7	50.0
		うるさい	20.2	23.9	21.8	20.0
		お酒・たばこをのむ	14.0	22.9	27.3	25.0
		だらしがない	1.8	10.4	14.5	5.0
		お金にうるさい（けち）	6.1	3.1	3.6	0.0
	中学校	怒る，短気	66.1	57.3	60.0	61.9
		自分勝手	7.1	15.6	5.0	4.8
		口やかましい	7.1	10.4	7.5	21.4
		むっつりしている	6.2	4.2	2.5	2.4
		酒を飲む	13.4	12.3	25.0	9.5
19(イ)母のよい点	小学校	やさしい	36.5	35.3	41.7	46.3
		こづかいをくれる	18.3	6.0	18.7	9.8
		いろいろ買ってくれる	16.3	21.6	18.7	26.8
		勉強を教えてくれる	14.4	10.3	14.6	14.6
		相談にのってくれる（次頁へ）	14.4	26.7	6.2	2.4

		条件	一般		鍵っ子	
		性	男	女	男	女
19 (イ) 母のよい点	中学生	やさしい　（前頁より）	50.4%	33.5%	53.4%	39.1%
		相談相手になつてくれる	23.0	46.5	29.3	43.5
		いろいろ買つてくれる	7.9	7.0	5.2	8.1
		こづかいをくれる	4.3	3.2	5.2	2.9
		教育熱心,大事にしてくれる	14.4	9.7	6.9	5.8
19 (イ) 母のわるい点	小学校	おこる，こごとをいう	72.8	55.5	80.5	83.3
		勉強にうるさい	17.5	23.3	4.9	8.3
		うるさい	9.7	2.0	9.8	0.0
		教育に不熱心	0.0	1.1	0.0	8.3
		家にいない	0.0	0.0	4.9	0.0
	中学校	おこる，こごとをいう	48.3	49.0	60.7	61.0
		うるさい	31.8	32.3	21.4	20.3
		勉強にうるさい	11.0	10.8	3.6	8.5
		子どもに理解がない	8.8	6.9	14.3	8.5
		教育に不熱心	0.0	0.0	0.0	1.7
20 親	小学校	こづかいをふやして	49.1	36.7	34.5	23.6
		勉強勉強といわないで	14.1	18.7	7.3	5.5
		こごとをいわないで	11.7	14.8	5.5	3.6
		あまりすぐおこらないで	18.4	8.6	12.7	12.7

（次頁へ続く）

（前頁より）

にしてもらいたいこと		やさしくしてほしい	4.9	11.7	14.8	9.1
		家にいてほしい	1.8	9.4	25.5	45.5
	中学校	こづかいのこと	44.5	36.5	29.6	19.1
		いろいろ買ってほしい	16.8	18.3	19.7	13.2
		勉強部屋がほしい	9.5	16.3	4.2	7.4
		おこらないで	29.2	27.9	29.6	26.5
		家にいてほしい	0.0	1.0	16.9	33.8

	学校	小学校				中学校			
	条件	一般		鍵っ子		一般		鍵っ子	
	応答項目 ＼ 性	男	女	男	女	男	女	男	女
21 (1)	ある	67.7 %	68.2 %	60.6 %	51.7 %	44.7 %	59.3 %	56.8 %	54.3 %
	ない	32.3	31.8	39.4	48.2	55.3	40.7	43.2	45.6
21 (2)	家	7.9	9.3	14.1	12.5	10.2	11.4	10.2	22.4
	親	7.9	5.2	9.8	12.5	7.6	10.0	11.4	10.3
	もちもの	29.9	10.8	19.7	6.2	10.2	7.1	12.3	7.5
	ともだちもつ	7.9	5.2	8.4	7.8	2.5	6.6	6.8	7.5
	べんきょう	19.8	37.6	26.8	32.8	38.9	37.4	31.8	34.6
	からだ	6.8	12.4	7.0	12.5	11.5	10.4	10.2	7.5
	運動	19.8	19.6	14.1	15.6	19.1	17.1	17.0	10.3
22	見ぎめ	56.9	35.1	47.6	60.9	72.9	81.2	61.3	70.7
	ときどき	25.9	13.2	29.1	24.1	19.7	14.5	23.5	19.3
	毎日	17.1	51.7	23.3	14.9	7.4	4.3	15.1	10.0

Ⅲ　教育観：態度の変容（学校段階別）

1.　風邪気味で子どもが微熱があるとき，親が出かけると家に誰もいないという場合

	小学校		中学校	
	第１回	第２回	第１回	第２回
ア　仕事を休んで子どもの看病にあたる。	75 %	74 %	63 %	73 %
イ　家政婦をたのんで働きにでる。	2	5	0	1
ウ　子どもは多少無理でも学校に行かせる。	10	4	16	9
エ　先生から注意してもらう。	9	14	14	14

2.　子どもが高いとこからとびおりたり，高い木へ登りたがったりするときは

	小学校		中学校	
	第１回	第２回	第１回	第２回
ア　注意するが，とくに禁じたりはしない。	48 %	41 %	48 %	59 %
イ　危険だから絶対にさせない。	43	47	45	35
ウ　もし，したら厳しく罰する。	5	4	5	4
エ　先生から注意してもらう。	3	6	1	2

3. 子どもが評判の悪い友だちとつきあいはじめたら。

	小学校		中学校	
	第1回	第2回	第1回	第2回
ア　きびしく言って交際を，やめさせる。	8 %	11 %	13 %	7 %
イ　そんな友達となるべくつきあわないように注意する。	49	38	51	37
ウ　子どもとその友だちのことをいろいろ話し合いどんな人なのかしらべる。	36	41	34	48
エ　子どもの自由にさせておく。	3	10	3	8

4. 子どもが何か買ってくれと，せがむ場合，それがつまらないものと思っても。

	小学校		中学校	
	第1回	第2回	第1回	第2回
ア　いつもひとりぼっちでかわいそうだから，その償いとして何でも欲しがるものは買ってやる。	2 %	1 %	1 %	0 %
イ　ときにはつまらないと思っても買ってやる。	50	43	55	48
ウ　買ってやらないで，お金を与えて我慢させる。	3	4	3	3
エ　別の良いものを買ってやる。	42	50	35	46

5. 子どもが親と話したがって夜遅くまで起きていたがるような場合に。

	小学校		中学校	
	第1回	第2回	第1回	第2回
ア 時には許してやる。	30 %	40 %	45 %	44 %
イ 悪いくせがつくから，絶対に許さない。	2	6	2	6
ウ 寝る時間を少し遅らせて，できるだけ早く寝かせる。	65	54	52	46

6. 子どもが家にいないで，外で友だちとばかり遊んでいるとき。

	小学校		中学校	
	第1回	第2回	第1回	第2回
ア 家の手伝いや勉強をさせる。	15 %	26 %	29 %	24 %
イ 悪いことや危ないことをしないように気をつける	50	51	47	48
ウ 家の留守居をするために，家の中で何をしてもよいから，家にいるようにさせる。	5	3	5	7
エ 友だちと仲良く遊べることが大切だから，そのままにしておく。	25	21	18	20

7.　自分の子どもが友だちをいじめたり，悪口をいっているとき。

		小学校		中学校	
		第1回	第2回	第1回	第2回
ア	ひとりぼっちで，さびしいしょうこだから，ほうっておく。	2 %	1 %	1 %	1 %
イ	子どものことだからほうっておく。	5	13	9	5
ウ	弱いものはかばい，人の悪口は言うものではないと注意する。	91	84	86	93

8.　家のお手伝いは。

		小学校		中学校	
		第1回	第2回	第1回	第2回
ア	子どもの分担をきめておいて，毎日欠かさずにさせる。	39 %	48 %	45 %	50 %
イ	子どもの気持の向いた時に，好きなことをさせる。	44	38	33	28
ウ	親がいないことが多いから，多少無理なことでも親代りにさせる。	9	9	17	19
エ	親がいないことが多いので，かわいそうだから何もさせない。	3	4	2	1

9. 子どもが下品な流行語を使うときは。

	小学校		中学校	
	第1回	第2回	第1回	第2回
ア　絶対に使わない。	6 %	12 %	7 %	6 %
イ　そのうち，すたれるからほうっておく。	6	7	5	8
ウ　特に悪いことばだけを使わせない。	42	35	38	37
エ　子供に注意だけはしておく。	49	46	53	50

10. マンガばかり見たがる子には。

	小学校		中学校	
	第1回	第2回	第1回	第2回
ア　できるだけ見せないようにする。	18 %	12 %	19 %	12 %
イ　字をおぼえたり，ことばをおぼえるからほうっておく。	22	18	17	24
ウ　どうせ見るからほうっておく。	20	18	21	26
エ　おとながよいと思うマンガを与える。	35	49	34	35

11. 子どもが遊んでばかりいて，あまり勉強しないときは。

		小学校		中学校	
		第1回	第2回	第1回	第2回
ア	「勉強しなければ遊ばせない」といって厳しく注意する。	30 %	17 %	24 %	14 %
イ	問題を与えて「これをしなさい」と言って勉強させる。	31	43	14	31
ウ	勉強したら「ごほうびあげる」と約束する。	7	14	5	7
エ	勉強するように先生から注意してもらう。	17	20	10	35

12. 子どものテストの成績が悪かったとき。

		小学校		中学校	
		第1回	第2回	第1回	第2回
ア	「こんな成績ではだめじゃないか，もっと勉強しなさい」と注意する。	23 %	14 %	19 %	9 %
イ	ほかの子どもに比較して，もっと努力するように注する。	9	6	12	13
ウ	前の成績と比較して，ほめたり注意したりする。	68	79	67	76
エ	何も注意せず，ほうっておく。	0	1	2	4

13. 子どもが月ぎめのこづかいがたりないから，もっとふやしてくれと訴えた場合。

	小学校		中学校	
	第1回	第2回	第1回	第2回
ア　子どものいうようにする。	2 %	1 %	1 %	2 %
イ　毎日どう使っているかを調べてきめる。	57	67	60	66
ウ　友達のこづかいの金額をきいてきめる。	12	14	10	12
エ　親の考えだけで，おさえたり，ふやしたりする。	24	16	24	19

14. 子どもが必要のないものや，くだらないものにこづかいを使っていたら。

	小学校		中学校	
	第1回	第2回	第1回	第2回
ア　むだ使いしないように，きびしく注意する。	21 %	21 %	27 %	23 %
イ　子どもの小づかいだから何を買っても干渉しない。	5	4	11	6
ウ　どうして，そんな買物をするのか，話し合って考えさせる。	39	46	30	40
エ　買う前に親に相談させる	32	32	32	30

15. 試験が明日あるというのに，子どもがテレビを見て，いつまでも腰をあげようとしないときは。

	小学校		中学校	
	第1回	第2回	第1回	第2回
ア　すぐ勉強しなさいときびしくいう。	13 %	9 %	18 %	13 %
イ　黙ってテレビを切ってしまう。	6	5	8	9
ウ　その番組の終わるまでと約束してみせる。	76	83	66	72
エ　そのままみせておく。	2	2	3	4

16. 子どもが宿題がわからないといってたずねたら。

	小学校		中学校	
	第1回	第2回	第1回	第2回
ア　全部かわりにやってやる。	0 %	0 %	0 %	0 %
イ　どこがわからないかをよく聞いて，ヒントを与えてやる。	84	83	55	64
ウ　ふだんよく勉強していないからできないのだといって叱る。	11	7	19	16
エ　できるところだけやればよいという。	5	9	14	18

17. 子どもの学校生活について。

	小学校		中学校	
	第1回	第2回	第1回	第2回
ア　今日はどんなことがあったか，子どもに毎日話してもらう。	15 %	29 %	15 %	% 22 %
イ　子どもが話しかけても，あまり聞くひまがない。	2	1	3	3
ウ　ときどき，子どもに様子を聞く。	43	40	40	49
エ　子どもが話してくれば，それを聞く。	34	30	49	27

18. 子どもの読書について

	小学校		中学校	
	第1回	第2回	第1回	第2回
ア　何を見ていようが少しも気にしない。	11 %	5 %	10 %	9 %
イ　マンガ本やくだらない本を見てはいないか，注意深く観察する。	17	8	24	17
ウ　よいと思う本を，ときどき買って与える。	49	52	28	35
エ　本について，ときどきその内容を話し合う。	22	36	31	36

19. 子どもの友だちについて。

	小学校		中学校	
	第1回	第2回	第1回	第2回
ア どんな子どもと遊んでいるか，よく注意している。	18 %	25 %	25 %	28 %
イ 好きな友だちと遊んでいるのだから，あまり気にしない。	23	12	27	21
ウ 悪い友だちと遊んではいないか，子どもによく注意しておく。	14	21	25	17
エ どんなことをして遊んだか，ときどき子どもに聞く。	45	48	26	36

20. 子どもの服装について。

	小学校		中学校	
	第1回	第2回	第1回	第2回
ア 子どもにまかせほっておく。	1 %	1 %	4 %	2 %
イ いつもきちんとするようめんどうをよくみる。	19	17	10	10
ウ ときどきどうなっているか調べる。	13	20	18	20
エ 自分できちんとするようよくいい聞かせる。	68	64	68	65

20. 両親が留守のとき，子どもの生活について。

	小学校		中学校	
	第1回	第2回	第1回	第2回
ア あらかじめ，こうしていなさいとさしずをしておく。	86 %	66 %	73 %	80 %
イ 好きなようにさせておき，あとでその様子を聞く。	10	30	8	13
ウ すっかり子どもまかせにして，少しもかまわない。	1	2	3	4

Ⅳ　教育観・態度の変容（子どもの性別，学校段階別）

		小学校								中学校							
		第1回				第2回				第1回				第2回			
		男	女	計	%	男	女	計	%	男	女	計	%	男	女	計	%
1	ア	68	91	159	75	59	46	105	74	27	70	97	63	45	48	93	73
	イ	0	4	4	2	2	5	7	5	0	0	0	0	0	1	1	1
	ウ	9	12	21	10	2	3	5	4	9	15	24	16	4	8	12	9
	エ	9	9	18	9	11	9	20	14	6	15	21	14	7	11	18	14
	無記	5	8	13	6	1	3	4	3	3	10	13	8	1	2	3	2
2	ア	43	58	101	48	32	26	58	41	28	46	74	48	35	40	75	59
	イ	39	51	90	43	36	30	66	47	14	55	69	45	19	25	44	35
	ウ	3	8	11	5	1	4	5	4	2	5	7	5	4	1	5	4
	エ	4	3	7	3	4	5	9	6	1	0	1	1	0	3	3	2
	無記	0	3	3	1	0	2	2	1	0	3	3	2	0	1	1	1
3	ア	8	9	17	8	11	4	15	11	6	14	20	13	4	5	9	7
	イ	41	63	104	49	30	24	54	38	24	54	78	51	20	27	47	37
	ウ	37	38	75	36	28	30	58	41	12	41	53	34	30	31	61	48
	エ	4	3	7	3	6	8	14	10	3	1	4	3	4	6	10	8
	無記	0	1	1	0	0	1	1	1	0	1	1	1	0	0	0	0
4	ア	1	3	4	2	0	2	2	1	1	1	2	1	0	0	0	0
	イ	48	58	106	50	38	23	61	43	23	61	84	55	34	27	61	48
	ウ	3	3	6	3	4	1	5	4	2	3	5	3	2	2	4	3
	エ	36	52	88	42	30	40	70	50	16	38	54	35	20	39	59	46
	無記	1	6	7	3	1	0	1	1	3	6	9	6	1	1	2	2

5	ア	24	40	64	30	26	30	56	40	18	52	70	45	27	29	56	44
	イ	2	3	5	2	6	2	8	6	1	2	3	2	4	4	8	6
	ウ	61	77	138	65	42	34	76	54	24	56	80	52	24	34	58	46
	無記	1	3	4	2	1	0	1	1	2	1	3	2	2	2	4	3
6	ア	16	15	31	15	16	20	36	26	13	31	44	29	14	16	30	24
	イ	44	61	105	50	39	33	72	51	20	53	73	47	28	33	61	48
	ウ	4	7	11	5	1	3	4	3	2	5	7	5	1	8	9	7
	エ	26	26	52	25	19	11	30	21	10	18	28	18	13	12	25	20
	無記	0	2	2	1	0	0	0	0	2	5	7	5	1	0	1	1
7	ア	2	2	4	2	1	0	1	1	0	1	1	1	1	0	1	1
	イ	3	8	11	5	8	11	19	13	4	10	14	9	3	3	6	5
	ウ	81	110	191	91	65	54	119	84	37	95	132	86	54	64	118	93
	無記	2	2	4	2	0	1	1	1	2	3	5	3	0	2	2	2
8	ア	37	46	83	39	35	33	68	48	20	49	69	45	25	38	63	50
	イ	36	57	93	44	30	24	54	38	14	37	51	33	21	15	36	28
	ウ	6	12	18	9	6	7	13	9	6	20	26	17	10	14	24	19
	エ	5	1	6	3	5	1	6	4	2	1	3	2	1	0	1	1
	無記	4	5	9	4	0	1	1	1	2	3	5	3	0	3	3	2
9	ア	6	6	12	6	9	8	17	12	3	8	11	17	3	4	7	6
	イ	4	8	12	6	4	6	10	7	3	5	8	5	4	6	10	8
	ウ	37	51	88	42	23	26	49	35	17	42	59	38	25	22	47	37
	エ	40	63	103	49	39	26	65	46	25	56	81	53	25	38	63	50
	無記	2	1	3	1	0	0	0	0	0	0	0	0	0	0	0	0

		小学校								中学校							
		第1回				第2回				第1回				第2回			
		男	女	計	%	男	女	計	%	男	女	計	%	男	女	計	%
10	ア	16	23	39	18	11	6	17	12	8	21	29	19	6	9	15	12
	イ	22	24	46	22	16	9	25	18	11	15	26	17	18	12	30	24
	ウ	16	27	43	20	13	13	26	18	7	25	32	21	13	20	33	26
	エ	30	43	73	35	32	37	69	49	12	40	52	34	17	27	44	35
	無記	4	5	9	4	2	1	3	2	7	10	17	11	3	1	4	3
11	ア	30	33	63	30	11	13	24	17	11	26	37	24	10	8	18	14
	イ	25	40	65	31	31	29	61	43	7	14	21	14	16	23	39	31
	ウ	9	6	15	7	10	10	20	14	3	4	7	5	7	2	9	7
	エ	14	21	35	17	17	11	28	20	15	46	61	40	19	25	44	35
	無記	10	22	32	15	6	3	9	6	9	21	30	19	5	11	16	13
12	ア	20	27	47	23	13	7	20	14	9	20	29	19	5	6	11	9
	イ	8	12	20	9	5	4	9	6	6	13	19	12	7	9	16	13
	ウ	58	85	143	68	56	55	111	79	29	74	103	67	48	49	97	76
	エ	1	0	1	0	1	0	1	1	0	4	4	2	0	5	5	4
	無記	2	0	2	1	0	0	0	0	1	1	2	1	0	0	0	0
13	ア	4	1	5	2	0	1	1	1	0	1	1	1	2	0	2	2
	イ	55	65	120	57	51	44	95	67	23	70	93	60	42	42	84	66
	ウ	6	20	26	12	10	10	20	14	5	11	16	10	6	9	15	12
	エ	19	31	50	24	12	11	23	16	13	24	37	24	7	17	24	19
	無記	4	6	10	5	2	0	2	1	2	5	7	5	0	2	2	2
14	ア	19	26	45	21	17	12	29	21	14	27	41	27	16	13	29	23
	イ	8	3	11	5	2	3	5	4	9	8	17	11	3	5	8	6
	ウ	33	49	82	39	36	29	65	46	8	38	46	30	23	28	51	40
	エ	27	41	68	32	21	25	46	32	11	39	50	32	16	22	38	30

	無記	3	3	6	3	2	0	2	1	3	4	7	5	0	1	1	1
15	ア	12	15	27	13	9	4	13	9	8	19	27	18	6	11	17	13
	イ	4	8	12	6	5	3	8	5	4	9	13	8	4	7	11	9
	ウ	68	93	161	76	57	60	117	83	28	73	101	66	44	47	91	72
	エ	2	3	5	2	2	1	3	2	1	4	5	3	2	3	5	4
	無記	2	4	6	3	1	0	1	1	3	5	8	5	1	1	2	2
16	ア	0	0	0	0	0	0	0	0	0	0	0	0	0	0	0	0
	イ	72	105	177	84	61	56	117	83	26	59	85	55	38	43	81	64
	ウ	11	13	24	11	5	5	10	7	9	21	30	19	9	11	20	16
	エ	5	5	10	5	8	5	13	9	7	15	22	14	10	13	23	18
	無記	1	1	2	1	1	1	2	1	1	8	9	6	0	3	3	2
17	ア	19	22	31	15	22	19	41	29	5	18	23	15	13	15	28	22
	イ	2	3	5	2	1	1	2	1	1	4	5	3	2	2	4	3
	ウ	38	52	90	43	30	26	56	40	18	42	61	40	27	33	62	49
	エ	28	43	71	34	20	23	43	30	21	55	76	49	14	20	34	27
	無記	1	3	4	2	2	1	3	2	2	1	3	2	0	0	0	0
18	ア	9	14	23	11	5	3	8	5	5	11	16	10	2	9	11	9
	イ	16	19	35	17	8	4	12	8	9	28	37	24	12	10	22	17
	ウ	43	60	103	49	37	37	74	52	11	32	43	28	17	27	44	35
	エ	21	26	47	22	26	25	51	36	15	33	48	31	23	23	46	36
	無記	2	5	7	3	2	0	2	1	6	7	13	8	3	2	5	4
19	ア	17	21	38	18	23	12	35	25	8	30	38	25	14	22	36	28
	イ	20	29	49	23	10	7	17	12	15	27	42	27	9	18	27	21
	ウ	16	13	29	14	15	15	30	21	12	26	38	25	9	13	22	17
	エ	33	61	94	45	32	35	67	48	10	30	40	26	28	18	46	36
	無記	2	2	4	2	0	0	0	0	2	4	6	4	1	1	2	2

		小学校								中学校							
		第1回				第2回				第1回				第2回			
		男	女	計	%	男	女	計	%	男	女	計	%	男	女	計	%
20	ア	1	2	3	1	0	1	1	1	1	5	6	4	1	1	2	2
	イ	20	20	40	19	17	7	24	17	6	10	16	10	7	6	13	10
	ウ	10	17	27	13	12	16	28	20	9	19	28	18	11	15	26	20
	エ	57	87	144	68	46	44	90	64	28	77	105	68	37	46	83	65
	無記	1	2	3	1	0	0	0	0	1	2	3	2	0	1	1	1
21	ア	73	108	181	86	48	45	93	66	32	81	113	73	46	56	102	80
	イ	10	12	22	10	24	19	43	30	10	21	31	8	8	9	17	13
	ウ	2	0	2	1	1	2	3	2	0	5	5	3	2	3	5	4
	無記	3	2	5	2	1	0	1	1	1	3	4	2	1	1	2	2

V 教育観の調査（地域別，性別）

		小				学						校				
		東			京			神	奈	川				大		阪
		第1回			第2回			第1回			第2回			第1回		
																第2
		男	女	計	男	女	計	男	女	計	男	女	計	男	女	計	男	女
1	ア	18	30	48	9	12	21	29	22	51	18	13	31	21	39	60	32	21
	イ	0	1	1	1	3	4	0	0	0	1	1	2	0	3	3	0	1
	ウ	3	5	8	0	0	0	2	1	3	0	0	0	4	6	10	2	3
	エ	2	4	6	4	5	9	1	0	1	7	0	6	6	5	11	0	4
	無記	2	6	8	0	1	1	0	2	2	0	0	0	3	0	3	1	2
2	ア	12	20	32	4	4	8	16	13	29	10	9	19	15	25	40	18	13
	イ	12	20	32	6	12	18	12	9	21	14	5	19	15	22	37	16	13
	ウ	0	3	3	0	2	2	2	2	4	0	0	0	1	3	4	1	2
	エ	1	1	2	2	2	4	2	0	2	2	0	2	1	2	3	0	3
	無記	0	1	1	0	1	1	0	1	1	0	0	0	0	1	1	0	1
3	ア	4	3	7	4	3	7	1	3	4	5	0	5	3	3	6	2	1
	イ	9	23	32	4	7	11	11	12	23	8	6	14	21	28	49	18	11
	ウ	11	8	29	4	6	10	18	9	27	10	7	17	8	21	29	14	17
	エ	1	1	2	1	5	6	2	2	4	3	1	4	1	0	1	2	2
	無記	0	0	0	0	0	0	0	1	1	0	0	0	0	0	0	0	1
4	ア	0	1	1	0	1	1	0	1	1	0	0	0	1	1	2	0	1
	イ	13	23	36	7	6	13	16	9	25	11	4	15	19	26	45	20	13
	ウ	0	1	1	0	0	0	2	0	2	3	0	3	1	2	3	1	1
	エ	12	19	31	5	14	19	14	14	28	12	10	22	10	19	29	13	16
	無記	0	1	1	0	0	0	0	2	2	0	0	0	1	3	4	1	0
5	ア	5	12	17	4	9	13	10	11	21	12	11	23	9	17	26	10	10
	イ	1	1	2	1	2	3	1	1	2	4	0	4	0	1	1	1	0
	ウ	18	32	50	8	10	18	21	12	33	11	3	14	22	33	55	23	21
	無記	0	0	0	0	0	0	0	2	2	0	0	0	1	1	2	1	0
6	ア	5	5	10	4	4	8	8	7	15	8	8	16	3	3	16	4	8
	イ	13	27	40	8	13	21	17	11	28	14	4	18	14	23	37	17	16
	ウ	0	2	2	0	1	1	2	0	2	0	0	0	2	5	7	1	2
	エ	6	6	12	2	3	5	6	8	14	3	2	5	14	12	26	14	6
	無記	0	1	1	0	0	0	0	1	1	1	0	1	0	0	0	1	0
7	ア	0	1	1	1	0	1	2	0	2	0	0	0	0	1	1	0	0
	イ	1	3	4	0	0	0	1	4	5	7	7	14	1	1	2	1	4
	ウ	21	41	62	12	21	33	29	20	49	19	6	25	31	49	80	34	27
	無記	2	0	2	0	0	0	0	1	1	0	1	1	0	1	1	0	0

	中学校																	
	東京						神奈川						大阪					
回	第1回			第2回			第1回			第2回			第1回			第2回		
計	男	女	計	男	女	計	男	女	計	男	女	計	男	女	計	男	女	計
53	9	16	25	12	13	25	10	30	40	22	13	35	8	24	32	11	22	33
1	0	0	0	0	0	0	0	0	0	0	1	1	0	0	0	0	0	0
5	2	5	7	2	7	9	3	5	8	0	0	0	4	5	9	2	1	3
4	1	3	4	1	3	4	2	6	8	1	3	4	3	6	9	5	5	10
3	1	6	7	0	2	2	1	2	3	0	0	0	1	2	3	1	0	1
31	9	9	18	8	12	20	13	20	33	16	14	30	6	17	23	11	14	25
29	3	16	19	6	10	16	2	20	22	6	3	9	9	19	28	7	12	19
3	0	3	3	1	1	2	1	1	2	2	0	2	1	1	2	1	0	1
3	0	0	0	0	1	1	0	0	0	0	0	0	1	0	1	0	2	2
1	0	2	2	0	1	1	0	1	1	0	0	0	0	0	0	0	0	0
3	1	5	6	1	3	4	1	5	6	0	0	0	4	4	8	3	2	5
29	7	16	23	6	13	19	11	19	30	4	4	8	6	19	25	10	10	20
31	2	10	12	7	6	13	3	16	19	18	9	27	7	15	22	5	16	21
4	2	0	2	2	2	4	1	1	2	1	4	5	0	0	0	1	0	1
1	0	0	0	0	0	0	0	1	1	0	0	0	0	0	0	0	0	0
1	1	0	1	0	0	0	0	0	0	0	0	0	0	1	1	0	0	0
33	7	17	24	9	11	20	8	25	33	14	4	18	8	19	27	11	12	23
2	0	0	0	2	1	3	1	1	2	0	0	0	1	2	3	0	1	1
29	3	10	13	4	12	16	6	13	19	9	13	22	7	15	22	7	14	21
1	1	3	4	0	0	0	2	3	5	0	0	0	0	0	0	1	1	2
20	3	11	14	7	11	18	7	24	31	10	7	17	8	17	25	10	11	21
1	0	0	0	0	0	0	1	1	2	3	4	7	0	1	1	1	0	1
44	8	19	27	8	11	19	8	17	25	10	6	16	8	20	28	6	17	23
1	1	0	1	0	2	2	1	1	2	0	0	0	0	0	0	2	0	2
12	2	6	8	4	6	10	6	12	18	7	4	11	5	13	18	3	6	9
33	9	17	26	10	12	22	6	21	27	8	5	13	5	15	20	10	16	26
3	0	3	3	1	5	6	0	2	2	0	0	0	2	0	2	0	3	3
20	2	4	6	0	1	1	3	8	11	8	8	16	5	6	11	5	3	8
1	0	1	1	0	0	0	2	1	3	0	0	0	0	3	3	1	0	1
0	0	0	0	0	0	0	0	0	0	0	0	0	0	1	1	0	0	0
5	0	3	3	0	0	0	2	4	6	2	0	2	2	3	5	1	3	4
61	12	25	37	15	23	38	12	38	50	21	16	37	13	32	45	18	25	43
0	0	2	2	0	1	1	2	0	2	0	1	1	0	1	1	0	0	0

		小								学					校			
		東		京				神	奈	川				大			阪	
		第1回			第2回			第1回			第2回			第1回			第2	
		男	女	計	男	女	計	男	女	計	男	女	計	男	女	計	男	女
8	ア	8	18	26	7	12	19	15	14	29	13	12	25	14	14	28	15	9
	イ	12	20	32	4	9	13	10	7	17	11	1	12	14	30	44	15	14
	ウ	2	3	5	2	0	2	2	3	5	2	1	3	2	6	8	2	6
	エ	0	0	0	2	0	2	4	0	4	0	0	0	1	1	2	3	1
	無記	2	4	6	0	0	0	1	1	2	0	0	0	1	0	1	0	1
9	ア	1	1	2	2	3	5	4	3	7	7	3	10	1	2	3	0	2
	イ	0	2	2	1	0	1	2	2	4	0	0	0	2	4	6	3	6
	ウ	13	17	30	7	14	21	11	8	19	7	2	9	13	26	39	9	10
	エ	10	26	36	4	4	8	15	16	31	12	9	21	15	21	36	23	13
	無記	1	0	1	0	0	0	0	0	0	0	0	0	1	1	2	0	0
10	ア	4	7	11	2	1	3	8	5	13	6	1	7	4	11	15	3	4
	イ	9	9	18	4	3	7	4	4	8	5	0	5	9	11	20	7	6
	ウ	6	13	19	5	4	9	4	5	9	1	1	2	6	9	15	7	8
	エ	3	16	19	2	12	14	15	9	24	14	12	26	12	18	30	16	13
	無記	2	0	2	0	1	1	1	2	3	0	0	0	1	3	4	2	0
11	ア	9	12	21	3	3	6	11	6	17	3	0	3	10	15	25	5	10
	イ	7	14	21	5	11	16	13	8	21	11	7	18	5	18	23	15	11
	ウ	2	1	3	4	1	5	3	1	4	3	2	5	4	4	8	3	7
	エ	3	10	13	1	4	5	3	4	7	8	5	13	8	7	15	8	2
	無記	3	8	11	1	2	3	3	6	9	1	0	1	4	8	12	4	1
12	ア	8	8	16	1	0	1	4	5	9	3	1	4	8	14	22	9	6
	イ	1	3	4	2	2	4	4	2	6	1	0	1	3	7	10	2	2
	ウ	13	34	47	9	19	28	24	19	43	22	13	35	21	32	53	25	23
	エ	0	0	0	0	0	0	0	0	0	0	0	0	1	0	1	1	0
	無記	2	0	2	0	0	0	0	0	0	0	0	0	0	0	0	0	0
13	ア	2	0	2	0	0	0	2	0	2	0	0	0	0	1	1	0	1
	イ	13	23	36	6	12	18	21	13	34	25	13	38	21	29	50	20	19
	ウ	1	9	10	3	4	7	3	4	7	0	1	1	2	7	9	7	5
	エ	6	10	16	4	5	9	6	7	13	1	0	1	7	14	21	7	6
	無記	2	5	7	0	0	0	0	1	1	0	0	0	2	0	2	2	0
14	ア	6	9	15	2	1	3	8	6	14	5	3	8	5	11	16	10	8
	イ	1	0	1	0	1	1	2	0	2	0	0	0	5	3	8	2	2
	ウ	9	20	29	8	9	17	11	8	19	14	8	22	11	21	32	14	12
	エ	7	14	21	6	10	16	10	11	21	7	3	10	10	16	26	8	12
	無記	1	2	3	0	0	0	1	1	2	0	0	0	1	0	1	2	0

	中					学						校						
	東			京			神	奈	川				大			阪		
回	第1回			第2回			第1回			第2回			第1回			第2回		
計	男	女	計	男	女	計	男	女	計	男	女	計	男	女	計	男	女	計
24	4	11	15	5	12	17	11	28	39	17	12	29	5	10	15	3	14	17
29	4	11	15	4	8	12	3	8	11	3	3	6	7	18	25	14	4	18
8	2	5	7	6	4	10	1	6	7	3	1	4	3	9	12	1	9	10
4	1	1	2	0	0	0	0	0	0	0	0	0	1	0	1	1	0	1
1	1	2	3	0	1	1	1	1	2	0	1	1	0	0	0	0	1	1
2	1	2	3	0	0	0	2	2	4	2	2	4	0	4	4	1	2	3
9	0	1	1	0	1	1	1	3	4	1	1	2	2	1	3	3	4	7
19	2	12	14	8	7	15	7	16	23	9	6	15	8	14	22	8	9	17
36	9	17	26	7	17	24	8	21	29	11	8	19	8	18	26	7	13	20
0	0	0	0	0	0	0	0	0	0	0	0	0	0	0	0	0	0	0
7	2	4	6	3	2	5	2	6	8	2	2	4	4	11	15	1	5	6
13	4	4	8	6	5	11	2	5	7	5	5	10	5	6	11	7	2	9
15	0	9	9	2	6	8	4	9	13	5	5	10	3	7	10	6	9	15
29	4	7	11	3	11	14	3	21	24	10	4	14	5	12	17	4	12	16
2	2	7	9	1	0	1	5	1	6	1	1	2	0	2	2	1	0	1
15	3	9	12	6	3	9	5	8	13	1	2	3	3	9	12	3	3	6
26	1	2	3	3	8	11	3	8	11	9	10	19	3	4	7	4	5	9
10	0	2	2	0	0	0	2	0	2	3	0	3	1	2	3	4	2	6
10	4	10	14	6	8	14	4	18	22	8	5	13	7	18	25	5	12	17
5	4	9	13	0	5	5	2	8	10	2	0	2	3	4	7	3	6	9
15	1	8	9	3	4	7	4	9	13	1	1	2	4	3	7	1	1	2
4	2	4	6	2	3	5	2	8	10	2	3	5	2	1	3	3	3	6
48	9	18	27	11	14	25	9	24	33	20	13	33	11	32	43	15	22	37
1	0	1	1	0	3	3	0	2	2	0	0	0	0	1	1	0	2	2
0	0	1	1	0	0	0	1	0	1	0	0	0	0	0	0	0	0	0
1	0	0	0	1	0	1	0	0	0	0	0	0	0	1	1	1	0	1
39	7	18	25	9	11	20	10	29	39	22	15	37	6	23	29	11	16	27
12	3	4	7	3	3	6	0	4	4	0	0	0	2	3	5	3	6	9
13	2	7	9	2	9	11	5	8	13	1	2	3	6	9	15	4	6	10
2	0	2	2	0	2	2	1	2	3	0	0	0	1	1	2	0	0	0
18	3	9	12	5	6	11	4	6	10	4	2	6	7	12	19	7	5	12
4	3	4	7	1	2	3	5	3	8	1	1	2	1	1	2	1	2	3
26	3	8	11	3	6	9	2	15	17	12	9	21	3	15	18	8	13	21
20	2	9	11	6	9	15	3	21	24	6	5	11	6	9	15	4	8	12
2	1	3	4	0	1	1	2	0	2	0	0	0	0	1	1	0	0	0

		小学校																
		東京						神奈川						大阪				
		第1回			第2回			第1回			第2回			第1回			第2	
		男	女	計	男	女	計	男	女	計	男	女	計	男	女	計	男	女
15	ア	3	5	8	0	1	1	4	2	6	6	2	8	5	8	13	3	1
	イ	0	4	4	1	1	2	2	2	4	1	0	1	2	2	4	3	2
	ウ	19	34	53	12	20	32	25	20	45	19	12	31	24	39	63	26	28
	エ	1	2	3	0	0	0	1	0	1	0	0	0	0	1	1	2	1
	無記	1	1	2	0	0	0	0	1	1	0	0	0	1	2	3	1	0
16	ア	0	0	0	0	0	0	0	0	0	0	0	0	0	0	0	0	0
	イ	22	41	63	11	19	30	26	24	50	24	14	38	24	40	64	26	23
	ウ	2	4	6	0	0	0	3	0	3	0	0	0	6	9	15	5	5
	エ	0	1	1	2	3	5	3	2	5	2	0	2	2	2	4	4	2
	無記	0	0	0	0	0	0	0	0	0	0	0	0	1	1	2	1	1
17	ア	4	7	11	2	1	3	9	5	14	13	8	21	6	10	16	7	10
	イ	1	1	2	1	0	1	0	1	1	0	0	0	1	1	2	0	1
	ウ	13	22	35	6	13	19	12	10	22	8	3	11	13	20	33	16	10
	エ	6	14	20	4	7	11	10	9	19	4	3	7	12	20	32	12	13
	無記	0	2	2	1	1	2	1	0	1	1	0	1	0	1	1	0	0
18	ア	1	6	7	1	1	2	5	3	8	0	0	0	3	5	8	4	2
	イ	6	3	9	1	1	2	6	8	14	5	1	6	4	8	12	2	2
	ウ	11	28	39	8	10	18	14	8	22	12	6	18	18	24	42	17	21
	エ	6	8	14	5	9	14	9	5	14	9	7	16	6	13	19	12	9
	無記	1	2	3	0	0	0	0	1	1	0	0	0	1	2	3	2	0
19	ア	5	6	11	6	6	12	5	5	10	9	2	11	7	10	17	8	4
	イ	4	10	14	2	1	3	9	9	18	1	0	1	7	10	17	7	6
	ウ	6	5	11	2	5	7	6	5	11	4	1	5	4	3	7	9	9
	エ	9	24	33	6	10	16	12	9	21	12	11	23	12	28	40	14	14
	無記	0	0	0	0	0	0	0	0	0	0	0	0	2	2	4	0	0
20	ア	1	1	2	0	0	0	0	1	1	0	0	0	0	0	0	0	1
	イ	5	11	16	3	3	6	8	2	10	6	1	7	7	7	14	8	3
	ウ	1	6	7	1	2	3	2	3	5	6	6	12	7	8	15	5	8
	エ	17	30	47	10	17	27	22	20	42	14	7	21	18	37	55	22	20
	無記	0	0	0	0	0	0	0	0	0	0	0	0	1	2	3	0	0
21	ア	21	41	62	8	17	25	28	22	50	13	5	18	24	45	69	27	23
	イ	1	3	4	5	4	9	3	3	6	13	9	22	6	5	11	6	6
	ウ	0	0	0	0	0	0	1	0	1	0	0	0	1	0	1	1	2
	無記	2	1	3	0	0	0	0	0	0	0	0	0	1	1	2	1	0

	中学校																	
	東京						神奈川						大阪					
回	第1回			第2回			第1回			第2回			第1回			第2回		
計	男	女	計	男	女	計	男	女	計	男	女	計	男	女	計	男	女	計
4	1	7	8	2	3	5	3	6	9	3	5	8	4	6	10	1	3	4
5	2	1	3	3	4	7	2	3	5	0	0	0	0	5	5	1	3	4
54	7	20	27	9	15	24	9	29	38	19	12	31	12	24	36	16	20	36
3	1	1	2	1	1	2	0	2	2	1	0	1	0	1	1	0	2	2
1	1	2	3	0	1	1	2	2	4	0	0	0	0	1	1	1	0	1
0	0	0	0	0	0	0	0	0	0	0	0	0	0	0	0	0	0	0
49	6	14	20	5	11	16	9	31	40	20	11	31	11	24	35	13	21	34
10	2	6	8	6	6	12	5	5	10	0	1	1	2	10	12	3	4	7
6	4	6	10	4	5	9	1	5	6	3	5	8	2	4	6	3	3	6
2	0	7	7	0	3	3	1	1	2	0	0	0	0	0	0	0	0	0
17	1	3	4	2	4	6	2	9	11	9	5	14	2	6	8	2	6	8
1	0	2	2	1	1	2	1	1	2	0	1	1	0	1	1	11	0	1
26	6	12	18	5	10	15	5	19	24	14	9	23	7	11	18	0	14	24
25	5	12	17	8	10	18	9	24	33	0	2	2	7	19	26	6	8	14
0	0	1	1	0	0	0	1	0	1	0	0	0	1	0	1	0	0	0
6	1	6	7	0	6	6	3	3	6	0	0	0	1	2	3	2	3	5
4	4	6	10	5	4	9	2	7	9	2	2	4	3	15	18	5	4	9
38	2	8	10	6	7	13	2	13	15	3	5	8	7	11	18	8	15	23
21	4	5	9	2	5	7	5	18	23	18	10	28	6	10	16	3	8	11
2	1	5	6	2	2	4	4	1	5	0	0	0	1	1	2	1	0	1
12	0	6	6	2	5	7	3	13	16	5	7	12	5	11	16	7	10	17
13	4	7	11	4	10	14	8	8	16	1	1	2	3	12	15	4	7	11
18	5	10	15	4	6	10	1	6	7	1	1	2	6	10	16	4	6	10
28	3	5	8	7	5	12	2	17	19	16	8	24	5	8	13	5	5	10
0	0	4	4	0	1	1	2	0	2	0	0	0	0	0	0	1	0	1
1	0	1	1	0	1	2	1	3	4	0	0	0	0	1	1	1	0	1
11	0	3	3	0	3	3	1	4	5	3	1	4	5	3	8	4	2	6
13	2	3	5	1	5	6	4	6	10	6	2	8	3	10	13	4	8	12
42	10	25	35	13	14	27	10	28	38	14	14	28	8	24	32	10	18	28
0	0	1	1	0	1	1	1	1	2	0	0	0	0	0	0	0	0	0
50	7	18	25	9	15	24	13	34	47	20	16	36	12	29	41	17	25	42
12	5	7	12	4	5	9	2	8	10	3	1	4	3	6	9	1	3	4
3	0	3	3	2	3	5	0	1	1	0	0	0	0	1	1	0	0	0
1	0	2	2	0	1	1	1	0	1	0	0	0	0	1	1	1	0	1

結果及びその考察

I　子どもの生活実態についての考察

問1の「両親の外出」については予想されるとおり，小学校，中学校の別なく，鍵っ子群の方が圧倒的に「毎日外出している」（小学校男子９４.４%，同女子９８.９%：中学校男子９４.９%，同女子９７.８%）に応答している。

問2，問３も　「帰宅したとき家にいる」のは，一般群のばあい，母親が圧倒的に多い（小学校男子４６%，同女子４９%，中学校男子４５.%，同女子４５.２%）のに較べて，鍵っ子群ではきわめて少ない（小学校男子0.0%，同女子0.0%，中学校男子2.４%，同女子1.０%）のは，これも予想されたとおりである。

問４の　「食事を親と一緒にする」のは，一般群も鍵っ子群も，ともに「あさ」と「よる」とが多くなつており，両群の間にはほとんど差が認められない。（あさ　一般群小学校　男子４０.９%，同女子４1.0%，鍵っ子男子４２.９%，同女子４４.１%，：一般群中学校男子３８.４%，同女子４０.２%，鍵っ子男子４1.０%，同女子３7.８%）（よる一般群小学校男子５８.４%，同女子５８.１%，鍵っ子男子５５.２%，同女子５２.６%，一般群中学校男子５８.４%，同女子５８.６%，鍵っ子男子５５.０%，同女子６1.７%）

問５の　「日曜日に親と遊ぶか」は，小学生では，「ときどき」が両群とも多くなつており（一般群男子５４.５%，同女子６２.９%，鍵っ子男子５6.６%，同女子５3.９%），中学生では，「ない」が一般群の男子（６４.８%）に特に多くなつているのが特徴的である。これは，中学生段階では，しだいに独立への要求が高まるから，一般児は親から離れていくが，鍵っ子のばあい（「ない」は男子５3.７%）は，平素の接触が少ないため，親も子どもも，双方から接触の機会を求めているからであると推測される。

問６の　「帰宅後の生活」は，小学生段階では，鍵っ子は「外で遊ぶ」が（男子２９.２％，女子１９.６％），一般児（男子２５.５％，女子１１.７％）よりかなり多くなっている。また，中学生段階では，「家で遊ぶ」が一般児（男子４４.４％，女子３６.１％）が鍵っ子（男子３９.７％，女子２８.４％）より多くなっている。

問７(1)は　帰宅後の遊びの問題であるが，全般的にはテレビの視聴がきわめて多いことが特徴的であろう。（一般小学校男子４１.３％，同女子４２.５％，鍵っ子男子４１.５％，同女子３８.３％：一般中学校男子５２.３％，同女子５４.６％，鍵っ子男子５６.４％，同女子４８.２％）なお，この調査では，予想されたような差異は，両群の間に認められなかつた。

問７(2)　「遊ぶとき，大人から生話されるか」は，両群とも「いいえ」が圧倒的に多い。（一般小学校男子９７.７％，同女子９３.３％，鍵っ子男子９４.３％，同女子９４.４％：一般中学校男子９７.４％，同女子９６.８％，鍵っ子男子９８.３％，同女子９２.２％）

問７(3)　近所の遊び場は，小学生では両群とも「ある」が多いが（一般男子７２.４％，同女子７２.８％，鍵っ子男子７９.２％，同女子６０.８％）中学生では両群とも少なくなっている。（一般男子３２.３％，同女子３４.１％，鍵っ子男子３３.０％，同女子３７.３％）しかしながら，とくに鍵っ子ということでは，差が見られない。

問７(4)の　遊び場の種類も，両群に差がほとんど認められない。

問８の　「帰宅後の遊び友だち」は，両群とも「ある」が多く（一般小学校男子８９.６％，同女子８０.２％，鍵っ子男子８９.７％，同女子９０.１％：一般中学校男子６４.８％，同女子６２.８％，鍵っ子男子６８.１％，同女子６０.６％）差異がほとんど認められない。

問９の　「学校での仲よし」も，両群とも「ある」が圧倒的に多く，ほとんど差異が認められない。(一般小学校男子９７.３％，同女子98.6％，鍵っ子男子９８.１％，同女子９７.７％：一般中学校男子９５.０％，同女子９６.９％，鍵っ子男子９４.２％，同女子９５.７％)

問１０　「困つたときの相談相手」も，両群の間に顕著な差異が認められない。

問１１　「家でひとりで勉強できるか」，問１２の　「好きな学科嫌いな学科」，問１３(1)の　「学校に行くのは好きですか」，問１３(2)の「学校に行くのと家にいるのとどちらが好きですか」，問１４　「塾かよその人に勉強を習いに行っていますか」，問１５　「勉強するのは誰のためだと思いますか」などに関しては，ほとんど両群の間に差異が認められない。

問１６　「親はきびしいか，やさしいか」においては，小学生のふつう児では，父と母とに対して「やさしい」と答えるもの(父に対して，男子２４.３％，女子３５.８％：母に対して，男子２１.７％，女子26.6％)が鍵っ子(父に対して，男子17.0％，女子２０.２％：母に対して，男子13.8％，女子14.7％)に較べて，やや多くなつているが，中学生のばあいには，両群の間に一義的な差異が認められない。

問１７　「親はあなたのしたいことは，何でもさせてくれますか。」においては，小学校の一般男子(３２.０％)は鍵っ子(１７.０％)より，「はい」と多く答えており，女子では鍵っ子(２４.７％)の方が，一般より(１６.０％)多くなつている。中学生では，両群の間に差異が認めなれない。

問１８　「親はいつもあなたのほしがるものは何でも与えてくれますか」に対しては，両群の間に差異が認められない。

問１９(1)　「父のよい点」は，一般児の小学生は，「お金をくれる」(男子２４.１％，女子１６.５％)，「買つてくれる」(男子３３.３％，女子２０.０％)に多く反応し，鍵っ子は，「やさしい」(男子３４.９

%，女子39.6%）に多く反応している。これは，鍵っ子が，父親のやさしさを求めていることのあらわれであろう。中学生では，両群の間に，一義的な差異が認められない。

問19(2)　「父のわるい点」は，小学生では，鍵っ子の方が「酒，タバコ」に多く応答している（男子27.3%，女子25.0%）中学生では，鍵っ子の男子が「酒を飲む」に多く応答している。（25.0%）このことは，鍵っ子の父親の生活に問題があることのあらわれであろう。

問19(3)　「母のよい点」は，小学生では，一般の方が「相談にのってくれる」（男子14.4%，女子26.7%）鍵っ子（男子6.2%，女子2.4%）より多くなっており，また「やさしい」に対して，鍵っ子の方が（男子41.7%，女子46.3%）一般児より（男子36.5%，女子35.3%）　やや多くなっている。中学生のばあい，「やさしい」に対して，鍵っ子（男子53.4%，女子39.1%）が一般児より（男子50.4%，女子33.5%）やや多く，「教育熱心で，大事にしてくれる」に対しては，鍵っ子（男子6.9%，女子5.8%）は一般児より（男子14.4%，女子9.7%）少なくなっている。以上のことは，鍵っ子が母親のやさしさを求めていることを反映しているとともに，母親が働いているために，親子の接触時間が減少し，また生活にゆとりがないため，子どものめんどうがよくみられないことを示すものである。これは，当然のことではあるが，鍵っ子の教育上，大きな問題であるといえよう。

問19(4)　「母のわるい点」として，「おこる，こごとをいう」は，鍵っ子（小学生男子80.5%，同女子83.3%：中学生男子60.7%，同女子61.0%）は一般児（小学生男子7.28%，同女子55.5%：中学生男子48.3%，同女子49.0%）より多くなっており，また，「勉強にうるさい」は，鍵っ子（小学生男子4.9%，同女子8.3%：中学生男子3.6%，同女子8.5%）が一般児（小学生男子17.5%，同女子23.3%：中学生男子11.0%，同女子

１０.８％）より少なくなつている。これは，母親の生活にゆとりがなく，指導がおろそかになつていることから起るもので，当然なことではあるが，鍵っ子の教育上，大きな問題であるといえよう。

問２０　「親にしてもらいたいこと」では，一般群は，「こづかいをふやして」（小学生男子４９.１％，同女子３６.７％：中学生男子４４.５％，同女子３６.５％）が鍵っ子（小学生男子３４.５％，同女子２３.６％：中学生男子２９.６％，同女子１９.１％）より多い。また小学生の一般群は，「勉強勉強といわないで」（男子１４.１％，女子１８.７％）。「こごとをいわないで」（男子１１.７％，女子１４.８％）が多く，小学生の鍵っ子では「家にいてほしい」（男子２５.５％，女子４５.５％）が一般児（男子１.８％，女子９.４％）より多くなつている。また，中学生のばあいも，「家にいてほしい」が，鍵っ子（男子１６.９％，女子３３.８％）の方が，一般児（男子０.０％，女子１.０％）より多くなつている。これも，鍵っ子の家庭では当然なことではあるが，鍵っ子が親にいてもらいたいという要求を強く持つていることが，改めて認識されるのである。

問２１の(1)および(2)の　「友だちについてうらやましいと思うこと」および，問２２の　「小づかいのもらい方」も，両群の間に一義的な差異が認められない。

以上の結果を綜合すると，つぎのようなことが考えられる。

(1)　鍵っ子ということだけで，すべてこのような条件に該当する子を簡単に問題児と考える傾向がある。両親不在ということは教育的に問題であるが，だからといつて客観的に両親不在イコール問題の子どもと考えるのは早計である。両親不在によつて子どもが良い意味で教育的にめぐまれる点がある反面に，自然放置の形で問題になる場合もある。要は現実的条件だけで過早に判断を下すことなく，両親不在という現実的条件の下で，どのようにしたら鍵っ子を幸福にし，心身の発達を助成すべきかという点に考慮を払う必要がある。

(2) 子どもは両親との接触を強く要望し，この傾向は特に鍵っ子にいちじるしい点である。したがつて，鍵っ子に対して，確固たる指導を必要とすると同時に，家庭環境の教育的な調整を必要とする。特に暇を惜しんで，親子接触の機会をつくり出すことの重要さが，この調査によつても示唆されている。

(3) 鍵っ子の親，とくに父親の態度について教育的な態度をとる必要があることが，この調査によつても明らかにされている。鍵っ子は親に対して，何よりも接触を求め，甘えることのできる機会を求めている。

(4) 反面においては，一般家庭の親は，教育熱心のあまり，子どもに対して干渉的であることが，いろいろの面において明らかである。このような問題点に関する限り鍵っ子は，親子の接触が少いがゆえに問題となつていない。だからといつてこのことは鍵っ子が，教育的条件にめぐまれているとはいえない。子どもの教育にとつて大切なことは，親子の接触の機会を多くすると同時に，干渉にすぎず，適切な指導をすることがのぞまれるわけである。

(5) 鍵っ子の親は，労働過重によつて教育的関心や心の余裕に欠ける点がみうけられる。この点は生活に追われて子どもの教育に欠けるわけであるが，そのことは直ちに不在家庭そのものの問題とは考えられない。不在家庭の両親であれば，それだけの準備をなすことによつて，教育的に改善することのできる面はかなりあることも考えられる。

II 親の教育観の変容についての考察

不在家庭の親に，家庭教育に関する3つの資料を配布して読ませ，さらに親子ノートの記録その他によつて，従来もつていた親の教育観や教育的態度が，どのように変容するかを検討した。親の教育観や教育的態度は長年月を経て形成されたものであるゆえ，これを改善することにも長年月を必要とするが，僅か数ケ月の実験によつても多少の変化を示している。その結果についてはつぎの如くである，結果については小学生の親と中学生の親とは共同の傾向を示したものが多いが，特に両者の間に相違のあるものについては，区別して記述した。

主な結果は次の通りである。

(1) こどもが病気のとき，「仕事を休んで子どもの看病にあたる。」は中中学生の親のばあい，６３％から７３％に増加している。これは，家庭教育に関する資料を親に読ませたり，親子ノートの記録を行なわせたりして，指導を加えた効果を示すものである。（問１）

(2) 子どもが高いところからとびおりたり，高い木に登りたがつたりするとき，「注意するが，とくに禁じたりしない。」が，中学生の親のばあい，４８％から５９％にふえている。（問２）

(3) 評判の悪い友だちとつきあいはじめたら，「なるべくつきあわないように注意する」が少なくなり，（小学生では４９％から３８％へ，中学生では５１％から３７％へ），「子どもと友だちのことをいろいろ話し合い，どんな人なのかしらべる」（小学生では３６％から４１％へ，中学生では３４％から４８％へ），「子どもの自由にさせておく。」（小学生では３％から１０％へ，中学生では３％から８％へ）が増加している。

(4) 子どもにつまらないものを買ってくれとせまられたとき，「つまらないと思っても買ってやる」が減少し，（小学生では５０％から４３％へ，中学生では５５％から４８％へ），「別のよいものを買ってやる」が若干増加している。（小学生では４２％から５０％へ，中学生では３５％から４６％へ）（問４）

(5) マンガばかりを見たがる子には，小学生のばあい，「おとながよいと思うマンガを選択して与える」という，指導的な立場が多く肯定される

ようになつた。（３５％から４９％へ）（問１０）

(6) 遊んでばかりいて，あまり勉強しないとき，「勉強しなければ遊ばせない。」といつてきびしく注意するような強制的な方法は減少し（小学生では３０％から１７％へ，中学生では２４％から１４％へ），「問題を与えて勉強させる」ような具体的な指導が増大している。（小学生では３１％から４３％へ，中学生では１４％から３１％へ）なお，中学生では，「先生から注意してもらう」が１０％から３５％へと増加している。（問１１）

(7) テストの成績が悪いとき，「こんな成績じゃだめじゃないか」といつて注意したりするやり方は減少し（小学生では２３％から１４％へ，中学生では１９％から９％へ），具体的に前の成績と比較して，ほめたり注意したりする方法が多くとらえられるようになつている。（小学生では６８％から７９％へ，中学生では６７％から７６％へ）（問１２）

(8) おこづかいの問題では，「親の考えだけで増減する」やり方は減少し，（小学生では２４％から１６％へ，中学生では２４％から１９％へ），「その使いぶりを調べてきめる」というような，教育上望ましい方法が，多く肯定されるようになつている。（小学生では，５７％から６７％へ，中学生では６０％から６６％へ）（問１３）

(9) おこづかいの使い方では，くだらないものを買うようなときは，「話しあつて考えさせる。」が多くなつている。（小学生では，３９％から４６％，中学生では３０％から４０％へ）（問１４）

(10) 試験の前日，テレビをいつまでもみているようなばあい，「すぐ勉強しなさいときびしくいう」ような強制的なやり方はやや少なくなり（小学生では，１３％から９％へ，中学生では１８％から１３％へ），「その番組の終わるまでと約束してみせる」ような説得的な方法が増加している。（小学生では７６％から８３％へ，中学生では６６％から７２％へ）（問１５）

⑾ 子どもの学校生活については，「話してくれればそれを聞く」というような消極的な態度は少なくなり（小学校では３４％から３０％へ，中学生では４９％から２７％へ），「毎日子どもに話してもらう。」というような積極的な態度が増加している。（小学生では，１５％から２９％へ，中学生では１５％から２２％へ）（問１７）

⑿ 読書についても，放任的な態度や干渉的な態度は減少し，「よいと思う本をときどき買って与える。」（小学生では，４９％から５２％へ，中学生では２８％から３５％へ），「本についてときどきその内容を話し合う」（小学生では２２％から３６％へ，中学生では３１％から３６％へ）などの，積極的な態度が増大している。（問１８）

⒀ 子どもの友だちについても，「どんな友だちと遊んでいるかをよく注意する」が増加し（小学生では１８％から２５％へ，中学生では２５％から２８％へ），放任的な態度が減少している。（小学生では２３％から１２％へ，中学生では２７％から２１％へ）（問１９）

⒁ 両親が留守のとき，子どもの生活について，放任的な態度はほとんど認められず，「好きなようにさせておき，あとでその様子を聞く」が増加している。（小学生では，１０％から３０％へ，中学生では８％から１３％へ）（問２１）

以上の結果でもわかるように，僅か半年たらずの間に，不在家庭の親に共通的に認められる問題点や考慮すべき点を指摘して，教育的な示唆をあたえるだけでも，親の態度や考え方に好転的な変化をもたらしている。

この点から考えても，不在家庭の増加傾向に鑑みて，これを放置することは許されない。何らかの成人教育によつて，不在家庭にふさわしい考え方や態度をもつた親となるような措置が必要であることを物語っている。

今後の問題点

今回の報告は，主として質問紙調査の結果について検討したものであり，つぎのような問題が今後考えられるであろう。

1. 調査問題の改善

本研究において用いられた調査問題は，諸種の角度からいろいろ検討したものではあるが，さらに必要な分析検討を行なつて，より望ましい測定問題を構成することが肝要である。

2. 調査結果の妥当性の検証

本研究においては，主として質問紙法によつて，鍵っ子の生活の実態を調査するとともに，鍵っ子の親の教育観の向上を評価したのであるが，これらの調査結果の妥当性を行動観察，面接その他の方法によつて今後さらに実証的に検討することが必要であろう。

3. 質問紙法以外の評価方法の開発

本研究のごとく，不在家庭の教育問題というきわめて実践的な課題を研究するばあい，その効果の測定評価は，単なる意識調査に終わることなく，現実の生活場面における行動変容をもとり扱うべきであろう。そのためには，組織的，客観的でしかも実験的な測定方法や，実際場面における行動の測定評価法をくふうすることが必要であろう。

4. 継続的組織的研究の必要性

教育観や態度の形成は，長期にわたつて行なわれて来たものであるから，一朝一夕の教育的働きかけでは，じゅうぶんな改善は期待できない。したがつて，この問題の解決のためには，２年〜３年という長期にわたつて，組織的でねばり強い指導を行ない，その効果を継続的に測定評価していくことが肝要であろう。

親と子のれんらくノートについて（参考資料）

親と子は一つ家庭に住んでいて，お互によく解りあつているつもりでいるが，案外まちがつて相手の気持や行動を解釈していることがある。これは母親が家にいる家庭でもそうだが，母親の不在時間が多い家庭では一層，お互に誤解を生じやすい。ひる間の子どもの行動がよくつかめていないからである。日常の小さい親子のズレは，そのままにしておくと次第に両者の距離をひろげる。そこから家庭をたのしまない子，親に不信感をもつ子，更にすすんで非行の仲間入りをする子もでてこよう。

それをふせぐ方法の一つとして親と子の連絡ノート，文通ノートはかなり役に立つように思われる。そこですでにこれを実際に行なっている人のものを集めたり，学校の先生を通じ或はグループの指導者を通じて親と子の文による連絡をすすめてもらつた。その結果の一部をここにあげておく。一つ一つに親と子の人間関係がよくあらわれているように思うので，とりあえず１２名の人の分を載せる。連絡の多いノートは一年間で一冊以上になつており，この整理は大へんむづかしい。しかし分析していくと，いろいろな資料がでてきそうでたのしみである。漢字やかなずかいにまちがつたものがあつたがそのままのせることにした。

なお，最後に親と子でれんらくノート，文通ノートをつかつた結果について質問した結果2,3,をあげておく。これも未だ整理中だが返事をくれた人たちは全部この結果を認めている。

〃ちよつと出かけるときでも何か書いておくと，子どもはもどつてきてもさびしくないようだ〃というのが，普通のおかあさんたちの返事に多く，仕事をもつている母では自分の行動に反省させられている者が多かつた。

おかあさんからえいこちゃんへ

えいこちゃん　おかえりなさい

またすみませんが　おるすをたのみますね

えいこちゃん　ありがとうね

では　いつてきます　　ママより

えいこちゃん

雨の中かえつてきたのね　たいへんやつたね

よくタオルでふきましょう。ごはんはパパよりさきに，おなかがすいたらいただきなさいね。

つくえの上に，めだまやきがつくつてあります。れいぞうこの中にレバーもありますから何でもおあがり。

では又かしこくおるすばんをたのみます　　ママ

まゆみちゃんからおかあさんへ

おかあちゃんへしつもん

おかあちゃん　つぎからえらんで○をつけてね。

わたしがいていいか

わたしがいないほうがいいか

わたしがきらいか

わたしがすきか

きょうばん　なぜおこつたの。わたしかなしいわ。わたしはおこられたのが　かなしい。これから　きまりをまもつていきたい。

ぬいものにいそがしいでしょうが　わたしがきらいだつたら　きらいで　わたしもきらいなようにします。

このへんじ　ぜつたいかいてね。

あすのあさ見ますよ。もし　わたしがすきだったら　こんばんいっしょにねてね。

おやすみ　　　　まゆみより

おかあさんよりまゆみちゃんへ

まゆみちゃん　お母さんにはきらいな子は１人もありません。みんな大切な子どもばかりですもの。でも，あまえすぎたり，わがままずぎて，すなおでない時はきらいですね。

こんやは，ひどくおこつてごめんね。お母ちゃんも，ぬいものがいそがしかつたり，用事がつかえてくると，つい気持がいらいらしていたのね。やつぱり　こんな時には　ぐるりの人が　みんなしずかにしていてくれた方がいいのよ。お母ちゃんが一生けんめい針しごとするのも　やつぱりまゆみたちが　かあいいからです。ちつとでもみんなのものを買つてあげたいからです。みんな　その気でお手つだいしてくださいね。お父さんがいないから時々お母さんがお父さんのかわりにおこるから気をつけて下さい。おたがいに　めいめいのしごとにせいを出してがんばりましよう。

こんやは早く仕事をしまつて　まゆみとねましょう。朝ぐずぐずいはずちゃんと　おきて下さい。　　　　お母さんより

まゆみちゃんよりお母さんへ

おかあさん　いつもごくろうさま

きょう　おてつだいをしようと思つていたんですが　できませんでした。

さなえちゃんところは　きょうだい３人でお母さんのげたをかつてあげたそうです。まきこちゃんの家はしりませんが買ってあげておられるかも知れないね。

わたしは　お金がないのでなにも買つてあげられなかつたね。

でもこのねま　わたしがひいたのよ。ちょっとおかしいでしょ。

おかあさんからだに気をつけてね。きょう色をぬったじょうさし　朝見せてあげるからね。

わたしのひいたねまで　ぐっすりねてね

わたしのそばで……　　おやすみ　　まゆみより

おかあさんへ

おかあさんよりまゆみちゃんへ

まゆみちゃん　ねまをしいてくれてありがとう

まゆみちゃんがしいてくれた　おねまは　いつもよりずっとあたたかく　ねごこちがよいようです。おかあさんは何も買ってもらはなくてもきようはほんとうにたのしかつたわ。1日中むねに赤いカーネーションがおともしてくれましたから。

まゆみのやさしいきもちがいちばんうれしいのよ。いつもいつもすなおなきもちで　おかあさんをたすけてくださいね。

まゆみも学校の行きかえりにはよく気をつけて　交通事コに会はない様にして下さい。

よそのおぢさんに　どんなに云われてもついてゆかない様にして下さい。　　おかあさんより

おかあさんよりまゆみちゃんへ

このごろお母ちゃんは出張が多く　家をるすにしてごめんね。8月4日のひるから5日の日まで太尾のキャンプに行くのでまたおるすばんしてください。しゅくだいはだいぶん出来ましたか。作文も早く書いておいてくださいね。おぢいちゃんがはめにかまれてしんぱいでしたね。まゆみもけがしないよう気をつけてね。お父ちゃんと姫路へ行けなくて気の毒でしたね。又こんど行きましようね。お父ちゃんはあした家にいる

そうです。うれしいね。また返事くださいね。

まゆみちゃんよりおかあさんへ

作文きょうかきます。でもえんぴつがけずれないのでこまつています。だからきょうは，りょう子ちゃんがもつてきてくださるそうです。5日のよういはきょうしておきます。それにともだちに，なにかもつてきてもよろしいか。わたしのつくえも上にあげてね。

しゅくだいは，あと日きと，かん字と，しゅうじと，作文と，工作です。おとうちゃんときのうおしろへいつてよかつた。でもしんどくてあるけなかつた。えいがのさつえいのしかたもわかりました。おかあちゃんまた家にいてね。

まゆみちゃんよりおかあさんへ

おかあさんもう夏休みのしゅくだい，そろえておきたいと思います。わたしのへや，ほしいんだけどないでしょう。またおとうさんにたのんでね。母と子の文通ノートにかいてあつたようにじぶんでじぶんのへやをつくつて，いきたいの。私のつくえ小さいから，本たてがおけないの。だからよこに，はこかつくえがほしいわ。これきぼうでしょ。こんどは，わるいとこやよいとこかくわね。

ｏ　ひるねがすこししかできない

ｏ　てつだいよくする

ｏ　べんきょうまあまあできる

ｏ　はやねはやおきする

おかあさんわすれてたらいつてね。

おかあさんよりまゆみちゃんへ

夏休みがぶじにすんでよかつたネ。

お返事がとてもおくれてほんとにごめんなさい。しゅくだいもたいていい1人で出来てえらかつたと思つています。おぢいちゃんのせわも，よくしてあげてありがとう。2学期もがんばつてね。たべすぎないよう体に気をつけてね。作文はつづけて，どんどん書いてもらいたいと思います。学校へ行く用意はまい朝出来ているようですが，ずつとつづけて下さい。あなたのお手紙の中の字が，ちょつとまちがつているのがあるのよ。かんじのテストだと思つて，さがしてなおしいおいてね。では又ね。

としおくんからおかあさんへ

朝おきるともうおかあちゃんたち　おきていた。いつもだつたら　おそい。きょうはおとうちゃんが会社にいくからだ。かつてだ。

ひどいときだつたらじゅうじに，ごはんをたべないでいくときもあるが，きょうはたべていくことができた。

おかあちゃんは　かつてだ。

おかあちゃんからとしおくんへ

なるほど　おかあちゃんはかつてだと思います。これからは　としおくんのことも日ようびの朝はきちんとします。

おとうちゃんのこと　考えてみましょう。

毎日朝は早いし，夜はおそく帰つてくるおとうちゃん。日よう日の朝ねぼうが楽しみであり，そしてからだの休ようになるのです。

家のせまいのが悪いけど，これはしかたのないことで，おかあちゃんが朝早くからカタコト音をさせたら，おとうちゃんはすぐ目がさめるのだそうです。それにまあちゃんも，おかあちゃんが起きると，すぐに目をさましやかましく言うでしょう。

会社で　おとうちゃんのしている事は，とてもむづかしい事で，いそがしいのです。だから，からだも頭も大へんつかれるのよ。

おとうちゃんが元気だからこそ家じゅうみんながしあわせに過ごせるのでは　ないでしょうか。

朝の食事を１度ぐらいたべなくても平気でいる時もあるくせに。また，おけいこもおなかのすいているほうがよくできるのですよ。でも，このことをおとうちゃんにも話しましょう。おたがいに自分のことばかりつごうのいいように考えないで，あい手のことも考えていくようにしましょうか。

おかあさんより芳信ちゃんへ

今やつと忘年会も終りました。この間から忙しくて思うように芳信と話もしておりませんでしたね。いそがしいお母さんをつかまえて試験の点だけはおしえてくれましたね。たとえ家の中がやかましくても，がんばつているのが嬉しく思つております。又お父ちゃんがこの頃芳信の事をほめていますよ「この頃芳信はすなおによくはいはいと言つてゆう事をきいてくれる」といつておられます。お母さんもたしかにそう感じて，いちどほめてやりたく思つておりました。少しの事にも腹を立てなくもなつたしね。その気持をいつまでも忘れないでいてほしいと思つております。

芳信よりおかあさんへ

ぼくは，テストだけはみせようと思つています。しかしおかあちゃんは，だれが何点，どんなやつたどかやかましくいうのでぼくだけでいいじゃないか。といいたい気もちです。ぼくもテスト調べをしつかりし，できるだけよい点をとれるようにしようと思います。

お父さんよりちえみへ

ちえみにお願いする。

1. 予習復習はよくするが時間がおそくなりすぎる。もっと早くすますように。

2. 母が病気でねているので母の言いつけは良く聞いて口答へをしないこと。

3. 家の用事の時はすぐすること。

ちえみよりおとうさんへ

予習や復習は，しているのだけれど少しテレビを見たくなるので，それに気をくばつてえんぴつの方は，とまつておそくなるのでこれからは早くするようにします。それからおとうさんにおねがいします。

1月間に3百円おこづかいをください。友達もそうしているのでしてほしいと思います。でも私は，使い方があらっぽいので，すぐなくなってしまうと思うでしょうが，大きくなるにつれてだんだん直ると思います。どうかたのみます。

おかあさんよりけい子ちゃんへ

あさは，おかあさんがおこつてあげて，ごめんね。ママはおねえちゃんのかんびょうをしなければならないもので，けい子ちゃんのおべんきょうを，よくみてあげられなくてつらいので，ついおこつてしまうのよ。すまないけどママがしんぱいしないように，ひとりでべんきょうしておいてね。心の中では，けい子にありがとうと，おれいをいつているのよ。さびしいのによくがまんして，おるすばんしてくれてありがとう。ほんとにけい子ちゃんはしつかりした良い子で，うれしいです。

けい子よりおかあさんへ

ママ，きょうのお手紙ほんとうにありがとう。わたしママがあんなにいいお手紙くださるとは，知らなかつたわ。朝はごめんね。わたしママがおこつていないことに気がついて，ほんとにうれしいわ。

おかあさんより伸枝ちゃんへ

きのうはどうもごくろうさまでした。

お母さん痛いのをがまんしておかつての仕事をしなければいけないけどと思つていましたが伸枝ちゃんがみんなしてくれたのでたすかりました。だから早く良くなつたのだと思います。ほんとうにありがとう。

お米をあらう時とても手がつめたかつたでしょう。おかまを火にかけたまま二かいに上つていたのはしつぱいでしたね。お姉さんが下に降りなかつたら真黒こげになつていたかもしれませんよ。それよりガスに火をつけたまま遠くにいると火事になるかもしれないので，これからも気を付けましょうね。キャベツはとてもきれいに切つてありました。ごはんもおいしくたけていましたよ。これからも時々お母さんの元気な時でも手伝つて下さいね。

伸枝よりおかあさんへ

きょうはおかあさんがぐあいがわるかつたので，自分でもよくお手つだいができたと思つています。でもおてつだいをする気になつたのは，おかあさんが私やおねえさんに仕事をたのんだ時わたしたちは，ぜんぜんきかなかつたら，おかあさんが「あんたたち，おかあさんをころす気なの」といつた時心にびいんときて，おかあさんがしんだらどうなるだろうと思うと心ぱいになつて，お手つだいをする気になりました。おこめをといでいると，とても手がつめたくなりました。でもおかあさんは，いつもいつも，みんなのために，つめたいお水に手をつけているので，わたしもがまんしていました。よいことをしたあとは，とてもいい気もちでした。

ゆう子よりおかあさんへ

お母さんにおねがいがあるのですが，６年生の１学期にせいせきがあがつたらどこかにつれていつてくれますか。

おねえちゃんもいつていたような，海のみえる旅かんにとまりたいと思います。そして昼になつたらしおひがりにいけるような所がよいと思います。おにいちゃんもけしきのよいところへいつてみたいといつていましたからおねがいします。私のせいせきがあがることをきたいしていてください。

おかあさんよりゆう子へ

一生懸命お勉強をすることは，あなたの仕事です。じょうけんづきでお勉強するということはいけないことです。努力によつて，お母さんの方から貴女が云はなくても，つれて行つて上げますから，最後の６年生一生懸命がんばりなさい。

省吾よりおかあさんへ

ちかごろ朝早くおこしてといつているのにおこしてくれないので早くおこしてください。

来週のこずかいをふやしてくれませんか。なぜかというと早くちょきんをしたいからです。このごろ予習が少くないので，もつとたくさんしたいと思いますから長い時間あそんでいたらいつてください。まさやが，ねる前にわるいことをして，ぼくがちゅういしてもきかないので，お母さんからもちゅういしてください。

おかあさんより省吾君へ

早くおこしていますよ，おこしてから1時間もしてからおきるようでしたら，おこしたかいがないですね。

たくさんお金をもらつて，お金をふやしてもだめですね。よさんをしておこずかいをつかうことですね。それから省吾君は，すこしがめつい貯金のしかたをしていますよ。

外であまりあそんでいるのは見かけませんね。君は机に座つていて，ぼゃーとしている時間が多いのとちがいますか。

弟のことはお母さんが注意します。

浩子よりおかあさんへ

順ちゃんは，めがねをかけなければ，いけないそうですね。私は左右とも1.5なのに順ちゃんはだいぶん，わるくなつていますね。

こんどの土曜日ぐらいに眼科へいつて，めがねをかけなくてもいいようにしてもらつたらいいと思いますよ。それから　日の出，日の入りののつている新聞はおいといて下さい。

おかあさんより浩子ちゃんへ

順子の目のわるいのは遺伝ですね。本当にいい事は似ないで悪いのはにるものね。暇な時に眼科へ行ってはつきり検査して度を計つてもらうつもりです。貴女も目を大切にしなさいね。目の悪いことは不便ですよ。

親聞は気がついたらのけといてあげますが，あなた自身，入用な事でしょう。自分自身が気をつけて，のけなさいね。もう6年生にもなつたんだからボチボチ自分で責任をもつことね。ではお姉さんガンバッテね。

おかあさんより洋子ちゃんへ

春休みにおばあちゃんが病気で入院したので，すつかりあなたをほつたらかしておいてごめんなさいね。この間みんなで駅前の方へ行きましたが，また春休みにみんなで遊ぶ時がなかつたから，どこかへ行きましょうね。

どんなところがいいですか。よく考えてお母さんにおしえてください。みんなで相談しましょうね。

洋子よりおかあさんへ

わたしは東京の方へいきたいのです。

すごくいきたいのです。

東京といつてもいなかの方です。いぬづかさんがいるから。

おかあさんより俊哉へ

今日のおかあさんの日記次の３行を書きました。

２月１１日……ＰＴＡをすつかり忘れて行かずガックリ……俊哉に平あやまり……

ゴメンネ，ほんとにガックリ，おかあさんねちょつとした出来事があり，その方に気をとられて朝から外出していたのよ。昼過に帰つてきて気がついてすつかりショゲていたのよ。そこへ，帰つてきてあなたはおこるし，忘れ物をなくしましょうの母と子の競争。かんぜんにおかあさんの負けでした。でもまだ１本負けただけ，３本勝負といきましょう。

俊哉もう１度決心しなおして，忘れものに注意してください。

俊哉よりおかあさんへ

きのうは，お母さんが，来ているものと思つて授業をしました。けれど授業が終ると，須藤君のおかあさんが「おかあさんどうしたの，こなかつたけれど」とおききになつた時「さあ」としか答えられませんでした。先生にきかれても同じ返事しかできませんでした。「１本負けた」

つてかいてあるけれど，あれなら，１０本ぐらいまけたねうちがあるよホント。

おかあさんより俊哉へ

メッー　算数の試験の悪いのおかあさんにかくして見せなかつたのね。俊哉ちゃんらしくないわ。こんなのはじめて。おかあさんが算数のことやかましく言いすぎたのね。

あなたこの学期は，かぜで長く休んだんですものね。悪い点でもしかたなかつたんですよ。かくすつて事，一番かなしいことよ，でももうよくわかつたわね。これからかくさないつて約束したものね。お母さんもお点にこだわらないわ，きつとこれからわね。へへ………　ちょつとあやしいけれど。

俊哉よりおかあさんへ

ごめんねおかあさん，いつもわるい点をとると「あーあもうだめね，ガッカリだわ」つていうから見せにくかつたの。これからはこんなことやめるね。おかあさんも算数のこと，あんまりやかましくいわないでね。ぼくもガンバリます。

感　想　I

母子文通をするようになつて，口で言ふよりもずつと効果があつたように思いました。例えば台所等美しくかたずけてくれたり，文通でお願いしたのです。大変母子文通は良いと思いました。心にかかりながらも何かと忙がしく豆に見てやることが出来なかつたことを残念に思います。

感　想　II

1. 会社から帰つて見るとおかあちゃんお便りよ。かどのはがきさし見てごらんと云つて便をひろげる時の楽しかつたこと。
2. ゆりちゃんお便り１度下さいな，と云うと，おかあちゃんがくれたらあげるわ，と云つた言葉にちょつと考えさせられた。
3. 母子文通はとてもよいことで，口で云ふよりも字で書けば子供ながら考へて何事でもしている。ほんとうによい事と思います。

感　想　III

親子日記を書いてみて，子どもの不満や，友だち関係などを知ることができたことをうれしく思つています。８月の１ヶ月間，どうにかつゞけられた途中で，お互にくじけそうになるのをはげまし合いました。字はうつくしいとは思われませんが，いつも先生にはみにくい字も読んでもらっているのだと，首をひねりながら判読したものです。どうかすると，根気力のないこの子が「もうええやんか。」と不平らしくいいます。ここだ，この子の物事の長つゞきしない点はと，ここでくじけさせてはいけないと考え「ひろちゃん１つだけでも，さいごまでやろうね。」と申しました。８月３１日になつて，自分ながらうれしくなりました。私の書いたことを朝読んでうなづいている姿つてかわいいですね。普段一しょにいない為か，長い夏休みゆつくり遊んでやれたこと，子供もうれしかつたと思います。

◉——編・解説者紹介

石原剛志（いしはら・つよし）

1969年生まれ

静岡大学学術院教授

主要論文・著作

「大阪学童保育連絡協議会結成の経過とその歴史的意義」、日本学童保育学会『学童保育』編集委員会編『学童保育』第14巻、2024年

「日本の学童保育史研究の課題と展望」、日本学童保育学会編『学童保育研究の課題と展望』明誠書林、2021年

連載「講座　学童保育を求め、つくってきた人々　学童保育の歴史から学ぶ」（第1回～第6回）、全国学童保育連絡協議会編・発行『月刊日本の学童ほいく』第506号～第511号、2017年10月～2018年3月

編集復刻版

学童保育関係資料集成

第1巻　ISBN978-4-86617-267-5

2024年12月15日発行

揃定価　本体80,000円＋税　セットコードISBN978-4-86617-266-8

編　者　石原剛志

発行者　山本有紀乃

発行所　六花出版

〒101-0051　東京都千代田区神田神保町1-28

電話03-3293-8787　ファクシミリ03-3293-8788

e-mail：info@rikka-press.jp

組　版　昴印刷

印刷所　栄光

製本所　青木製本

装　丁　臼井弘志

乱丁・落丁はお取り替えいたします。Printed in Japan